Kosten- und Vertragsfallen beim Bauen

Hausbau auf eigenem Grundstück – mit Architekt, Generalunternehmer oder Fertighausanbieter

PETER BURK

Mit mehr als 160 Checkblättern

verbraucherzentrale

Inhalt →

9 Vorweg
10 So nutzen Sie dieses Buch

Kostenfallen

13 Kostenfallen – ein Überblick

13 Was sind Kostenfallen und wie entstehen sie?
14 Wie kann man Kostenfallen erkennen?
14 Wie kann man Kostenfallen wirksam ausschalten?
16 Kostenrisiken bei Bauvorhaben mit dem Generalunternehmer oder Fertighausanbieter
17 Kostenrisiken bei Bauvorhaben mit dem Architekten und Handwerkern
20 Übliche Nebenkosten beim Bauen

27 Fragebögen und Checkblätter: Grundstückskauf

27 **Fragen zum Grundstück**
28 **Checkblätter Grundstückskauf**
 28 ① Baurecht
 28 ② Erbbaurecht
 29 ③ Nießbrauchrecht
 30 ④ Grunddienstbarkeiten
 31 ⑤ Baulast
 32 ⑥ Bodengutachten
 33 ⑦ Einmessung
 34 ⑧ Bestandsgebäude
 35 ⑨ Gutachterausschuss
 36 ⑩ Erschließungsbeiträge / Anliegerbeiträge
 38 ⑪ Flurstücknummer
 38 ⑫ Energieliefervertrag / TV-Kabelvertrag / IT- Datenleitungsvertrag
 39 ⑬ Makler
 40 ⑭ Festgelegtes Bauunternehmen

42 *Praxisbeispiel 1:*
 Analyse der Kostenfallen beim Grundstückskauf (rechtliches Problem)
43 *Praxisbeispiel 2:*
 Analyse der Kostenfallen beim Grundstückskauf (technisches Problem)

45 Fragebögen und Checkblätter: Fachingenieure und Architekt

45 **Fragebogen Fachingenieure**
46 **Checkblätter Fachingenieure**
 46 ⑮ Bodengutachter / Geologe / Geotechnik
 47 ⑯ Vermessungsingenieur / Geodät
 49 ⑰ Statiker (Tragwerksplaner) / Prüfstatiker (Staatlich anerkannter Sachverständiger für Standsicherheitsnachweis)
 51 ⑱ Haustechnikingenieur (Technische Ausrüstung / Elektro, Heizung Lüftung, Sanitär)
 53 ⑲ Sachverständiger für Schall- und Wärmeschutz (Bauphysik)

56 20 Sicherheits- und Gesundheits-
        schutzkoordinator (SiGeKo)
57 21 Architekt

60 *Praxisbeispiel 3:*
    Analyse der Kostenfallen bei der
    Fachingenieurbeauftragung
60 *Praxisbeispiel 4:*
    Analyse der Kostenfallen bei der
    Architektenbeauftragung

63 Fragebögen und Checkblätter: Planung und Ausschreibung mit dem Architekten

65 **Fragebogen Planung**
66 **Fragebogen Ausschreibung**
67 **Checkblätter Planung**
    67 22 B-Plan-Anforderungen /
            Anforderungen aus § 34 BauGB
    69 23 Anforderung aus Bodengutachten
    70 24 Anforderung aus Grundstücks-
            topografie
    71 25 Größe und Zimmeranzahl /
            Zimmerorientierung /
            Geschosshöhen / Verkehrs-
            flächen / Flexibilität
    74 26 Barrierefreiheit
    76 27 Dach / Dachausbau
    77 28 Keller / Kellerstandard
    79 29 Energetischer Standard
    81 30 Anschluss an die öffentliche
            Versorgung
    83 31 Heizungs- und Warmwasser-
            bereitungsart
    85 32 Lüftungsanlage
    87 33 Schallschutzstandard

90 34 Fenster / Türen / Rollläden /
        Raffstoren
93 35 Elektroausstattung / IT / Telefonie /
        TV / Smart-Home-Technologie
95 36 Oberflächenausstattung
96 37 Treppen
98 38 Badausstattung
99 39 Terrasse / Balkon
101 40 Carport / Garage
103 41 Hauptbaustoff
104 42 Gartenbau / Zugänge /
        Zufahrten / Zaun

106 **Übersicht: Mögliche Zusatzkosten Planung**

107 **Checkblätter Ausschreibung**
    107 43 Pauschalpreise oder
            Einheitspreise
    108 44 Grundpositionen / Alternativ-
            positionen / Eventualpositionen
    109 45 Leistungsumfang / Leistungs-
            differenzierung / Leistungs-
            grenzen
    111 46 Gewerkeübergreifende
            Zusatzleistungen
    112 47 Vollständigkeit jeder Einzel-
            position
    113 48 Sondereinrichtungen / Sonder-
            bauweisen / Sondermaschinen
    114 49 Allgemeine Technische
            Vertragsbedingungen (ATV)
    116 50 Zusätzliche Technische
            Vertragsbedingungen (ZTV)
    118 51 Besondere Vertragsbedingungen
    119 52 Stundensätze Personal
    120 53 Los-Unterteilung

122 *Praxisbeispiel 5:*
    Analyse der Kostenfallen bei der Planung
123 *Praxisbeispiel 6:*
    Analyse der Kostenfallen bei der
    Ausschreibung

125 Fragebögen und Checkblätter: Planung und Umsetzung mit dem Generalunternehmer oder Fertighausanbieter

127 Fragebogen zum Leistungsumfang des angebotenen Hauses
129 Checkblätter Baubeschreibung
129 54 Baugenehmigungsgebühren
130 55 Statik und Prüfstatik
132 56 Haustechnikplanung
133 57 KfW-Effizienzhaus-Klassifizierung
134 58 Erschließungsbeiträge
135 59 Vermessungs- und Katastergebühren
136 60 Bodengutachten
138 61 Freiräumung Grundstück
139 62 Baustelleneinrichtung
141 63 Baustrom / Bauwasser
143 64 Grundwasserhaltung
144 65 Abtransport- und Deponiekosten
146 66 Hausanschlüsse und Entwässerungskanalarbeiten
148 67 Kellerkonstruktion
149 68 Kellerausstattung
152 69 Hebeanlage
153 70 Elektroausstattung
157 71 IT- / Telefon- / TV-Austattung
159 72 Heizungsausstattung
163 73 Fenster
165 74 Rollläden / Raffstoren
167 75 Badausstattung
171 76 Dachbodenausstattung
174 77 Schallschutz
178 78 Einbauküche
180 79 Hauseingang
181 80 Terrassen und Balkone
184 81 Außenanlagen
185 82 Carport / Garage
186 83 Sonderwünsche

188 Übersicht: Zusätzliche Leistungen / Zusätzliche Kosten

190 *Praxisbeispiel 7:*
Analyse der Kostenfallen bei einem Generalunternehmerauftrag
192 *Praxisbeispiel 8:*
Analyse der Kostenfallen bei einem Fertighauskauf

Immer aktuell

Wir informieren Sie über wichtige Aktualisierungen zu diesem Ratgeber. Wenn sich zum Beispiel die Rechtslage ändert, neue Gesetze oder Verordnungen in Kraft treten, erfahren Sie das unter **www.ratgeber-verbraucherzentrale.de/aktualisierungsservice**

Vertragsfallen

195 Vertragsfallen – ein Überblick

195 Was sind Vertragsfallen und wie entstehen sie?
198 Woran kann man Vertragsfallen erkennen?
199 Wie kann man Vertragsfallen wirksam entgegentreten?
201 Den richtigen Anwalt finden und beauftragen

209 Checkblätter: Grundstückskaufvertrag

210 Checkblätter Grundstückskaufvertrag
    210 ⓼⓴ Baurecht
    210 ⓼⓹ Erbbaurecht
    211 ⓼⓺ Nießbrauchrecht
    212 ⓼⓻ Grunddienstbarkeiten
    212 ⓼⓼ Baulast
    213 ⓼⓽ Bodengutachten
    213 ⓽⓪ Einmessung
    214 ⓽⓵ Bestandsgebäude
    214 ⓽⓶ Erschließungsgebühren
    215 ⓽⓷ Flurstücknummer
    216 ⓽⓸ Energieliefervertrag / TV-Kabelvertrag / IT-Datenleitungsvertrag
    217 ⓽⓹ Makler
    218 ⓽⓺ Festgelegtes Bauunternehmen
    219 ⓽⓻ Zahlungsbedingungen und Eigentumsübergang
    220 ⓽⓼ Unterwerfung unter die Zwangsvollstreckung
    222 ⓽⓽ Übergabe
    223 ⓵⓪⓪ Vollmachten Notar

224 Übersicht: Vertrags-Check Grundstückskauf
225 Den richtigen Notar finden und beauftragen

227 Checkblätter: Fachingenieurverträge

228 Checkblätter Fachingenieurvertrag
    228 ⓵⓪⓵ HOAI-Leistungsphasen
    230 ⓵⓪⓶ HOAI-Grundleistungen – Besondere Leistungen
    232 ⓵⓪⓷ HOAI-Honorarzonen und Honorarsätze
    233 ⓵⓪⓸ HOAI-Nebenkosten
    235 ⓵⓪⓹ Stundensätze
    237 ⓵⓪⓺ Haftpflichtversicherung
    238 ⓵⓪⓻ Dokumentenübergabe
    240 ⓵⓪⓼ Prüfstatiker (Staatlich anerkannter Sachverständiger für Standsicherheitsnachweise)
    241 ⓵⓪⓽ SiGeKo

243 Übersichten: Vertrags-Check Fachingenieure

247 Checkblätter: Architektenvertrag

248 Checkblätter Architektenvertrag
    248 ⓵⓵⓪ HOAI-Leistungsphasen
    251 ⓵⓵⓵ HOAI-Honorarzonen und Honorarsätze

252 **112** HOAI-Grundleistungen – Besondere Leistungen
253 **113** Stundensätze
254 **114** Nebenkosten
255 **115** HOAI-Mehrkostenrisiken
257 **116** Baukostenregelungen
258 **117** Planungs- und Bauzeitenregelung
259 **118** Bauleitungsregelungen
261 **119** Abnahmeregelungen
262 **120** Vollmachtregelungen
263 **121** Haftpflichtversicherung
264 **122** Zahlungsregelungen
265 **123** Kündigungsregelungen
267 **124** Dokumentenübergabe
268 **125** Werbung

269 Übersicht: Vertrags-Check Architekt

271 Checkblätter: Bauverträge mit Handwerkern, Generalunternehmer oder Fertighausanbieter

272 Checkblätter Bauvertrag
272 **126** Vertragspartner
275 **127** Subunternehmer / Nachunternehmer
276 **128** Vertragsbestandteile
277 **129** Festpreisgarantie
278 **130** Grundstücksbeschaffenheit
278 **131** Vorleistungen Bauherr / Leistungen Bauherr / Mitwirkungspflichten
280 **132** Hausrecht
281 **133** Zahlungsplan
286 **134** Abtretung von Auszahlungsansprüchen
287 **135** Aufrechnungsverbot
287 **136** Sicherheits- und Gewährleistungseinbehalt
289 **137** Bürgschaften
292 **138** Vollmachten
293 **139** Unterwerfung unter die Zwangsvollstreckung
294 **140** VOB/B-Regelungen
295 **141** Versicherungen
296 **142** Energieeffizienz
297 **143** Wohnflächen
299 **144** Barrierefreiheit
300 **145** Sonderwünsche
302 **146** Stellplatz / Carport / Garage
303 **147** Pauschale Ausführungs- und Baustoffvorbehalte
304 **148** Planabnahme Vertragspläne
304 **149** Eigenleistungen
306 **150** Anlage Garten
307 **151** Baustart / Bauzeit / Bauende / Bezugsfertigkeit
308 **152** Baustellenbetretung / Jour fixe / Bauleiter
310 **153** Unterlagen / Dokumentation
311 **154** Mängelbilder / Allgemein Anerkannte Regeln der Technik / Beschaffenheiten / DIN-Normen
314 **155** Leistungseinstellung
315 **156** Abbruch des Bauvorhabens
317 **157** Widerruf
319 **158** Kündigung
324 **159** Insolvenzfall des Unternehmens
325 **160** Abnahme / Zustandsfeststellung / Übergabe
328 **161** Mediation / Schlichtung / Güteverhandlungen

330 Übersicht: Check Bauverträge Handwerker / Generalunternehmer / Fertighausanbieter

333 Anhang

- 333 **Übersicht Grundleistungen – Besondere Leistungen nach der HOAI**
- 333 Bodengutachter / Geologe (Anlage 1.3.3 zu § 3 Absatz 1 HOAI (Leistungsbild Geotechnik)
- 334 Vermesser / Geodät: Vermessung zum Planen (Anlage 1.4.4 zu § 3 Absatz 1 HOAI / Beratungsleistungen)
- 335 Vermesser / Geodät: Vermessung zum Bauen (Anlage 1.4.7 zu § 3 Absatz 1 HOAI / Beratungs-Leistungen / Leistungsbild Bauvermessung)
- 336 Statiker (Anlage 14 zu § 51 Absatz 5, § 52 Absatz 2 HOAI / Grundleistungen im Leistungsbild Tragwerksplanung, Besondere Leistungen)
- 339 Haustechniker (Anlage 15 zu § 55 Absatz 3, § 56 Absatz 3 HOAI / Grundleistungen im Leistungsbild Technische Ausrüstung, Besondere Leistungen)
- 343 Sachverständiger für Schall- und Wärmeschutz (Anlage 1.2.2. zu § 3 Absatz 1 HOAI / Beratungsleistungen / Bauphysik)
- 344 Architekt (Anlage 10 zu § 34 Absatz 4, § 35 Absatz 7 HOAI / Grundleistungen im Leistungsbild Gebäude und Innenräume, Besondere Leistungen)
- 348 Stichwortverzeichnis
- 350 Adressen / Bauberatung
- 352 Impressum

Noch mehr Informationen rund um das Bauen und Kaufen einer Immobilie

www.ratgeber-verbraucherzentrale.de/bauen-wohnen

Vorweg

Dieses Buch ist entwickelt worden, um Verbraucher besser zu schützen, wenn sie ein Bauvorhaben auf eigenem Grundstück angehen. Zusammen mit dem Ratgeber „Bauen!" der Verbraucherzentrale ist es ein wichtiges Werkzeug für die gute Vorbereitung und Strukturierung eines Bauvorhabens auf eigenem Grundstück.

Die größten Fehler beim Bauen werden fast immer gleich zu Anfang gemacht: bei der Planung, der Kosteneinschätzung und den Verträgen. Es entstehen dadurch meist sehr früh alle diejenigen Probleme, die einen später unweigerlich einholen – und dann nicht selten mit großer Wucht.

Bauen fängt oft schon mit dem netten Grundstücksmakler an, der gleich dazu noch einen guten Tipp für ein Bauunternehmen hat oder sogar auch gleich festlegt, dass das Grundstück nur verkauft werde, wenn mit diesem oder jenem Unternehmer gebaut wird. Man willigt dann irgendwie ein und gerät Stück für Stück immer tiefer in eine Situation, die am Ende bedrohlich werden kann.

Im Hintergrund laufen dabei praktisch immer Provisionsgeschäfte zwischen Makler und Bauunternehmer. Auch der eine oder andere Verkäufer und selbst der eine oder andere Baufinanzierer gibt manchmal einen „heißen" Tipp zu einem Bauunternehmen – und erhält Provision. Es ist kaum zu glauben, wie häufig Bauherren solchen Tipps tatsächlich folgen, ohne dass diese Tipps jemals substanziell hinterfragt werden. Viel zu schnell werden weitreichende Verträge und Vereinbarungen unterzeichnet, die allzu oft das Papier nicht wert sind, auf dem sie stehen. Manchmal ist der Makler dann sogar gleich auch noch „Baubetreuer", und der Bauleiter hat zwar keine fachliche Ausbildung für seinen Beruf, aber irgendeinen Vertrag mit irgendeinem Generalunternehmer, der dann wiederum seine Sub- oder Sub-Sub-Unternehmen schickt. Die Vertragssituation wird immer unüberschaubarer, die Baustelle kommt erst ins Stottern, schleppt sich dann irgendwann nur noch dahin, bis sie schließlich ganz stillsteht, während längst sehr hohe Summen gezahlt sind. Es gibt Versprechungen, die immer wieder aufs Neue platzen – und irgendwann endet das Ganze in einer Blockadesituation, aus der man nicht mehr herausfindet. Wenn die Situation immer unerträglicher wird und der Druck steigt, weil die Finanzierung aus dem Ruder läuft und mit Miete und Baufinanzierung monatliche Doppelbelastungen bestritten werden müssen, die kaum noch zu tragen sind, geht man irgendwann zum Anwalt, oft zu irgendeinem, ohne überhaupt darüber nachzudenken und zu wissen, dass es spezialisierte Anwälte gibt. Macht der falsche Anwalt dann auch noch den „falschen Fehler", etwa eine vorschnelle Vertragskündigung eines Werkvertrags, geht das Drama weiter und in die nächste Runde.

Warum laufen so viele Baustellen in solche Situationen? Die Antwort ist verblüffend einfach: Bauherren wollen es viel zu oft schnell, billig und einfach. Sie verwechseln dabei preiswert mit billig und erkennen die Risiken nicht, in die sie einsteigen. Mehr als Handyverträge, Mietverträge, Versicherungsverträge oder Arbeitsverträge haben die meisten Bauherren bis dahin auch nie abgeschlossen. Und keinen der Verträge haben sie je verhandelt. Sie haben sie in aller Regel einfach unterzeichnet. Das ging irgendwie immer gut, und niemand kann sich vorstellen, dass es nach einer Vertragsunterzeichnung auch mal nicht gut geht, zumal der Makler und der Bauunternehmer doch so nett waren.

Es gibt aber weder ein schnelles noch ein billiges noch ein einfaches Bauen. Es gibt nur ein preisbewusstes, sorgfältiges und zeitlich angemessenes Bauen. Bauen ist und bleibt eine der komplexesten Lebensherausforderungen im Leben eines durchschnittlichen Verbrauchers. Wer Ihnen etwas anderes erzählt, will Ihnen vielleicht etwas verkaufen, Sie aber ganz sicher nicht unabhängig informieren.

Wer sich generell hoch komplexe Lebensherausforderungen nicht antun will, sollte besser auch nicht bauen. Man kann in dem Fall nur dringend abraten. Wer sie sich antun will, wird sich zunächst einmal von dem Gedanken verabschieden müssen, das sei mal eben nebenher machbar, etwa analog zum Abschluss einer Versicherung, einem Gebrauchtwagenkauf oder einer Urlaubsbuchung. Man wird zur Vorbereitung auch keine schönen Reiseführer lesen, sondern Ratgeber wie den vorliegenden. Ein 350-Seiten-Buch aufmerksam durchzuarbeiten ist bereits eine erste Hürde, deren Überwindung sich die weit überwiegende Anzahl aller Bauherren nicht antut oder nicht antun möchte. Bereits das ist vielen zu mühevoll, und das Internet ist schließlich kostenfrei und viel lebendiger. Das müsste kein Problem sein, wenn man wenigstens wüsste, welche Fragen man überhaupt stellen muss und wo man belastbare und rechtssichere Antworten bekommt. Das Internet kann man gezielt einsetzen, wenn man es konkret benötigt. Darauf geht dieses Buch im weiteren Verlauf noch ein. Aber am Anfang kann man nichts Sinnvolleres tun, als sich zunächst einmal zurückzuziehen,

ein ganz „klassisches" Buch zur Hand zu nehmen und es in Ruhe durchzulesen. Danach weiß man bereits ein Vielfaches dessen, was Bauherren sonst wissen, wenn sie viel zu naiv an ein Bauvorhaben gehen. Und man kann so von Anfang an jeden Schritt, den man macht, belastbar hinterfragen und so bereits früh schwerwiegenden Fehlern vorbeugen. Man beginnt zugleich so auch früh, die eigenen Grenzen zu erkennen und sich selbst nicht zu überschätzen.

Den ersten Schritt dazu tun Sie heute, indem Sie dieses Buch zur Hand nehmen. Und wir hoffen, dass es Sie möglichst von Anfang an bei Ihrem Vorhaben wirksam schützt.

So nutzen Sie dieses Buch

Dieses Buch beschäftigt sich mit Kosten- und Vertragsfallen beim Planen und Bauen auf dem eigenen Grundstück, mit einem Architekten, mit einem Generalunternehmer oder mit einem Fertighausanbieter.

Wer hingegen ein Haus samt Grundstück von einem sogenannten Bauträger kauft, der findet alle notwendigen Informationen in dem Titel „Kosten- und Vertragsfallen beim Immobilienkauf" der Verbraucherzentrale. Denn er ist in diesem Fall rechtlich kein Bauherr auf eigenem Grundstück, sondern Hauskäufer. Einzige Ausnahme: Im notariellen Kaufvertrag zu Haus und Grundstück sind beide Verträge zwar enthalten, aber voneinander getrennt. Man soll also zunächst das Grundstück erwerben und verpflichtet sich gleichzeitig, einen Bauvertrag für einen Hausbau zu unterzeichnen. Dann spricht man vom sogenannten verdeckten oder versteckten Bauherrenmodell und es wird einem nur vorgetäuscht, dass man Haus und Grundstück zusammen kauft. In Wahrheit erwirbt man zunächst das Grundstück und baut auf diesem dann als Bauherr, mit allen weitreichenden rechtlichen Konsequenzen, die das hat: Man wird vom Hauskäufer zum Bauherren gemacht, obwohl man das vielleicht gar nicht wollte – und der Notar schweigt allzu oft vornehm dazu, ohne die Risiken sorgfältig zu erläutern. Auch für diesen Spezialfall ist das vorliegende Buch das richtige. Denn auch in diesem Fall sind Sie Bauherr auf eigenem Grundstück.

Das hier vorliegende Buch besteht aus 2 Teilen mit jeweils 4 Bereichen und folgenden Symbolen:

Rotes Euro-Symbol:

Dieser Teil befasst sich mit allgemeinen **Kostenrisiken** beim Bauen. Zunächst gibt es dazu einen **Überblick** mit Erläuterungen und Checklisten.

Rotes Euro-Symbol und Blumen-Symbol:

Dieser Bereich umfasst alle Checkblätter rund um **Kostenrisiken** beim **Grundstückskauf**.

Rotes Euro-Symbol und Stift-Symbol:

Hier finden Sie alle Checkblätter rund um **Kostenrisiken** bei der **Planung** und bei der **Ausschreibung,** wenn Sie individuell mit einem **Architekten** bauen.

Rotes Euro-Symbol mit Stift-Symbol und Kellen-Symbol:

In diesem Bereich sind alle Checkblätter rund um **Kostenrisiken,** wenn Sie die **Planung** und **Umsetzung** mit einem **Generalunternehmer** oder **Fertighausanbieter** umsetzen wollen.

Blaues Paragrafen-Symbol:

In diesem Bereich finden Sie zunächst allgemeine Hinweise zu **Vertragsrisiken** beim Bauen. Auch hier gibt es zunächst wieder einen **Überblick** mit Erläuterungen und Checklisten.

Blaues Paragrafen-Symbol mit Blumen-Symbol:

Hier finden Sie alle wichtigen Checkblätter rund um **Vertragsrisiken** beim **Grundstückskauf**.

Blaues Paragrafen-Symbol mit Stift-Symbol:

Dieser Bereich enthält alle Checkblätter rund um **Vertragsrisiken** bei Verträgen mit **Fachingenieuren,** und gleich daran anschließend folgen – unter identischen Symbolen – alle Checkblätter rund um **Vertragsrisiken** beim **Architektenvertrag**.

Blaues Paragrafen-Symbol mit Stift-Symbol und Kellen-Symbol:

Im abschließenden Bereich geht es um **Vertragsrisiken** beim Abschluss von klassischen **Handwerkerverträgen** oder **Verträgen** mit dem **Generalunternehmer** oder dem **Fertighausanbieter**.

€

Kostenfallen – ein Überblick

Fast jeder, der bauen will, hat ein mulmiges Gefühl beim Thema Kosten. Zu viel hat man schon gehört von Kostensteigerungen auf Baustellen. Aber warum ist das so und woher kommen Kostensteigerungen?

Was sind Kostenfallen und wie entstehen sie?

„Kostenfalle" ist ein umgangssprachlicher Begriff. Man könnte auch von Kostenrisiken sprechen. Denn es muss Ihnen niemand bewusst eine Falle stellen, um Kostensteigerungen zu verursachen. Auch das schlichte Übersehen von Sachverhalten, Regelungslücken oder sogar Missverständnissen kann schnell zu Kostensteigerungen in erheblichem Umfang führen.

Es gibt Kostenrisiken, die Sie sehen können, und solche, die Sie nicht sehen können. Ein Kostenrisiko, das man beim Bauen gut sehen kann, ist zum Beispiel die Höhe des Zinssatzes für einen Baukredit. Üblicherweise vergleicht man hier mehrere Angebote, um schließlich den günstigsten Zinssatz zu wählen. Ein Kostenrisiko, das Sie beim Bauen nicht ohne Weiteres sehen können, sind beispielsweise geologische Probleme Ihres Grundstücks. Sind Ihnen diese Risiken nicht bewusst, können erhebliche zusätzliche Arbeiten und damit Mehrkosten drohen.

Kostenrisiken unterscheiden sich, je nachdem welchen Weg zum eigenen Haus man nimmt. Deswegen ist es sehr wichtig, dass man sich ganz am Anfang der Lektüre dieses Buchs zunächst darüber klar ist, ob es auch zum gewählten Weg passt, den man zur eigenen Immobilie gehen will. Und das heißt, für alle Leser, die ein Haus oder eine Wohnung vom Bauträger neu kaufen wollen, ist dieses Buch nicht das richtige, sondern diese Leser benötigen den Titel „Kosten- und Vertragsfallen beim Immobilienkauf" der Verbraucherzentrale. Dort wird der Hauskauf vom Bauträger behandelt; denn in diesem Fall bauen Sie kein Haus, sondern kaufen ein Haus oder eine Wohnung, was auch rechtlich ein völlig anderer Vorgang ist. Wer hingegen zum Beispiel ein Fertighaus kauft, der baut es später auch als Bauherr auf eigenem Grundstück. Das Gleiche gilt für Bauherren, die ein schlüsselfertiges Massivhaus bauen, oder aber die selten gewordenen Bauherren, die noch mit einem Architekten bauen. Für diesen Leserkreis ist das vorliegende Buch das richtige.

Kostenfallen beim Bauen entstehen fast immer durch eine zu wenig sorgfältige Vorbereitung und eine zu unkritische Haltung gegenüber Bauangeboten, die man erhält. Unklare und nicht vollständige Planungen und Leistungsbeschreibungen und ungünstige oder fehlende Regelungen in Verträgen sind die häufigsten Kostentreiber. Nur wer mit einem Architekten baut, hat – theoretisch – einen „Sachwalter" an seiner Seite, der unabhängig und im Interesse des Bauherrn Planung und Umsetzung des Bauvorhabens begleitet. Aber auch das läuft nicht immer reibungslos, und Architekten sind relativ teuer. Das liegt daran, dass sie an die Honorarordnung für Architekten und Ingenieure (HOAI) gebunden sind. Die HOAI ist letztlich ein Preiskartell mit nur geringen Spielräumen. Architekten wird also der Preis, den sie für eine Leistung mindestens nehmen müssen, mit dieser Verordnung ausdrücklich gesetzlich vorgeschrieben. Sie dürfen davon nicht abweichen. Für einen üblichen Einfamilienhausbau sind dies am Ende etwa 13 bis 15 Prozent der Baukosten. Das heißt, bei Baukosten von 300.000 Euro macht das 40.000 bis 55.000 Euro allein an Honorar für den Architekten aus. Das ist vielen Bauherren viel zu teuer, weswegen sie massenhaft auf andere Angebote am Markt ausweichen, bei denen sie zudem günstigeres Bauen und höhere Kostensicherheit vermuten. „Alles aus einer Hand" ist das Schlagwort. Und in der Tat kann das Vorteile haben, wenn man es richtig und sorgsam vorbereitet. Die Europäische Kommission hat zwischenzeitlich auch Klage gegen die Bundesregierung eingereicht, eben weil sie die HOAI für ein gesetzliches Preiskartell hält, welches die Dienstleistungsfreiheit missachtet. Dazu später noch mehr.

Wie kann man Kostenfallen erkennen?

Für Laien ist es außerordentlich schwer, Kostenfallen erkennen zu können. Der Grund ist ganz einfach: Man hat nur selten selbst einen Beruf, der wirklich umfassend mit dem Bauen zu tun hat, und man baut natürlich auch nur ein Mal im Leben. Man ist also eigentlich sehr früh auf umfassende und neutrale Informationen angewiesen, um Fehler zu vermeiden, die sich sehr schnell sehr kostenintensiv auswirken können. Die Anbieter von Bauleistungen haben aber gar kein Interesse daran, Bauherren allzu umfassend aufzuklären – das stört meist eher das Geschäft. Bauherren gelten dann sehr schnell als kompliziert und „aufwendig", obwohl sie vielleicht einfach nur Planungs-, Bau- und Kostensicherheit suchen. Da dieses Buch aber davon ausgeht, dass Sie ein Haus als Bauherr auf eigenem Grundstück errichten, entscheiden natürlich Sie, wer auf Ihrem Grundstück baut. Und diesen wichtigen Trumpf, den Sie in der Hand haben, sollten Sie so schnell nicht aus eben dieser Hand geben.

Kostenfallen erkennen Sie nur, wenn Sie Bauangebote sehr gründlich durchgehen, und zwar immer gleichzeitig Pläne, Baubeschreibung und Vertrag. Diese 3 Dokumente sind die Pfeiler, auf denen Ihr Bauvorhaben ruht und in denen sich die Kostenfallen verstecken können. Beim Bauen mit dem Fertighausanbieter oder dem Generalunternehmer werden diese 3 Dokumente üblicherweise auch zusammen vorgelegt, wenn der Vertrag unterzeichnet werden soll. Und bevor man diesen unterschreibt, muss er in jedem Fall gründlich geprüft werden. Eine erste Prüfung dieser Unterlagen ist mithilfe des vorliegenden Buchs möglich. Für vertiefende Prüfungen müssen nötigenfalls noch Fachleute eingeschaltet werden. Wie und wo man diese findet, erfahren Sie auch in diesem Buch.

Beim Bauen mit dem Architekten ist es etwas anders. Dort wird meist relativ früh ein Architektenvertrag unterzeichnet, und erst in der Folge werden Pläne, Ausschreibung für Firmen und Bauverträge erstellt. Dadurch kann man die Arbeitsqualität des Architekten und vor allem auch die Kosten des Hausbaus zunächst nicht sehen. Das heißt aber nicht, dass man auch beim Bauen mit dem Architekten nicht Möglichkeiten der präventiven Vertragsprüfung und Kostensicherung hat. Auch alle notwendigen Informationen hierzu finden Sie in diesem Buch.

Wie kann man Kostenfallen wirksam ausschalten?

Kostenfallen kann man am wirksamsten durch eine gründliche Bauvorbereitung ausschalten. Wer zu schnell in ein Bauvorhaben stolpert und zu schnell ungeprüfte Verträge mit problematischen Vertragsanlagen unterzeichnet, wird die Konsequenzen meist schnell zu spüren bekommen. Bauen ist im Leben durchschnittlicher Verbraucher eine der komplexesten Aufgaben überhaupt. Gleichzeitig wird sie aber häufig deutlich fahr-

Wie kann man Kostenfallen wirksam ausschalten?

lässiger angegangen als etwa ein Auto- oder auch Einbauküchenkauf. Beim Auto wollen Sie selbstverständlich selbst noch wissen, welches Autoradio Sie für Ihr Geld erhalten. Bei der Einbauküche ist Ihnen wichtig zu erfahren, ob Sie eine Dunstabzugshaube haben und von welchem Hersteller der Herd ist. Beim Hauskauf kennt kaum ein Bauherr auch nur entfernt den Hersteller oder gar Typ der Heizungsanlage. Da heißt es „Fußbodenheizung" und damit geben sich viele Bauherren problemlos zufrieden.

Kostenfallen beim Bauen müssen in 2 Phasen ausgeschaltet werden: In der Planungsphase und in der Ausführungsphase. Denn so gut Sie auch planen: Kein Plan überlebt die erste Baustellenberührung unverändert. Fast immer kommt es zu Anpassungen der Planungen an das Baugeschehen, sei es technisch, sei es zeitlich.

Zu unterscheiden sind beim Bauen auf eigenem Grundstück im Wesentlichen 3 unterschiedliche Modelle: Das Architektenhaus, das Generalunternehmerhaus oder deren Kombination.

Beim Architektenhaus plant man das Haus zunächst mit dem Architekten und schreibt die Bauleistungen dann an einzelne Handwerker aus.

Beim Generalunternehmerhaus geht man von vornherein zu einem Generalunternehmer, der Planung und Hausbau in einem Paket anbietet (zum Beispiel schlüsselfertiges Massivhaus oder Fertighaus in Holzbauweise).

Bei der Kombinationsvariante plant man zunächst individuell mit dem Architekten und lässt das so geplante Haus dann durch einen Generalunternehmer statt durch einzelne Handwerker errichten.

In der Planungsphase ist es wichtig, dass zunächst einmal ein guter Vertrag mit einem Architekten oder mit einem Fertighausanbieter oder auch mit einem Generalunternehmer geschlossen wird, dessen Vertragsanlagen Mehrkostenrisiken weitgehend ausschließen. Das heißt, bei einer solchen Prüfung müssen Sie einerseits die rechtlichen Aspekte des Vertrages prüfen und andererseits die technischen Aspekte der Planung und Baubeschreibung. Dementsprechend ist das vorliegende Buch aufgeteilt. Es geht zunächst um die Überprüfung, ob der Architekt überhaupt die unverzichtbaren Planungsgrundlagen detailliert vorgelegt bekam beziehungsweise ob die Ihnen vorgelegte Baubeschreibung eines Generalunternehmers alle wichtigen Aspekte enthält, die Sie im Rahmen eines Bauvorhabens benötigen. Das beginnt mit der Einmessung des Grundstücks durch einen vereidigten Sachverständigen und hört mit der Raseneinsaat für den Garten auf. Damit Sie solche Kostenrisiken erkennen und ausschalten können, enthält das Buch im nächsten Kapitel Checklisten, mit denen Sie alle notwendigen Regelungen, die mit einem Architekten als Planungsgrundlage getroffen werden müssen, überprüfen können und mit einer weiteren Checkliste auch die Ihnen vorgelegte Baubeschreibung für Ihr Bauvorhaben.

Anschließend an die Checklisten zu notwendigen Regelungspunkten im Architektenvertrag finden Sie dann für jeden zu überprüfenden Punkt ein eigenes Checkblatt. Dies baut sich immer aus 3 Fragen auf:

→ Um was geht es?
→ Welche Kostenrisiken gibt es?
→ Was muss geregelt werden?

Ähnlich verhält es sich bei der Überprüfung der Baubeschreibung, die Ihnen von einem Generalunternehmer vorgelegt wird. Dazu finden Sie im Anschluss an die Checklisten zu jedem Punkt ein eigenes Checkblatt das sich immer wie folgt gliedert:

→ Um was handelt es sich bei dem Checkpunkt?
→ Wann benötigt man diese Leistung?
→ Wieviel kostet sie?
→ Welche Alternativen gibt es?

Stellen Sie nun fest, dass in dem Ihnen vorliegenden Bauangebot bestimmte Punkte fehlen, können Sie direkt im Buch nachsehen, um was es sich dabei genau handelt und welche Konsequenzen das hat.

Aber vor dem Bauen steht immer auch der Grundstückskauf. Es kann natürlich sein, dass man Ihnen einfach ein Grundstück überlässt, überschreibt, schenkt oder Ähnliches. In diesem Fall braucht Sie das Thema Grundstückskauf nicht so sehr zu beschäftigen. Müssen Sie allerdings noch eines erwerben, sind auch die diesbezüglichen Checkblätter wichtig für Sie, einmal zu den Kostenfallen und einmal zu den Vertragsfallen. Hinsichtlich der Kostenfallen beim Grundstückskauf haben Sie zunächst auch eine Checkliste, mit der Sie alle wichtigen Punkte überprüfen können. Anhand von Checkblättern können Sie dann jeden einzelnen Punkt und dessen Kostenrisiken noch eingehend studieren.

Die Checkblätter gliedern sich dazu wie folgt:

→ Um was geht es?
→ Welche Kostenrisiken gibt es?
→ Worauf muss man achten?

Dieses Wissen ist die Basis, um Kostenrisiken auszuschalten. Da dieses Buch voraussetzt, dass Sie auf eigenem Grundstück bauen, haben Sie es auch in der Hand, welchen Vertrag mit welchem Architekten und welchem Unternehmer und dessen Bauleistungskatalog Sie unterzeichnen. Auch können Sie so relativ schnell erkennen, ob ein preiswertes Angebot auch wirklich und im Sinn des Wortes „Preis-wert" ist oder einfach nur billig oder gar ein völlig unterbepreistes Lockangebot.

Kostenrisiken bei Bauvorhaben mit dem Generalunternehmer oder Fertighausanbieter

Beim Bauen mit dem Generalunternehmer liegen die größten Kostenrisiken darin, dass eine unvollständige Planung und eine unvollständige Baubeschreibung als Vertragsanlagen vereinbart werden.

Es kann beispielsweise sein, dass Sie vorhaben, Ihr Bauprojekt mit der KfW (Kreditanstalt für Wiederaufbau) zu finanzieren. Die dazu notwendige Energieeffizienz-Klassifizierung des Hauses muss dann natürlich auch in der Baubeschreibung verbindlich festgelegt werden. Geschieht das nicht und muss nachher der höhere Energiestandard des Hauses nachverhandelt werden, zu einem Zeitpunkt, zu dem aber der Vertrag bereits unterzeichnet ist, kann das sehr teuer werden. Das kann so weit gehen, dass die Zusatzkosten die Fördervorteile der KfW glatt auffressen und sich diese Finanzierung dann gar nicht mehr lohnt. Hat man einen solchen Punkt vor Vertragsunterzeichnung im Blick, kann man ihn zu einem deutlich günstigeren Zeitpunkt einbringen, nämlich während der Vertragsverhandlungen. Zu diesem Zeitpunkt muss der Auftragnehmer noch um den Auftrag kämpfen und wird daher auch zu größeren Zugeständnissen bereit sein. Hat er den Vertrag hingegen in der Tasche, wird diese Bereitschaft merklich sinken.

Es zeichnet Generalunternehmerverträge generell aus, dass sich das Klima schlagartig ändern kann, kaum sind Verträge unterzeichnet. Denn anders als möglicherweise Ihr Autohändler wird Sie Ihr Hausanbieter nur ein Mal im Leben sehen. Der Wiederholungsfall ist praktisch ausgeschlossen. Das führt automatisch zu einem völlig anderen Kundenumgang als bei einer langfristigen, wiederholten Zusammenarbeit. Das ist übrigens auch ein Vorteil von Bauherren, die mit einem Architekten zusammenarbeiten: Regionale Handwerker haben durchaus ein Interesse daran, wiederholt mit einem regionalen Architekten zusammenzuarbeiten. Ihn einfach zu enttäuschen werden sie sich zumindest zweimal überlegen.

Typische Kostenfallen beim Bauen mit dem Generalunternehmer sind:

→ Zusatzausstattungen, die erst im Verlauf der Hausbemusterung auftauchen (Kellerqualität und -ausstattung, Bad, Elektroausstattung, Bodenbeläge, Fenster, Dachausbau, Balkon, Heizung, Lüftungsanlage)
→ Abtransport von Erdmaterial und Deponiekosten
→ Außentreppe, Terrasse, Wege, Zaun
→ Garage
→ energetischer Standard
→ Baueingabekosten / Genehmigungen
→ Vermesser
→ Statik
→ Anschlusskosten
→ Baustelleneinrichtung und Betrieb
→ Gartenanlage

Diese Kosten sind nur in wenigen Verträgen wirklich sauber und vollständig geklärt. Das heißt, sie bleiben dann automatisch beim Bauherrn hängen. Das Problem ist, dass allein die oben genannten Punkte ganz schnell hohe fünfstellige Beträge verursachen können. Nun kann man vielleicht auf den Bau einer Garage vorläufig verzichten, um Kosten einzusparen, das sieht bei einem Keller aber gleich ganz anders aus. Ist er geplant und das Erdreich bereits ausgehoben, wird man kaum auf den Keller verzichten wollen, wenn man merkt, dass er – aufgrund eines hohen Grundwasserstands – so wie geplant gar nicht errichtet werden kann. Steht gar das Wasser schon in der Baugrube und muss auch eine aufwendige Wasserhaltung installiert werden, um den Keller in der Grube überhaupt errichten zu können, kann es richtig teuer werden. Hohe fünfstellige Beträge als Zusatzkosten nur für diese Zusatzleistungen eines grundwasserresistenten Kellerbaus und einer Wasserhaltung sind die Folge. Ist jedoch bei einer Bank der Kreditrahmen bereits vollständig ausgereizt und ist diese nicht mehr bereit, weiteres Geld nachzufinanzieren, kann man sehr schnell in eine äußerst riskante Situation kommen. Allein dieser Punkt zeigt Ihnen schon, wie wichtig es ist, sich die Vertragsunterlagen mit den Leistungsversprechen sehr sorgsam anzusehen. Natürlich wird Ihnen niemand einen aufwendigeren Keller kostenfrei dazugeben, nur weil Sie das Problem rechtzeitig erkannt haben. Aber: Wenn Sie gravierende Probleme rechtzeitig erkennen, können Sie frühzeitig geordnet umsteuern. So könnten Sie zum Beispiel ja versuchen, die Mehrkosten für den Keller gleich zu Beginn an anderer Stelle gezielt einzusparen und Verzicht zu üben, bis hin zu der Entscheidung, ganz auf einen Keller zu verzichten, weil der Baugrund den Kellerbau zu aufwendig machen würde.

Kostenrisiken bei Bauvorhaben mit dem Architekten und Handwerkern

Bei Bauvorhaben mit dem Architekten ist ein großes Problem, dass man die Baukosten lange gar nicht kennt. Denn ein Architekt hat üblicherweise kein fertig geplantes Haus in der Schublade, sondern beginnt jedes Mal, individuell neu zu planen.

Dies und die hohen Kosten eines Architekten haben Architekten weitgehend aus dem Einfamilienhausmarkt verdrängt. Der Platz wurde eingenommen von Fertighausanbietern, die Holzbauten anbieten, und Generalunternehmern, die Massivhäuser anbieten. Viele Verbraucher empfinden als Vorteil, dass man diese Häuser bei manchen Anbietern vorher sogar besichtigen kann und von vornherein Leistung und Kosten kennt. Auch der Gesetzgeber hat das Problem zwischenzeitlich erkannt, dass Verbraucher beim Bauen mit dem

Architekten in erhebliche Kostenunsicherheiten laufen können. Seit dem 01.01.2018 gibt es daher § 650p und § 650r im BGB. Diese regeln, dass einem Bauherrn mit den ersten Planungen auch eine Kosteneinschätzung vorzulegen ist und der Bauherr dann 14 Tage Zeit hat, um sich zu entscheiden, ob er aus dem Vertrag mit dem Architekten aussteigt oder ihn fortsetzt. Diese gesetzliche Regelung kann auch durch anderslautende Regelungen in einem Architektenvertrag nicht außer Kraft gesetzt werden. Das ist eine sehr wichtige Verbraucherschutzklausel, weil es Ihnen bis zu dieser Regelung passieren konnte, dass Sie aus einem einmal geschlossenen Architektenvertrag nicht mehr herauskamen – oder dem Architekten im Zweifel seinen entgangenen Gewinn zahlen mussten.

Aber trotz dieser gesetzlichen Regelungen fragt sich natürlich immer: Haben Sie mit dem Architekten auch klar vereinbart, welchen Leistungsumfang und Qualitätsstandard das Haus haben soll? Und genau das ist fast nie der Fall. Es gibt kaum einen Architektenvertrag, in dem das zu planende Haus möglichst exakt beschrieben wird. Ist beispielsweise nicht definiert, dass Sie ein Haus mit ausgebautem Dachgeschoss oder einer bestimmten Energie-Effizienzhaus-Klassifizierung haben wollen, dann kann und wird Ihr Architekt diese Kosten natürlich auch nicht berücksichtigen bei der Kostenvorlage an Sie. Diese Mehrkosten werden Sie also trotz gesetzlicher Sicherung einholen, auch wenn der Architekt Sie eigentlich umfassend beraten und so auch eine vollständige Planungsgrundlage erstellen muss. Aber ob er Sie frühzeitig umfassend beraten hat, können Sie als Laie kaum feststellen. Die Regelungen zu den vereinbarten Eigenschaften und Leistungen das Bauwerk betreffend lassen in vielen Architektenverträgen jedenfalls stark zu wünschen übrig. Daher ist es beim Bauen mit dem Architekten sehr wichtig, die Leistung, die man haben möchte, sehr genau im Architektenvertrag zu beschreiben.

Typische Kostenrisiken beim Bauen mit dem Architekten sind:

→ unklare Größenvorgaben für Flächen und Rauminhalte
→ unklare Materialvorgaben
→ unklare Ausstattungsvorgaben
→ unklare Haustechnikvorgaben
→ unklare energetische Vorgaben
→ extreme, viele und aufwendige Individualplanungen ohne wirklichen Mehrwert
→ fehlende zwingende Lösungen (zum Beispiel Barrierefreiheit, hoher Schallschutz)
→ Unklarheit über zusätzlich benötigte Leistungen (Bodengutachter, Vermesser, Statiker)
→ fehlende Ausschreibungsergebnisse / Kosten nur geschätzt

Wer mit einem Architekten baut, hat also das Problem, dass er die Leistungen, die er vom Architekten verlangt, selbst zusammenstellen muss. Denn erstaunlicherweise hat kaum ein Architekt einen Fragebogen, den er einem Bauherrn mit der Bitte um vollständiges Ausfüllen mitgibt. Und hinzu kommt folgendes Problem: Ein Architekt, der noch nie ein Passivhaus gebaut hat, wird Ihnen auch nicht den Bau eines solchen vorschlagen. Ein Architekt, der noch nie ein Holzhaus gebaut hat, wird Ihnen auch dessen Bau nicht vorschlagen. Ein Architekt, der begeistert ist vom Bauhaus-Stil, kann versucht sein, Ihrem Haus eine solche Handschrift aufzuerlegen, obwohl Sie das vielleicht gar nicht wollen. Das heißt, beim Bauen mit dem Architekten lauern genauso wie beim Bauen mit dem Fertighausanbieter oder dem Bauen mit dem Generalunternehmer zahlreiche Probleme, die sehr schnell auch Kostenprobleme sind.

Das ist nur in den Griff zu kriegen, indem man sehr früh einen klaren Anforderungskatalog aufstellt und konsequent prüft, ob dieser Katalog seitens des Architekten auch eingehalten wird. Nötigen-

Kostenrisiken bei Bauvorhaben mit dem Architekten und Handwerkern

falls muss man eingreifen, um das sicherzustellen und dann auch realistische Kosten benannt zu bekommen. Dabei helfen Ihnen die Checkblätter in diesem Buch, die alle wichtigen Planungsgrundlagen abfragen.

Wenn der Architekt mit seiner Planung fertig ist, muss zu dieser noch ein sogenanntes Bauleistungsverzeichnis erstellt werden, damit die unverzichtbaren Bauleistungen ausgeschrieben werden können, also entweder Einzelhandwerkern oder Generalunternehmern mit der Bitte um Abgabe eines Angebots vorgelegt werden können. Dieser transparente Kostenvergleich, den ein Architekt herbeiführen kann, ist einer der großen Vorteile beim Bauen mit dem Architekten. Das Problem dabei ist aber natürlich ebenso, dass die eingeholten Vergleichspreise immer nur so sicher sind, wie die Ausschreibung des Architekten vollständig ist. Hat er etwas vergessen oder benötigte Mengen oder Stückzahlen zu niedrig bemessen, wird dies zu Kostensteigerungen führen.

Ausschreibungen werden heute oft mit Ausschreibungssoftware erstellt. Diese ist allerdings bei Weitem nicht immer überzeugend. Ob eine Ausschreibung vollständig und sicher ist, hängt nicht davon ab, ob sie mit einer Software erstellt wurde oder nicht. Büros, die sich auf ihre eigene Erfahrung und büroeigene Word- oder Excel-Dokumente verlassen, müssen deswegen keine schlechteren Ausschreibungen erstellen. Ganz im Gegenteil, dabei kann sogar deutlich detaillierter und exakter ausgeschrieben werden als über manche allzu allgemeine Textformulierung einer Software allein. Eine vollständige und rechtssichere Ausschreibung zu erstellen, die keinen Raum für Nachforderungen lässt und bei Problemen auf der Baustelle flexibles Handeln ermöglicht, ist eine hohe Kunst. Dazu bedarf es jahrelanger Praxiserfahrung. Das ist einer der Gründe, warum Sie einen erfahrenen Architekten an Ihrer Seite haben sollten.

Entscheidend ist weiter, dass Ausschreibungstexte vor Aussendung an Handwerker oder Generalunternehmer grundsätzlich einem Fachanwalt für Bau- und Architektenrecht oder einem mit entsprechendem Tätigkeitsschwerpunkt vorgelegt werden sollten. Denn fast immer beinhalten Ausschreibungen auch rechtliche Regelungen, die der aktuellen Gesetzeslage und der aktuellen Rechtsprechung nicht widersprechen dürfen. Das kann rechtssicher nur ein Anwalt überprüfen. Schon Kleinigkeiten können ansonsten eine sicher geglaubte Ausschreibung in große Probleme bringen. Das sollte man grundsätzlich nicht unterschätzen und erst gar nicht riskieren.

Typische Ausschreibungsfehler sind:

→ zu geringe Massenvorgaben
→ falsche Maßvorgaben
→ falsche Stückzahlvorgaben
→ ungenaue Leistungsbeschreibungen
→ unzulässige Leistungsbeschreibungen
→ unvollständige Leistungsbeschreibungen
→ unklare oder fehlende Materialangaben, auch von Zusatzmaterialien
→ fehlende Ausschreibung notwendiger vorbereitender Arbeiten
→ fehlende Ausschreibung notwendiger Zusatzleistungen
→ fehlende Ausschreibung notwendiger Spezialmaschinen
→ fehlende rechtliche Vorgaben
→ fehlende zeitliche Vorgaben
→ fehlende Sicherheitsvorgaben
→ fehlende Versicherungsvorgaben

Schlechte Ausschreibungen sind ein Kostentreiber. Zu den einzelnen Punkten erfahren Sie mehr in den diesbezüglichen Checkblättern ab Seite 63.

Übliche Nebenkosten beim Bauen

Neben den versteckten Kostenrisiken beim Bauen mit unerwarteten Zusatzkosten gibt es natürlich auch die üblichen Nebenkosten, die bekannt sind und die man immer einplanen sollte. Schon diese Kosten sind so hoch, dass sie schnell 10 Prozent der Bausumme betragen können.

Nur allein die Grunderwerbsteuer beträgt in vielen Bundesländern 5 Prozent, mitunter sogar schon 6,5 Prozent. Bei einem Grundstückswert von 100.000 Euro sind das 5.000 Euro oder gar 6.500 Euro. Will dann ein Makler noch seine Courtage haben und der Notar noch sein Honorar, liegen Sie schon nur mit diesen 3 Positionen weit über 10.000 Euro. Kommt schließlich die Gemeinde, in der Sie den Bauplatz erworben haben, noch mit Erschließungskosten auf Sie zu, also Kosten für Straßen- und Gehwegsbau, Kanalisation und Straßenbeleuchtung, sind Sie ganz schnell nochmals einen mittleren fünfstelligen Betrag los. Will die Gemeinde von Ihnen dafür zum Beispiel 25.000 Euro haben, sind schon 35.000 Euro an Nebenkosten erreicht, ohne dass Sie auf Ihrem Grundstück auch nur irgendetwas bewegt haben. Müssen Sie das Grundstück darüber hinaus möglicherweise noch freiräumen, also von Bewuchs befreien, Findlinge heben und anderes mehr, sind ganz schnell weitere 5.000 Euro weg und damit vielleicht sogar schon Ihr gesamter Eigenanteil an der Finanzierung.

Übliche Nebenkosten sind:

→ Grundstückskosten
→ Erbpachtkosten
→ Grunderwerbsteuer
→ Notarkosten
→ Maklerkosten
→ Finanzierungskosten
→ Grundbuchkosten
→ Erschließungsgebühren

Diese Nebenkosten werden nachfolgend nochmals einzeln dargelegt, da sie in den folgenden Checkblättern nicht mehr aufgenommen sind. Denn es handelt sich nicht um Kostenfallen, sondern einfach nur um von vornherein sichtbare und übliche Zusatzkosten.

Grundstückskosten

Neben den reinen Baukosten fallen natürlich auch die Kosten für den Kauf eines Grundstücks an. In teuren Ballungsräumen können diese einen erheblichen Teil der Gesamtkosten ausmachen. Die Grundstückskosten bemessen sich praktisch immer nach Lage und Größe des Grundstücks. Nach § 192 des Baugesetzbuches (BauGB) müssen Landkreise oder kreisfreie Städte Gutachterausschüsse bilden. In diese werden Personen berufen, die in der Wertermittlung bebauter und unbebauter Grundstücke sachkundig und erfahren sind. Sie sollen nicht hauptamtlich mit der Verwaltung von Grundstücken der betreffenden Region befasst sein. Meist handelt es sich um verschiedene Personen der öffentlichen Verwaltung und der regionalen Immobilienwirtschaft.

Diesem Gutachterausschuss gehen üblicherweise Kopien der Kaufverträge sämtlicher regionaler Immobilienverkäufe zu. Anhand dieser kann man die Verkaufspreise der Immobilien dokumentieren. Diese Dokumentation wiederum wird der Öffentlichkeit zugänglich gemacht mit einer Kaufpreissammlung (§ 195 BauGB) und Bodenrichtwerten (§ 196 BauGB), so kann man sie einsehen oder auch erhalten. Manchmal muss man dafür eine kleine Schutzgebühr zahlen, manchmal ist der Einblick kostenfrei, online oder in einer Druckausgabe. Am einfachsten geben Sie das Stichwort „Gutachterausschuss" und den Namen Ihrer Gemeinde, des Landkreises oder der kreisfreien Stadt, in der Sie ein Grundstück kaufen möchten, in eine Internetsuchmaschine ein und sehen sich dann das Ergebnis an. Häufig sind die Gutachterausschüsse bei den Liegenschaftsämtern oder ähnlich angesiedelt. Viele Gemeinden haben Informationen dazu und Namen und Kontaktdaten von Ansprechpartnern auch schon auf ihren Internetseiten eingestellt.

Sie sollten vor einem Grundstückskauf auf alle Fälle einen Abgleich mit den örtlichen Preisdokumentationen des zuständigen Gutachterausschusses vornehmen. Eine teure Grundstückswertermittlung hingegen können Sie sich sparen. Der Preis ist meist vierstellig und es hilft Ihnen als Käufer wenig. Denn ein umkämpftes Grundstück wird man Ihnen kaum geben, nur weil Sie einen gutachterlich ermittelten niedrigeren Preis feststellen, sondern es wird im Zweifel derjenige den Zuschlag erhalten, der den verlangten oder den höchsten Preis bietet. Dann haben Sie am Ende ein teures Gutachten bezahlt und stehen doch ohne Grundstück da. Sinnvoller ist es, anhand der Preisdokumentation des lokalen Gutachterausschusses zu schauen, ob der verlangte Preis im Rahmen dessen liegt, was auch zurückliegend in ähnlicher Lage verlangt wurde. Gibt es einen erheblichen Preissprung, muss man sich den Fall genauer ansehen. Natürlich kann es immer sein, dass Preise auch in kürzester Zeit erheblich gestiegen sind und die letzte Dokumentation des Gutachterausschusses einige Jahre zurückliegt. Trotzdem sind erhebliche Preissprünge immer mit Vorsicht zu genießen. Denn sonst kann es sein, dass man deutlich mehr zahlt, als das Grundstück am Markt überhaupt wert ist.

Erbpachtkosten

Nicht immer wird ein Grundstück gekauft, manchmal wird es nur verpachtet. Dann greift ein sogenannter Erbbaurechtsvertrag, im Volksmund auch Erbpacht genannt. Das Grundstück wird dabei für einen bestimmten Zeitraum mit dem Recht zu dessen Bebauung verpachtet. Bei der Pacht spricht man auch vom sogenannten Erbpachtzins. Nach der festgelegten Zeit, früher oftmals 99 Jahre, heute meist deutlich kürzere Zeiträume, fällt das Grundstück zurück an den eigentlichen Eigentümer, und er muss den Errichter eines Gebäudes dann für dieses Gebäude entschädigen. Meist wird bereits im Erbbaurechtsvertrag festgelegt, in welcher Höhe die Rückvergütung zu leisten ist. So kann zum Beispiel festgelegt sein, dass ein bestimmter Prozentsatz eines dann durch einen Sachverständigen zu schätzenden Gebäudewertes vergütet wird.

Im Gegensatz zu dem eines Grundstücks steigt aber der Wert eines Gebäudes eigentlich nie. Das Gebäude wird älter, die Bausubstanz maroder. Insofern ist immer davon auszugehen, dass Sie einen Wertverlust haben werden. Denn eine Wertsteigerung hängt praktisch nie am Gebäude selbst, sondern fast immer an der Lage eines Grundstücks. Diese mögliche Wertsteigerung können Sie mit einem Erbbaurechtsvertrag nicht für sich nutzbar machen. Daher ist ein Erbbaurechtsvertrag fast immer eine Verlustrechnung, und man sollte sich gut überlegen, ob man tatsächlich in einen solchen Vertrag einsteigt. Wenn man es jedoch tut, sollte man möglichst kosteneffizient bauen. Allerdings kann einem das vertraglich verwehrt sein, zum Beispiel wenn zusätzlich zum Erbbaurechtsvertrag auch noch ein Bauvertrag mit einem Generalunternehmer unterzeichnet werden soll. Das ist sogar häufiger der Fall, als man glaubt. In diesem Fall kann man aber nicht mehr möglichst effizient bauen, sondern muss meist ein schlüsselfertiges, relativ hochpreisiges Haus errichten. Dann zahlt man am Ende nicht 1.700 bis 2.000 Euro an Baukosten für einen Quadratmeter Wohnfläche, sondern 3.000 bis 5.000 Euro. Bei Rückkauf des Hauses durch den Grundstückseigentümer wird das aber keine Rolle spielen; denn er wird üblicherweise nur einen prozentualen Anteil des tatsächlichen Bausubstanzwertes zahlen. Solche Verträge sind daher glatte Vermögensvernichtungsverträge und man sollte sie nicht unterzeichnen, ganz egal, wie dringend man Wohneigentum sucht.

Grunderwerbsteuer

Die Grunderwerbsteuer ist eine Steuer, die früher in einheitlicher Höhe vom Bund erhoben wurde, deren Höhe heute aber von den einzelnen Bundesländern festgelegt wird. Das hat zu einem rapiden Anstieg der Steuer in einigen Bundesländern geführt. Sie liegt heute, wie erwähnt, teilweise schon bei über 6 Prozent. Um die Steuer kommen Sie aber nicht herum, und Sie können ein Grundstück auch nicht von einem Bundesland in ein anderes transferieren, um dort dann geringere Steuern zu zahlen.

Es gibt allerdings ein gewisses Risiko, bei dem Sie aufpassen müssen, nicht noch mehr zu zahlen. Dabei handelt es sich um das sogenannte versteckte oder verdeckte Bauherrenmodell. Manchmal kauft man nämlich ein Grundstück und soll im Grundstückskaufvertrag auch gleich noch den Bau eines Hauses mit einem Generalunternehmer durch einen Bauwerkvertrag vereinbaren. Das Grundstück kann dabei von einer ganz anderen Person oder Institution kommen als das Haus. Trotzdem gilt ein solcher Vertrag unter Umständen als sogenanntes „verbundenes Geschäft" beziehungsweise „einheitliches Vertragswerk". Es obliegt dann der Einschätzung des zuständigen Finanzamts, ob die Grunderwerbsteuer nur auf das Grundstück oder auch auf das zu errichtende Haus entfällt. Nehmen wir an, das Grundstück soll 100.000 Euro kosten und das zu errichtende Haus 250.000 Euro. Dann fallen bei 5 Prozent Grunderwerbsteuer nicht nur die 5.000 Euro Grunderwerbsteuer für das Grundstück an, sondern auch 10.000 Euro Grunderwerbsteuer für das zu errichtende Haus. Dann kann es schon deutlich klüger sein, man unterzeichnet Grundstückskaufvertrag und Hausbauvertrag nicht in einem Vertrag. Das große Problem dabei ist aber: Vielfach ist das gar nicht möglich, weil der Generalunternehmer, der das Haus baut, nicht in einen Wettbewerb mit anderen Bauunternehmern eintreten will. Daher hat er möglicherweise Provisionsabkommen mit dem bisherigen Grundstückseigentümer geschlossen: Dafür, dass dieser in seinem Grundstückskaufvertrag bereits festlegt, mit wem das Haus errichtet werden muss, erhält er eine Provision. Ist diese lukrativ genug, wird er sich darauf auch einlassen. Das ist in der Bundesrepublik Deutschland legal, und die Vereinbarung einer Provision oder deren Höhe muss nicht offengelegt werden.

Hat das Grundstück aber eine gute Lage und das zu einem fairen Preis und Sie möchten es haben, werden Sie nicht herumkommen, das Haus mit demjenigen Anbieter zu bauen, dessen Bauvertrag Sie bereits im notariellen Kaufvertrag des Grundstücks mit unterzeichnen sollen. Nur wenn der Bauvertrag formale Fehler aufweist, kommen Sie aus diesem Vertrag gegebenenfalls noch heraus. Ist das aber nicht der Fall, kann es auch sein, dass das zuständige Finanzamt aufgrund des „verbundenen Geschäfts" beziehungsweise „einheitlichen Vertragswerks" die Grunderwerbsteuer auch auf das zu errichtende Haus und dessen im Bauvertrag angegebenen Kosten erhebt. Und selbst wenn beide Verträge nicht in einem Vertragswerk eines Notars gemeinsam auftauchen, heißt das noch lange nicht, dass das Finanzamt nicht trotzdem von einem einheitlichen Vertragswerk ausgeht. Um das zu umgehen, müssten Sie beide Verträge schon mit sehr deutlichem zeitlichen Abstand voneinander unterzeichnen, und zwar Monate, nicht Wochen und erst Grundstückskaufvertrag und dann Bauvertrag. Umgekehrt wäre es wenig glaubwürdig und für Sie außerdem sehr gefährlich. Denn was wäre, wenn Sie am Ende das Grundstück doch nicht bekämen, aber einen gültigen Bauvertrag über einen Hausbau hätten?

Notarkosten

Grundstückskaufverträge müssen in Deutschland zwingend von einem Notar beurkundet werden. Das heißt, um einen Notar und dessen Kosten kommen Sie nicht herum. Der Notar kann seine Kosten allerdings nicht beliebig festlegen, sondern ist dabei an gesetzliche Bestimmungen gebunden, das Gerichts- und Notarkostengesetz (GNotKG). Allerdings ist auch diese gesetzliche Gebührenordnung nicht gerade günstig. Nach dem GNotKG wird der Notar von demjenigen bezahlt, der ihn beauftragt (§ 29 GNotKG). Das BGB besagt in § 448 Absatz 2 allerdings, dass üblicherweise der Käufer die Kosten bestimmter Positionen trägt, Zitat:

„Der Käufer eines Grundstücks trägt die Kosten der Beurkundung des Kaufvertrags und der Auflassung, der Eintragung ins Grundbuch und der zu der Eintragung erforderlichen Erklärungen."

Richten Sie sich also darauf ein, dass zumindest diese Kosten zu Ihren Lasten gehen.

Die Höhe der Notarkosten (der Gesetzgeber spricht von Gebühren) ist in Kapitel 3 Abschnitt 3 des GNotKG geregelt, unnötigerweise extrem kompliziert. § 97 Absatz 1 regelt grundsätzlich, Zitat:

„Der Geschäftswert bei der Beurkundung von Verträgen und Erklärungen bestimmt sich nach dem Wert des Rechtsverhältnisses, das Beurkundungsgegenstand ist."

Auf Deutsch: Ist Ihr Grundstück teuer, ist auch die Beurkundung teurer. Selbst wenn sie inhaltlich einfacher sein sollte als die Beurkundung eines günstigeren Grundstücks. Das Gleiche gilt für § 112 und § 113, also die Gebühren für Vollzugs- und Betreuungstätigkeiten.

Der Wert einer Beurkundung eines Grundstückskaufs bemisst sich nach dem Kaufpreis des Grundstücks (§ 47 GNotKG).

Dieser Wert wird dann über eine Gebührentabelle ein- und einer Gebühr zugeordnet. Das geschieht über die Tabelle von § 34 sowie Anlage 2 zu dieser Tabelle in Zusammenspiel mit der Anzahl der Gebührensätze, die nach Anlage 1 Teil 2 des GNotKG für einzelne Leistungen angesetzt werden dürfen.

> ### ▶ BEISPIELE
>
> Nehmen wir an, das Grundstück, welches Sie kaufen wollen, hat einen Wert von 50.000 Euro. Dann errechnet sich die zu leistende Gebühr so: Tabellenwert B für einen Wert des Rechtsverhältnisses von 50.000 Euro: 165,00 Euro.
>
> Entwurf und Beurkundung des Kaufvertrags
> (2-fache Gebühr) = 330 Euro
>
> Vollzug des Kaufvertragsvorgangs
> (1-fache Gebühr) = 82,50 Euro
>
> Betreuung des Kaufvertragsvorgangs
> (0,5-fache Gebühr) = 82,50 Euro
>
> Summe = 495,00 Euro
> Mehrwertsteuer = 94,05 Euro
> **Gesamtsumme = 589,05 Euro**
>
> Weiteres Beispiel: Das Grundstück hat einen Wert von 80.000 Euro. Dann errechnet sich die zu leistende Gebühr wie folgt: Tabellenwert B für einen Wert des Rechtsverhältnisses von 80.000 Euro: 219,00 Euro.
>
> Entwurf und Beurkundung des Kaufvertrags
> (2-fache Gebühr) = 438 Euro
>
> Vollzug des Kaufvertragsvorgangs
> (1-fache Gebühr) = 109,05 Euro
>
> Betreuung des Kaufvertragsvorgangs
> (0,5-fache Gebühr) = 109,05 Euro
>
> Summe = 657 Euro
> Mehrwertsteuer = 124,83 Euro
> **Gesamtsumme = 781,83 Euro**

Der Notar erhält bei einem reinen Beurkundungsauftrag also etwa knapp 1 Prozent der zu beurkundenden Summe. Je nach Auftragsumfang für den Notar sind aber auch 1,5 Prozent schnell erreicht.

Maklerkosten

Haben Sie Ihr Grundstück über einen Makler gefunden, wird auch dieser Geld von Ihnen haben wollen. Die meisten Makler nehmen mindestens 3,57 Prozent der Kaufsumme als sogenannte Courtage. Das Wort hört sich schöner an als Provision, ist aber nichts anderes. Der Betrag errechnet sich aus 3 Prozent der Kaufsumme plus 19 Prozent Mehrwertsteuer. Bei Ihrem Grundstück von 100.000 Euro kämen also noch einmal 3.570 Euro für den Makler dazu. Vielleicht will Ihr Makler aber auch 6 Prozent und somit samt Mehrwertsteuer 7,14 Prozent der Kaufsumme. Dann zahlen Sie ihm 7.140 Euro. Denn die Maklercourtage unterliegt keinerlei gesetzlichen Regularien. Ihr Makler kann nehmen, was er will. Das heißt aber umgekehrt: Sie können bei Vertragsabschluss mit einem Makler besprechen, was Sie zu geben bereit sind. Auch 0,5 oder 1 Prozent ist denkbar. Das liegt an Ihnen – und am Markt. Ein Makler in Görlitz mag mit sich handeln lassen, ein Makler in München weniger. Der wird ein Grundstück an denjenigen veräußern, der ihm seine Courtage auch sichert. Manche Makler gehen sogar so weit, sich eine Unterwerfung in die Zwangsvollstreckung für Ihre Forderungen in den Kaufvertrag setzen zu lassen. So etwas hat dort natürlich nichts verloren, und ein Notar, der das zulässt, muss sich fragen lassen, was er da eigentlich tut. Denn er handelt damit weder neutral gegenüber dem Verkäufer noch gegenüber dem Käufer, sondern massiv parteiisch im Interesse des Maklers, also eines Dritten, der nicht einmal Vertragsbeteiligter ist, ihm aber möglicherweise den Auftrag zugeführt hat. Ein leidiges Problem. Einseitig parteiisches Verhalten sollen Notare ihren Amtspflichten gemäß jedoch unterlassen. Sie sind neutrale Amtspersonen und in einem Kaufvertrag zwischen einem Verkäufer und einem Käufer haben Forderungen eines Maklers nichts verloren.

Eigentumsumschreibung im Grundbuch

Die Eigentumsumschreibung im Grundbuch ist notwendig, damit rechtlich eindeutig dokumentiert ist, dass Sie der neue Eigentümer des Grundstücks sind. Da eine Eigentumsumschreibung einige Monate dauern kann, wird vorab meist auch eine sogenannte Auflassungsvormerkung im Grundbuch eingetragen, mit der sozusagen vorab kurz im Grundbuch fixiert wird, dass Sie der neue Eigentümer werden. Der Verkäufer kann den Erwerb dann nicht mehr wirksam vereiteln, entgegenstehende Verfügungen sind unwirksam. Rechnen Sie für die Eigentumsumschreibung im Grundbuch mit Gebühren von etwa 500 Euro.

Eintragung der Grundschuld ins Grundbuch

Soweit Sie das Grundstück mittels eines Kredits kaufen, wird auch die Eintragung einer Grundschuld beziehungsweise einer Hypothek anstehen, denn die kreditgebende Bank möchte für den von ihr gewährten Kredit Sicherheit. Die Kosten der Eintragung einer solchen Sicherheit im Grundbuch betragen etwa 0,25 bis 0,3 Prozent der Kreditsumme. Nehmen wir also an, Sie haben einen Kredit für Grundstückskauf und Hausbau aufgenommen in Höhe von insgesamt 300.000 Euro, dann können Sie mit Kosten von 750 bis 1.000 Euro rechnen.

Finanzierungskosten

Neben den Zinszahlungen, die Sie an Ihre Bank entsprechend Ihrem Kreditvertrag zahlen, können auch ganz andere Zinsen anfallen, die sich gerade beim Bauen als sehr ärgerlich erweisen können: die sogenannten Bereitstellungszinsen. Manchmal gibt es einen kurzen Vorlauf von wenigen Monaten, während dessen sie nicht anfallen, aber dann zum Beispiel ab dem dritten Monat nach Kreditaufnahme werden sie fällig. Die Begründung dafür ist, dass die Bank das für Sie bereitgehaltene Geld in dieser Zeit nicht anderweitig anlegen kann, sondern eben tatsächlich permanent auf Abruf halten muss für den Fall, dass Sie es anfordern. Das ist für die Bank natürlich kein gutes Geschäft. Daher der Bereitstellungszins. Der ist aber verhandelbar – und verhandeln sollten Sie ihn auch. Nehmen wir an, Sie haben einen Kredit von 300.000 Euro aufgenommen und die Bank verlangt Bereitstellungszinsen von 0,25 Prozent pro Monat. Dann heißt das, dass für diejenige Kreditsumme, die noch nicht abgerufen ist, Monat für Monat 0,25 Prozent Bereitstellungszins fällig werden. Sie denken, naja, 0,25 Prozent, das ist ja nichts und nun wirklich verkraftbar! Dann lesen Sie einmal weiter: 0,25 Prozent von 300.000 Euro sind 750 Euro. Und das käme monatlich auf Sie zu. Nehmen wir an, Ihr Bauvorhaben verzögert sich um 6 Monate, zum Beispiel weil es Probleme bei der Baugenehmigung gibt. Dann sind das schon satte 4.500 Euro. Verzögert sich Ihr Vorhaben um ein Jahr, sind es bereits knappe 10.000 Euro. Haben Sie hingegen mit der Bank eine Frist von 6 oder 12 Monaten vereinbart, in der keine Bereitstellungszinsen anfallen, und haben Sie auch die Zinsen noch nach unten verhandeln können, sieht Ihr Spielraum schon deutlich besser aus.

Erschließungsgebühren

Wenn Sie ein Grundstück kaufen, ist es sehr wichtig, dass Sie darauf achten, ob im Kaufpreis auch die Erschließungsgebühren enthalten sind. Vor allem bei neuen Grundstücken in Neubaugebieten fallen grundsätzlich Erschließungskosten an. Diese sind – gesetzlich geregelt – durch die Anlieger zu tragen. Aber auch wenn man ein Grundstück in einem Bestandsgebiet erwirbt, kann es sein, dass Maßnahmen zum laufenden Unterhalt der öffentlichen Infrastruktur am Grundstück auf einen zukommen. Eben diese hat man dann als Anlieger zu tragen. Das heißt, bevor man ein Grundstück erwirbt, ist es immer sinnvoll, den Stand der Erschließungsgebühren zu überprüfen. Sie erfahren mehr dazu in den nachfolgenden Checkblättern.

Und noch etwas kommt hinzu, wenn gebaut wird: Die Versicherungskosten zur Absicherung der Baustelle.

Versicherungskosten

Wenn man baut, darf man natürlich auch die angemessene Versicherung des Bauvorhabens nicht vergessen. Deren Kosten können teilweise auf alle Beteiligten umgelegt werden (Bauleistungsversicherung), teilweise müssen sie selbst getragen werden und teilweise auch allein von den beauftragten Personen oder Unternehmen. Die wichtigsten Versicherungen sind:

→ Bauherrenhaftpflichtversicherung (schützt vor Haftungsfällen aus der Baustelle, die der Bauherr zu verantworten oder mit zu verantworten hat; wird vom Bauherrn getragen),
→ Bauleistungsversicherung (schützt vor Beschädigung und Diebstahl am Bau; kann umgelegt werden auf alle beteiligten Firmen),
→ Bauhelferversicherung (muss bei der Berufsgenossenschaft abgeschlossen werden für private Helfer am Bau),
→ Unfallversicherung (muss man für sich selber abschließen, wenn man mitarbeitet),
→ Feuerrohbauversicherung (schützt bei Feuer am Bau, häufig wird sie in Kombination mit einer späteren Gebäudeversicherung angeboten),
→ Haftpflichtversicherungen von Planern, Ingenieuren und Unternehmen finanzieren diese selbst.

Die konkreten Kosten von Versicherungen hängen stark von den Angeboten ab, die erheblich schwanken können. Dazu können Sie sich aber selber relativ einfach und transparent im Internet einen Überblick verschaffen. Die Versicherungsbeträge sind aber überschaubar und anders als andere Kosten am Bau auch beherrschbar.

Fragebögen und Checkblätter: Grundstückskauf

Wer das falsche Grundstück kauft, kann damit bereits sehr große Probleme für sein Bauvorhaben verursachen. Denn nicht jedes Grundstück ist einfach beliebig bebaubar. Das betrifft nicht nur rechtliche Aspekte der Baugenehmigung, sondern auch technische und damit finanzielle.

In den Checkblättern dieses Kapitels werden die häufigsten Kostenfallen, die Grundstücksprobleme mit sich bringen können, dargelegt. Zuvor können Sie mit der nachfolgenden Checkliste überprüfen, ob alle Punkte, die darin abgefragt werden, vor dem Kauf des Grundstücks wirklich sorgfältig überprüft wurden. Zu jedem der Prüfpunkte finden Sie daran anschließend die dazugehörigen Checkblätter, in denen die einzelnen Prüfpunkte erläutert werden.

Fragebogen Grundstück

FRAGEN ZUM GRUNDSTÜCK	JA	NEIN	CHECKBLATT
1. Besteht unzweifelhaft Baurecht auf dem Grundstück?	☐	☐	1 → Seite 28
2. Erwerben Sie Eigentum am Grundstück oder Erbbaurecht?	☐	☐	2 → Seite 28
3. Ist ein Nießbrauchrecht im Grundbuch eingetragen?	☐	☐	3 → Seite 29
4. Sind Grunddienstbarkeiten im Grundbuch eingetragen?	☐	☐	4 → Seite 30
5. Ist eine Baulast im Baulastenverzeichnis eingetragen?	☐	☐	5 → Seite 31
6. Gibt es ein Bodengutachten?	☐	☐	6 → Seite 32
7. Ist das Grundstück durch einen Vermesser eingemessen und im Kataster eingetragen?	☐	☐	7 → Seite 33
8. Steht noch ein Bestandsgebäude auf dem Grundstück?	☐	☐	8 → Seite 34
9. Ist der Kaufpreis realistisch?	☐	☐	9 → Seite 35
10. Sind bei einem neuen Grundstück die Erschließungsgebühren bereits abgerechnet?	☐	☐	10 → Seite 36
11. Sind bei einem älteren Grundstück für die nähere Zukunft Anliegergebühren schon angekündigt oder zu befürchten?	☐	☐	10 → Seite 36
12. Ist die Flurstücknummer geklärt?	☐	☐	11 → Seite 38
13. Gibt es einen zwingenden Energieliefervertrag?	☐	☐	12 → Seite 38
14. Läuft der Grundstücksverkauf über einen Makler?	☐	☐	13 → Seite 39
15. Kann nur mit einem festgelegten Bauunternehmen gebaut werden?	☐	☐	14 → Seite 40

Checkblatt Grundstückskauf
Baurecht

FRAGEN ZUM GRUNDSTÜCK	JA	NEIN
1. Besteht unzweifelhaft Baurecht auf dem Grundstück?	☐	☐

Um was geht es?

Nicht für jedes Grundstück gibt es automatisch Baurecht. So gibt es natürlich auch Grundstücke, auf denen explizit nicht gebaut werden darf. Wenn Sie ein Grundstück zur Bebauung erwerben wollen, muss sichergestellt sein, dass für dieses tatsächlich Baurecht besteht. Auch die Bezeichnung „Bauerwartungsland" oder ähnliche Zukunftsversprechen helfen Ihnen wenig weiter.

Welche Kostenrisiken gibt es?

Grundstücke, auf denen nicht gebaut werden darf, sind meist bereits am deutlich geringeren Preis erkennbar. Aber selbst wenn Sie nur 15 oder 30 Euro pro Quadratmeter bezahlen, sind das bei einem 400 Quadratmeter Grundstück immer noch zwischen 6.000 und 12.000 Euro, die einfach weg sind, wenn Sie dann mit dem Grundstück nichts anfangen können.

Worauf muss man achten?

Grundstücke außerhalb zusammenhängender Siedlungsgebiete sind grundsätzlich mit großer Vorsicht zu genießen. Hier besteht nicht ohne Weiteres Baurecht. Bei innerörtlichen Grundstücken sollte man sich erkundigen, ob ein Bebauungsplan existiert oder ob es sich um ein sogenanntes „Paragraf-34-Gebiet" nach dem Baugesetzbuch handelt (→ Checkblätter 22 und 84, Seite 67 bzw. 210).

Auch bebaute Grundstücke sollte man sich sehr genau ansehen. Denn in diesem Fall kann es sein, dass Sie dann zunächst eine Abrissgenehmigung für das Bestandsgebäude brauchen.

Checkblatt Grundstückskauf
Erbbaurecht

FRAGEN ZUM GRUNDSTÜCK	JA	NEIN
2. Erwerben Sie Eigentum am Grundstück oder Erbbaurecht?	☐	☐

Um was geht es?

Nicht jedes Grundstück, das auf dem Markt ist, wird wirklich verkauft, manche Grundstücke werden auch nur verpachtet. Der Eigentümer bleibt also Eigentümer und vergibt sein Grundstück nur auf Zeit und gegen Pacht. Sie erwerben dann ein sogenanntes Erbbaurecht und können auf dem Grundstück ein Haus errichten. Die Vertragslaufzeit von Erbbaurechtsverträgen war früher immer sehr lang, oft 99 Jahre; heute gibt es viele Verträge, die nur noch über 40 oder 50 Jahre laufen. Mit Ablauf des Erbbaurechts geht dann das Nutzungsrecht am Grundstück wieder an den Eigentümer zurück, und an ihn fällt zwangsläufig auch die Bebauung. Dafür muss er üblicherweise ein Entgelt zahlen, dessen Berechnungsgrundlage meist von Anfang an im Erbbaurechtsvertrag fixiert ist.

Welche Kostenrisiken gibt es?

Erbbaurechtsverträge sind für den Erbbaurechtsnehmer, also Sie, selten ökonomisch sinnvoll. Sie sind nur dann sinnvoll, wenn Grundstückspreise extrem hoch sind und zeitgleich der verlangte Erbbaurechtszins (also das Entgelt für die Grundstücksnutzung) sehr niedrig ist. Das ist aber nur selten der Fall. Auf lange Sicht zahlen Sie praktisch immer drauf. Für die ersten Jahre sehen die Baufinanzierungsrechnungen meistens extrem rosig aus, weil ja praktisch nur die Kosten für den Hausbau selbst anfallen plus die Pacht für das Grundstück. Aber je länger die Pacht läuft, desto stärker holen die wirtschaftlichen Nachteile Sie ein. Und nicht selten ist es sogar so geregelt, dass der Wert des Hauses, das Sie gebaut haben, mit Auslaufen des Erbpachtvertrages durch einen Sachverständigen geschätzt werden soll, und Sie erhalten dann einen festgelegten Teilbetrag dieses Wertes. Das Problem dabei ist: Der Wert von Häusern nimmt immer ab. Selbst in Toplagen in Topstädten. Denn die Bausubstanz ist schlicht und einfach älter geworden. Den Wert eines Hauses macht, wie in diesem Buch schon erwähnt, immer das Grundstück aus, auf dem es steht. Und dieser Wert kann auch steigen. Davon profitieren Sie aber bei einem Erbbaurechtsgrundstück nicht. Der Wert des von Ihnen gebauten Hauses wird auf alle Fälle sinken, und von der Wertstabilisierung oder sogar Steigerung des Grundstückswerts können Sie nicht profitieren. Das bedeutet langfristig meist einen unnötigen Verlust hoher Beträge.

Worauf muss man achten?
Erbbaurechtsverträge sollte man nach Möglichkeit von vornherein ganz ausschließen. Gerade bei der Eigentumsbildung, die langfristig stabilisierend wirken soll, stehen sie oft im Weg. Auf anderen Gebieten wie zum Beispiel bei landwirtschaftlichen Pachtverträgen oder Erbbaurechtsverträgen im Gewerbebereich kann das anders aussehen. Aber im privaten Einfamilienhausbau kommen Sie damit nicht wirklich weiter, wenn Sie neben dem sicheren Wohnen auch eine gewisse Vermögensbildung und/oder -sicherung betreiben wollen.

Checkblatt Grundstückskauf
Nießbrauchrecht

FRAGEN ZUM GRUNDSTÜCK	JA	NEIN
3. Ist ein Nießbrauchrecht im Grundbuch eingetragen?	☐	☐

Um was geht es?
Im Grundbuch sind manchmal sogenannte Nießbrauchrechte eingetragen. Nießbrauch kommt von „genießen" und „Genuss". Jemand kommt also in den Genuss von etwas. Nießbrauchrechte sind Nutzungsrechte. Es kann also zum Beispiel sein, dass Eltern ihren Kindern ein Grundstück überschrieben haben, sich aber selbst lebenslange Nießbrauchrechte an dem Grundstück sichern wollen, vielleicht weil Sie das Grundstück verpachtet haben und die Pachteinnahmen weiterhin selbst einnehmen möchten.

Würden die Kinder das Grundstück nun verkaufen, ginge das zwar, aber das weitgehende Nutzungsrecht, das im Grundbuch eingetragen ist, bliebe bestehen. Sie hätten also keinen Zugriff auf die Nutzung des Grundstücks, selbst wenn Sie der neue Eigentümer wären. Nießbrauchrechte betreffen mitunter auch nur Teile von Grundstücken oder Nebengebäude, für die dann zum Beispiel lebenslange Wohnrechte abgesichert werden.

Welche Kostenrisiken gibt es?
Ein übersehenes, aber umfassendes Nießbrauchrecht kann den Wert eines Grundstücks förmlich marginalisieren. Sie werden auf einem solchen Grundstück nichts mehr bauen und Sie werden große Probleme haben, es wieder zu verkaufen. Wenn Sie ein umfassenderes Nießbrauchrecht beim Kauf eines Grundstücks übersehen haben, haben Sie ein sehr ernstes Problem.

Worauf muss man achten?

Wenn im Grundbuch ein Nießbrauchrecht eingetragen ist, muss dem mit aller Sorgfalt nachgegangen werden. Es kann sich um ein beherrschbares Nießbrauchrecht handeln, und es kann sich um ein umfassendes Nießbrauchrecht handeln, das alle Ihre Pläne zerstört. Nießbrauchrechte werden in Abteilung II eines Grundbuchs eingetragen und wären, falls vorhanden, dort auch klar ersichtlich.

Checkblatt Grundstückskauf
Grunddienstbarkeiten

FRAGEN ZUM GRUNDSTÜCK	JA	NEIN
4. Sind Grunddienstbarkeiten im Grundbuch eingetragen?	☐	☐

Um was geht es?

Im Grundbuch können sogenannte Grunddienstbarkeiten eingetragen sein. Das sind eingeschränkte Nutzungsrechte für ein Grundstück, zum Beispiel Überfahr- oder Durchfahrtrechte, aber auch das Recht, etwa Leitungen zu verlegen und instand zu halten. Wenn also zum Beispiel eine Telefon- oder Gasleitung durch Ihr Grundstück zum Nachbargrundstück geführt werden muss, legt man im Grundbuch eine Grunddienstbarkeit an. Oder aber Ihr Nachbar muss über Ihr Grundstück fahren, um zu seiner Garage zu gelangen, dann kann dafür ein Wegerecht ins Grundbuch eingetragen werden. Ihr Nachbar darf dann also Ihr Grundstück im festgelegten Korridor durchfahren, aber er darf nicht zum Beispiel einfach ein Wohnmobil auf Ihrem Grundstück parken.

Welche Kostenrisiken gibt es?

Grunddienstbarkeiten können den Wert eines Grundstücks erheblich einschränken. Kleinere Grunddienstbarkeiten, wie einige Leistungsrechte, spielen dabei keine größere Rolle. Aber umfassendere Grunddienstbarkeiten können die Nutzungs- und auch Bebauungsmöglichkeiten eines Grundstücks erheblich einschränken.

Worauf muss man achten?

Grunddienstbarkeiten sind weit verbreitet. Das hängt üblicherweise mit den Grundstücken und ihrer Anbindung an die öffentliche Infrastruktur zusammen. Hintereinanderliegende Grundstücke etwa benötigen für notwendige Anbindungen an Leitungsnetze wie Trinkwasser, Abwasser, Strom oder Telefon oft Grunddienstbarkeiten. Damit kann man im Alltag auch gut umgehen. Anders sieht es schon aus, wenn Grunddienstbarkeiten im Grundbuch eingetragen sind, die Ihnen erhebliche Probleme machen können, etwa umfassende Parkierungsrechte auf Ihrem Grundstück, Zufahrten zu einer großen Tiefgarage und anderes mehr. In einem solchen Fall sollte man das Problem klar ansprechen und nötigenfalls auch Änderungen aushandeln, bevor man den Kaufvertrag unterzeichnet. Grunddienstbarkeiten sind in Abteilung II des Grundbuchs eingetragen. Auf gar keinen Fall dürfen Grunddienstbarkeiten der von Ihnen geplanten Nutzung des Grundstücks im Weg stehen.

Checkblatt Grundstückskauf
Baulast

FRAGEN ZUM GRUNDSTÜCK	JA	NEIN
5. Ist eine Baulast im Baulastenverzeichnis eingetragen?	☐	☐

Um was geht es?

Baulasten sind einfach übersetzt öffentlich-rechtliche Einschränkungen der Bebaubarkeit eines Grundstücks. Sie können sehr unterschiedliche Gründe haben. Möglicherweise hat sich ein Nachbar mit dem Vorbesitzer Ihres Grundstücks darauf geeinigt, dass er näher an die Grundstückgrenze bauen darf als eigentlich zulässig und der Vorbesitzer Ihres Grundstücks dafür weiter von der Grundstücksgrenze entfernt bleibt. Das kann beispielsweise mit einem entsprechenden finanziellen Ausgleich für den Vorbesitzer Ihres Grundstücks verbunden gewesen sein.

Fertighausanbieter und Anbieter schlüsselfertiger Massivhäuser gehen grundsätzlich davon aus, dass das Grundstück nach Bebauungsplan oder nach § 34 des Baugesetzbuchs bebaubar ist. Sie rechnen nicht mit Einschränkungen. Das heißt, in diesen Fällen sollten Sie so früh wie möglich das Baulastenverzeichnis einsehen und schauen, ob Ihr Grundstück Einschränkungen unterliegt. Das Baulastenverzeichnis wird bei der zuständigen kreisfreien Kommune beziehungsweise dem zuständigen Landkreis geführt, also nicht bei den Amtsgerichtsbezirken oder regionalen Grundbuchämtern, in denen üblicherweise die Grundbücher geführt werden.

Notare sind übrigens ohne besonderen Auftrag nicht verpflichtet, vor der Beurkundung des Grundstückskaufvertrags Einsicht in das Baulastenverzeichnis zu nehmen.

Welche Kostenrisiken gibt es?

Die Kostenrisiken aus Baulasten können enorm sein, wenn sich während der Planung oder auch erst nach der Planung, etwa im Verlauf des Genehmigungsverfahrens herausstellt, dass Ihr Haus gar nicht gebaut werden kann wie eigentlich geplant. Das kann dazu führen, dass das ganze Hauskonzept nicht funktioniert. Es wird auf alle Fälle zu Umplanungskosten und auch einer Verzögerung des gesamten Bauablaufs führen. Sie landen – je nach Größe des Planungsproblems, das sich aus der Baulast ergibt – schnell im fünfstelligen Euro-Bereich.

Worauf muss man achten?

Vor dem Kauf des Grundstücks muss entweder durch den Verkäufer im Kaufvertrag bestätigt werden, dass auf dem Grundstück keine Baulasten liegen und im Baulastenverzeichnis auch keine Baulasten eingetragen sind. Oder aber Sie sehen das Baulastenverzeichnis selbst ein oder lassen es vom zuständigen Amt einsehen und bitten um schriftliche Bestätigung, dass für das betreffende Grundstück keine Baulasten eingetragen sind.

Checkblatt Grundstückskauf
Bodengutachten

FRAGEN ZUM GRUNDSTÜCK	JA	NEIN
6. Gibt es ein Bodengutachten?	☐	☐

Um was geht es?

Ein Bodengutachten wird nach einer Untersuchung des örtlichen Untergrundes durch einen Geologen erstellt. Üblicherweise will man vor allem 3 Dinge wissen:

→ 1. die Bodenklasse (neu sogenannte Homogenbereiche, die die Eigenschaften des Bodens differenziert beschreiben – also etwa sandige, lehmige, felsige Bereiche),
→ 2. die Bodentragfähigkeit (üblicherweise angegeben in Kilo-Newton pro Quadratmeter kn/m^2),
→ 3. den Grundwasserstand.

Manchmal kommen aber noch weitere Dinge hinzu. Das können vielleicht spezielle Schadstoffuntersuchungen sein, wenn es die Vermutung gibt, dass sich Schadstoffe im Boden befinden könnten.

Welche Kostenrisiken gibt es?

Ohne ein Bodengutachten zu haben, kann man eigentlich nicht bauen. Das wird zwar leider oft gemacht, ist aber mehr als fragwürdig. Denn schon der Statiker benötigt ja belastbare Angaben für seine Annahmen. Man sollte aber noch nicht einmal ein Grundstück erwerben, ohne ein Bodengutachten zu haben. Denn natürlich kann dessen Ergebnis sein, dass sehr kostenintensive Maßnahmen notwendig werden, bevor man überhaupt bauen kann, einerlei ob das einen sehr sandigen und wenig tragfähigen Boden betrifft oder einen hohen Grundwasserspiegel oder anderes.

Worauf muss man achten?

Wenn man sehr an einem Grundstück interessiert ist und alles passt, Lage, Größe, Preis, ist es sinnvoll, vor dem Kauf ein Bodengutachten anfertigen zu lassen. Die Kosten liegen bei etwa 800 bis 2.500 Euro, je nach Aufwand und Umfang. Das Geld ist aber gut investiert. Man kann auch zunächst eine erste, eingegrenzte Überprüfung auf wenige Parameter beauftragen (Bodenklasse beziehungsweise einzelnen Homogenbereiche, Bodentragfähigkeit und Grundwasserstand) und das gegebenenfalls später noch ausweiten, falls noch weitere Fragen auftauchen.

Wichtig ist aber auf alle Fälle die Bestätigung im notariellen Kaufvertrag, dass keine Verunreinigungen mit Schadstoffen vorliegen. Denn sonst müssten Sie auf unzählige Parameter hin überprüfen. Und eigentlich wollen Sie zunächst einmal ja nur wissen, ob das Grundstück ohne größeren Gründungsaufwand bebaubar ist.

Ist der zeitliche Druck zum Grundstückserwerb hoch, könnte man in den Kaufvertrag alternativ einen Vorbehalt aufnehmen, dass bei einer Nicht-Bebaubarkeit des Grundstücks mit einem üblichen Einfamilienhaus ohne erheblichen Mehraufwand bei Gründung und Grundwasserschutz der Kaufvertrag rückabgewickelt werden kann.

Checkblatt Grundstückskauf
Einmessung

FRAGEN ZUM GRUNDSTÜCK	JA	NEIN
7. Ist das Grundstück durch einen Vermesser eingemessen und im Kataster eingetragen?	☐	☐

Um was geht es?
Jedes Grundstück muss durch einen öffentlich bestellten Vermessungsingenieur eingemessen und ins Kataster eingetragen werden. Die Kosten dafür trägt der Grundstückseigentümer.

Welche Kostenrisiken gibt es?
Nicht alle Grundstücke sind schon eingemessen, wenn sie verkauft werden. Das birgt gleich 2 Kostenrisiken: Zum einen ist dann nicht klar, wie groß das Grundstück tatsächlich ist beziehungsweise am Ende sein wird, und zum anderen muss der neue Eigentümer dann auch die Kosten für Vermessung und Eintragung ins Kataster tragen, wenn nichts anderes vereinbart ist.

Worauf muss man achten?
Die Kosten für Vermessung und Eintragung kann man relativ einfach zu Lasten des Verkäufers oder zu Lasten des Käufers oder zu Lasten von beiden im notariellen Kaufvertrag regeln. Etwas schwieriger wird es schon mit der Grundstücksgröße. Aber auch das ist regelbar. Eine Option ist zum Beispiel, dass man nicht nur einen pauschalen Grundstückspreis festlegt, sondern diesen durch die voraussichtliche Quadratmeteranzahl, die das Grundstück haben soll, teilt. Hat es diese dann am Ende nicht, sollte vereinbart sein, dass der Kaufpreis um die Quadratmeteranzahl und damit auch um die Quadratmeterkosten reduziert wird, die das Grundstück eben doch nicht hat. Umgekehrt kann es aber natürlich auch sein, dass das Grundstück am Ende mehr Quadratmeter hat. Wenn diese dann

auch zu vergüten sind, ist Vorsicht geboten. Denn in vielen Metropolen und Universitätsstädten mit Quadratmeterpreisen von 600 bis 800 oder auch mehr Euro bedeuten nur 10 Quadratmeter zusätzlich sofort 6.000 bis 8.000 Euro, in Spitzenlagen ganz schnell 15.000 Euro und mehr. Daher kann eine Sicherungsregelung auch sein, dass man den Preis nach oben fest vereinbart und nur für den Fall von Flächenreduktionen eine Vereinbarung trifft.

Checkblatt Grundstückskauf
Bestandsgebäude

FRAGEN ZUM GRUNDSTÜCK	JA	NEIN
8. Steht noch ein Bestandsgebäude auf dem Grundstück?	☐	☐

Um was geht es?

Es kann sein, dass auf dem Grundstück, das Sie kaufen wollen, um darauf zu bauen, noch ein Bestandsgebäude steht. Das muss kein Problem sein, es kann aber ein gewaltiges Problem werden. Nicht jedes Haus darf einfach abgerissen werden. Besonderen Schutz genießen Häuser, die unter Denkmalschutz stehen. Hier gilt zwar die Regel, dass ein Erhalt dem Eigentümer zumutbar sein muss. Wenn Sie allerdings ein Grundstück mit einem denkmalgeschützten Gebäude schon in der Absicht erwerben, dieses niederzureißen, handeln Sie bereits gegen den Geist des Denkmalschutzgesetzes. Und Sie werden sich dann auch mit der zuständigen Denkmalschutzbehörde anlegen müssen. Das heißt bei einer Untersagung des Abrisses bleibt Ihnen nur der Rechtsweg.

Häuser, die nicht unter Denkmalschutz stehen, können üblicherweise nach einer Abrissgenehmigung abgerissen werden. Und landwirtschaftliche Nebengebäude, also zum Beispiel eine Scheune, benötigen mitunter gar keine Abrissgenehmigung. Aber es ist immer Vorsicht im Einzelfall geboten: Auch eine Scheune kann selbstverständlich unter Denkmalschutz stehen.

Welche Kostenrisiken gibt es?
Die Kostenrisiken, die bestehen, wenn Sie ein Grundstück kaufen, auf dem ein Gebäude steht, das Sie nicht abreißen dürfen oder dessen Abriss erhebliche Verzögerungen mit sich bringen wird, kann Ihre gesamte Finanzierung sprengen.

Worauf muss man achten?
Bevor man ein Grundstück kauft, auf dem ein Haus steht, das man abreißen will, sollte man klären, ob eine Abrissgenehmigung benötigt wird und wenn ja, ob sie problemlos zu erhalten ist.

Wenn die Zeit sehr drängt, weil mehrere Personen an das Grundstück kommen wollen, muss nötigenfalls ein Rücktrittspassus in den Kaufvertrag aufgenommen werden, für den Fall, dass ein Abriss nicht genehmigt wird.

Checkblatt Grundstückskauf
Gutachterausschuss

FRAGEN ZUM GRUNDSTÜCK	JA	NEIN
9. Ist der Kaufpreis realistisch?	☐	☐

Um was geht es?
Jede kreisfreie Kommune und jeder Landkreis ist nach § 192 Baugesetzbuch (BauGB) aufgefordert, einen sogenannten Gutachterausschuss zu bilden. Dieser soll die Preisentwicklung der regionalen bebauten und unbebauten Grundstücke dokumentieren. Daraus sind eine Kaufpreissammlung (§ 195 BauBG) und ein Bodenpreisindex (§ 196 BauGB) zu erstellen. Diese Dokumentationen werden regelmäßig erhoben und allen Bürgerinnen und Bürgern zugänglich gemacht. Das geschieht über dasjenige Amt, bei dem der Gutachterausschuss angesiedelt ist, oft zum Beispiel Bau- oder Liegenschaftsämter der kreisfreien Städte oder des Landkreises. Vielfach gibt es die Dokumentationen online oder in Druckversion, allerdings teilweise auch kostenpflichtig. Der Gutachterausschuss ist üblicherweise ehrenamtlich besetzt, unter anderem mit Fachkundigen des regionalen Immobilienmarkts. Auch seine Zusammensetzung ist gesetzlich geregelt (§ 192 BauGB). Normalerweise erhält der Ausschuss Kopien sämtlicher Grundstückskaufverträge, die auf der Stadt- oder Landkreis-Gemarkung, für die er zuständig ist, getätigt werden. So gelingt es, sehr einfach ein sehr genaues Bild der jeweils aktuellen Preissituation in einer Region zusammenzustellen.

Welche Kostenrisiken gibt es?
Wenn Sie ein Grundstück kaufen, ohne zuvor einen Blick in die aktuelle Dokumentation des regionalen Gutachterausschusses geworfen zu haben, können Sie nur schwer einschätzen, ob Sie günstig an Ihr Grundstück gekommen sind oder

➝

vielleicht viel zu viel bezahlen. Die Kostenrisiken können immens sein. Auf allgemeine Auskünfte von Maklern sollten Sie sich dabei nie verlassen. Deren Wissen muss bis heute durch keinerlei Ausbildung oder Qualifikation nachgewiesen werden, und zudem hängt die Makler-Courtage an der Höhe des Preises. Schon das alleine wirft ja ganz grundsätzlich die Frage der Beratungsneutralität auf.

Worauf muss man achten?
Manchmal gibt es sogenannte Verkehrswertgutachten. Zwar existieren gesetzliche Grundlagen zur Verkehrswertermittlung von Immobilien, nämlich die Immobilienwertermittlungsverordnung (ImmoWertV), aber am Ende wird auch ein solches Gutachten, das sich nach der Verordnung richtet, zumindest immer zu leicht differierenden Ergebnissen kommen. Daher sollte man solche Gutachten immer nur im parallelen Abgleich mit den Daten des örtlichen Gutachterausschusses prüfen. Wobei die meisten Gutachten selbstverständlich dessen Daten berücksichtigen.

Man hat mit den Daten des Gutachterausschusses aber zumindest eine kostengünstige und realistische Einschätzung der aktuellen Grundstückspreise der Region. Manche Gutachterausschüsse differenzieren ihre Angaben selbst in kleinen Gemeinden sehr stark, so dass dort mitunter einzelne Stadtteile detailliert preislich bewertet werden und für Sie dadurch besser einschätzbar sind.

Checkblatt Grundstückskauf
Erschließungsbeiträge / Anliegerbeiträge

FRAGEN ZUM GRUNDSTÜCK	JA	NEIN
10. Sind bei einem neuen Grundstück die Erschließungsgebühren bereits abgerechnet?	☐	☐
11. Sind bei einem älteren Grundstück für die nähere Zukunft Anliegergebühren schon angekündigt oder zu befürchten?	☐	☐

Um was geht es?
Es ist eine wesentliche Frage, ob mit dem Kaufpreis eines Grundstücks auch die sogenannten Erschließungsbeiträge abgegolten sind. Grundsätzlich gilt: Die zuständige Gemeinde treibt diese Gebühren immer vom aktuellen Grundstückseigentümer ein, unabhängig davon, was im Kaufvertrag geregelt ist.

Und häufig ist im Kaufvertrag sehr unklar geregelt, um was es geht. Das kann schon am Begriff und seiner inhaltlichen Definition scheitern. Es ist daher sinnvoll, die gesetzliche Definition der Erschließungsbeiträge als Grundlage zu nehmen, und dabei wird sofort deutlich, dass der Gesetzgeber exakt von der Ersterschließung spricht. Dazu gehören gemäß § 127 Absatz 2 Baugesetzbuch (BauGB) folgende Punkte, Zitat:

„1. die öffentlichen zum Anbau bestimmten Straßen, Wege und Plätze;
2. die öffentlichen aus rechtlichen oder tatsächlichen Gründen mit Kraftfahrzeugen nicht befahrbaren Verkehrsanlagen innerhalb der Baugebiete (z. B. Fußwege, Wohnwege);

3. Sammelstraßen innerhalb der Baugebiete; Sammelstraßen sind öffentliche Straßen, Wege und Plätze, die selbst nicht zum Anbau bestimmt, aber zur Erschließung der Baugebiete notwendig sind;
4. Parkflächen und Grünanlagen mit Ausnahme von Kinderspielplätzen, soweit sie Bestandteil der in den Nummern 1 bis 3 genannten Verkehrsanlagen oder nach städtebaulichen Grundsätzen innerhalb der Baugebiete zu deren Erschließung notwendig sind;
5. Anlagen zum Schutz von Baugebieten gegen schädliche Umwelteinwirkungen im Sinne des Bundes-Immissionsschutzgesetzes, auch wenn sie nicht Bestandteil der Erschließungsanlagen sind."

Nach § 128 des Baugesetzbuches umfasst das auch die Entwässerung und Beleuchtung der öffentlichen Straßenanlagen.

Welche Kostenrisiken gibt es?

Selbst wenn im Grundstückskaufvertrag also geregelt ist, dass die Kosten der Ersterschließung gemäß BauGB im Kaufpreis enthalten sind, können trotzdem noch weitere Erschließungskosten auf Sie zukommen, zum Beispiel die Anbindung Ihres Grundstücks durch den örtlichen Energieversorger mit Strom oder durch den örtlichen Wasseranbieter mit Trinkwasser.

Und selbst wenn auch das mit im Preis enthalten ist, können trotzdem Kosten Sie treffen, dann nämlich, wenn das Grundstück schon lange erschlossen ist und nun die Straße vor dem Grundstück erneuert wird. In diesem Fall geht es dann nicht um die Ersterschließung, sondern um die Anliegerbeiträge. Die kann eine Gemeinde auf Grundlage einer Satzung von den Straßenanliegern erheben. Das können ganz schnell sehr hohe Summen sein, 20.000 oder auch 30.000 Euro sind – je nach Grundstückgröße, Grenzlänge und Bemessungsart – da schnell zusammen. Das kann alle weiteren Bauüberlegungen ausbremsen.

Worauf muss man achten?

Bevor Sie ein Grundstück kaufen, müssen Sie daher wissen:

→ Sind bei neuen Grundstücken die Kosten der Ersterschließung im Kaufpreis enthalten, und sind alle Abrechnungen der Gemeinde abgegolten?
→ Ist auch die individuelle Grundstückserschließung mit Strom, Telefon, Trinkwasser und Abwasser, gegebenenfalls auch Gas oder Fernwärme, ebenfalls enthalten?
→ Sind bei älteren Grundstücken Anliegerbeiträge zu erwarten aufgrund von bereits geplanten und festgelegten Maßnahmen der Infrastruktur (Straßen, Gehweg, Beleuchtung, Kanäle)?

Checkblatt Grundstückskauf
Flurstücknummer

FRAGEN ZUM GRUNDSTÜCK	JA	NEIN
12. Ist die Flurstücknummer geklärt?	☐	☐

Um was geht es?
Jedes Grundstück in Deutschland ist gekennzeichnet mit einer sogenannten Flurstücknummer. Diese ist sowohl im Katasterplan als auch im Grundbuch eingetragen. So ist jedes Grundstück unzweifelhaft zu identifizieren.

Welche Kostenrisiken gibt es?
Kostenrisiken entstehen dann, wenn die Flurstücknummer des Grundstücks, das Sie kaufen wollen, nicht exakt auch in den notariellen Kaufvertrag übernommen wurde. Das muss keine Absicht sein. Es reicht schon ein Zahlendreher oder ein Tippfehler, der beim Übertragen vom Diktiergerät in den Vertrag passiert ist. Fällt das bis zum Schluss keinem auf, hätten Sie theoretisch ein anderes Grundstück gekauft, wenn Sie Glück haben, ein schöneres und größeres in besserer Lage, wenn Sie Pech haben, ein weniger schönes, kleineres in schlechterer Lage, mit allen Kostenrisiken, die daran hängen. Sind sich alle Beteiligten einig, ist ein solcher Fehler zwar auch wieder korrigierbar, aber gehen Sie ihm besser gleich aus dem Weg.

Worauf muss man achten?
Bevor der notarielle Kaufvertrag unterzeichnet wird, muss grundsätzlich immer ein sorgfältiger Abgleich der Flurstücknummer erfolgen (→ Checkblatt 93 Seite 215).

Checkblatt Grundstückskauf
Energieliefervertrag / TV-Kabelvertrag / IT-Datenleitungsvertrag

FRAGEN ZUM GRUNDSTÜCK	JA	NEIN
13. Gibt es einen zwingenden Energieliefervertrag?	☐	☐

Um was geht es?
Es gibt Gemeinden, die mit viel Geld Nah- oder Fernwärmeversorgungen aufgebaut und zum Beispiel auch in einem Neubaugebiet entsprechende Leitungen verlegt haben. Sie schreiben dann über eine Satzung vor, dass jeder Bauherr zwingend diese Energieart nutzen muss. Das kennen Sie vielleicht von TV-Kabelverträgen, bei denen ein Anbieter in die Verlegung von Kabeln investiert hat und dann umgekehrt ein zumindest temporäres Monopol errichten kann, um diese Investition über laufende Einnahmen wieder hereinzuholen. In jüngster Zeit gibt es das auch verstärkt im IT-Kabelbereich.

Welche Kostenrisiken gibt es?
Das Kostenrisiko besteht dabei für Sie darin, dass Sie später im laufenden Betrieb keine Alternative haben zu den Preisen, die der Monopolanbieter verlangt. Die Verträge laufen häufig zumindest auf 10 Jahre; so lange werden Sie damit leben müssen. Sie haben aber kaum eine Chance, das zu ändern, wenn Sie ein spezielles Grundstück wollen, das mit solchen Einschränkungen belegt ist.

Worauf muss man achten?

Bei Fernwärmeverträgen können Sie aber natürlich nur dann zur Nutzung der Energie gezwungen werden, wenn sie diese überhaupt benötigen. Wollen Sie also etwa eine klassische Heizung installieren, etwa eine Gaszentralheizung, wird das nicht funktionieren. Denn Sie müssen in diesem Fall ans Fernwärmenetz. Selbst wenn Sie eine elektrisch betriebene Wärmepumpe installieren wollen, könnten sich rechtliche Probleme ergeben. Das muss man vorher klären. Verzichten Sie aber ganz auf eine Heizung – etwa weil Sie ein Passivhaus bauen und sozusagen über die geregelte Lüftung des Hauses auch heizen –, kann Ihnen zunächst einmal niemand einen Vorwurf machen. Die Fernwärme wäre dann zum Beispiel nur noch für die Warmwasserbereitung zu nutzen. Deren Bedarf an Wärme ist aber oft deutlich niedriger als der Heizungswärmebedarf. Und somit könnten Sie an diesem Punkt sparen. Wobei Sie auf der anderen Seite mit etwa 10 Prozent höheren Baukosten für die Passivhausbauweise rechnen müssten.

Checkblatt Grundstückskauf
Makler

FRAGEN ZUM GRUNDSTÜCK	JA	NEIN
14. Läuft der Grundstücksverkauf über einen Makler?	☐	☐

Um was geht es?
Wenn das Grundstück durch einen Makler vermittelt wurde, sollte klar sein, welche Courtage er dafür haben will. Entgegen einer weit verbreiteten Meinung ist die Maklercourtage nicht gesetzlich geregelt. Viele Makler nehmen nur einfach 3 oder 6 Prozent. Und darauf rechnen sie dann noch die Mehrwertsteuer, die die Makler von Ihrem Honorar abführen müssen. So kommen Makler auf die weit verbreiteten, krummen Werte von 3,57 oder 7,14 Prozent des Kaufpreises, die Kunden als Courtage entrichten sollen.

Welche Kostenrisiken gibt es?
Wenn der Makler von vornherein klar die Höhe seiner Courtage benannt hat, die er für die erfolgreiche Vermittlung des Grundstücks haben will, bedeutet das, dass folgende Zusatzkosten auf Sie zukommen: Nehmen wir an, das Grundstück ist 70.000 Euro wert und der Makler beansprucht 3,57 Prozent davon als Courtage, dann sind das 2.499 Euro. Will er dagegen 7,14 Prozent haben, sind das schon 4.998 Euro. Besteht ein wirksamer Maklervertrag mit einer Courtagevereinbarung für den erfolgreichen Vermittlungsfall (→ Seite 24), werden Sie um diese Kosten dann auch kaum herumkommen.

Worauf muss man achten?

Wichtig ist, eine Regelung darüber zu treffen, wer überhaupt die Courtage trägt, der Verkäufer oder der Käufer oder beide. Außerdem können Sie natürlich mit dem Makler verhandeln, ob er bereit ist, mit seinem Courtagesatz herunterzugehen. In Verkäufermärkten, also Märkten in denen die Vorteile auf der Verkäuferseite liegen, wird das ein Makler kaum tun. Und selbst in Käufermärkten wird er dann wahrscheinlich eher nach einem anderen Käufer suchen und diesen schließlich dem Eigentümer vorschlagen, als auf seine Provision zu verzichten.

Checkblatt Grundstückskauf
Festgelegtes Bauunternehmen

FRAGEN ZUM GRUNDSTÜCK	JA	NEIN
15. Kann nur mit einem festgelegten Bauunternehmen gebaut werden?	☐	☐

Um was geht es?

Manchmal verlangt der Verkäufer des Grundstücks, dass zwingend mit einem bestimmten Bauunternehmen beziehungsweise Generalunternehmer gebaut werden muss. In einigen Fällen wird dafür sogar schon eine konkrete Planung vorgelegt. Der Hintergrund dessen ist der, dass Grundstückseigentümer oft von Bauentwicklern angesprochen werden. Sind diese Eigentümer bereit, solche Grundstücke an Bauherren zu verkaufen, die ein bestimmter Generalunternehmer exklusiv bebauen darf, erhalten sie dafür vom Entwickler und / oder dem Generalunternehmer zumeist eine Provision. Diese kann relativ hoch sein, weshalb viele Grundstücksverkäufer darauf nicht verzichten wollen, wenn Ihnen die Möglichkeit geboten wird.

Für Sie heißt das, dass Sie in einem solchen Fall einen Kaufvertrag über einen Grundstückskauf abschließen und einen Werkvertrag über ein Bauvorhaben. Dieser Werkvertrag bindet Sie von vornherein an ein bestimmtes Unternehmen. Oft werden beide Verträge in einem einzigen Notarvertrag abgehandelt. Dieser Vertrag enthält dann sowohl den Kaufvertrag für das Grundstück, als auch den Bauwerkvertrag zur Errichtung des Hauses. Damit kaufen Sie jedoch nicht etwa ein Grundstück und ein Haus fix und fertig, sondern Sie sind Bauherr. Das heißt zum Beispiel, Sie sind voll verantwortlich dafür, dass das Ihnen versprochene Haus auch so auf dem Grundstück errichtet werden kann. Kann es das aber nicht, weil es zum Beispiel Grundwasserprobleme gibt, ist das zunächst einmal Ihr Problem. Es verhält sich also ganz anders, als wenn Sie ein Haus samt Grundstück mit einem Bauträgervertrag nach der Makler- und Bauträgerverordnung erwerben. Dann sind Sie nur Käufer und alle Schnittstellenprobleme zwischen Grund und Haus hat der Bauträger zu lösen.

Ein anderer Weg, der mitunter gewählt wird, wenn das Bauunternehmen vorab festgelegt werden soll, ist der, dass man Sie zunächst den Bauvertrag unterzeichnen lässt und Ihnen erst dann den Weg freigibt für den Grundstückskauf beim Notar.

Welche Kostenrisiken gibt es?

Das zentrale Kostenrisiko beim Bauen mit einem festgelegten Bauunternehmen besteht schon darin, dass Sie gar nicht das preiswerteste Unternehmen aussuchen können, sondern eben an das Unternehmen gebunden sind, welches vertraglich fixiert ist. Das muss natürlich nicht das preiswerteste sein – im Gegenteil. Hinzu kommt, dass Sie üblicherweise auch die Provision zahlen, die das Bauunternehmen oder der Generalunternehmer an den Grundstückseigentümer entrichtet. Die wird fast immer einfach „durchgereicht": Der Kunde zahlt sie sozusagen pauschal mit dem Hauspreis mit, und der Generalunternehmer überweist die vereinbarte Provision dann an den Grundstückseigentümer. Sie werden also praktisch in jedem Fall einen fünfstelligen Zusatzbetrag zahlen – anders als in dem Fall, in dem Sie frei wären zu wählen, mit wem Sie bauen.

Sollen Sie jedoch zunächst einen Bauvertrag unterzeichnen und davon erst hängt dann ab, dass Sie auch den Grundstücksvertrag unterzeichnen dürfen, kommen zusätzliche Kostenrisiken auf Sie zu, wenn der Kauf des Grundstücks schließlich doch nicht erfolgt. Denn dann stecken Sie bereits in einem gültigen Bauvertrag, den Sie möglicherweise nur unter hohen Kosten auflösen können. Das kann bis hin zu den Gesamtkosten des Vertrags aufgrund entgangenen Gewinns für den Bauunternehmer gehen. Solche Kostenrisiken sind überhaupt nicht mehr beherrschbar.

Worauf muss man achten?

Bei versteckten Provisionen ist leider oft wenig zu machen; niemand wird Ihnen diese transparent offenlegen. Und wenn der Grundstückseigentümer auf die Provision nicht verzichten will, wird er mit Ihnen auch kaum einen direkten Grundstückskaufvertrag abschließen unter Verzicht auf die Provision.

Was Sie allerdings tun können, um zumindest Kostenrisiken aus der Schnittstelle Grundstück-Haus zu vermeiden, ist immerhin, darum zu bitten, dann aus dem Grundstück-plus-Haus-Geschäft ein Bauträgerkaufgeschäft zu machen. Das häufigste Argument, das man Ihnen dabei entgegenhalten wird, wird sein, dass Sie dann die Grunderwerbsteuer nicht nur auf das Grundstück, sondern auch auf das Haus zahlen. Nehmen wir an, das Grundstück kostet 70.000 Euro und das Haus 280.000. Die Grunderwerbsteuer in dem betreffenden Bundesland beträgt 5 Prozent. Dann zahlen Sie statt 3.500 Euro Grunderwerbsteuer zusätzlich 14.000 Euro. Was man Ihnen nicht sagt: Bei einem verbundenen Geschäft, bei dem ein Grundstückskaufvertrag und ein separater Hausbauvertrag gemeinsam notariell beurkundet werden, muss man durchaus auch auf beides Grunderwerbsteuer zahlen, nämlich dann, wenn das Finanzamt die Voraussetzungen für ein verbundenes Geschäft als erfüllt ansieht. Das heißt, das Risiko ist hoch und steht ohnehin im Raum.

Und bezüglich der Mehrkosten von 14.000 Euro müssen Sie die Risiken schlicht gegenrechnen, zu dem Fall, wenn Sie selber Bauherr wären. Liegt zum Beispiel kein Bodengutachten vor und es kommt dann zu Problemen, gehen alle diese Probleme zu Ihren Lasten. Die Kosten des Bodengutachtens fallen also definitiv an, wenn Sie dieses

Risiko nicht auf sich nehmen wollen. Kommt bei dem Bodengutachten heraus, dass Sie wegen kritischen Grundwasserstands einen wasserundurchlässigen Betonkeller (WU-Betonkeller) benötigen, sind die Kosten von 14.000 Euro bereits egalisiert durch Kostenaufwand für Bodengutachten und Aufpreis WU-Betonkeller.

Benötigen Sie dann gegebenenfalls auch noch eine aufwendigere Gründung als gedacht, lägen Sie oft schon über den Ihnen dargelegten angeblichen Steuermehrkosten. Haben Sie also alternativ die Möglichkeit, statt dem Grundstückskauf-plus-Hausbau-Geschäft einen Bauträgerkauf nach der Makler- und Bauträgerverordnung zu machen, ist das der sicherere Weg.

Sollen Sie zunächst einen Bauwerkvertrag unterzeichnen und erst einige Tage später einen Grundstückskaufvertrag, sollten Sie das klar ablehnen.

Das Mindeste wäre dann, dass der Bauwerkvertrag und der Grundstückskaufvertrag in einem notariellen Kaufvertrag gebündelt werden. Lehnt man Ihnen gegenüber dieses Vorgehen ab, sollten Sie umgehend den Notar dazu informieren; denn das ruft vollkommen unnötige und enorme Risiken für eine Vertragspartei hervor, die der Notar als neutrale Amtsperson nicht tolerieren kann. Reagiert der Notar nicht, sollten Sie die zuständige Notarkammer einschalten und sich dort über das Vorgehen des Notars beschweren. Denn das wäre in dieser Form nicht zulässig.

> **▶ PRAXISBEISPIEL 1:**
>
> ### Analyse der Kostenfallen beim Grundstückskauf (rechtliches Problem)
>
> Familie Huber möchte ein Grundstück erwerben. Über einen Bekannten haben die Hubers einen heißen Tipp bekommen. Kurz darauf treffen sie sich mit einem Makler. Dieser erläutert ihnen, dass das betreffende Grundstück noch zu haben sei und er auch eine gute Baufirma empfehlen könne. Hubers sind begeistert, und schon kurz danach kommt es zum Grundstückskauf vor dem Notar.
>
> Wenige Wochen später ist auch der Bauvertrag mit der Baufirma unterzeichnet, und die Bauunterlagen sind eingereicht. Doch statt einer Genehmigung kommt vom zuständigen Bauamt eine Absage: Der Grund ist eine Baulast, die auf dem Grundstück liegt. Ein Nachbar hat vor vielen Jahren sehr dicht an die Grundstücksgrenze gebaut. Der Vorbesitzer des Grundstücks bekam dafür eine finanzielle Entschädigung, und es erfolgte eine Eintragung ins Baulastenverzeichnis.
>
> Familie Huber hatte vor dem Kauf des Grundstücks versäumt, dieses Verzeichnis einzusehen. Der Notar hat im Kaufvertrag darauf hingewiesen, dass er es nicht eingesehen hat. Die Konsequenz ist nun, dass ihr Haus nicht 6 Meter breit werden kann, wie geplant, sondern maximal 4 Meter.
>
> Damit ist die gesamte Planung hinfällig. Es steht alles in Frage, auch der Bauvertrag. Die Verantwortlichen der Baufirma überlegen, Familie Huber auf entgangenen Gewinn zu verklagen, denn die Baufirma hat diesen Fehler ja nicht zu verantworten. Die Hubers überlegen, das Grundstück wieder zu verkaufen. Das ist aber nur unter hohen Verlusten möglich – eben wegen der Baulasten. Ein letzter Kompromiss könnte jetzt noch ein schmales, enges Haus sein, das dann kein Traumhaus mehr wäre, sondern eine Notlösung. Der heiße Tipp des Bekannten entpuppt sich letztlich als eher oberflächlicher Hinweis mit weitreichenden Folgen für Hubers.

▶ PRAXISBEISPIEL 2:

Analyse der Kostenfallen beim Grundstückskauf (technisches Problem)

Familie Bauer sucht schon lange nach einem Grundstück. Endlich haben die Bauers eine Anzeige zu einem Grundstücksverkauf in der Nähe entdeckt. Der Verkäufer ist ein Privatmann, und man ist sich schnell handelseinig. Auch einen Massivhaushersteller für ein Bauangebot kann die Familie finden. Familie Bauer lässt sich auf das Angebot ein.

Die Baugenehmigung kommt einige Monate später, und somit kann es anscheinend losgehen – bis plötzlich ein Anruf von der Baustelle kommt: Der erste Baggerschurf ist erfolgt, und es zeigt sich, dass der Boden nicht wie geplant bebaubar ist. Er ist kaum tragfähig, und das Grundwasser steht extrem hoch. Eine aufwendige Pfahlgründung ist notwendig und auch ein WU-Betonkeller. Geschätzte Mehrkosten insgesamt 35.000 Euro. Die Bauers überlegen in der Not, einfach auf den Keller zu verzichten. Aber die Pfahlgründung ist trotzdem notwendig und schlägt allein mit 25.000 Euro Mehrkosten zu Buch. Das kann Familie Bauer nicht finanzieren, und die Bank ist nicht bereit, weiteres Geld zuzuschießen.

Nun drohen eine Klage des Bauunternehmers auf entgangenen Gewinn und die Doppelbelastung aus Baufinanzierung und Miete, wenn es zu längeren Verzögerungen kommt. Die Familie weiß nicht mehr, was sie tun soll. Ein Bodengutachten vor Grundstückskauf wäre die Lösung gewesen, aber das war Familie Bauer damals zu teuer. Denn das Geld für das Bodengutachten wäre verloren gewesen, hätte sie das Grundstück dann nicht gekauft. Aus der Rückschau zeigt sich, dass das die beste Investition im Leben der Bauers gewesen wäre. Aber dafür ist es jetzt zu spät…

Fragebögen und Checkblätter: Fachingenieure und Architekt

Bevor Planung und Bau losgehen können, müssen oft noch Fachingenieure eingeschaltet werden. Beim Bauen mit dem Architekten wird dieser Ihnen möglicherweise Empfehlungen zu Fachingenieuren geben. Beim Bauen mit dem Fertighausanbieter oder Generalunternehmer können manche der Fachingenieurleistungen schon im Preis enthalten sein, manche aber nicht, vielleicht sogar gar keine. Auch diese Kosten müssen Sie dann tragen, und es kommen extrem komplizierte Abrechnungen auf Basis extrem komplizierter Honorarregelungen auf Sie zu.

Nicht bei jedem Bauvorhaben wird man jeden Fachingenieur benötigen, beim Bauen mit dem Architekten benötigt man üblicherweise alle. Beim Bauen mit dem Fertighausanbieter oder Generalunternehmer können einige Ingenieurleistungen im Gesamtpaket enthalten sein, andere nicht. Das ist über die Prüfung der Bau- und Leistungsbeschreibung herauszufinden. Dazu bietet das nächste Kapitel umfassendes Prüfmaterial.

Hier geht es zunächst darum, alle unverzichtbaren Ingenieure, ihre Aufgaben und Kosten vorzustellen, damit Sie Kostenrisiken, die daraus resultieren können, von vornherein im Blick haben. Das beginnt damit, dass Sie sich fragen sollten, welche Fachingenieure Sie bei Ihren Kostenplanungen bislang berücksichtigt haben und welche nicht:

Fragebogen Fachingenieure

FACHINGENIEUR BISHER BERÜCKSICHTIGT?	JA	NEIN	CHECKBLATT
1. Bodengutachter / Geologe (Geotechnik)	☐	☐	15 → Seite 46
2. Vermessungsingenieur / Geodät	☐	☐	16 → Seite 47
3. Statiker (Tragwerksplaner)	☐	☐	17 → Seite 49
4. Prüfstatiker (Staatlich anerkannter Sachverständiger für Standsicherheitsnachweise)	☐	☐	17 → Seite 49
5. Haustechnikingenieur (Technische Ausrüstung / Elektro, Heizung, Lüftung, Sanitär)	☐	☐	18 → Seite 51
6. Wärme- und Schallschutzingenieur (Bauphysik)	☐	☐	19 → Seite 53
7. Sicherheits- und Gesundheitsschutzkoordinator (SiGeKo)	☐	☐	20 → Seite 56

Für den Fall, dass Sie Ihr Haus mit einem Architekten bauen wollen, finden Sie auf Seite 57 auch zu diesem und dessen Kosten ein spezielles Checkblatt.

Checkblatt Fachingenieure
Bodengutachter / Geologe / Geotechnik

FACHINGENIEUR BISHER BERÜCKSICHTIGT?	JA	NEIN
1. Bodengutachter / Geologe bislang berücksichtigt?	☐	☐

Was ist ein Bodengutachter?

Ein Bodengutachter untersucht den Untergrund des Grundstücks, das bebaut werden soll. Dabei sind vor alle 3 Parameter interessant:

→ Welche Bodenklasse liegt vor?
→ Welche Bodentragfähigkeit liegt vor?
→ Welcher Grundwasserstand liegt vor?

Zwischenzeitlich wurden als neuer Parameter auch die sogenannten Homogenbereiche eingeführt. Die oben angeführten Parameter klassifizieren aber weiterhin gut die Fragen an den Untergrund, die vor jedem Bau beantwortet werden sollten.

Wann braucht man einen Bodengutachter?

Einen Bodengutachter benötigt man eigentlich immer. Viele Bauherren bauen zwar, ohne dass das Grundstück zuvor untersucht wurde, aber davon ist klar abzuraten. Man muss in jedem Fall wissen, auf welchem Grund und Boden ein Haus errichtet werden soll und welche Konsequenzen das hat. Auch dem Statiker und gegebenenfalls Prüfstatiker sollte das Bodengutachten vorgelegt werden. Bodengutachten sind bei vielen Fertighaus- und Generalunternehmerangeboten sehr oft nicht enthalten und müssen extra beauftragt und gezahlt werden. Die Anbieter setzen in ihren Verträgen meist einfach Voraussetzungen fest, die der Untergrund erbringen muss. Erbringt er sie nicht, ist das Angebot in der Regel obsolet und die gesamten Hauskosten müssen dann neu kalkuliert werden.

Wieviel kostet ein Bodengutachter?

Geologen werden nach der Honorarordnung für Architekten und Ingenieure (HOAI) bezahlt. Diese Honorarordnung wird Ihnen nachfolgend noch häufiger begegnen. Es wurde bereits darauf hingewiesen, dass sie in erheblicher Kritik steht, da sie gegen europäische Dienstleistungsfreiheiten verstoßen soll. Ob sie überhaupt die nächsten Jahre überlebt, steht dahin; denn sie wird, wie ebenfalls schon erwähnt, aktuell vom Europäischen Gerichtshof überprüft. Auch aus Verbrauchersicht wäre es wünschenswert, wenn sie fällt, denn Sie werden nachfolgend sehen, welche relativ hohen Mindestgebührensätze mit ihr einhergehen, im Wesentlichen zum Schutz einiger Berufsgruppen vor marktgerechten Preisen. Eine solche künstliche Marktabschottung von Berufszweigen, bei denen das nicht notwendig ist, ist wenig nachvollziehbar. Hinzu kommt, dass die HOAI ausgesprochen kompliziert und nur schwer zu verstehen ist. Auch das unterstützt nicht gerade die Preistransparenz von Ingenieur- und Architektenleistungen.

Nun zu den konkreten Kosten eines Geologen:

Gemäß § 3 der HOAI und der dazugehörigen Anlage 1.3.2 zur HOAI sind die Berechnungsgrundlage des Honorars die Kosten der Baukonstruktion und der technischen Ausrüstung. Wie bei den Architekten- und Tragwerksplanerhonoraren ist es auch bei den Honoraren für die Geotechnik so, dass in einer Tabelle (Anlage 1.3.4 zu § 3 der HOAI) in den Zeilen Stufenwerte angegeben werden und in den Spalten Honorarzonen für unterschiedlich schwierige Anforderungen der Aufgabe. Diese Honorarzonen sind in 5 Stufen unterteilt, von I bis V, wobei V die schwierigste ist. Innerhalb dieser Honorarzonen kann auch noch ein Mindestsatz, Mittelsatz oder Höchstsatz vereinbart werden. Das ist relativ kompliziert, aber richtig kompliziert wird es, wenn Ihre anrechenbaren Kosten nicht exakt einem Stufenwert der Tabelle entsprechen.

Denn solche Zwischenwerte müssen gemäß HOAI zur Honorarermittlung dann linear interpoliert werden. Das ist kein Witz und absurd kompliziert. Am Beispiel des Architektenhonorars (→ Seite 58 ff.) ist eine solche Interpolation einmal durchgerechnet, damit Sie eine Vorstellung davon bekommen, was das überhaupt ist. Als Beispiel werden ansonsten aber glatte Stufenwerte aus den Tabellen gewählt, um dieses Buch lesbar zu halten und nicht unnötig zu verkomplizieren.

Nehmen wir an, die anrechenbaren Kosten betragen 100.000 Euro (Erstellungskosten Baugrube und Baukonstruktion) und die Anforderungen an den Geologen sind durchschnittlich. Dann würde er gemäß Tabelle Anlage 1.3.4 zu § 3 der HOAI mindestens 2.276 Euro erhalten. Lägen die Kosten für Baugrube und Baukonstruktion bei 150.000 Euro, wären mindestens 2.742 Euro fällig.

Checkblatt Fachingenieure
Vermessungsingenieur / Geodät

FACHINGENIEUR BISHER BERÜCKSICHTIGT?	JA	NEIN
2. Vermessungsingenieur / Geodät bislang berücksichtigt?	☐	☐

Was ist ein Vermessungsingenieur?

Ein Vermessungsingenieur – oder modern auch Geodät – vermisst nicht nur das Grundstück. Das ist üblicherweise im Liegenschaftskataster bereits erfasst. Ein Vermessungsingenieur misst vor allem auch den genauen Standort des Gebäudes auf dem Grundstück ein. Üblicherweise geht er dabei in 3 Schritten vor: Zunächst nimmt er eine Grobeinmessung auf dem Grundstück vor und markiert dann die Ecken des Hauses mit Holzpflöcken. Daran orientiert sich der Erdbauer und hebt die Baugrube aus. An den Ecken der Baugrube wird anschließend durch den Rohbauer ein sogenanntes Schnurgerüst aufgestellt. Das sind meist 3 Holzpfähle, senkrecht in die Erde gerammt und über Eck stehend. An diese werden dann 2 horizontale Bretter genagelt, die eine Hausecke grob definieren. Nun kommt der Vermesser wieder und nutzt diese Schnurgerüste, um die eigentlichen Schnüre zu spannen. Er misst jetzt sehr exakt die Außenkante des Gebäudes ein, schlägt passend je einen Nagel pro Hausecke ins Schnurgerüst und spannt zwischen diesen Nägeln seine berühmte rote Schnur. Diese darf niemand korrigieren, bis die Fundamente oder die Bodenplatte gegossen sind und der exakte Standort der Außenwände fixiert ist.

Zum Schluss, wenn das Haus steht, kommt der Vermessungsingenieur noch einmal und misst das Haus ein. Diese Daten übermittelt er dann dem Liegenschaftskataster.

Bestimmte Vermessungsaufgaben wie zum Beispiel das Einmessen eines Grundstücks oder eines Gebäudes für das Liegenschaftskataster dürfen nur öffentlich bestellte Vermessungsingenieure durchführen.

Wann braucht man einen Vermessungsingenieur?
Bei jedem Hausbau benötigt man einen Vermessungsingenieur.

Wieviel kostet ein Vermessungsingenieur?
Die Regelungen der HOAI zur Vergütung von Vermessungsingenieuren sind an Komplexität kaum zu überbieten. Sie sind nochmals deutlich komplexer als die Regelungen für Architekten, Tragwerksplaner oder Geologen. Das reicht von der Qualität vorhandener Daten, über die geforderte Genauigkeit bis zu Herausforderungen bei der Vermessung, etwa durch Bewuchs oder Verkehr. Es fehlt eigentlich nur noch, dass auch je nach Wetterlage unterschiedlich vergütet wird, bei Sonne, Bewölkung, Nieselregen, Regen, Nebel, Schnee, Wind und dergleichen mehr. Zumindest die sogenannte Bauvermessung rund um die Einmessung von Gebäuden ist etwas einfacher geregelt. Demnach sind als Berechnungsgrundlage gemäß Anlage 1.4.5 Absatz 2 zu § 3 der HOAI 80 Prozent der Gebäudekosten ansetzbar. Man fragt sich natürlich, warum bei einem Vermesser Gebäudekosten als Berechnungsgrundlage angesetzt werden. Aber fragen Sie besser nicht; denn die HOAI gibt keine sinnvollen Antworten auf solche Fragen. Sie ist schlicht eine gesetzliche Beliebigkeit mit der Sie zumindest so lange werden leben müssen, bis die EU-Kommission möglicherweise gerichtlich gegen die Bundesrepublik Deutschland obsiegt und die HOAI nicht mehr verwendet werden darf. Nehmen wir an, Ihr Gebäude hat einen Erstellungswert von 375.000 Euro. Sie nehmen davon 80 Prozent und haben dann den Wert, den der Vermesser als Berechnungsgrundlage ansetzen darf. Gemäß der Tabelle aus Anlage 1.4.8 Absatz 2 zu § 3 der HOAI kann der Vermesser dann bei durchschnittlichen Anforderungen (auch hier gelten 5 Honorarzonen von I bis V) mindestens 9.399 Euro in Rechnung stellen und höchstens 10.388 Euro. Dafür muss er aber auch alle Grundleistungen erbringen. Dazu gehört gemäß Anlage 1.4.7 Absatz 3 zu § 3 der HOAI folgende Leistungsbilder:

→ 1. Baugeometrische Beratung
→ 2. Absteckungsunterlagen
→ 3. Bauvorbereitende Vermessung
→ 4. Bauausführungsvermessung
→ 5. Vermessungstechnische Überwachung der Bauausführung

Nun kann es ja sein, dass man nur Teilleistungen zur Vermessung benötigt. Dann muss das Honorar zerlegt werden in die Teilleistungen, die erbracht wurden. Man fragt sich aber, in welche Anteile dann die Teilleistungen zerlegt werden. Das passiert gemäß HOAI wie folgt:

→ 1. Baugeometrische Beratung = 2 %
→ 2. Absteckungsunterlagen = 5 %
→ 3. Bauvorbereitende Vermessung = 16 %
→ 4. Bauausführungsvermessung = 62 %
→ 5. Vermessungstechnische Überwachung der Bauausführung = 15 %

Aufgrund der Tatsache, dass das Leistungsbild 4 im Einfamilienhausbau häufig gar nicht benötigt und beauftragt wird, kann die Rechnung des Vermessers allein durch Herausnahme dieses Punktes auf 38 Prozent der ansonsten fälligen Rechnung sinken. Das heißt, aus 9.399 Euro können so 3.571,62 Euro werden und aus 10.388 Euro 3.947,44 Euro.

Checkblatt Fachingenieure
Statiker (Tragwerksplaner) / Prüfstatiker (Staatlich anerkannter Sachverständiger für Standsicherheitsnachweise)

FACHINGENIEUR BISHER BERÜCKSICHTIGT?	JA	NEIN
3./4. Statiker / Prüfstatiker bislang berücksichtigt?	☐	☐

Was ist ein Statiker / Prüfstatiker?
Ein Statiker ist ein Tragwerksplaner. Er berechnet, welche Lasten des Gebäudes anzunehmen sind und wie diese sicher in den Boden abgetragen werden müssen. Statiker sind von der Ausbildung her Bauingenieure. Soweit sie bestimmte Voraussetzungen der jeweiligen Landesbauordnung der Bundesländer erfüllen, zum Beispiel ein abgeschlossenes Ingenieurstudium nachweisen können und Mitglied einer Ingenieurkammer sind, können sie zur Berechnung statischer Nachweise zugelassen sein.

Prüfstatiker, exakt eigentlich staatlich anerkannte Sachverständige für Standsicherheitsnachweise, können je nach Landesbauordnung unterschiedlichen Regularien und Zulassungsvoraussetzungen unterliegen. Praxiserfahrung, Prüfungsnachweise, Integrität der Person und auch das Alter können eine Rolle spielen. Sie werden meist von den obersten Baubehörden der Länder zugelassen und überwacht. Vor allem bei komplexeren Bauvorhaben nehmen sie die wichtige Aufgabe der Spiegelkontrolle durch das 4-Augen-Prinzip wahr und überprüfen die Berechnungen von Statikern nochmals.

Wann braucht man einen Statiker / Prüfstatiker?
In Deutschland kann man kein Haus, das genehmigungspflichtig ist, ohne statischen Nachweis errichten. Diesen kann nur ein dafür nach den Landesbauordnungen zugelassener Tragwerksplaner liefern. Weil das ein Architekt zumeist nicht darf, benötigen Sie zusätzlich zum Architekten einen Statiker.

Auch ein Prüfstatiker, also ein staatlich anerkannter Sachverständiger für Standsicherheitsnachweise, kann erforderlich werden. Das regeln die Landesbauordnungen und deren Verfahrensverordnungen. Am einfachsten ist es, beim örtlich zuständigen Baurechtsamt nachzufragen, ob eine Prüfstatik für das geplante Gebäude erforderlich ist oder nicht.

Wieviel kostet ein Statiker / Prüfstatiker?
Die Kosten einer Tragwerksplanung richten sich ebenfalls nach der Honorarordnung für Architekten und Ingenieure (HOAI). Sie finden sich im Teil 4 „Fachplanung" unter dem Abschnitt 1 „Tragwerksplanung". Sie werden wie das Architektenhonorar über eine Honorartabelle (§ 52) mit Stufenwerten der anrechenbaren Kosten in den Zeilen und Honorarzonen nach Schwierigkeit der Aufgabe in den Spalten (auch hier 5 Honorarzonen, von I bis V) berechnet. Zwischenwerte zu den Stufenwerten der anrechenbaren Kosten werden auch hier linear interpoliert.

Angesetzt werden können als Berechnungsgrundlage 55 Prozent der Baukonstruktionskosten und 10 Prozent der technischen Anlagen. Das ist natürlich eine sehr akademische Betrachtung, denn was zählt exakt zu den Baukonstruktionskosten und was nicht? Der gesamte Rohbau – oder nur Teile davon? Die tragenden Elemente? § 2 der HOAI (Begriffsbestimmungen) klärt das Problem leider auch nicht. Geht man davon aus, dass man für die Baukonstruktionskosten im Zweifel die Kosten des

→

Rohbaus samt Dachstuhl sowie 10 Prozent der Kosten von Heizung und Lüftung (technische Anlagen) ansetzen wird, ergibt sich folgendes Bild: In der Honorartabelle unter § 52 der HOAI ist für 100.000 Euro anrechenbarer Kosten ein Honorar von mindestens 12.639 Euro und höchstens 15.763 Euro für die Tragwerksplanung vorgesehen, bei durchschnittlichen Anforderungen. Sind 150.000 Euro anrechenbar, beträgt das Mindesthonorar bei durchschnittlichen Anforderungen bereits 17.380 Euro, das maximale Honorar 21.677 Euro.

Wie bei Architekten, gibt es auch bei Tragwerksplanern verschiedene Leistungsphasen. Gemäß § 51 der HOAI sind das die folgenden:

→ 1. für die Leistungsphase 1 (Grundlagenermittlung)
→ 2. für die Leistungsphase 2 (Vorplanung)
→ 3. für die Leistungsphase 3 (Entwurfsplanung)
→ 4. für die Leistungsphase 4 (Genehmigungsplanung)
→ 5. für die Leistungsphase 5 (Ausführungsplanung),
→ 6. für die Leistungsphase 6 (Vorbereitung der Vergabe)

Diesen wiederum sind verschiedene Prozentsätze zugeordnet, nach denen sie anteilig zu vergüten sind:

→ 1. für die Leistungsphase 1 (Grundlagenermittlung) = 3 %
→ 2. für die Leistungsphase 2 (Vorplanung) = 10 %
→ 3. für die Leistungsphase 3 (Entwurfsplanung) = 15 %
→ 4. für die Leistungsphase 4 (Genehmigungsplanung) = 30 %
→ 5. für die Leistungsphase 5 (Ausführungsplanung) = 40 %
→ 6. für die Leistungsphase 6 (Vorbereitung der Vergabe) = 2 %

Das heißt auf Deutsch: Ist Ihr Tragwerksplaner bis zur Genehmigungsplanung involviert, stehen ihm 58 Prozent seines Honorars zu, also zum Beispiel statt 12.639 Euro nur 7.330,62 Euro. Das kleine Problem dabei: Die Leistungsbilder der Tragwerksplanung umfassen insgesamt 9 solcher Bilder. Aber nur die oben benannten 6 fallen unter die Grundleistungen, die Leistungsbilder 7, 8 und 9 nicht, darunter das wichtige Leistungsbild 8, hinter dem sich unter anderem folgende Leistung verbirgt, Zitat aus Anhang 14.1 der HOAI:

„Ingenieurtechnische Kontrolle der Ausführung des Tragwerks auf Übereinstimmung mit den geprüften statischen Unterlagen"

Das bedeutet: Wenn Ihr Statiker auf der Baustelle zum Bespiel kontrollieren soll, ob die Bewehrungseisen auch so verlegt wurden, wie er sie geplant hat, ist das eine besondere Leistung, die Geld kostet. Der Staat verlangt von Ihnen also, dass sie eine statische Berechnung für Ihr Bauvorhaben anfertigen lassen, aber er verlangt nicht vom Statiker als Grundleistung, dass dieser auf der Baustelle kontrolliert, ob seine Planvorgaben eingehalten werden. Das wäre, als müsste ein Koch nur Rezepte schreiben, aber nie schauen, ob nach diesen in der Küche auch tatsächlich gekocht würde.

Da diese Leistung wichtig ist, werden Sie sie dem Statiker also auch nochmals separat als sogenannte besondere Leistung bezahlen müssen. Besondere Leistungen können nach § 3 Absatz der HOAI frei vereinbart werden.

Prüfistatiker werden nicht nach der HOAI bezahlt, sondern deren Honorierung ist Ländersache und ihre Leistungen werden in jedem Bundesland anders vergütet.

Die Vergütungsvorgaben finden sich zum Beispiel in Verordnungen über Prüfingenieure oder in Sachverständigenverordnungen. Jedes Bundesland hat einen anderen Namen für die Verordnung entdeckt, was es für Verbraucher auch nicht einfacher macht. Ein Prüfstatiker in Bayern etwa, der eine Prüfstatik für ein übliches, einfaches Einfamilienhaus liefert, erhält dafür gemäß der bayerischen Verordnung über die Prüfingenieure knapp 2.500 Euro. Sein Kollege in Nordrhein-Westfalen erhält nach der dortigen Sachverständigenverordnung zwar einen ähnlichen Betrag. Aber, wie erwähnt, bei Weitem nicht für jeden Bauantrag ist ein Prüfstatiker erforderlich. Nur wenn das zuständige Baurechtsamt das von Ihnen verlangt, ist es auch notwendig. Falls Sie eine Abrechnung erhalten, ist üblicherweise auch anzugeben, auf welcher gesetzlichen Basis abgerechnet wird, sodass Sie das überprüfen können.

Checkblatt Fachingenieure
Haustechnikingenieur (Technische Ausrüstung / Elektro, Heizung, Lüftung, Sanitär)

FACHINGENIEUR BISHER BERÜCKSICHTIGT?	JA	NEIN
5. Haustechnikingenieur bislang berücksichtigt?	☐	☐

Was ist ein Haustechnikingenieur?
Ein Haustechnikingenieur erledigt die gesamte Gebäudetechnikplanung. Das reicht von der Elektroinstallation über die Heizungs- und Sanitärinstallation bis zur Lüftungsinstallation und dem Einsatz erneuerbarer Energien.

Manche Haustechnikingenieure sind gleichzeitig auch Gebäudeenergieberater und auf der Gebäudeenergieberaterliste des Bundesamts für Außenwirtschaft geführt (www.bafa.de). Diese Personengruppe kann für Beratungsleistungen von der KfW gefördert werden.

Wann braucht man einen Haustechnikingenieur?
Ein Haustechnikingenieur ist beim Hausbau eigentlich unerlässlich; denn er hilft maßgeblich dabei, nicht zuletzt die Auslegung und Angemessenheit der Haustechnik zu planen. In enger Abstimmung mit dem Sachverständigen für Schall- und Wärmeschutz betrifft das auch das Zusammenspiel zwischen Haustechnik und Gebäudehüllendämmung. Denn beides sollte natürlich eng aufeinander abgestimmt sein.

Gerade wenn innovative Haustechnik eingesetzt werden soll, etwa eine Lüftungsanlage, die auch die Raumerwärmung mit übernimmt wie in einem Passivhaus, sollte ein erfahrener Haustechniker mit an Bord sein, der solche Systeme schon geplant und umgesetzt hat. Gleiches gilt für den →

innovativen Einsatz erneuerbarer Energien, wie Fotovoltaik, Solarkollektoren oder Speichertechnik.

Eine sorgfältige Planung der Haustechnik hilft nicht nur kurzfristig, Zeit, Geld und Nerven zu sparen, sondern meist auch langfristig Betriebskosten, wenn die Anlagentechnik effizient geplant wurde.

Wieviel kostet ein Haustechnikingenieur?

Gemäß § 53 Absatz 2 der HOAI handelt es sich bei der technischen Ausrüstung eines Gebäudes um folgende Anlagen, die HOAI definiert sie als Anlagengruppen:

→ 1. Abwasser-, Wasser- und Gasanlagen
→ 2. Wärmeversorgungsanlagen
→ 3. Lufttechnische Anlagen
→ 4. Starkstromanlagen
→ 5. Fernmelde- und informationstechnische Anlagen
→ 6. Förderanlagen
→ 7. nutzungsspezifische Anlagen und verfahrenstechnische Anlagen
→ 8. Gebäudeautomation und Automation von Ingenieurbauwerken

Im klassischen Einfamilienhausbau kommen üblicherweise die Anlagengruppen 1 bis 5 vor. Deren Kosten sind als Berechnungsgrundlage des Honorars ansetzbar.

In § 56 führt die HOAI eine Tabelle mit Stufenwerten in den Zeilen. Zwischenwerte müssen, wie beim Tragwerksplanerhonorar wieder über lineare Interpolation bestimmt werden. In den Spalten finden sich auch in dieser Tabelle Honorarzonen, von I bis III. Je höher, desto anspruchsvoller ist die Tragwerksplanung. Übliche Einfamilienhäuser bewegen sich bei II. Innerhalb der Honorarzonen können auch hier Mindest-, Mittel- oder Höchstsätze vereinbart werden. Um Ihnen eine Orientierung zu geben, wieviel eine Gebäudetechnikplanung kostet, seien 3 Tabellenwerte für durchschnittliche Planungsanforderungen genannt:

ANRECHENBARE KOSTEN GEBÄUDETECHNIK	MINDESTHONORAR	MAXIMALHONORAR
25.000 Euro	9.098 Euro	10.681 Euro
35.000 Euro	11.869 Euro	13.934 Euro
50.000 Euro	15.729 Euro	18.465 Euro

Checkblatt Fachingenieure
Sachverständiger für Schall- und Wärmeschutz (Bauphysik)

FACHINGENIEUR BISHER BERÜCKSICHTIGT?	JA	NEIN
6. Sachverständiger für Schall- und Wärmeschutz bislang berücksichtigt?	☐	☐

Was ist ein Sachverständiger für Schall- und Wärmeschutz?

Ein Sachverständiger für Schall- und Wärmeschutz beschäftigt sich – wie der Name schon sagt – mit dem Schall- und Wärmeschutz rund um ein Gebäude. Das kann sehr wichtig sein, wenn ein Gebäude zum Beispiel an einer großen Straße liegt oder in der Einflugschneise eines Flughafens. Dann können auch aufwendige Gutachten notwendig werden. Das ist im Rahmen eines üblichen Einfamilienhausbaus aber eher nicht der Fall. Spezielle Schallschutzanforderungen für Einfamilienhäuser gibt es ebenfalls nicht. Das beginnt erst bei Doppelhausbebauungen oder Reihenhäusern oder eben auch Wohnungen, also dort, wo Nachbarn unmittelbar angrenzen. Trotzdem kann es natürlich sein, dass man Wert auf hohen Schallschutz legt und daher das Haus vorab auch schallschutztechnisch durchgeplant haben will (mehr zum technischen Schallschutz erfahren Sie im Checkblatt 33 Seite 87). Dann kann die Einschaltung eines Sachverständigen hilfreich sein. Das beginnt dann schon damit, dass er bereits bei der Grundrissgestaltung wichtige Hinweise geben kann – und man so den allzu offenen Grundriss vielleicht noch einmal überprüft.

Eine größere Rolle nehmen die Sachverständigen bei der Gebäudehüllenplanung und dem unverzichtbaren Wärmeschutz ein. Das muss heute bei jedem Haus sorgfältig geplant werden und hat gewichtige gesetzliche Hintergründe.

Der Begriff Sachverständiger ist nicht geschützt. Letztlich kann sich jeder so nennen. Staatlich anerkannte Sachverständige allerdings genießen diesen Schutz, da sich so nur nennen darf, wer tatsächlich die erforderlichen Nachweise erbracht hat. Geregelt wird das im Einzelnen durch Landesverordnungen in den Bundesländern.

Wann braucht man einen Sachverständigen für Schall- und Wärmeschutz?

Grundsätzlich kann ein Architekt diese Leistungen mit übernehmen. Manche Architekten sind gleichzeitig auch Sachverständige für den Schall- und Wärmeschutz. Bauen Sie also mit einem Architekten, kann er diese Leistungen möglicherweise zugleich übernehmen, bauen Sie hingegen ein Haus mit dem Generalunternehmer oder Fertighausanbieter, sind diese Leistungen mitunter im Angebotspaket bereits enthalten (→ dazu Checkblatt 128 Seite 276).

Egal, mit wem Sie bauen, es ist wichtig, beide Modelle im Auge zu haben. Auch wenn es beim Schallschutz keine gesetzlichen Anforderungen an Einfamilienhäuser gibt, können Sie ja trotzdem Ansprüche haben und bei der Wärmedämmung des Gebäudes müssen Sie zwingend gesetzliche Anforderungen einhalten. Das sind für die Gebäudehülle teils sehr detaillierte Anforderungen aus der Energieeinsparverordnung (EnEV). Außerdem kann es ja sein, dass Sie nicht nur die gesetzlichen Mindestwerte erreichen wollen. Möglicherweise hängt Ihre Finanzierung sogar an Kreditvorgaben der KfW und deren Effizienzhaus-Klassen. Dann verlangt auch die Bank rechnerische Nachweise zu den Vorgaben der KfW. Manche Fertighausanbieter und Generalunternehmer bieten solche in ihrem Leistungspaket mit an, oft gegen Aufpreis. Ein Architekt hingegen gibt diese Aufgabe üblicherweise an einen externen Sachverständigen weiter. Dieser kann über die KfW förderfähig sein. Das sollte man mit dem Sachverständigen selbst abklären. →

Einige energetische Kennwerte müssen im Bauantrag angegeben werden, wobei der verantwortliche Fachingenieur die Angaben üblicherweise auch unterzeichnet. Spätestens mit Fertigstellung des Gebäudes sollte schließlich ein Gebäudeenergieausweis ausgestellt werden, der ebenfalls vom verantwortlichen Fachingenieur unterzeichnet werden muss.

Wieviel kostet ein Sachverständiger für Schall- und Wärmeschutz?

Die HOAI fasst unter Anlage 1.2.2 zu § 3 und dem Oberbegriff „Bauphysik" die Themen Wärmeschutz und Energiebilanzierung, Bauakustik und Raumakustik zusammen. Das ist das Tätigkeitsfeld von Sachverständigen für den Schall- und Wärmeschutz. Dem Tätigkeitsbereich ordnet sie auch hier Leistungsphasen zu, die sie wiederum mit Prozentzahlen an der Gesamtvergütung für diesen Tätigkeitsbereich hinterlegt. Das Ganze sieht dann so aus:

- → 1. Leistungsphase 1
   (Grundlagenermittlung)
   = 3 %
- → 2. Leistungsphase 2
   (Mitwirken bei der Vorplanung)
   = 20 %
- → 3. Leistungsphase 3
   (Mitwirken bei der Entwurfsplanung)
   = 40 %
- → 4. Leistungsphase 4
   (Mitwirken bei der Genehmigungsplanung)
   = 6 %
- → 5. Leistungsphase 5
   (Mitwirken bei der Ausführungsplanung)
   = 27 %
- → 6. Leistungsphase 6
   (Mitwirken bei der Vorbereitung der Vergabe)
   = 2 %
- → 7. Leistungsphase 7
   (Mitwirken bei der Vergabe)
   = 2 %.

In den Honorartabellen in Anlage 1.2.3, 1.2.4 und 1.2.5 zu § 3 der HOAI werden dann wiederum in den Zeilen Stufenwerte für anrechenbare Kosten genannt und in den Spalten Honorarzonen, die den Schwierigkeitsgrad der Aufgabe abbilden. Die Tabelle gibt so stufenweise vor, welche Honorare für welche anrechenbaren Baukosten und für welche Honorarzone verlangt werden können; das Ganze wieder als Korridorwerte (von / bis), sodass man zusätzlich noch Mindest-, Mittel- oder auch Höchstsätze vereinbaren kann.

Der Honorarberechnung von Wärmeschutz, Bauakustik und Raumakustik liegen aber jeweils eigene Honorartabellen nach Anhang 1.2.3, 1.2.4 und 1.2.5 zu § 3 der HOAI zugrunde. Tabelle 1.2.3 hat fünf Honorarzonen, Tabelle 1.2.4 hat drei Honorarzonen und Tabelle 1.2.5 hat wieder fünf Honorarzonen. Für alle können ebenfalls wiederum Mindest-, Mittel- und Höchstsätze vereinbart werden. Nach diesen Tabellen können die Kosten für die Grundleistungen zur Bauphysik folgende Honorarhöhen haben:

1. Wärmeschutz und Energiebilanzierung:

Die anrechenbaren Baukosten sind dieselben, die auch beim Architektenhonorar angesetzt werden können.

Wenn alle Leistungen erbracht werden für normale Anforderungen eines Einfamilienhauses und anrechenbare Baukosten von 250.000 Euro zugrunde liegen:

2.395 Euro bis 2.928 Euro

Wenn alle Leistungen erbracht werden für normale Anforderungen eines Einfamilienhauses und anrechenbare Baukosten von 275.00 Euro zugrunde liegen:

2.440 Euro bis 2.982 Euro

2. Bauakustik:

Die anrechenbaren Baukosten sind die Baukosten der Baukonstruktion und der technischen Ausrüstung, also so, wie beim Statikerhonorar auch.

Wenn alle Leistungen erbracht werden für normale Anforderungen eines Einfamilienhauses und anrechenbare Kosten für Baukonstruktion und technische Ausstattung von 250.000 Euro zugrunde liegen:

1.985 Euro bis 2.284 Euro

Wenn alle Leistungen erbracht werden für normale Anforderungen eines Einfamilienhauses und anrechenbare Baukosten von 275.00 Euro zugrunde liegen:

2.113 Euro bis 2.431 Euro

Die reinen Baukonstruktionskosten und Kosten der technischen Ausrüstung können im Einfamilienhausbereich auch unter 200.000 Euro liegen. Die Tabelle beginnt dort allerdings erst, sodass 1.985 Euro gesetzt sind, da eine lineare Interpolation zum nächst niedrigeren Wert nicht möglich ist, weil er schlicht nicht existiert.

3. Raumakustik:

Die anrechenbaren Baukosten sind die Baukosten der Baukonstruktion und der technischen Ausrüstung und die Ausstattung des Innenraums. Aber die HOAI will auch noch vom Bruttorauminhalt zum Nettorauminhalt, somit gilt auch noch, Zitat Anlage 1.2.5 Absatz 2 zu § 3 der HOAI:

„Die Kosten für die Baukonstruktionen und Technische Ausrüstung werden für die Anrechnung durch den Bruttorauminhalt des Gebäudes geteilt und mit dem Rauminhalt des Innenraums multipliziert. (...)"

Je nachdem, bei welchen Kosten Sie dann herauskommen, gelten folgende Vergütungskorridore:

Wenn alle Leistungen erbracht werden für normale Anforderungen eines Einfamilienhauses und anrechenbare Baukosten von 150.000 Euro zugrunde liegen:

3.291 Euro bis 3.924 Euro

Wenn alle Leistungen erbracht werden für normale Anforderungen eines Einfamilienhauses und anrechenbare Baukosten von 200.000 Euro zugrunde liegen:

3.551 Euro bis 4.254 Euro

Anders als die Bauakustiktabelle beginnt die Raumakustiktabelle bereits bei einem Stufenwert der anrechenbaren Kosten von 50.000 Euro, was bei einem normalen Schwierigkeitsgrad, also Honorarzone II, zu einem Honorar von mindestens 2.737 Euro führt. Das ist sozusagen der „Einstiegspreis" bei durchschnittlichen Anforderungen und allen erbrachten Grundleistungen der Raumakustik.

Checkblatt Fachingenieure
Sicherheits- und Gesundheitsschutzkoordinator (SiGeKo)

FACHINGENIEUR BISHER BERÜCKSICHTIGT?	JA	NEIN
7. Sicherheits- und Gesundheitsschutzkoordinator bislang berücksichtigt?	☐	☐

Was ist ein Sicherheits- und Gesundheitsschutzkoordinator (SiGeKo)?

Ein Sicherheits- und Gesundheitsschutzkoordinator ist meist ein Architekt oder Bauingenieur mit entsprechender Zusatzqualifikation zum SiGeKo. Diese zusätzliche Qualifikation wird in aller Regel über Fortbildungen mit abschließender Prüfung erreicht. Es ist also kein eigenständiger Ausbildungsberuf, sondern eine meist berufsbegleitende Zusatzqualifikation.

Gemäß § 3 Absatz 2 und 3 der Baustellenverordnung hat ein SiGeKp vor allem folgende Aufgaben, Zitat:

„(2) Während der Planung der Ausführung des Bauvorhabens hat der Koordinator
1. die in § 2 Abs. 1 vorgesehenen Maßnahmen zu koordinieren (Koordination von Ausführungszeiten und Arbeitsschutzgesetzen),
2. den Sicherheits- und Gesundheitsschutzplan auszuarbeiten oder ausarbeiten zu lassen und
3. eine Unterlage mit den erforderlichen, bei möglichen späteren Arbeiten an der baulichen Anlage zu berücksichtigenden Angaben zur Sicherheit und Gesundheitsschutz zusammenzustellen.

(3) Während der Ausführung des Bauvorhabens hat der Koordinator
1. die Anwendung der allgemeinen Grundsätze nach § 4 des Arbeitsschutzgesetzes zu koordinieren,
2. darauf zu achten, daß die Arbeitgeber und die Unternehmer ohne Beschäftigte ihre Pflichten nach dieser Verordnung erfüllen,
3. den Sicherheits- und Gesundheitsschutzplan bei erheblichen Änderungen in der Ausführung des Bauvorhabens anzupassen oder anpassen zu lassen,
4. die Zusammenarbeit der Arbeitgeber zu organisieren und
5. die Überwachung der ordnungsgemäßen Anwendung der Arbeitsverfahren durch die Arbeitgeber zu koordinieren."

Wann braucht man einen Sicherheits- und Gesundheitsschutzkoordinator (SiGeKo)?

Die Einschaltung eines SiGeKos ist gesetzlich exakt vorgeschrieben. Geregelt ist das in der Baustellenverordnung. Dort regelt § 3 Absatz 1 Folgendes, Zitat:

„(1) Für Baustellen, auf denen Beschäftigte mehrerer Arbeitgeber tätig werden, sind ein oder mehrere geeignete Koordinatoren zu bestellen. Der Bauherr oder der von ihm nach § 4 beauftragte Dritte kann die Aufgaben des Koordinators selbst wahrnehmen."

Es gilt ungeachtet dessen aber gemäß Absatz 1 a auch, Zitat:

„(1a) Der Bauherr oder der von ihm beauftragte Dritte wird durch die Beauftragung geeigneter Koordinatoren nicht von seiner Verantwortung entbunden."

Es kann gut sein, dass ein Architekt, den man ohnehin mit der Planung und Bauleitung beauftragt hat, diese Zusatzqualifikation besitzt und die Leistung dann auch gleich mit übernehmen kann. Sie können davon aber nicht selbstverständlich aus-

Checkblatt
Architekt

ARCHITEKT BISHER BERÜCKSICHTIGT?	JA	NEIN
Falls gewünscht: Architekt / Architektenkosten bislang berücksichtigt?	☐	☐

gehen, auch nicht davon, dass der Architekt diese Leistungen sozusagen nebenher und kostenfrei erbringt.

Haben Sie eine Baustelle, auf der zu keinem Zeitpunkt Arbeitnehmer mehrerer Arbeitgeber beschäftigt sind, zum Beispiel weil Sie ein schlüsselfertiges Haus aus einer Hand kaufen, benötigen Sie auch keinen SiGeKo. Soweit Sie vertraglich allerdings Subunternehmertätigkeiten zulassen – was generell nur in sehr begrenztem Rahmen für Fachgewerke wie zum Beispiel Elektro- oder Sanitärinstallation zugelassen werden sollte – muss geregelt werden, wer dann den SiGeKo beauftragt und bezahlt oder ob er bereits im Leistungspaket des Unternehmers mit enthalten ist. Denn dann tritt der gesetzliche Fall ein.

Wieviel kostet ein Sicherheits- und Gesundheitsschutzkoordinator (SiGeKo)?

SiGeKo-Leistungen fallen nach aktuellem Rechtsstand nicht unter die HOAI. Auch nicht unter die Besonderen Leistungen der HOAI. Die Vergütung kann daher frei vereinbart werden. Von den Neuregelungen des BGB zum Architektenvertragsrecht sind sie ebenfalls nicht erfasst; daher besteht zum Beispiel auch keine Schriftformerfordernis zum Vertrag. Aber auch das Widerrufsrecht haben Sie nicht. Man sollte mit dem SiGeKo möglichst früh eine klare und transparente Vereinbarung zur Honorierung treffen. Stundensatzvereinbarungen sind kritisch zu sehen. Besser ist eine transparente und nachvollziehbare Pauschalierung auf Basis eines Angebots beziehungsweise der Verhandlung dazu.

Was ist ein Architekt?

Architekten sind Personen, die sich um die Planung, Ausschreibung und den Bau von Gebäuden kümmern. Für spezielle Leistungen, wie Statik oder Gebäudetechnik, greifen sie auf Fachingenieure zurück. Architekten absolvieren ein Studium und müssen nach dem Studium üblicherweise einige Jahre Praxiserfahrung sammeln, bevor Sie den Antrag auf Mitgliedschaft in einer Architektenkammer stellen können. Erst mit Eintrag bei einer der 16 Landesarchitektenkammern dürfen sie sich „Architekt" oder „Architektin" nennen. Zur Notwendigkeit solcher Kammern gibt es viel Streit, zumal andere Länder, wie die Schweiz, völlig problemlos ohne Architektenkammern auskommen und dadurch ein wesentlich freieres Berufsrecht haben.

Wann braucht man einen Architekten?

Wenn Sie heute ein Haus bauen wollen, benötigen Sie keinen Architekten mehr. Das extrem enge Berufsrecht, gepaart mit einer viel zu komplexen Vergütungsordnung mit saftigen Preisen, bei der zudem niemand vorher weiß, was er am Ende zahlen muss, hat Architekten im Einfamilienhausbau zu einer Randerscheinung werden lassen. Andere Marktteilnehmer wie Generalunternehmer oder Fertighausanbieter sind schon lange in diesen Markt vorgedrungen und haben sich dabei weder um ein komplexes Kammerwesen noch um ein komplexes Vergütungssystem kümmern müssen.

Architekten genießen allerdings ein gesetzliches Privileg, die sogenannte Bauvorlageberechtigung. Nur sie sind nach den Landesbauordnungen der Länder berechtigt, Bauanträge zu unterzeichnen. Mittlerweile ist das insofern etwas gelockert, als auch Ingenieure, die auf speziellen Listen der Landesingenieurkammern geführt werden, solche Anträge stellen können.

Für Fertighaushersteller und Generalunternehmer stellt das allerdings kein Problem dar: Sie stellen sich ganz einfach Architekten oder Ingenieure ein, die sie ohnehin für ihre Planung brauchen. Diese angestellten Architekten oder Ingenieure leisten dann die Unterschriften. Manchmal arbeiten die Unternehmen daher bis zur Baueingabe auch einfach mit freien Architekten zusammen. Dazu später im Buch noch mehr. Anders als diese genießen die Unternehmen viel mehr Freiheiten. So ist es Ihnen zum Beispiel erlaubt, Grundstücke mit der Maßgabe zu verkaufen, dass diese nur in Zusammenarbeit mit ihnen bebaut werden. Das dürfen Architekten in Deutschland nicht. Unternehmen müssen auch nicht nach irgendeiner komplizierten Vergütungsordnung abrechnen. Sie können auf ihre Hausangebote einfach ein Preisschild kleben und fertig. Das sind die wesentlichen Gründe, warum sich immer mehr Verbraucher gegen Architekten und für schlüsselfertige Angebote entscheiden.

Was kostet ein Architekt?
Auch Architekten werden auf Basis der HOAI vergütet. Ihr Honorar setzt sich zunächst einmal aus den vereinbarten Leistungsphasen zusammen. Die HOAI kennt für Architekten 9 Leistungsphasen:

→ Leistungsphase 1: Grundlagenermittlung
→ Leistungsphase 2: Vorplanung
→ Leistungsphase 3: Entwurfsplanung
→ Leistungsphase 4: Genehmigungsplanung
→ Leistungsphase 5: Ausführungsplanung
→ Leistungsphase 6: Vorbereitung der Vergabe
→ Leistungsphase 7: Mitwirkung bei der Vergabe
→ Leistungsphase 8: Objektüberwachung – Bauüberwachung und Dokumentation
→ Leistungsphase 9: Objektbetreuung

Auch bei Architekten sind diesen Leistungsphasen Prozentsätze zugeordnet, die den Anteil der jeweiligen Leistungsphase am Gesamthonorar festlegen:

→ Leistungsphase 1:
Grundlagenermittlung
= 2 %
→ Leistungsphase 2:
Vorplanung
= 7 %
→ Leistungsphase 3:
Entwurfsplanung
= 15 %
→ Leistungsphase 4:
Genehmigungsplanung
= 3 %
→ Leistungsphase 5:
Ausführungsplanung
= 25 %
→ Leistungsphase 6:
Vorbereitung der Vergabe
= 10 %
→ Leistungsphase 7:
Mitwirkung bei der Vergabe
= 4 %
→ Leistungsphase 8:
Objektüberwachung – Bauüberwachung und Dokumentation
= 32 %
→ Leistungsphase 9:
Objektbetreuung
= 2 %

Bei Architekten wird gleichermaßen eine Honorartabelle zugrunde gelegt (§ 35 HOAI). Die Zeilen enthalten wieder die schon bekannten Stufenwerte der anrechenbaren Kosten und die Spalten Honorarzonen, wieder 5, von I bis V. I steht für eine einfache Bauaufgabe, V für eine komplexe. Einfamilienhäuser sind der Honorarzone III zuzuordnen

Und schließlich kann auch bei Architekten das Honorar weiter differenziert werden, indem man Mindest-, Mittel- oder Höchstsätze vereinbart. Denn auch die Honorartabelle nach § 35 der HOAI, die Honorare stufenweise, orientiert an den anrechenbaren Baukosten, definiert, gibt Korridore vor, innerhalb derer sich das Honorar bewegen darf.

Beispiel: Liegen anrechenbare Baukosten von 300.000 Euro vor, darf sich das Honorar in der Honorarzone III zwischen 39.981 Euro und 49.864 Euro bewegen.

Die nächst niedrigere Summe an anrechenbaren Baukosten, die die Tabelle vorgibt, sind 200.000 Euro. Was aber, wenn die anrechenbaren Baukosten irgendwo zwischen 200.000 und 300.00 Euro liegen, zum Beispiel bei 290.000 Euro? Dann verlangt die HOAI eine lineare Interpolation. Sie dürfen ruhig den Kopf schütteln, dass der Gesetzgeber allen Ernstes derart komplizierte Vergütungsregelungen schafft, die schließlich auch noch Interpolationsrechnungen notwendig machen. Aber es hilft nichts, Gesetz ist Gesetz, daher nachfolgend 2 Beispiele von Interpolationsrechnungen für ein Architektenhonorar auf Basis von 290.000 Euro anrechenbarer Baukosten. Einmal eine Rechnung unter der Annahme, dass ein Honorar nach Honorarzone III Mindestsatz vereinbart war, und einmal eine Rechnung unter der Annahme, dass Honorarzone III Höchstsatz vereinbart war. Vorausgesetzt wird, dass der Architekt tatsächlich alle Leistungen der Leistungsphasen 1 bis 9 erbringt, vorausgesetzt wird zudem, dass eine Beschaffenheitsvereinbarung zu den Baukosten getroffen wurde, da § 6 Absatz 3 HOAI (Berechnung der Baukosten auf Basis der Kostenberechnung) gemäß der Rechtsprechung des BGH unwirksam ist (VII ZR 164/13). Als Beschaffenheitsvereinbarung werden folgende anrechenbare Baukosten angenommen: 290.000 Euro.

Beispielrechnung nach Honorarzone III Mindestsatz:

Formel (Honorarermittlung mittels Interpolation):

A + ((B − A) x (C:D)) = Honorar

A = Mindesthonorar für den nächst niedrigeren Baukostenwert aus der HOAI-Tabelle § 35
B = Mindesthonorar für den nächst höheren Baukostenwert aus der HOAI-Tabelle § 35
C = Differenz zwischen tatsächlichem und nächst niedrigerem Baukostenwert aus der Tabelle § 35 HOAI.
D = Differenz zwischen dem nächsthöheren und dem nächst niedrigeren Baukostenwert aus der Tabelle § 35 HOAI zu den angesetzten Kosten.

Rechnung:

27.863 Euro + ((39.981 Euro − 27.863 Euro) x (90.000 Euro : 100.000 Euro)) = Honorar
→ 27.863 Euro + (12.118 Euro x 0,9) = Honorar
→ 27.863 Euro + 10.906,20 Euro = 38.769,20 Euro

→ 38.769,20 Euro + 19 % Mehrwertsteuer = **46.135,35 Euro**

Beispielrechnung nach Honorarzone III Höchstsatz:

Formel (Honorarermittlung mittels Interpolation):

→

A + ((B − A) x (C:D)) = Honorar A = Maximalhonorar für den nächst niedrigeren Baukostenwert aus der HOAI-Tabelle § 35
B = Maximalhonorar für den nächst höheren Baukostenwert aus der HOAI-Tabelle § 35
C = Differenz zwischen tatsächlichem und nächst niedrigerem Baukostenwert aus der Tabelle § 35 HOAI.
D = Differenz zwischen dem nächsthöheren und dem nächst niedrigeren Baukostenwert aus der Tabelle § 35 HOAI zu den angesetzten Kosten.

Rechnung:

34.751 Euro + ((49.864 Euro − 34.751 Euro) x (90.000 Euro : 100.000 Euro)) = Honorar
→ 34.751 Euro + (15.113 Euro x 0,9) = Honorar
→ 34.751 Euro + 13.601,70 Euro = 48.325,70 Euro

→ 48.352,70 Euro + 19 % Mehrwertsteuer = **57.539,71 Euro**

 PRAXISBEISPIEL 3:

Analyse der Kostenfallen bei der Fachingenieurbeauftragung

Familie Meier hat ein Hausangebot eines Generalunternehmers vorliegen. Wie sie feststellt, sind aber 2 wichtige Fachingenieurleistungen nicht im Hausbaupreis enthalten: der Bodengutachter und der Vermesser. Familie Meier überschlägt die Kosten und stellt fest: Zusätzlich über 6.000 Euro kommen allein dafür zusammen. Damit kann Familie Meier 2 volle Jahresurlaube streichen, denn eine andere Geldquelle hat sie nicht mehr. Familie Meier ärgert sich, dass solche Kosten entweder gar nicht oder nur scheibchenweise vom Unternehmer genannt werden und man ihm jede Kosteninformation einzeln abringen muss.

PRAXISBEISPIEL 4:

Analyse der Kostenfallen bei der Architektenbeauftragung

Familie Schmidt will einen Architekten mit der Planung ihres neuen Hauses beauftragen. Der Architekt schickt bald darauf einen Vertragsentwurf. Abgerechnet werden sollen alle Leistungsphasen nach HOAI, und zwar gemäß Honorarzone IV Mindestsatz. Die anrechenbaren Baukosten lägen bei etwa 300.000 Euro. Das ergäbe ein Honorar von 49.864 Euro.

Das ist Familie Schmidt zu viel. Der Architekt schlägt daraufhin vor, dann einfach auf Honorarzone III Höchstsatz zu gehen. Das hört sich zunächst nach einem Kompromiss an, ist aber keiner. Denn der Höchstsatz nach Honorarzone III entspricht exakt dem Mindestsatz nach Honorarzone IV. Es bliebe bei den 49.864 Euro. Familie Schmidt ist verärgert. Der Mindestsatz von Honorarzone III läge bei 39.981 Euro. Das würde gerade noch ins Budget von Familie Schmidt passen. Der Architekt lässt sich darauf aber nicht ein.

Familie Schmidt muss einen neuen Architekten suchen. Die Schmidts finden einen, und der ist auch bereit, zu Honorarzone III Mindestsatz zu arbeiten. Familie Schmidt hat aber leider übersehen, dass darauf noch die Mehrwertsteuer von 19 Prozent kommt. Aus 39.981 Euro werden so saftige 47.577,39 Euro. Trotz aller Vorsicht ist die Obergrenze des Budgets nun doch massiv gerissen.

Der Architekt wäre zwar in dieser Situation sogar bereit, auch für weniger Honorar zu arbeiten, das ist ihm aber in Deutschland gesetzlich strikt verboten. Er muss zwangsweise ein relativ hohes Honorar in Rechnung stellen, oder aber er muss auf den Auftrag ganz verzichten und verdient dann eben gar nichts mehr. Selbst wenn der Architekt Hartz IV beziehen würde und die Chance hätte, durch solche Aufträge die staatlichen Unterstützung hinter sich zu lassen, dürfte er keine Aufträge annehmen, deren Honorar auch nur leicht unterhalb der HOAI-Vorgaben liegt, auch wenn sie im Ergebnis deutlich über dem gesetzlichen Mindestlohn liegen würden. Der Staat verbietet ihm das und zahlt lieber weiter Hartz IV. Bei dieser Logik des Gesetzgebers, die sowohl für den Architekten als (unter anderem) auch für eine junge Baufamilie schlicht absurd ist, kann Familie Schmidt nur noch den Kopf schütteln. Aber der Traum vom eigenen Haus mit einem Architekten liegt erst einmal auf Eis.

Fragebögen und Checkblätter: Planung und Ausschreibung mit dem Architekten

Was ein Architekt ist und wie er bezahlt wird, konnten Sie im vorigen Kapitel erfahren. Jetzt geht es darum, wie das inhaltliche Vorgehen bei Planung und Ausschreibung mit einem Architekten erfolgen sollte. Fast nie werden bei der Zusammenarbeit mit einem Architekten sorgfältige Planungsfestlegungen getroffen. Das ist umso erstaunlicher, da man mit solchen Festlegungen früh erheblichen Einfluss auf die voraussichtlichen Kosten nehmen kann und auch deutlich mehr Vertragssicherheit gewinnt.

Die größten Kostenfallen beim Bauen mit dem Architekten verstecken sich in der Planungsphase. Einerseits glaubt man, nun hochindividuell losschlagen zu können, andererseits holt einen genau das meist ein. Die individuelle Planung, die mit einem Architekten möglich ist, sollte man nicht in überzogene Bau- und Rauminszenierungen investieren, die eine Immobilie langfristig auch nur selten sinnvoll nutzbar machen. Unser Leben unterliegt Änderungen. Selbst wenn Ehen bestehen bleiben, gehen Kinder irgendwann ihren eigenen Weg und ziehen aus.

Vielleicht will man dann ein Haus anders nutzen oder aufteilen können, gegebenenfalls in Wohnungseigentum. Wenn man auch im Alter das Haus nutzen will, möchte man sich vielleicht auf eine Etage zurückziehen können und eine andere vermieten. Dann spielt vielleicht auch Barrierefreiheit eine große Rolle. Ist das Haus aber eine einzige, unflexible Inszenierung, sozusagen der in Beton gegossene Traum eines Zeitpunkts im Leben, als die Familie jung war und das Leben unendlich schien, wird ein solches Konzept eher früher als später an gleich mehrere Grenzen stoßen, wenn die Familie älter ist.

Will man bei einer Planung den Nutzungszyklus einer Immobilie, also Flexibilität und Aufteilbarkeit sowie Barrierefreiheit und darüber hinaus Ökonomie, Ökologie, Grundriss- und Schnitteffizienz, Installationseffizienz und vielleicht auch regionale Baukultur beachten, hat man so viel zu tun, dass man sich von zahlreichen bedeutungsleeren Worthülsen mancher Planer sehr schnell verabschieden wird, um sich darauf zu konzentrieren, ein wirklich sinnvolles Haus zu planen, das in allen unterschiedlichen Lebensphasen den Bewohnern möglichst optimal dienen kann und sich ohne unnötigen Ressourcenverbrauch angemessen in seine Umgebung fügt.

Das offene Loft-Haus im Bauhaus-Stil, das in den tollen Fernsehfilmen immer so eindrucksvoll wirkt, ist im Lebensalltag ganz schnell eine hellhörige Hülle, in der sich niemand vernünftig zurückziehen kann. Und das romantische Landhaus, das man aus den anderen schönen Filmen kennt, ist in Wahrheit eben nicht einfach nachbaubar und geeignet für jeden Lebensalltag. Man sollte sich von solchen Inszenierungen aus Fernsehfilmen und Architekturzeitschriften völlig frei machen und ganz neu und nüchtern an eine Hausplanung mit einem Architekten gehen.

Ein gutes Haus muss noch lange keine optische Inszenierung sein, oft ist die gute Architektur gerade die einfache, zeitgemäß-regionale Architektur. Ein solches Haus kann sehr gut eine örtliche Baukultur aufgreifen und dabei in seinem Innenleben trotzdem sehr flexibel und kosteneffizient sein.

Die wirkliche große Chance beim Planen mit dem Architekten ist eigentlich, die typischen Kostentreiber frühzeitig zu erkennen und auszuschalten, ohne dabei auf Nachhaltigkeit, Raumflexibilität und Baukultur zu verzichten. Um das zu erreichen, können Ihnen die nachfolgenden Checklisten helfen. Sie fragen ab, ob bei Planung und Ausschreibung an wichtige Punkte gedacht wurde. Bei der Planung fängt das damit an, dass ein Leistungskatalog aufgestellt werden muss, welcher beschreibt, welche Planungsziele Sie vom Architekten überhaupt erwarten. Wenn Sie das nicht machen, arbeitet der Architekt ins Blaue hinein und hat keine genaue Zielvorgabe. Um das zu verhindern und einen sinnvollen Leistungskatalog aufzustellen, gibt es die nachfolgende Checkliste zur Planung.

In der zweiten Checkliste geht es darum, dass der Architekt die Planung, die er erstellt hat, in der Folge in eine Baueingabe und später in eine Ausschreibung bringen muss. Die Baueingabe ist dabei das geringere Problem, weil sie sich wesentlich auf die Entwurfspläne stützt. Größer ist die Herausforderung schon bei der Ausschreibung. Diese kann sehr viel Arbeit bedeuten, wenn sie gründlich gemacht wird, und dies ist eine hohe Kunst.

Denn die Planung muss bei diesem Schritt sozusagen in Textform gebracht werden und Leistungsposition für Leistungsposition muss potenziellen Handwerkern so dargelegt werden, dass diese damit eine belastbare Kalkulation erstellen und ein Angebot abgeben können. Die Checkliste dient dazu, zu überprüfen, dass wichtige Punkte dabei nicht vergessen wurden. Allerdings stellt sich das große Problem, dass jede Ausschreibung inhaltlich natürlich sehr unterschiedlich ist, je nachdem welches Haus gebaut werden soll. Daher kann dieses Buch Ausschreibungen inhaltlich nicht bewerten, sondern nur strukturell. Um eine individuelle Ausschreibung inhaltlich zu bewerten, müsste sie zu genau diesem Zweck einem Fachmann vorgelegt werden, zur Gegenkontrolle. Die Qualität der Ausschreibung entscheidet wesentlich darüber, ob es später beim Bauen zu Kostensteigerungen kommt oder weitgehend alle unverzichtbaren Leistungen präventiv sorgfältig durchdacht und vollständig ausgeschrieben wurden. Denn das, was beim Bauen mit dem Generalunternehmer die Bau- und Leistungsbeschreibung ist, ist beim Bauen mit dem Architekten und Handwerkern die positions- und gewerkeweise Ausschreibung. Was in ihr nicht oder falsch enthalten ist, kostet fast immer und sofort zusätzliches Geld.

Es muss allerdings nicht sein, dass Ihr Architekt Einzelausschreibungen anfertigt und diese verschiedenen Handwerkern mit der Bitte um Abgabe eines Angebots vorlegt. Es kann auch sein, dass er in Ihrem Auftrag für seine Planungen einen Generalunternehmer sucht und dazu eine sogenannte funktionale Ausschreibung in Form einer umfassenden Baubeschreibung anfertigt. Dann wird nicht mehr jedes Detail einzeln ausgeschrieben, sondern das zu errichtende Gebäude wird funktional beschrieben, und ein Generalunternehmer kann dafür ein Komplettangebot abgeben. Wer diesen Weg geht, für den sind die Checklisten und Checkblätter zur Überprüfung des Angebots eines Generalunternehmers beziehungsweise Fertighausanbieters die richtigen. Denn die dort unverzichtbaren und wichtigen Inhalte kann man durchaus in einem Prüfkatalog zusammenstellen. Genau dies wird im Kapitel „Fragebogen und Checkblätter: Generalunternehmer und Fertighausanbieter" gemacht. Das Kapitel ist rot gekennzeichnet unter den Symbolen des Eurozeichens, des Stifts und der Kelle. Dort können Sie sehen, welche wichtigen Inhalte eine funktionale Bauleistungsbeschreibung auf alle Fälle abdecken muss.

Außerdem hat die Verbraucherzentrale eine funktionale Musterbaubeschreibung entwickelt, die beispielhaft aufzeigt, wie eine vollständige Baubeschreibung inhaltlich gegliedert und aufgebaut sein kann. Rund um das Bauen mit dem Architekten informiert außerdem das große Praxis-Handbuch „Bauen!". Ergänzend bietet das gleichnamige „Praxis-Set" viele Arbeitsvorlage und Checklisten für Bauherren. Mehr Informationen dazu auf Seite 351 und unter www.ratgeber-verbraucherzentrale.de/bauen-wohnen

Fragebogen Planung

IN DER PLANUNGSLEISTUNGSVEREINBARUNG MIT DEM ARCHITEKTEN BERÜCKSICHTIGT UND DEFINIERT?	JA	NEIN	CHECKBLATT
1. B-Plan-Anforderungen / Anforderungen aus § 34 BauGB	☐	☐	22 → Seite 67
2. Anforderungen aus Bodengutachten	☐	☐	23 → Seite 69
3. Anforderungen aus Grundstückstopografie	☐	☐	24 → Seite 70
4. Größe und Zimmeranzahl / Geschosshöhen	☐	☐	25 → Seite 71
5. Barrierefreiheit	☐	☐	26 → Seite 74
6. Dach / Dachausbau	☐	☐	27 → Seite 76
7. Keller / Kellerstandard	☐	☐	28 → Seite 77
8. Energetischer Standard	☐	☐	29 → Seite 79
9. Anschluss an die öffentliche Versorgung (zum Beispiel Möglichkeit Gasanschluss, Höhenlagen Abwasserkanal)	☐	☐	30 → Seite 81
10. Heizungsart / Warmwasserbereitung	☐	☐	31 → Seite 83
11. Lüftungsanlage	☐	☐	32 → Seite 85
12. Schallschutzstandard	☐	☐	33 → Seite 87
13. Fenster, Türen, Rollläden, Raffstoren	☐	☐	34 → Seite 90
14. Elektroausstattung / IT / Telefonie / TV / Smart-Home-Technologie	☐	☐	35 → Seite 93
15. Oberflächen an Böden, Wänden, Decken	☐	☐	36 → Seite 95
16. Treppen	☐	☐	37 → Seite 96
17. Badausstattung	☐	☐	38 → Seite 98
18. Terrasse / Balkon	☐	☐	39 → Seite 99
19. Carport / Garage	☐	☐	40 → Seite 101
20. Hauptbaustoff	☐	☐	41 → Seite 103
21. Gartenbau / Zugänge / Zufahrten / Zaun	☐	☐	42 → Seite 104

Fragebogen Ausschreibung

IN DER AUSSCHREIBUNG AN HANDWERKER BERÜCKSICHTIGT UND DEFINIERT?	JA	NEIN	CHECKBLATT
1. Pauschalpreise oder Einheitspreise	☐	☐	43 → Seite 107
2. Grundpositionen / Eventualpositionen / Alternativpositionen	☐	☐	44 → Seite 108
3. Leistungsumfang / Leistungsdifferenzierung / Leistungsgrenzen	☐	☐	45 → Seite 109
4. Gewerkeübergreifende Zusatzleistungen	☐	☐	46 → Seite 111
5. Vollständigkeit jeder Einzelposition	☐	☐	47 → Seite 112
6. Sondereinrichtungen / Sonderbauweisen / Sondermaschinen	☐	☐	48 → Seite 113
7. Allgemeine Technische Vertragsbedingungen (ATV)	☐	☐	49 → Seite 114
8. Zusätzliche Technische Vertragsbedingungen (ZTV)	☐	☐	50 → Seite 116
9. Besondere Vertragsbedingungen	☐	☐	51 → Seite 118
10. Stundensätze Personal	☐	☐	52 → Seite 119
11. Los-Unterteilung	☐	☐	53 → Seite 120

Checkblatt Planung
B-Plan-Anforderungen / Anforderungen aus § 34 BauGB

IN DER PLANUNGSLEISTUNGSVEREIN-BARUNG MIT DEM ARCHITEKTEN BERÜCKSICHTIGT UND DEFINIERT?	JA	NEIN
1. Sind die B-Plan-Anforderungen / Anforderungen aus § 36 BauGB in den Planungsleistungsvereinbarungen mit dem Architekten berücksichtigt?	☐	☐

Um was geht es?

Für viele Baugebiete in Deutschland gibt es sogenannte Bebauungspläne, auch B-Pläne genannt. Das sind als kommunale Satzungen erlassene örtliche Bauvorschriften. Diese können sehr spezielle Regelungen enthalten, von der Anzahl der zulässigen Vollgeschosse bis hin zur Dachneigung. Ihr Architekt muss sich diese Vorgaben sehr genau ansehen, da sie den Entwurf weitgehend bestimmen können. Das ist eigentlich selbstverständlich; denn Ihr Architekt erbringt keine freie Dienstleistung, sondern eine Werkleistung, die sich vor allem durch den sogenannten Werkerfolg auszeichnet. In diesem Fall also kann nicht einfach nur ein beliebiger Plan geliefert werden, sondern der Plan muss auch genehmigungsfähig sein. Trotzdem ist es sinnvoll, dass Sie mit Ihrem Architekten sehr früh und konkret zum B-Plan sprechen. Denn möglicherweise lassen sich Ihre Planungsträume im Rahmen des Plans überhaupt nicht verwirklichen.

Existiert kein B-Plan, gilt § 34 Absatz 1 des Baugesetzbuches (BauGB). Dort ist geregelt, Zitat:

> „Innerhalb der im Zusammenhang bebauten Ortsteile ist ein Vorhaben zulässig, wenn es sich nach Art und Maß der baulichen Nutzung, der Bauweise und der Grundstücksfläche, die überbaut werden soll, in die Eigenart der näheren Umgebung einfügt und die Erschließung gesichert ist. Die Anforderungen an gesunde Wohn- und Arbeitsverhältnisse müssen gewahrt bleiben; das Ortsbild darf nicht beeinträchtigt werden."

Das kann natürlich alles oder nichts heißen, schon deswegen, weil ja auch die Umgebung selber gar nicht homogen sein muss. Der § 34 wird daher auch als Gummiparagraf bezeichnet und hat schon zu viel Ärger geführt, vor allem dann, wenn er skrupellos ausgelegt und ausgenutzt wurde. Auf der einen Seite bedeutet der § 34 zwar möglicherweise etwas mehr Freiheit, auf der anderen Seite aber auch mehr Behördenwillkür. Denn auch ein Baurechtsamt kann natürlich die Umgebungsbebauung und deren Eigenart auf seine Weise interpretieren. Und genau das passiert in der Praxis. Einerseits werden in gewachsener Umgebung Bauvorhaben genehmigt, die überhaupt nichts mit dieser gewachsenen Umgebung zu tun haben, andererseits werden Bauvorhaben verhindert, die sich gut einfügen würden. Das heißt im Endeffekt: Haben Sie ein Grundstück in einem Paragraf-34-Gebiet, muss das – samt aller Grenzen für Ihre Planungsträume – sehr früh mit dem Architekten besprochen werden.

Die Beachtung der weiteren, üblichen Bauvorschriften, etwa aus der Landesbauordnung (LBO) des Bundeslandes, in dem Sie bauen wollen, ist hingegen eine Selbstverständlichkeit, die Ihr Architekt grundsätzlich bei jeder Gebäudeplanung beachten muss.

Welche Kostenrisiken gibt es?

Beachtet Ihr Architekt die Vorgaben aus dem B-Plan oder § 34 Baugesetzbuch nicht, kann das gravierende Kostenprobleme nach sich ziehen: Im günstigsten Fall bemerken Sie das Problem noch vor Einreichung Ihres Baugesuchs.

Haben Sie ein sogenanntes Kenntnisgabeverfahren gewählt (ein Baueingabeverfahren, das in manchen Bundesländern zulässig ist und bei dem das Baurechtsamt die Genehmigungsfähigkeit selber nicht überprüft, sondern nur die Nachbarn vom Bauvorhaben in Kenntnis setzt, mit Einspruchsfrist für diese), dann sind Sie und Ihr Architekt dafür verantwortlich, dass alles ordnungsgemäß geplant wurde. Ist dies nicht der Fall und kommt das erst später heraus, kann das ein doppeltes Problem für Sie werden: Sie können sich einerseits einen Baustopp einhandeln, andererseits auch die Aufforderung zum Rückbau nicht genehmigungsfähiger Gebäudeteile. Zwar können Sie dagegen rechtlich nötigenfalls vor den Verwaltungsgerichten vorgehen, aber das kostet Zeit und Geld. Und es ist auch nicht gesagt, dass Sie am Ende obsiegen. Im ungünstigsten Fall können die Folgekosten aus einem verlorenen Verfahren inklusive Rückbau sechsstellig und damit unbeherrschbar sein.

Was muss geregelt werden?

Es sollte mit dem Architekten geregelt sein, dass Ihre Zielvorgaben aus dem Leistungskatalog zur Planung im Rahmen des B-Plans beziehungsweise des § 34 Baugesetzbuch auch umsetzbar sind. Ist das eindeutig nicht der Fall, sollte frühzeitig der Leistungskatalog angepasst werden. Handelt es sich um eine sehr heikle Planung im Grenzbereich des Zulässigen, sollte das Kenntnisgabeverfahren nicht gewählt werden, sondern das klassische Baueingabeverfahren mit Prüfung durch das zuständige Baurechtsamt.

Ist die Rechtslage sehr unsicher, zum Beispiel bei einem Paragraf-34-Gebiet, kann auch eine sogenannte Bauvoranfrage hilfreich sein, bei der man dem Amt frühzeitig den Planungsrahmen vorlegt und die Genehmigungsfähigkeit abfragt. Das Amt muss sich später an die dabei gemachten Aussagen seinerseits halten. Das gibt relativ früh etwas mehr Rechtssicherheit, ist aber auch aufwendiger und mit zusätzlichen Kosten nach der jeweiligen Gebührenordnung der örtlichen Kommune beziehungsweise des regionalen Landkreises verbunden.

> Wenn diese Planungsleistung bislang nicht oder unvollständig enthalten war, welche zusätzlichen Baukosten setzt Ihr Architekt dafür an?
>
> _____ Euro
>
> → Diesen Betrag können Sie auch in die Sammeltabelle auf Seite 106 übertragen.

Checkblatt Planung
Anforderung aus Bodengutachten

IN DER PLANUNGSLEISTUNGSVEREINBARUNG MIT DEM ARCHITEKTEN BERÜCKSICHTIGT UND DEFINIERT?	JA	NEIN
2. Sind die Anforderungen aus dem Bodengutachten bei den Planungsleistungsvereinbarungen mit dem Architekten berücksichtigt?	☐	☐

Um was geht es?
Neben rechtlichen Einschränkungen zur Bebauung eines Grundstücks gibt es auch geologische Einschränkungen. Das kann etwa felsiger Untergrund sein oder ein hoher Grundwasserstand, beides kann einen Kellerbau erschweren. Es kann aber auch sandiger Untergrund sein, der eine aufwendige Gründung notwendig macht. Auf welchem Untergrund man baut, sollte man daher bereits vor der Planung wissen; denn das kann erheblichen Einfluss auf sie haben. Das kann so weit gehen, dass statt eines Kellers gar kein Keller gebaut wird oder statt einer klassischen Fundamentgründung eine aufwendige Pfahlgründung erfolgen muss.

Welche Kostenrisiken gibt es?
Die Kostenrisiken betragen sehr schnell mehrere Zehntausend Euro, wenn ein geplanter gemauerter Keller plötzlich als WU-Betonkeller, also als wasserundurchlässiger Betonkeller gebaut werden muss oder gar eine deutlich aufwendigere Gründung in großer Tiefe erfolgen muss. Wird das bei der Planung nicht berücksichtigt und wird erst später während des Bauens erkannt, kommen weitere Herausforderungen und Kosten hinzu: Der ganze Bauablauf muss gestoppt und unter Zeitdruck umgeplant werden. Zusätzliche und komplexe Bauleistungen müssen dann ebenfalls unter Zeitdruck meist sehr teuer hinzugekauft werden.

Was muss geregelt werden?
Die Baugrundsituation muss von Anfang an durch ein Bodengutachten geklärt sein (→ Checkblatt 6 Seite 32), zumindest in Hinblick auf Bodenklasse beziehungsweise neu auch Homogenbereiche, Bodenpressung und Grundwasserstand. Nur dann ist eine sorgfältige Planung möglich und gewährleistet. Denn wenn der Baugrund zu komplex ist, kann das ja auch zu ganz anderen Planungsentscheidungen führen, zum Beispiel ganz auf einen Keller zu verzichten oder aber – bei notwendigen Tiefengründungen – frühzeitig nach anderen Einsparpotenzialen zur Kompensation zu suchen.

Wenn diese Planungsleistung bislang nicht oder unvollständig enthalten war, welche zusätzlichen Baukosten setzt Ihr Architekt dafür an?

_____ Euro

→ Diesen Betrag können Sie auch in die Sammeltabelle auf Seite 106 übertragen.

Checkblatt Planung
Anforderung aus Grundstückstopografie

IN DER PLANUNGSLEISTUNGSVEREINBARUNG MIT DEM ARCHITEKTEN BERÜCKSICHTIGT UND DEFINIERT?	JA	NEIN
3. Sind die Anforderungen aus der Grundstückstopografie in den Planungsleistungsvereinbarungen mit dem Architekten berücksichtigt?	☐	☐

Um was geht es?
Nicht alle Grundstücke liegen in einer leicht bebaubaren Ebene. Vor allem in Mittel- und Süddeutschland hat man es mitunter auch mit schwierigen Hanglagen zu tun. Hanglagen haben Vor- und Nachteile: Die Planung und Bebauung ist fast immer komplexer als bei ebenen Grundstücken, dafür bieten Hanglagen manchmal die Möglichkeit, den hangabgewandten Teil eines Kellers zu Wohnzwecken zu nutzen, weil man ihn gut und natürlich belichten kann. Wollte man gar keinen Keller, wird dies bei Hanglagen allerdings schwierig, denn das Haus benötigt eine ebene, bodengebundene Gründung. Das ist in Hanglagen mit maßvollem Aufwand vor allem zu erreichen, wenn man eine Ebene sozusagen in den Hang gräbt. Dann ist der hintere Teil dieser Ebene fast immer der spätere Keller.

Welche Kostenrisiken gibt es?
Aufgrund der Tatsache, dass man bei einer Hangbebauung fast automatisch eine Ebene in den Hang graben muss, kommen auch zwangsläufig Erdbauarbeiten auf einen zu. Man kann ihnen also schlecht ausweichen, wie das auf einem ebenen Grundstück geht, wenn man auf den Keller verzichtet. Je nach Beschaffenheit des Hangs können dann während des Baus auch aufwendigere Hangstützungsmaßnahmen notwendig werden.

Einfach gemauerte Keller sind in Hanglagen aufgrund des Erddrucks fast immer problematisch, und es müssen Betonkeller errichtet werden. Auch die sichere Hangentwässerung kann eine vertiefte Planung erfordern. Denn eine große Hangfläche kann enorme Mengen Oberflächenwasser in großer Geschwindigkeit zu Tal führen, die dann an der hangzugewandten Seite des Hauses wirksam um dieses herum geleitet werden müssen. Die Mehrkosten einer Hangbebauung kann man nicht pauschal benennen. Aber allein ein Betonkeller statt eines gemauerten Kellers kann schnell eine Summe von etwa 10.000 Euro zusätzlich bedeuten. Sind während des Baus aufwendige Stützungsmaßnahmen nötig, kann dies noch einmal sehr schnell Mehrkosten von etwa 10.000 Euro ausmachen, sind dann vielleicht darüber hinaus sogar noch weiterreichende Entwässerungsmaßnahmen notwendig, um das Hangoberflächenwasser auch langfristig sicher in den Griff zu bekommen, können allein aus diesen 3 Gründen schnell 30.000 Euro Mehrkosten entstehen, die man zunächst gar nicht im Blick hatte.

Was muss geregelt werden?
Bei einer geplanten Hangbebauung muss mit dem Architekten frühzeitig über die Probleme aus der Topografie gesprochen werden – und zwar nicht nur über die daraus resultierenden Vorteile der Planung wie eine schöne Aussicht, sondern auch über die Nachteile. Das heißt, es muss sehr früh geklärt werden, welche Kellerausführung gewählt werden muss, ob während der Baudurchführung besondere Hangstützungsmaßnahmen erfolgen müssen und langfristig Hangoberflächenwasser in größerem Umfang um das Haus geführt werden muss.

Denn wenn das so ist und sich daraus höhere Kosten ergeben, kann man in einem frühen Stadium zumindest versuchen, diese an anderer Stelle vielleicht wieder einzusparen, um das Budget insgesamt zu halten. Treffen einen solche Kosten zu spät, zum Beispiel mitten im Bauablauf, kann man oft kaum noch sinnvoll reagieren.

> Wenn diese Planungsleistung bislang nicht oder unvollständig enthalten war, welche zusätzlichen Baukosten setzt Ihr Architekt dafür an?
>
> _____ Euro
>
> → Diesen Betrag können Sie auch in die Sammeltabelle auf Seite 106 übertragen.

Checkblatt Planung
Größe und Zimmeranzahl / Zimmerorientierung / Geschosshöhen / Verkehrsflächen / Flexibilität

IN DER PLANUNGSLEISTUNGSVEREINBARUNG MIT DEM ARCHITEKTEN BERÜCKSICHTIGT UND DEFINIERT?	JA	NEIN
4. Sind die Größe und Zimmeranzahl / Zimmerorientierung / Geschosshöhen / Verkehrsflächen / Flexibilität in den Planungsleistungsvereinbarungen mit dem Architekten berücksichtigt?	☐	☐

Um was geht es?

Die Zimmeranzahl und die Grundfläche eines Hauses sind wesentliche Planungsziele. Diese beiden Planungsziele haben die meisten Menschen auch klar vor Augen, wenn sie zu einem Architekten gehen, seltener die Himmelsrichtungsorientierung von Zimmern und die Geschosshöhen noch weniger. Und kaum noch jemand denkt darüber nach, dass ein sehr effizienter Entwurf möglichst wenige sogenannte Verkehrsflächen haben sollte wie etwa Flurflächen und langfristig eine flexible Gebäudenutzung ermöglichen sollte. Das ist aber sehr wichtig und hat auch werterhaltenden Einfluss auf ein Haus.

Welche Kostenrisiken gibt es?

Ein Quadratmeter Bauen kostet heute zwischen etwa 1.700 bis 2.200 Euro für eine mittlere Bauqualität. Das heißt, jeder Quadratmeter, der unnötig zusätzlich dazukommt, kostet Sie schnell rund 2.000 Euro. Hat Ihr Bad also 15 Quadratmeter, obwohl es auch 5 oder 6 tun würden, und verlieren Sie auch im Flur oder in einer unnötigen Treppenhausinszenierung jeweils noch einmal 5 bis 10 Quadratmeter, sind das zusammen vielleicht 10 bis 20 Quadratmeter, die Sie mit 20.000 bis 40.000 Euro bezahlen, ohne dass Sie dafür irgendeinen wirklich sinnvollen Mehrwert erhalten. Zimmerorientierung und Geschosshöhen hingegen kann man fast kostenneutral realisieren, genauso die langfristige Flexibilität eines Grundrisses. Diese fast kostenfrei zu erhaltenden großen Pluspunkte sollte man daher gut im Auge haben. So günstig wie mit einer intelligenten Planung, die das alles berücksichtigt, erhält man Mehrwert beim Bauen nie wieder. Ein kluger und erfahrener Architekt kann durch effiziente Planung große Kostenvorteile heben. Ein unkluger Architekt kann hingegen durch ineffiziente Planung Kosten durch die Decke schießen lassen, ohne einen einzigen wirklichen Mehrwert für Sie.

Was muss geregelt werden?

Man sollte in einer Planungsvereinbarung mit einem Architekten auch über konkrete Raumgrößen und Verkehrsflächen sowie Treppenhäuser sprechen.

→ Der erste Punkt sind die Zimmergrößen: Zimmerbreiten unter 3 Metern bringen das Problem mit sich, dass man an diesen Wänden Betten nicht mehr quer stellen kann, wenn gleichzeitig in der Wand noch eine Tür Platz finden muss. Deren Standardmaß in der Breite ist 88,5 Zentimeter (Maueröffnungsmaß). Das Standardbett hat eine Länge von etwa 2 Metern. Rechnet man noch den Türrahmen hinzu, der einen Teil der Wand rund um die Tür überdeckt (wenn es sich um einen sogenannten Umfassungsrahmen handelt), benötigt man mindestens 3 Meter Zimmerbreite. Hat man die nicht, beginnt genau dort ein Möblierungsdiktat. Das Kinderzimmer beispielsweise ist dann nur in einer bestimmten Art und Weise möblierbar. Schon das Umstellen eines Bettes ist nicht mehr ohne Weiteres möglich. Eine vernünftige Raumgröße bietet ein Raum mit den Maßen 3 x 4 Meter. Er vermeidet Möblierungsdiktate und ist vielfältig nutzbar.

→ Der zweite Punkt ist die Zimmerorientierung. Eine Gleichwertigkeit der Zimmerorientierung schafft auch gleichwertige Nutzbarkeit. Reine Nordzimmer sind nicht besonders beliebt. Aber auch ein Nordzimmer hat vielleicht eine Ost- oder Südwand, die zu befenstern wäre. Ob aber alle Zimmer eine Südbelichtung haben können, hängt natürlich vor allem von Grundstück und Bebauungsplan ab. Aber zumindest ost- und westbelichtete Räume bieten bereits eine gewisse Gleichwertigkeit.

→ Der dritte Punkt ist der, dass Räume dann, wenn sie in der Planung möglichst neutral und gleichwertig gehalten werden, auch untereinander viele Nutzungsvarianten bieten. Wenn Kinderzimmer, Schlafzimmer, Arbeitszimmer und Gästezimmer ähnlich groß und neutral geschnitten sind, kann man die Nutzung von Räumen natürlich viel einfacher und flexibler miteinander tauschen. Je determinierter Räume aber sind, desto schwieriger und unflexibler wird das ganze Haus. Ein Haus sollte über seinen gesamten Lebens- und Nutzungszyklus funktionieren. Auch bei einem Wiederverkauf sind flexible Nutzungsmöglichkeiten für Käufer deutlich attraktiver als diktierte.

→ Der vierte Punkt ist, dass Räume geschossweise sinnvolle Einheiten bilden sollten, zum Beispiel so, dass man ein Haus zumindest informell auch in 2 Wohnbereiche trennen kann. B-Pläne lassen das offiziell nicht immer zu. Aber informell, innerhalb der Familie, kann man das natürlich trotzdem tun.

→ Der fünfte Punkt ist der, dass Zugangsbereiche und Verkehrsflächen so effizient gestaltet sein sollten, dass sie nur wenig Fläche in Anspruch nehmen, gleichzeitig aber spätere flexible Aufteilungen und Nutzungen unterstützen. Ein offenes Treppenhaus also, das im Wohnzimmer beginnt und im Dachstudio endet, fördert nicht nur den Schalldurchlauf durch das Haus, sondern macht spätere, flexiblere Nutzungen, zum Beispiel getrennte Nutzungen von Geschossen, die beide separat und unabhängig voneinander über diese Treppe erreicht werden müssen, meist unmöglich.

Es kann auch sinnvoll sein, die Art der Wohnflächenberechnung festzulegen. Denn es gibt verschiedene Berechnungsarten, die schließlich zu unterschiedlichen Ergebnissen kommen können (→ Checkblatt 143 Seite 297). Architekten verwenden meist eine Flächenberechnung nach der DIN 277 (Grundflächen und Rauminhalte von Bauwerken im Hochbau). Das ist auch richtig so; denn diese Norm erfasst alle Flächen, und ihre Schwesternorm ist die Norm zur Kostenermittlung im Hochbau (DIN 276 / Kosten im Hochbau). Wenn man die Kosten ermittelt, benötigt man natürlich alle Flächen, auch alle nicht begehbaren. Ermittelt man hingegen die Wohnfläche, die man real tatsächlich zum Wohnen nutzen kann, gehört zum Beispiel ein nicht nutzbarer Raum unter einer Treppe nicht dazu. Wenn Sie mit dem Architekten vielleicht eine Hausgröße von etwa 120 Quadratmetern vereinbaren, dann können Sie vereinbaren, dass diese 120 Quadratmeter Größe einer Berechnung nach der Wohnflächenverordnung (WoFlV) entsprechen sollen, was bedeutet, dass es dann nach der DIN 277 noch etwas mehr Fläche werden wird. Das ist aber üblicherweise nicht viel, und es ist klar, welches Maß die Vertragsbasis ist.

Da aber ja bereits ein Berechnungsunterschied von nur einem Quadratmeter 2.000 Euro an ungeklärten Kosten bedeuten kann, wird klar, dass man sich besser von vornherein auf eine einheitliche Berechnungsgrundlage einigt.

> Wenn diese Planungsleistung bislang nicht oder unvollständig enthalten war, welche zusätzlichen Baukosten setzt Ihr Architekt dafür an?
>
> _____ Euro
>
> → Diesen Betrag können Sie auch in die Sammeltabelle auf Seite 106 übertragen.

Checkblatt Planung
Barrierefreiheit

IN DER PLANUNGSLEISTUNGSVEREINBARUNG MIT DEM ARCHITEKTEN BERÜCKSICHTIGT UND DEFINIERT?	JA	NEIN
5. Ist Barrierefreiheit, falls gewünscht, in den Planungsleistungsvereinbarungen mit dem Architekten berücksichtigt?	☐	☐

Um was geht es?

Barrierefreiheit bezeichnet die stufen- und hindernisfreie Gestaltung, das jedoch nicht nur physisch. Auch akustische und visuelle Barrieren sollen damit überwunden werden. Ein Mensch also, der nur schlecht oder gar nicht hören kann und damit zum Beispiel Telefon oder Klingel oder auch Rauchmelder nicht hören kann, soll eine Möglichkeit erhalten, diese Barriere ohne fremde Hilfe zu überwinden. In seinem Fall wäre das etwa durch ergänzende visuelle Signale möglich. In öffentlich zugänglichen Gebäuden ist dies gesetzlich fixierte Pflicht. Grundlage ist die sogenannte UN-Behindertenrechtskonvention (Übereinkommen der Vereinten Nationen über die Rechte von Menschen mit Behinderungen). Sie ist ein völkerrechtlich verbindlicher Vertrag, mit dem sich auch Deutschland verbindlich verpflichtet hat, bestimmte Voraussetzungen für Menschen mit Behinderung zu schaffen. Dazu gehören natürlich auch bauliche Voraussetzungen, Barrierefreiheit ist allerdings kein rechtlich klar definierter Begriff. Es gibt in Deutschland jedoch eine DIN-Norm, die die technischen Kriterien erfasst, die DIN 18040. Sie hat 3 Teile:

→ DIN 18040-1 Barrierefreies Bauen
Planungsgrundlagen Teil 1:
Öffentlich zugängliche Gebäude

→ DIN 18040-2 Barrierefreies Bauen
Planungsgrundlagen Teil 2:
Wohnungen

→ DIN 18040-3 Barrierefreies Bauen
Planungsgrundlagen Teil 3:
Öffentlicher Verkehrs- und Freiraum

Barrierefreiheit ist allerdings nicht nur eine Erleichterung für Menschen mit bestimmten Behinderungen, sondern im Alltag für alle Menschen: Kinderwagen, Bobby Car, Rollkoffer und anderes lassen sich im barrierefreien Umfeld generell einfacher bewegen. Und: Auch wer heute noch ohne Einschränkungen lebt, muss vielleicht eines Tages mit solchen zurechtkommen. Allein 200.000 Schlaganfallpatienten jährlich in Deutschland sprechen eine deutliche Sprache. Wer baut und lange in seinem Haus bleiben will, der sollte mehr als nur die Ist-Situation seines Lebens im Blick haben.

Welche Kostenrisiken gibt es?

Barrierefreiheit ist dann teuer, wenn sie in einen bestehenden Entwurf nachträglich aufwendig eingearbeitet werden soll, und sie ist dann kostspielig, wenn sie in jedem Detail vollumfänglich der Norm folgen soll. Dann kann eine barrierefreie Vollausstattung eines Einfamilienhauses problemlos mehrere Zehntausend Euro kosten, obwohl das möglicherweise gar nicht nötig ist. Die DIN begegnet allen Einschränkungen, aber es ist immer die Frage, wie weit man der DIN im Detail folgen will oder muss. Nicht jeder moderne, schmale Rollstuhl etwa benötigt heute die Wendekreise, die die DIN-Norm vorgibt, um nur ein Beispiel zu nennen. Und manches kann man auch später noch gut nachrüsten, wenn es notwendig ist, wie zum Beispiel zusätzliche optische oder akustische Hilfseinrichtungen.

Das zentrale Problem ist meist die klassische physische Barriere, die später nur schwer umbaubar ist, etwa Hauszugangstreppen, enge Bäder oder Treppenhäuser. Hier reicht es bereits, Umrüstungsoptionen mit einzuplanen, damit spätere Umbauten möglichst einfach vorgenommen werden können. So kann eine Treppe etwa so ausgerüstet werden, dass sie über einen Stromanschluss und optionale Montageflächen für einen Treppenlift verfügt. Dann kann man einen solchen später relativ einfach nachrüsten. Will man auf Nummer sicher gehen und auch die Option für einen späteren Kleinaufzug haben, kann man optionale Deckendurchbrüche neben der Treppe für eine solche Nachrüstung von vornherein mit einplanen. Wenn man sie nie braucht, umso besser, wenn man sie benötigt, ist man vorbereitet. Oder aber man plant optional die mögliche Bewohnung nur einer Geschossebene ein. Bäder kann man fast kostenneutral von vornherein komplett barrierefrei gestalten. Das ist heute auch längst ästhetisch möglich, ohne dass man das dem Bad überhaupt ansieht. Durch Reduktion von Barrieren mit Augenmaß und die Schaffung einfacher Optionen für spätere Nachrüstungen kann man sehr viel Geld sparen und trotzdem gut vorbereitet sein.

Was muss geregelt werden?

Das Thema Barrierefreiheit sollte klar mit dem Architekten besprochen und in irgendeiner Form in dessen Leistungskatalog fixiert werden. Zumindest die optionalen Nachrüstungen für barrierefreie Wohnbereiche, Küche, Bäder und Treppen, aber auch Fahrzeugparkierung und Hauszugang sollten vorgesehen werden. Soweit ein barrierefreies Wohnumfeld bereits zum Zeitpunkt der Planung benötigt wird, möglicherweise sogar umfassender wegen bereits bestehender körperlicher Einschränkungen, muss das auf alle Fälle schriftlich mit dem Architekten niedergelegt werden. Falls alle Aspekte aus der DIN 18040-2 benötigt werden, muss diese gegebenenfalls vollständig vereinbart werden, wobei Mehrkosten, die das verursacht, frühzeitig an anderer Stelle optional eingespart werden können. Auch die Vereinbarung der DIN 18040-3 kann dann sinnvoll sein, um sicherzustellen, dass man sich nicht nur in der Wohnung beziehungsweise im Haus barrierefrei bewegen kann, sondern auch von der Garage barrierefrei zum Hauseingang kommt.

> Wenn diese Planungsleistung bislang nicht oder unvollständig enthalten war, welche zusätzlichen Baukosten setzt Ihr Architekt dafür an?
>
> _____ Euro
>
> → Diesen Betrag können Sie auch in die Sammeltabelle auf Seite 106 übertragen.

Checkblatt Planung
Dach / Dachausbau

IN DER PLANUNGSLEISTUNGSVEREIN-BARUNG MIT DEM ARCHITEKTEN BERÜCKSICHTIGT UND DEFINIERT?	JA	NEIN
6. Sind Dach und, falls gewünscht, Dachausbau in den Planungsleistungsvereinbarungen mit dem Architekten berücksichtigt?	☐	☐

Um was geht es?

Das Dach und der Dachausbau sind im Vorfeld einer Planung nicht immer geklärt, sowohl in Hinsicht auf die Dachform (Flachdach, Pultdach, Giebeldach, Walmdach, Zeltdach oder andere) als auch die Nutzung und den Ausbau. Häufig ergibt sich die Dachform aus den Vorgaben des Bebauungsplans. Dann bleibt manchmal wenig Spielraum. Auch die Nutzung kann rechtlich, aber auch technisch stark eingeschränkt sein. Ist zum Beispiel nur eine flache Dachneigung rechtlich zulässig oder technisch umsetzbar, ist ein Ausbau häufig nicht möglich.

Eine Dachnutzung kann dann effizient sein, wenn die Dachneigung und die Vorgaben des B-Plans das relativ einfach ermöglichen.

Welche Kostenrisiken gibt es?

Welches Dach man baut, hat erheblichen Einfluss auf die Kosten. Viele Architekten lieben Flachdächer. Sie sehen diese Dachform in der Bauhaus-Tradition, und das gilt in diesem Berufsstand weithin als unantastbare Ikone der Moderne. In Wahrheit ist die Bauhaus-Moderne ihrerseits längst Baugeschichte und das Nachbauen derselben eher historisierendes Plagiat (was dieselben Architekten für alle anderen Baustile und -epochen oft vehement ablehnen) als tatsächliche Innovation, die das Bauhaus zu seiner Zeit eben darstellte. Was man nüchtern sagen kann, ist zumindest, dass das Flachdach eine preisgünstige Lösung sein kann. Man muss dessen Bau bauphysikalisch und ausführungstechnisch allerdings auch beherrschen. Flachdächer mit null Grad Neigung etwa, bei denen der Wasserabfluss unkontrolliert ist, haben nach den Allgemein Anerkannten Regeln der Technik (→ Checkblatt 153 Seite 297) eine ganze Reihe besonderer Anforderungen zu erfüllen. Die Flachdachrichtlinie, die das unter anderem vorgibt, beherrscht aber nicht jeder Planer und auch nicht jeder Handwerker, die Gründachrichtlinie für begrünte Dächer ohnehin nicht. Kommt es nach Ablauf der Gewährleistung, die nach dem BGB Bauvertragsrecht nur 5 Jahre beträgt, zu Undichtigkeiten, bleiben Sie gegebenenfalls auf Planungs- und Ausführungsfehlern sitzen.

Flachdächer können dann sinnvoll sein, wenn sie zulässig sind und man das oberste Geschoss unbedingt in voller Raumhöhe an jeder Stelle benötigt. Trifft beides nicht zu, ist ein einfaches, ruhiges Satteldach ebenfalls eine effiziente Lösung. Wenn man die Räume unter dem Satteldach einfach und gut über die Giebelflächen belichten kann und keine Dachaufbauten wie Dreiecksgiebel oder Gauben benötigt, die Dächer auch nicht schöner, aber meist deutlich teurer machen, ist ein einfaches Satteldach eine gute und kosteneffiziente Lösung.

Teuer ist an einem Dach alles, was komplexe Dachflächenverschnitte, Giebel, Gauben und auch Dachflächenfenster unverzichtbar macht. Schon ein einfaches Dachflächenfenster kostet – je nach Ausführung – 1.500 bis 3.000 Euro. Sind vielleicht sogar eingeschnittene Dachbalkone gewünscht, wird es sehr schnell richtig teuer und konstruktiv meist unnötig komplex. Der Unterschied zwischen einem einfachen ruhigen Satteldach und einer Alternative mit Dreiecksgiebel, Gaube und Dachbalkon kann problemlos 20.000 Euro betragen. Viel Geld für einen oft sehr zweifelhaften Geschmack. Schaut man sich dagegen alte Dachformen an, ob von alten Häusern im Voralpenland, im Schwarzwald, in der Eifel, in Westfalen oder an der Nord- und Ostsee, stellt man schnell fest, dass unsere Vorfahren in allen Regionen auf ruhige klare Dachformen setzten. Und das hatte gute Gründe: Es war der Versuch, mit wenigen, einfachen und regionalen Konstruktionsweisen und Baustoffen möglichst optimalen Schutz vor Wind und Wetter zu finden. Und so sind es heute vor allem auch die Dächer, an denen wir ganze Regionen erkennen: Das Holzschindeldach im Süden, das Reetdach im Norden und das Stein-, Ton- und Schieferdach in den Regionen dazwischen.

Manchmal ergibt sich die Situation, dass der Bebauungsplan eine Dachform vorgibt, man aber die nutzbaren Flächen im Dach noch gar nicht benötigt. Dann kann man sehr viel Geld sparen, wenn man das Dach nur zum Ausbau vorbereitet, aber noch nicht fertig ausbaut.

Was muss geregelt werden?
Um ungewünschte und falsche Planungsansätze von vornherein zu vermeiden, sollte man in den Zielkatalog des Architekten auch das Dach mit aufnehmen: Dachform, Dachausbaustufe und Dachnutzung gehören dazu.

> Wenn diese Planungsleistung bislang nicht oder unvollständig enthalten war, welche zusätzlichen Baukosten setzt Ihr Architekt dafür an?
>
> _____ Euro
>
> → Diesen Betrag können Sie auch in die Sammeltabelle auf Seite 106 übertragen.

Checkblatt Planung
Keller / Kellerstandard

IN DER PLANUNGSLEISTUNGSVEREINBARUNG MIT DEM ARCHITEKTEN BERÜCKSICHTIGT UND DEFINIERT?	JA	NEIN
7. Sind Keller und Kellerstandard in den Planungsleistungsvereinbarungen mit dem Architekten berücksichtigt?	☐	☐

Um was geht es?
Beim Bauen geht es zum einen um die Frage, ob man überhaupt einen Keller baut, und zum anderen um die Frage, welchen Keller man baut. Dabei stehen 2 Aspekte im Vordergrund: Welche Bodenverhältnisse hat man rund um den Keller, und wie will man den Keller nutzen? Wenn man ungünstige Bodenverhältnisse hat und den Keller nur als Lagerkeller nutzen will, dann kann es sein, dass man mit viel Aufwand ein teures Lager baut. Das wäre dann gerechtfertigt, wenn man zum Beispiel teure Gegenstände langfristig sicher einlagern will. Geht es hingegen nur um Gartenmöbel, Fahrräder und den Grill, sollte man darüber noch einmal nachdenken.

Etwas anderes ist es, wenn man auch im Keller Wohnräume unterbringen will, zum Beispiel zum Arbeiten, für Gäste oder auch einen Hobbyraum. Dann ist der Keller eine Erweiterung der Wohnfläche und muss natürlich auch mit einem anderen Standard ausgebaut werden. Das beginnt bei Raumhöhe und Belichtung, geht über Belüftung und Beheizung und endet bei der Wärmedämmung.

Steht ein solcher Keller, aufgrund ungünstiger Bodenverhältnisse, dauerhaft im Grundwasser, muss er natürlich optimal abgedichtet werden. Eine Ausführung als sogenannter WU-Betonkeller ist dann unerlässlich.

→

Teilunterkellerungen als Alternative zu einer Vollunterkellerung sind oft keine wirklich überzeugende Lösung. Denn sie bedeuten in aller Regel eine asymmetrische Hausgründung, was dann auch wieder mit Kosten und Aufwand verbunden ist.

Welche Kostenrisiken gibt es?

Ein Keller für ein Einfamilienhaus kostet je nach Ausführung und Größe zwischen etwa 20.000 und 60.000 Euro. Die Preisspanne ist also immens. Sie hängt vor allem von 2 Faktoren ab: In welchen Untergrund wird der Keller gebaut und welchen Ausbaustandard hat er? Wenn Sie einen Wohnkeller in relativ hoch stehendes Grundwasser setzen, wird das eine sehr teure Lösung. Denn Sie benötigen dann wasserundurchlässigen Beton (WU-Beton), besondere Fenster, die auch als Fluchtfenster zugelassen sein müssen und einen vollständigen Innenausbau, mit Estrich, Bodenbelägen, Wand- und Deckenverkleidungen und Elektroausstattung. Es kommt darauf an, ob die Wohnräume, die sie im Keller unterbringen wollen, dringlich sind oder eventuell an einer anderen Stelle am oder im Haus Platz finden könnten. Ist das der Fall, kann der Verzicht auf einen Keller sinnvoll sein. Ist der Untergrund hingegen trocken und problemlos zu handhaben, kann es sein, dass Sie Ihren Keller sogar mauern können und relativ einfache Abdichtungsmaßnahmen reichen. Dann kann die Entscheidung für oder gegen einen Keller wieder ganz anders aussehen. Das Kostenrisiko steckt also vor allem in der geologischen Situation des Untergrunds.

Was muss geregelt werden?

Ob man einen Keller baut oder nicht, sollte früh im Zielkatalog mit dem Architekten geklärt sein. Denn das hat erheblichen Einfluss auf die Planung und die Baukosten. Und wenn ein Keller gebaut werden soll, dann sollte früh auch die Nutzung des Kellers klar geklärt sein als Wohn- oder Lagerkeller oder auch als Mischform. Liegt das Bodengutachten des Grundstücks dann ebenfalls bereits vor, kann der Architekt sehr viel klarer die Kellerplanung in Angriff nehmen und die Kosten deutlich exakter abschätzen.

> Wenn diese Planungsleistung bislang nicht oder unvollständig enthalten war, welche zusätzlichen Baukosten setzt Ihr Architekt dafür an?
>
> _____ Euro

→ Diesen Betrag können Sie auch in die Sammeltabelle auf Seite 106 übertragen.

Checkblatt Planung
Energetischer Standard

IN DER PLANUNGSLEISTUNGSVEREINBARUNG MIT DEM ARCHITEKTEN BERÜCKSICHTIGT UND DEFINIERT?	JA	NEIN
8. Ist der energetische Standard in den Planungsleistungsvereinbarungen mit dem Architekten berücksichtigt?	☐	☐

Um was geht es?

Beim energetischen Standard eines Gebäudes geht es im Kern darum, welche Energieart ein Gebäude nutzt und welchen Energieverbrauch es verursacht. Beides ist aber sehr relativ. Denn wer eine Ölheizung hat, nutzt zwar Öl, und wer eine elektrische Wärmepumpe hat, Strom. Aber der Strom kann aus einem Kohlekraftwerk gewonnen worden sein, das die Umwelt erheblich belastet. Und wer es gerne kälter hat als wärmer, der kann mit einer Ölheizung natürlich weniger Energie verbrennen als jemand, der zwar eine Wärmepumpe hat, diese aber unter Volllast laufen lässt und so letztlich sehr viel Kohlestrom benötigt.

Diese Probleme hätte die Politik sehr einfach lösen können, indem sie eine CO_2-Steuer auf den benötigten primären Energieträger, also Öl, Gas, Kohle, aber auch Wind oder Solar hätte legen können. Wer dann viel CO_2 verursacht, zahlt viel, wer wenig verursacht, zahlt wenig. Stattdessen wurde es aber extrem kompliziert: Die Politik hat sich nicht auf die Besteuerung der Primärenergie, sondern auf unnötig hochkomplexe Regelungen zu Gebäudetechnik und Gebäudehülle konzentriert. So muss beispielsweise die Gebäudehülle zahlreiche, teils detaillierte physikalische Vorgaben einhalten. Kein Mensch kann mehr überprüfen, ob das in der Praxis auch nur entfernt eingehalten wird. Mindestanforderungen sind in der EnEV, der Energieeinsparverordnung, gesetzlich festgelegt (→ Checkblatt 29 Seite 79). Wer mehr tut, als darin festgelegt ist, dem gewährt die Politik bestimmte Fördermöglichkeiten über die KfW, die Kreditanstalt für Wiederaufbau. Sie koppelt ihre Fördermaßnahmen weitgehend an den energetischen Standard eines Gebäudes, der sich einerseits aus der Dämmqualität des Gebäudes zusammensetzt und zum anderen aus der gewählten Heizungsart. Am stärksten wird gefördert, wer eine sehr gute Gebäudehüllendämmung wählt und gleichzeitig eine Heizungsart, die ganz oder weitgehend mit erneuerbaren Energien auskommt.

Gebäude kann man heute problemlos so bauen, das sie ohne eine Heizung im eigentlichen Sinn auskommen. Bei einem Passivhaus beispielsweise ist die Lüftungsanlage des Hauses gleichzeitig auch dessen Heizungsanlage. Da die Gebäudehülle heute so dicht sein muss, dass eine Zwangslüftung praktisch automatisch notwendig ist, macht sich die Passivhaustechnologie dies zunutze und legt die Lüftungsanlage gleich so umfassend aus, dass die ins Haus strömende Luft vorerwärmt wird und dadurch frische, jedoch warme Luft in alle Räume strömt und das gesamte Haus so nicht nur belüftet, sondern gleichzeitig auch heizt. Nutzt eine solche Lüftungsanlage Strom aus erneuerbaren Energien, ist das Gesamtkonzept aus hochwärmedämmender Gebäudehülle und sehr niedrigem Stromverbrauch aus erneuerbarer Quelle energetisch kaum zu schlagen. Mit eigener Stromgewinnung und Speicherung kann man zudem heute schon Teilautonomie von externen Anbietern erreichen.

Welche Kostenrisiken gibt es?

Kostenrisiken aus energetischen Fragen betreffen ganz unterschiedliche Aspekte.

→ Erster Aspekt sind die Baukosten: Ein Haus, das die EnEV erfüllt, ist kostengünstiger als ein Haus, das die KfW-Energieeffizienzklasse 55 erfüllt. Je nach Hausgröße macht das etwa zwischen 10.000 und 20.000 Euro aus. Es →

Verbraucherzentrale

kann aber auch deutlich mehr sein, wenn zum Beispiel mit großflächigen und aufwendigen Verglasungen gearbeitet wird und Anlagen zur solaren Energiegewinnung sehr groß dimensioniert werden. Es wäre aber zu kurz gegriffen, nur diese Mehrkosten den möglichen Einsparungen bei einer KfW-Förderung entgegenzustellen. Denn auch die möglichen langfristigen Betriebskostenersparnisse müssen beachtet werden (→ übernächster Absatz). Trotzdem muss man genau hinsehen: Nicht immer und automatisch muss eine KfW-Finanzierung der kostengünstigste Weg sein, wenn dafür zunächst auch erhebliche Zusatzinvestitionen eingeplant werden müssen.

→ Der zweite Aspekt betrifft das Kostenrisiko aus einer Finanzierung, die auf eine KfW-Teil- oder Vollfinanzierung setzt, ohne dass gleichzeitig die technischen Voraussetzungen, die die KfW dafür vorgibt, eingehalten werden. Ihr Architekt plant also zum Beispiel ein einfaches EnEV-Haus, während Sie einen Antrag für eine KfW-55-Effizienzhaus-Finanzierung stellen wollen. Fällt das erst auf, wenn es zu Rückfragen bezüglich der Planungen seitens der KfW kommt und mit dem Bau bereits begonnen wurde, ist eine Finanzierung und Förderung durch die KfW in der Regel nicht mehr möglich. Selbst aber wenn es dann noch möglich wäre, bestände das große Problem darin, dass man den vorliegenden Entwurf unter Umständen beträchtlich umarbeiten und zugleich Teile der Ausschreibungen mit den Handwerkern neu verhandeln müsste. Das ist mit einigem Aufwand verbunden und führt natürlich zu unnötigen Mehrkosten.

→ Und der dritte Kostenaspekt bezüglich energetischer Fragen betrifft Betriebskosten. Gut zu verfolgen war das jahrelang am Ölpreis. Alle Berechnungen gingen von einem kontinuierlich ansteigenden Ölpreis aus, so auch fast jede Amortisationsrechnung. Es kam aber nicht so, im Gegenteil: Der Ölpreis sank massiv und blieb über einen langen Zeitraum tief. Umgekehrt stiegen die Preise von Holzpellets teilweise an, und der Betrieb solcher Heizungen wurde teurer. Das heißt, die Grundfrage zu den Betriebskosten ist ganz wesentlich davon abhängig, ob ein System den Primärenergieträger auch wechseln kann, also etwa von Öl oder Gas einfach auf einen anderen Energieträger umgestellt werden kann oder durch die Nutzung von Strom generell flexibel ist hinsichtlich der Art der Primärenergie. Alles das hat aber nicht nur Einfluss auf die Heizungsanlage, sondern auch auf die Installationsvariante: Eine Fußbodenheizung etwa benötigt deutlich geringere Vorlauftemperaturen als eine klassische Heizkörperheizung und kann daher auch mit einer Luftwärmepumpe betrieben werden. Diese Kombination würde mit klassischen Heizkörpern nicht funktionieren. Eine Lüftungsheizung wie im Passivhaus benötigt nicht einmal mehr einen aufwendigen Wasserkreislauf im Fußboden, sondern kommt mit Lüftungsleistungen für die Räume aus.

Beide Systeme (Wärmepumpe, zentrale Lüftungsanlage) sind strombetrieben und können so an jeder neuen innovativen Art der Stromgewinnung problemlos angeschlossen werden, sind also praktisch unbegrenzt zukunftsfähig. Zwar ist der Strompreis in den zurückliegenden Jahren angestiegen, durch autonome Stromproduktion kann man hier aber teilweise schon gegensteuern. Und auch die Stromspeichersysteme werden zukünftig eher deutlich besser werden als schlechter.

Was muss geregelt werden?

Es gibt Architekten, die interessiert die Energetik eines Hauses wenig. Und es gibt Architekten, die interessiert das sehr. Auch danach wird sich ganz sicher Ihre Architektenauswahl richten. Denn wenn Sie mit einem Architekten zum Beispiel ein Passivhaus bauen wollen, das den KfW-40-Plus-Standard erreichen soll, dann wäre es gut, er hätte ein solches schon einmal gebaut und Sie könnten es besichtigen und mit den Bewohnern reden.

Die Einhaltung der EnEV-Mindestvorgaben für Neubauten hingegen ist obligatorisch. Diese muss Ihr Architekt bei seiner Planung in jedem Fall einhalten. Wollen Sie aber mehr und zum Beispiel auch eine KfW-Finanzierung beziehungsweise Förderung beantragen, sollten Sie im Zielkatalog mit dem Architekten von vornherein klar vereinbaren, welche KfW-Effizienzhaus-Klassifizierung das Haus erreichen soll.

> Wenn diese Planungsleistung bislang nicht oder unvollständig enthalten war, welche zusätzlichen Baukosten setzt Ihr Architekt dafür an?
>
> _____ Euro
>
> → Diesen Betrag können Sie auch in die Sammeltabelle auf Seite 106 übertragen.

Checkblatt Planung
Anschluss an die öffentliche Versorgung

IN DER PLANUNGSLEISTUNGSVEREIN-BARUNG MIT DEM ARCHITEKTEN BERÜCKSICHTIGT UND DEFINIERT?	JA	NEIN
9. Ist der Anschluss an die öffentliche Versorgung in den Planungsleistungs-vereinbarungen mit dem Architekten berücksichtigt?	☐	☐

Um was geht es?

Beim Anschluss an die öffentliche Versorgung geht es hinsichtlich der Planung um die Sicherstellung dessen, dass alle notwendigen Anschlüsse einer bestimmten Planung auch tatsächlich gegeben sind. Ist also etwa eine Gasheizung geplant, muss natürlich auch ein Gasanschluss am Grundstück vorhanden sein, wenn man nicht mit Flüssiggastanks arbeiten will. Es kann jedoch auch sein, dass ein Fernwärmenetz am Grundstück liegt und man das Haus zwingend an dieses anschließen muss. Oder aber vor dem Haus liegt eine Regenwasserleitung mit der verpflichtenden Auflage das Regenwasser dort einzuleiten und nicht auf dem Grundstück sammeln zu dürfen.

Es ist wichtig, darauf zu achten, an welcher Stelle des Grundstücks die Anschlüsse liegen und wie man diese vom Grundstück aus auf kurzem Weg erreichen kann. Hat das Grundstück noch gar keine eigenen Anschlüsse, sollte man frühzeitig mit dem zuständigen Versorgungsträger sprechen, an welchen Punkten man Zu- und Abwasserleitungen am öffentlichen Netz anschließen kann.

Welche Kostenrisiken gibt es?

Wenn nicht von vornherein in der Planung das gesamte Thema der Hausanschlüsse sorgfältig mit bedacht wird, kann es später zu beträchtlichen Umplanungen oder ad-hoc-Entscheidungen auf →

der Baustelle kommen. Schon allein die Lage des Hausanschlussraums wird oft so gewählt, dass die Wege von dort zu den Anschlusspunkten möglichst kurz sind. Jeder Meter kostet Geld und muss im Bedarfsfall auch gewartet werden, je kürzer die Wege der Infrastruktur sind, desto besser. Muss spontan umgeplant werden, ist das gar nicht ohne Weiteres möglich, denn: Bei der Baueingabe muss ein sogenanntes Entwässerungsgesuch mit eingereicht werden. Das ist ein Plan, in dem genau eingezeichnet ist, wie das Regenwasser von den Dächern und das Schmutzwasser aus dem Haus abgeführt werden soll. Diese Planung durchläuft immer ein Genehmigungsverfahren, selbst wenn die übrige Baueingabe als Kenntnisgabeverfahren gehandhabt wird. Haben Sie nun eine Genehmigung für eine bestimmte Entwässerung, können Sie diese nicht ohne Weiteres beliebig ändern, sondern dann muss gegebenenfalls ein neuer Antrag gestellt werden. Das kostet einerseits noch einmal Geld, verursacht vor allem aber meist erhebliche Bauverzögerungen. Deshalb sollte man das unbedingt vermeiden, denn es kann zusammen mit den nötigen Tiefbauergänzungen schnell mehrere Tausend Euro kosten.

Eine Überraschung hat schon viele Bauherren erwischt: Der tiefste Punkt der Schmutzwasserausleitung aus dem Haus lag unterhalb des Straßenkanalniveaus. Die Folge ist: Das Schmutzwasser kann nicht mehr im natürlichen Gefälle aus dem Haus in den Straßenkanal fließen. Das heißt, es wird eine sogenannte Hebeanlage benötigt, die das Schmutzwasser zunächst auf ein höheres Niveau pumpt, von wo aus es dann in den Straßenkanal fließen kann. Kostenpunkt: Je nach Anlage 1.500 bis 3.500 Euro (→ Checkblatt 69 Seite 152).

Was muss geregelt werden?

Man sollte dafür sorgen, dass dem Architekten frühzeitig die lokalen Anschlusspläne der Versorgungsträger vorliegen beziehungsweise er sich diese besorgt. In einigen Landkreisen und Kommunen sind sie bereits elektronisch erfasst und online einsehbar. Ist dann geklärt, ob es einen Keller gibt oder nicht und an welche Stelle die Leitungen ins Haus in einen Hausanschlussraum geführt und wo Abwasserleitungen ausgeführt werden sollen, kann man einfach und frühzeitig den gesamten Infrastrukturanschluss des Hauses sicher klären. Dazu gehört auch die Klärung des Wasserausflussniveaus, welches höher liegen muss als das Straßenkanalniveau, und dazu gehören auch der sogenannte Kontrollschacht und die Klärung von dessen Lage. Das ist ein Kanalschacht samt Deckel mit Zugang zum Abwasserkanal auf dem eigenen Grundstück. Mit ein bisschen Nachdenken kann man diesen einerseits sehr gebrauchstauglich, andererseits optisch möglichst wenig störend auf dem Grundstück unterbringen.

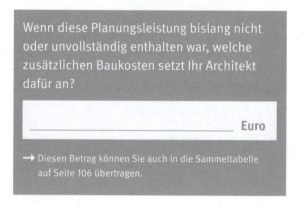

Wenn diese Planungsleistung bislang nicht oder unvollständig enthalten war, welche zusätzlichen Baukosten setzt Ihr Architekt dafür an?

_____ Euro

→ Diesen Betrag können Sie auch in die Sammeltabelle auf Seite 106 übertragen.

Checkblatt Planung
Heizungs- und Warmwasserbereitungsart

IN DER PLANUNGSLEISTUNGSVEREINBARUNG MIT DEM ARCHITEKTEN BERÜCKSICHTIGT UND DEFINIERT?	JA	NEIN
10. Sind Heizungs- und Warmwasserbereitungsart in den Planungsleistungsvereinbarungen mit dem Architekten berücksichtigt?	☐	☐

Um was geht es?
Eine wichtige Entscheidung bei der Planung eines Hauses erfordert die Frage, welche Heizungsart man wählt; denn auch die Art der Heizung hat Einfluss auf den Entwurf. Wollen Sie beispielsweise ganz auf eine klassische Heizung verzichten und ein Passivhauskonzept umsetzen, dann müssen Lüftungsleitungen durch das Haus geführt werden mit Durchmessern von 16 bis 20 Zentimetern. Wird das von vornherein bedacht und werden Lüftungsschächte so intelligent mit eingeplant, dass sie sehr effizient und auf kürzestem Weg alle Räume erschließen, ist das alles kein Problem. Problematisch wird es eher, wenn zunächst ein anderes Konzept gewählt wird und man relativ spät noch auf ein anderes umschwenken will.

Die häufigsten Heizungsarten sind Zentralheizungen, die mit Öl, Gas oder Holzpellets betrieben werden. Seit einigen Jahren gewinnt allerdings die Wärmepumpe immer mehr Anhänger. Sie wird mit Strom betrieben und wandelt – vereinfacht gesagt – angesaugte Außenluft und deren Wärme beziehungsweise Restwärme durch einen Komprimierungsprozess in Wärme. Es gibt auch Anlagen, die ihre Wärme nicht der Außenluft, sondern dem Grundwasser entziehen. Diese sind deutlich effizienter, aber auch teurer und nicht immer genehmigungsfähig, wegen des Eingriffs ins Grundwasser. Im Gegensatz zu den 3 vorgenannten Heizungsarten erreichen Wärmepumpen nicht deren hohe Temperaturen, weshalb sie fast immer mit Fußbodenheizungen kombiniert werden, die nur eine relativ niedrige Vorlauftemperatur benötigen. Heutige Heizungsanlagen werden zudem fast immer mit Solarkollektoren zur Warmwassergewinnung ergänzt. Je nach Größe und Auslegung der Anlage kann mit dem Warmwasser auch die Heizungsanlage unterstützt werden.

Einen anderen Weg als die klassische Hausbeheizung geht die Passivhaustechnologie. Ausgehend vom Grundgedanken, dass ein gut gedämmtes Haus ohnehin eine zentrale Lüftungsanlage haben sollte, die für einen geregelten Luftaustausch sorgt, setzt die Technologie an diesem Punkt an und nutzt die fortlaufende Frischluftzufuhr doppelt: nicht nur als Frischluftzufuhr, sondern auch als Wärmeträgermedium. Die von außen angesaugte Frischluft wird zunächst durch einen Wärmetauscher geleitet, bei dem sie die warme, ausströmende Luft kreuzt (selbstverständlich ohne sich mit ihr physisch zu vermischen – es kreuzen sich nur die Lüftungsleitungen Wand-an-Wand). Dadurch wird sie bereits soweit vorerwärmt, dass sie mit einer Grundwärme in die Räume strömen oder, bei Bedarf an sehr kalten Tagen, über ein Heizregister geführt werden kann, wo sie nochmals zusätzlich erwärmt wird, und dann in die Räume strömt. Sie wird in der Regel in die Wohnräume eingeblasen und aus Küche und Bädern wieder abgezogen. Das hat zur Folge, dass es in allen Räumen in etwa gleich warm ist.

Die ursprüngliche Idee des Systems kommt aus Schweden, also einem Land mit langen kalten Wintern. Was dort funktioniert, funktioniert im gemäßigteren Klima in Deutschland erst recht. Und so sind in Deutschland auch längst Tausende von Passivhäusern gebaut worden, und das System funktioniert gut. Es gibt Zentrallüftungsgeräte, die bereits eine kleine Wärmepumpe mit eingebaut haben, über die auch das Warmwasser bereitet →

werden kann. Man kann jedoch Lüftung und Warmwasserbereitung auch separieren, und das tun einige Hersteller. Das hat nämlich Vorteile im Wartungs- und Reparaturfall, weil so nie die gesamte Anlage ausfällt.

In manchen Baugebieten können Sie die Beheizungsart gar nicht wählen, weil die örtliche Gemeinde möglicherweise festgelegt hat, dass das gesamte Gebiet mit Nah- oder Fernwärme versorgt wird. Dann haben Sie keine Wahl und müssen eine Übergabestation im Hausanschlussraum installieren. Für ein Passivhaus bedeutet das, Sie müssen zumindest für Ihren Warmwasserbedarf den Nah- oder Fernwärmeanschluss nutzen.

Welche Kostenrisiken gibt es?

Die Kostenrisiken für eine Heizungsanlage sind eigentlich eher gering. Das liegt daran, dass die Gerätetechnik selbst weitgehend vorfabriziert wird und letztlich vor Ort nur noch eingebaut werden muss. Auch ein Installateur kann seine Arbeits- und Materialkosten relativ gut kalkulieren, wenn er die Heizungsart und die Hausgröße kennt. Die Risiken liegen eher woanders: Die Anlage muss so geplant sein, dass sie – in Abstimmung mit der Gebäudedämmung – auch die angestrebte Energieeffizienzklasse sicher erreicht. Es ist ein Unterschied, ob man ein KfW-55-, ein KfW-40- oder ein KfW-40-Plus-Haus baut. Ist das durch die Planung sicher geklärt und damit auch klar, ob gegebenenfalls teure Zusatzelemente benötigt werden wie zum Beispiel ein Batteriespeicher, der allein schon um die 10.000 Euro kosten kann, können Kostenrisiken hier früh ausgeschlossen werden. Ein KfW-40-Plus-Haus ist häufig ein Nullsummenspiel. Zwar erhält man interessante Förderungen und Zinssätze seitens der KfW dafür, aber die KfW verlangt dann eben auch hohe und damit teure Standards. Da Batteriespeicher heute eine Lebensdauer von nur etwa 10 Jahren haben, muss diese relativ kurze Lebenszeit sorgfältig mit eingerechnet werden.

Bei Öl- oder Gaszentralheizungen müssen vor allem die langfristigen Brennstoff- und Betriebskosten mit einkalkuliert werden. Wenn Sie einen Bedarf von etwa 2.500 bis 3.000 Litern Öl oder Kubikmetern Gas im Jahr haben, sind das nach aktuellem Kostenstand etwa 1.500 bis 1.800 Euro im Jahr nur für den Brennstoff. Hinzu kommt, dass Verbrennungsanlagen wartungsintensiver sind. Mindestens 250 Euro im Jahr müssen Sie dafür einplanen.

Haben Sie es mit einem Nah- oder Fernwärmezwangsanschluss zu tun und sollen einen Vertrag mit einer Laufzeit von 10 bis 20 Jahren unterzeichnen, werden Sie auf alle Fälle in einer Kostenfalle sitzen und zahlen müssen, was der Nah- oder Fernwärmeanbieter verlangt. Hier muss man allerdings nicht vorschnell aufgeben. Denn niemand kann einem verbieten, auf eine klassische Heizung ganz zu verzichten und ein Passivhauskonzept zu wählen. Dann benötigen Sie Ihren Nah- oder Fernwärmeanschluss nur noch für die Warmwasserbereitung und das ist üblicherweise ein deutlich geringerer Anteil als der der Heizung.

Was muss geregelt werden?

Nicht nur die Installationskosten, sondern auch die langfristigen Betriebskosten einer Heizungsanlage spielen bei der Planung eine Rolle. Setzt man auf mittelfristig auslaufende Technologien ist es wichtig, eine möglichst einfache Umrüstungsmöglichkeit zu haben. Wird also etwa eine Gasbrennwerttherme in Kombination mit einer Fußbodenheizung eingebaut, kann man später die Fußbodenheizung auch mit einer Wärmepumpe betreiben. Werden von vornherein ausreichend große Schächte mit Revisionsöffnungen vorgesehen, die alle Räume effizient und völlig problemlos erreichen, kann man später sogar auf einen Passivhausstandard umsteigen, wenn man das will.

Wichtig ist nur, dass man von vornherein mit dem Architekten bespricht, welche Beheizungsart man wünscht und welche zukünftigen Optionen man vielleicht haben will.

Und noch etwas: Der bei den Deutschen ja sehr beliebte „Schwedenofen" ist ein massiver Feinstaubverursacher. Er dient nur sehr selten tatsächlichen Heiznotwendigkeiten, sondern fast immer der „Gemütlichkeit". Dafür zahlt die Umwelt einen hohen Preis. Häufig werden in gut gedämmten Häusern Räume damit auch eher massiv überhitzt. Sparen Sie sich das Geld, immerhin ja auch wieder viele Tausend Euro, schützen Sie die Umwelt und gönnen Sie sich alternativ einen großen, vielarmigen Kerzenständer. Das schafft mindestens die gleiche Atmosphäre und ist dabei deutlich umweltfreundlicher und viel flexibler nutzbar.

> Wenn diese Planungsleistung bislang nicht oder unvollständig enthalten war, welche zusätzlichen Baukosten setzt Ihr Architekt dafür an?
>
> _____ Euro
>
> → Diesen Betrag können Sie auch in die Sammeltabelle auf Seite 106 übertragen.

Checkblatt Planung
Lüftungsanlage

IN DER PLANUNGSLEISTUNGSVEREINBARUNG MIT DEM ARCHITEKTEN BERÜCKSICHTIGT UND DEFINIERT?	JA	NEIN
11. Ist eine Lüftungsanlage, falls gewünscht oder erforderlich, in den Planungsleistungsvereinbarungen mit dem Architekten berücksichtigt?	☐	☐

Um was geht es?
Die Energieeinsparverordnung schreibt für Neubauten in Deutschland unter § 6 folgendes vor, Zitat:

> „(1) Zu errichtende Gebäude sind so auszuführen, dass die wärmeübertragende Umfassungsfläche einschließlich der Fugen dauerhaft luftundurchlässig entsprechend den anerkannten Regeln der Technik abgedichtet ist. (...)
>
> (2) Zu errichtende Gebäude sind so auszuführen, dass der zum Zwecke der Gesundheit und Beheizung erforderliche Mindestluftwechsel sichergestellt ist."

Das heißt, es ist für Neubauten nicht zwingend eine zentrale Lüftungsanlage vorgeschrieben, wie das vielerorts behauptet wird, sondern nur eine Lüftung, die einen Mindestluftwechsel sicherstellt. Das kann auch eine ganz einfache und dezentrale Notbelüftung sein, zum Beispiel auch direkt integriert in den Fensterrahmen.

Die Lüftungsanlage sollte man immer im Kontext mit der Gesamtplanung betrachten. Wenn Sie ein Haus planen, das gerade so den gesetzlichen Mindeststandard nach EnEV erreicht, dann fragt sich natürlich, ob sie überhaupt eine Zentrallüftungsanlage benötigen oder es nicht auch einfache,

→

dezentrale Lüftungselemente an den Fenstern tun. Eines der großen Probleme von allen Zentrallüftungsanlagen heutiger Bauart ist es, dass sie die Räume mit einem festgelegten Luftvolumen versorgen. Dabei sind viele Räume als Ein-Personen-Räume ausgelegt wie zum Beispiel Arbeitszimmer oder Kinderzimmer. Das heißt, die Anlage reagiert nicht, wenn sich mehrere Personen in einem Raum aufhalten. Für diese wird die Luftqualität dadurch merklich schlechter. Dann muss man entweder per Hand die Lufteinlassdüse neu justieren oder die gesamte Anlage in einen anderen Modus versetzen. Das geht hin bis zu sogenannten „Partyschaltungen", mit denen man die Räume ordentlich durchlüften kann. Aber alles das muss man jeweils aktiv einschalten. Dann kann man natürlich auch gleich stoßlüften. Die Idee einer zentralen geregelten Lüftungsanlage ist ja eigentlich, dass sie automatisch im ganzen Haus – und also auch in jedem Zimmer und unter allen Umständen – für geregelte frische Luft sorgt und man sich darum nicht mehr kümmern muss. Das geben heutige Lüftungsanlagen aber nicht her, und auch die sogenannte Smart-Home-Technik hat darauf noch keine Antwort gefunden. Sie beschäftigt sich eher mit vielen, weitgehend überflüssigen „Gadgets", anstatt solche wirklich substanziellen und sinnvollen Techniküberlegungen anzugehen.

Das heißt, bei der Planung eines Hauses und dessen energetischen Standards sollte die Lüftungsanlage gleich mit bedacht werden. Wenn Sie keinen hohen energetischen Standard wollen und regelmäßiges Lüften gewohnt sind, dann genügen auch einfache Zwangslüftungselemente an den Fensterrahmen. Wollen Sie hingegen hohe energetische Standards erreichen, möglicherweise sogar über die Lüftungsanlage auch gleich das Thema Heizung angehen wie beim Passivhauskonzept, sind intensive Planungen unverzichtbar.

Welche Kostenrisiken gibt es?

Die Kostenrisiken bei einer Lüftungsanlage liegen vor allem darin, dass sie unabhängig vom übrigen energetischen Standard des Gebäudes geplant wird und mit ihren Kosten nicht mehr im Verhältnis steht zu dem, was sie erreichen soll: Im Kern soll eine Lüftungsanlage dafür sorgen, dass die Lüftung eines Hauses geregelt vonstattengeht. Das ist mit heutigen Zentralanlagen aber nur sehr bedingt möglich. Eine Lüftungsanlage kann schnell mit 15.000 Euro zu Buche schlagen, was nicht gerechtfertigt wäre, wenn das Haus insgesamt gerade einmal den gesetzlichen EnEV-Mindeststandard erreicht.

Grundsätzlich ist zu unterscheiden zwischen einer zentralen und einer dezentralen Lüftungsanlage. Dezentrale Lüftungsanlagen sind günstiger, wenn es sich zum Beispiel um ganz einfache Zwangslüftungen in den Fensterrahmen handelt. Man bekommt aber auch eine Vielzahl aufwendigerer dezentraler Lüftungsanlagen. Theoretisch kann man jeden Raum einzeln mit einer komplexen Lüftungseinheit ausstatten, auch mit dezentraler Wärmerückgewinnung.

Zentrallüftungsanlagen hingegen arbeiten heute praktisch immer mit Wärmerückgewinnung. Ihr Problem ist aber: Sie arbeiten aus einem Zentralgerät heraus mit einer Laufleistung, die in eine Rohrverteilung abgegeben wird und so das gesamte Haus mit allen Zimmern mit dieser Grundleistung versorgt. Die Grundleistung ist zwar variierbar, hat aber eben immer Folgen für alle Leitungen, die angeschlossen sind, wenn nicht in den Leitungen nochmals physische Steuerungsmöglichkeiten (etwa durch Irisblenden) verbaut worden sind. Sonst kann man den Luftstrom nur noch über die Justierung der Lufteinlassdüsen in den Räumen steuern. Das ist für eine moderne Haustechnik eigentlich wenig befriedigend und sollte längst raum- und personendifferenziert und auch automatisch ablaufen, ist aber noch nicht der Fall, und nichts deutet darauf hin, dass Lüftungsanlagen zukünftig deutlich raum- und personendifferenzierter arbeiten werden. Daher ist Vorsicht geboten mit allzu hohen Investitionen in Lüftungsanlagen bei Häusern mit ohnehin nur EnEV oder KfW-55-Standard. Am Ende zahlt man sonst ganz schnell sehr viel Geld für eine in Wahrheit noch stark entwicklungsbedürftige Technik. Baut man dagegen im Passivhausstandard, spart man die Heizungsanlage und investiert stattdessen in eine Lüftungsanlage. Das ist dann durchaus stimmig und die höheren Investitionskosten in die Lüftungsanlage werden durch den Wegfall der Heizungsanlage kompensiert.

Was muss geregelt werden?
Der planende Architekt muss von vornherein klar wissen, welchen energetischen Standard Ihr Gebäude letztlich erreichen soll. Auf dieser Basis kann er dann mit dem Haustechniker ein angemessenes Lüftungskonzept erarbeiten und dessen Kosten besser abschätzen. Ist der energetische Standard geregelt (→ Checkblatt 29 Seite 79), ist auch die Festlegung einer daran orientierten geregelten Hauslüftung kein Problem.

> Wenn diese Planungsleistung bislang nicht oder unvollständig enthalten war, welche zusätzlichen Baukosten setzt Ihr Architekt dafür an?
>
> _____ Euro
>
> → Diesen Betrag können Sie auch in die Sammeltabelle auf Seite 106 übertragen.

Checkblatt Planung
Schallschutzstandard

IN DER PLANUNGSLEISTUNGSVEREIN-BARUNG MIT DEM ARCHITEKTEN BERÜCKSICHTIGT UND DEFINIERT?	JA	NEIN
12. Ist ein Schallschutzstandard in den Planungsleistungsvereinbarungen mit dem Architekten berücksichtigt?	☐	☐

Um was geht es?
Es gibt in Deutschland keine technischen oder rechtlichen Anforderungen an den Schallschutz in Einfamilienhäusern, sowohl was den Luftschall als auch den Körperschall betrifft. Luftschall meint den Schalleintrag in ein Bauteil, das diesen dann weitergibt (zum Beispiel ein Tritt auf den Boden, der im Raum darunter als Trittschall wahrgenommen wird), Luftschall meint Schall, der direkt in die Luft abgegeben wird (zum Beispiel beim Spielen eines Musikinstruments, das man im ganzen Haus hört). Nur beim Außenschalleintrag kann es sein, dass der örtliche Bebauungsplan Schutzmaßnahmen vorsieht, wenn beispielsweise eine Bahnlinie oder eine größerer Straße am Grundstück oder in dessen Nähe vorbeiführt und Züge oder Autos hohe Schallwerte in der Nähe produzieren. Mitunter gibt es dann sogenannte Lärmpegelbereiche, die im Bebauungsplan eingezeichnet sind und innerhalb derer dann jeweils bestimmte Schutzmaßnahmen getroffen werden müssen, vor allem bei den Fenstern.

Zum Schallschutz gibt es eine DIN-Norm, die DIN 4109. Sie gilt aber erstens als stark veraltet, und zweitens galt sie auch nie für Einfamilienhäuser. Nach der laufenden Rechtsprechung hat sie auch nicht mehr den Status einer allgemein anerkannten Regel der Technik, da der technische Fortschritt längst über sie hinwegging.

→

Welche Kostenrisiken gibt es?

Die Kostenrisiken beim Schallschutz sind im Kern nur dort gegeben, wo verbindliche Vorgaben zum Schallschutz existieren und diese nicht eingehalten werden. Gibt also etwa der Bebauungsplan zwingende Angaben vor, dann müssen diese natürlich beachtet werden. Es ist ein erheblicher Kostenunterschied von schnell mehreren Hundert Euro pro Fenster, wenn Fenster bestimmte Schalldämmwerte erreichen müssen. Aber auch die Außenwand selber und die Dachkonstruktion als Gebäudehülle können betroffen sein und müssen gegebenenfalls anders ausgeführt werden, als man zunächst dachte. Mehrkosten von 15.000 bis 20.000 Euro sind dann ganz schnell erreicht. Diese Mehrkosten hat man zwar in jedem Fall. Wenn sie aber früher entdeckt werden, kann man natürlich noch umfangreiche Alternativplanungen vornehmen, bis hin zu Überlegungen, an stark schallbelasteten Hausseiten zumindest die Anzahl von Fenstern zu reduzieren oder solche auch ganz zu streichen. Außerdem kann man bei frühzeitiger Kenntnis natürlich immer darüber nachdenken, an welchem anderen Punkt in der Planung man das für Schallschutz notwendige Geld sinnvoll einsparen kann.

Was muss geregelt werden?

Wer Wert auf Schallschutz legt, der sollte dazu von Anfang an verbindliche Vereinbarungen mit dem Architekten treffen. Denn sonst besteht das Problem, dass keine Anforderungen eingehalten werden müssen, da ja auch keine Anforderungen geregelt sind. Eine Vereinbarung des Schallschutzes nach DIN 4109 ist dabei aber sogar gefährlicher als gar keine Vereinbarung; denn Schallschutz nach DIN 4109 sehen Gerichte als nicht mehr zeitgemäß an. Wer nun aber ausdrücklich eine solche schlechte Schallschutznorm vereinbart, der hat sie dann eben auch verbindlich vereinbart. Lieber nichts regeln als ausdrücklich diese Norm!

Eine andere Möglichkeit ist, erhöhten Schallschutz nach dem sogenannten Beiblatt 2 der DIN 4109 zu vereinbaren. Oder auch Schallschutz nach der VDI-Richtlinie 4100. Diese vom Verband Deutscher Ingenieure herausgegebene Richtlinie hat 3 Schallschutzstufen: SSt I entspricht etwa der DIN 4109, SSt II etwa dem Beiblatt 2 der DIN 4109. Noch etwas höherer Schallschutz ist nach der SSt III erreichbar. Auch Wasserleitungen, Abwasserleitungen und Armaturen sollten beim Schallschutz berücksichtigt werden. Armaturen gibt es in unterschiedlichen Schallschutzklassen (→ Checkblatt 77 Seite 174). Dabei geht es um den sogenannten Körperschall.

Neben dem Körperschall spielt aber auch der Luftschall eine große Rolle. Er verbreitet sich direkt über die Luft. Hier sind es häufig die Grundrisse und Schnitte der Häuser sowie Leichtbauwände und Zwangsöffnungen in oder unter Türen als Strömungsöffnungen für Zentrallüftungsanlagen, die dazu beitragen, dass Luftschalleinträge als sehr störend empfunden werden. Es kann sein, dass man in einer Mietwohnung gewohnt hat, in der es vom Wohnzimmer eine alte, dichte Tür zum Flur gab und von dort wiederum eine alte, dichte Tür ins Kinderzimmer. Zieht man dann um ins Eigenheim mit offener Treppe vom Wohnzimmer ins Obergeschoss zu den Kinderzimmern, hat man vielleicht nur noch die Kinderzimmertür dazwischen. Handelt es sich um eine Tür mit einem Lüftungsgitter oder Lüftungsunterschnitt, wird der Schall aus dem Wohnzimmer natürlich sehr direkt auch ins Kinderzimmer übertragen – und umgekehrt. Das heißt, wer schallempfindlich ist, sollte schon bei der Grundriss-und Schnittplanung eines Hauses drauf achten, dass sich Luftschall nicht ungehindert im Haus ausbreiten kann. Diese Probleme der differenzierten Raumnutzung innerhalb von Wohneinheiten greift der VDI auf. Hierzu hat er die Schallschutzstufen SSt EB I und SST EB II eingeführt. Die VDI-Richtlinie führt hierzu in Abschnitt 6 aus, Zitat:

„Wird innerhalb einer Wohnung oder innerhalb eines Einfamilienhauses – wegen unterschiedlicher Nutzung der Schallquellen in einzelnen Räumen, unterschiedlicher Arbeits- und Ruhezeiten einzelner Bewohner oder wegen sonstiger erhöhter Schutzbedürftigkeit – besonderer Wert auf einen guten Schallschutz gelegt, so sollen die in Tabelle 4 vorgeschlagenen Empfehlungen vereinbart werden. Dabei ist vorab sorgfältig zu prüfen, ob bei dem geplanten Grundriss und der vorgesehenen Bauweise eine derartige Vereinbarung sinnvoll und möglich ist. Bei ‚offener Bauweise' lassen sich die Empfehlungen der Tabelle 4 im Allgemeinen nicht erreichen."

Auch der VDI weist somit darauf hin, dass natürlich bereits der Grundriss eines Hauses erheblichen Einfluss auf den Schallschutz in einem Haus hat.

Wer besonderen Wert auf Schallschutz legt, der sollte die Planung nötigenfalls frühzeitig auch einem unabhängigen Schallschutzgutachter vorlegen und um Gegenprüfung der geplanten Maßnahmen bitten. Das Schallempfinden ist allerdings auch sehr unterschiedlich ausgeprägt. Was den einen stört, stört den anderen noch lange nicht. Das heißt, man sollte von vornherein, etwa anhand von Beispielen aus dem Wohnalltag, dem Architekten erklären, welche Schallbelastungen man definitiv nicht haben will. Der Architekt kann dann Vorschläge machen, wie man das erreichen kann und Kosten dazu benennen.

Wichtig ist dabei, mögliche zwingende Vorgaben hinsichtlich Außenschalleintrag zu beachten. Wenn der Bebauungsplan hier Vorgaben macht, müssen diese bei der Planung und Kostenschätzung von vornherein Beachtung finden und einkalkuliert werden.

> Wenn diese Planungsleistung bislang nicht oder unvollständig enthalten war, welche zusätzlichen Baukosten setzt Ihr Architekt dafür an?
>
> _____ Euro
>
> → Diesen Betrag können Sie auch in die Sammeltabelle auf Seite 106 übertragen.

Checkblatt Planung
Fenster / Türen / Rollläden / Raffstoren

IN DER PLANUNGSLEISTUNGSVEREIN-BARUNG MIT DEM ARCHITEKTEN BERÜCKSICHTIGT UND DEFINIERT?	JA	NEIN
13. Sind Fenster / Türen / Rollläden / Raffstoren in den Planungsleistungsvereinbarungen mit dem Architekten berücksichtigt?	☐	☐

Um was geht es?
Die Grundfunktion von Fenstern und Türen ist es, der natürlichen Belichtung, Belüftung, dem Wind- und Wetterschutz sowie dem Wärmeschutz, Schallschutz und dem Einbruchschutz zu dienen. Das heißt, zu allen diesen Eigenschaften müssen gemeinsam mit dem Architekten Festlegungen getroffen werden. Da es hierbei zu erheblichen Kostenunterschieden kommen kann, je nachdem welche Eigenschaften im Detail man wünscht, muss das frühzeitig geklärt werden. Gleiches gilt für Rollläden oder Raffstoren, auch als Außenjalousien bekannt. Während Rollläden vor allem der Verdunkelung eines Raumes dienen, dienen Raffstoren vorwiegend dem sommerlichen Wärmeschutz. Sie lassen sich über ihre variierbare Lamellenfunktion hervorragend dem jeweiligen Sonnenstand anpassen und wirken dabei in ihrem Erscheinungsbild nach innen und außen sehr leicht und weit weniger kalt und abweisend als die üblichen grauen Rollläden, die in Deutschland millionenfach verbaut sind.

Welche Kostenrisiken gibt es?
Je nach Eigenschaften (Kunststoffrahmen, Holzrahmen oder Holz-Alu-Kombination, Doppelverglasung oder Dreifachverglasung, besondere Schallschutz und- Einbruchvorkehrungen) können sich die Kosten eines einzigen Fensters um den Faktor 2 und auch 3 erhöhen, bei großflächigen Fenstern auch um noch mehr. Die Kosten eines kleinen Fensters zum Beispiel können also problemlos zwischen 350 und 700 Euro schwanken, je nach bestellten Eigenschaften. Fenster sind heute längst teurere Bauteile als etwa ein gleich großes Wandelement mit allen Wandaufbauschichten. Das heißt, je weniger Fensterflächen Sie planen, desto günstiger wird es. Aber: Die Landesbauordnungen der Bundesländer schreiben vor, dass mindestens 10 Prozent der Grundfläche eines Raums der natürlichen Belichtung dienen, und hinzu kommt, dass Fenster im Brandfall auch als Fluchtwege funktionieren müssen. Ihre Brüstungen dürfen danach gewisse Höhen nicht überschreiten und die Fensterbreite muss ausreichend sein, um im Brandfall durch das Fenster flüchten zu können. In NRW ist zum Beispiel eine Mindestgröße von 90 x 120 Zentimetern für ein Fluchtfenster vorgegeben. Es darf auch nicht höher als 120 Zentimeter vom Boden entfernt liegen (Brüstungshöhe). Das heißt nicht, dass jedes Fenster diese Größe haben muss, aber ein Fluchtfenster, das als zweiter Rettungsweg dient, benötigt diese Größe.

Und natürlich sollte man sich bei der Dimensionierung der Fenster generell nicht nur von den Kosten leiten lassen. Es kann ja sein, dass eine schöne Aussicht ein größeres Fenster angebracht erscheinen lässt. Das Fensterbild bestimmt sehr stark den Charakter eines Hauses. Das heißt, nicht nur Ihre Aussicht nach draußen, sondern auch umgekehrt die Ansicht, die Sicht der Umgebung auf Ihr Haus, spielt eine Rolle. Fenster waren über Jahrhunderte ein wichtiges regionales Gestaltungselement, das von den regionalen Baustoffen und der regionalen Handwerkskunst bestimmt war, auch Fensterläden gehörten über Jahrhunderte dazu. Sie sind fast flächendeckend von den Fassaden verschwunden und von Rollläden abgelöst worden, die zwar komfortabler sind, aber einer Hausfassade natürlich keine „Seele" geben, sondern sie ihr eher nehmen. Wie stark das Fensterbild eines Hauses seinen Charakter prägt, können Sie gut daran erkennen, was optisch passiert, wenn einem Haus seine alten Fenster und Fensterläden genommen werden und durch moderne Fenster mit Rollläden ersetzt werden. Das Haus verändert seinen Charakter oft so stark, dass man es kaum noch wiedererkennt.

Teure Zusatzoptik, wie etwa „Butzenglasscheiben" mit innenliegenden Sprossen, kann man sich sparen. Die künstliche „Gemütlichkeit", die damit erzeugt werden soll, aber ein Haus gestalterisch eher geschichtsklitternd ins 19. Jahrhundert zurückschießt, ist nicht angemessen. Wirkliche alte Fenster sollte man erhalten. Aber moderne Fenster leben eher von einer klugen Aufteilung eines Fensters an sich, sinnvollen Öffnungs- oder Teilöffnungsfunktionen und einer angenehmen Proportion des Gesamtfensterbildes in einer Fassade.

Will man statt auf Rollläden auf moderne Raffstoren zurückgreifen, die die kluge Lammellenwirkung der alten Fensterläden aufgreifen, ist das jedoch nicht ganz preiswert. Raffstoren betreibt man heute meist elektrisch, weil man sonst täglich viel kurbeln müsste (Raffstoren werden über eine Kurbel bedient, nicht über ein Gurtband). Die Installation von Raffstoren in einem Einfamilienhaus, an allen Fenstern, mit elektrischem Antrieb, kann zwischen 10.000 und 15.000 Euro kosten.

Eine Sonderform des Fensterbaus sind Dachflächenfenster. Sie werden direkt in die schrägen Dachflächen eingebaut. Dachflächenfenster von Markenherstellern haben heute eine gute Qualität, sie sind aber relativ teuer. Für ein gutes Dachflächenfenster können Sie problemlos 3.000 Euro loswerden. Und Zusatzausstattungen wie außenliegende Verschattungssysteme und elektrische Steuerung können immer noch dazukommen. Gerade bei Dachflächenfenstern sollte man daher gut überlegen, ob man sie tatsächlich benötigt. Wenn eine Raumbelichtung über die Giebelfläche möglich ist, sollte man das immer bevorzugen.

Was muss geregelt werden?

Man sollte mit einem Architekten frühzeitig über die gewünschten Eigenschaften von Fenstern sprechen.

An erster Stelle stehen dabei die gewünschten Anforderungen an den Wärmeschutz, wenn Sie also beispielsweise bestimme KfW-EffizienzhausKlassen erreichen wollen. Der Wärmeschutz wird über den sogenannten U-Wert festgelegt, je niedriger er ist, desto besser. Gesetzliche Mindestwerte regelt die Energieeinsparverordnung (EnEV).

An zweiter Stelle stehen möglicherweise Schallschutzvorkehrungen gegen Außenlärm, wenn diese über den Bebauungsplan gefordert sind oder Sie dies wünschen.

An dritter Stelle wird man über Einbruchschutz reden. Hier gibt es sogenannte Resistance-Classes (RC). Sie differenzieren von RC 1 bis RC 6, wobei RC 1 die niedrigste Widerstandsfähigkeit aufweist und RC 6 die höchste. Die Kriminalpolizei empfiehlt im privaten Einfamilienhaus meist RC 2. Es gibt auch die Klasse RC 2 N. Diese Unterklasse verzichtet auf besondere Sicherheitsverglasung.

An vierter Stelle stehen die Festlegungen der Öffnungsarten der Fenster. Nicht jedes Fenster muss ja zum Beispiel zu öffnen sein. Erreicht man es von innen und außen zur Reinigung gut und ist weder Belüftung noch Verlauf eines Fluchtweges durch dieses Fenster zwingend, kann man durchaus auf ein feststehendes – und damit auch günstigeres – Fensterelement zurückgreifen. Bei den öffenbaren Fenstern sollte man genau überlegen, welche Öffnungsarten man wo möchte. In welche Richtung soll also ein Fensterflügel öffnen? Sollen alle Fensterflügel kipp- und schwenkbar sein? Und was ist mit einem Küchenfenster, das im Zweifel genau in den dort später auch geplanten Wasserhahn einschwenken würde? Wer sich mit den Fens-

→

terschwenkrichtungen und Öffnungsarten während der Planung nicht detailliert befasst, wird dies später schnell bereuen.

An fünfter Stelle steht die Klärung der Frage, ob man Klarglas oder Milchglas an einzelnen Fenstern haben will.

Und an sechster Stelle steht die Klärung, welche Rahmenart man haben will. Es gibt 3 verbreitete Varianten: Rahmen aus Kunststoff, Holz oder eine Kombination aus Aluminium außen und Holz innen. Entgegen einer landläufigen Meinung müssen Holzfenster nicht zwingend teurer sein als Kunststofffenster. Auch zu ihrer Pflegebedürftigkeit kursieren viele Gerüchte. Soweit Fensterrahmen aus Hartholz gefertigt sind und einen guten natürlichen Wetterschutz haben, also nicht an extrem exponierten Lagen der Fassade sitzen, und soweit sie eine gute und schnelle Wasserableitung haben, haben sie auch eine lange Lebensdauer mit relativ geringem Pflegeaufwand. Es gibt weltweit kein Kunststofffenster, das auch nur annähernd so alt wäre wie die ältesten Holzfenster. Und ob wir einmal Kunststofffenster haben werden, die mehrere Hundert Jahre alt sind, steht dahin. Soweit Sie trotz alles dessen Vorbehalte haben, können Sie auch auf eine Metall-Holz-Kombination zurückgreifen. Außen haben Sie dann den Metallschutz durch Aluminium und innen Holz. Man sollte die Wirkung von Holzrahmen auf einen Raum nicht unterschätzen. Sie können Räumen viel Atmosphäre geben.

Die siebte Festlegung ist dann, ob Sie Rollläden oder Raffstoren wünschen und an welchen Fenstern. Und die Antriebsart, manuell oder elektrisch, muss festgelegt werden. Auch für Rollläden gilt: Besonderer Einbruchschutz muss gesondert festgelegt werden, nach den gleichen RC-Kriterien wie bei den Fenstern.

Wenn diese Planungsleistung bislang nicht oder unvollständig enthalten war, welche zusätzlichen Baukosten setzt Ihr Architekt dafür an?

_____ Euro

→ Diesen Betrag können Sie auch in die Sammeltabelle auf Seite 106 übertragen.

Checkblatt Planung
Elektroausstattung / IT / Telefonie / TV / Smart-Home-Technologie

IN DER PLANUNGSLEISTUNGSVEREINBARUNG MIT DEM ARCHITEKTEN BERÜCKSICHTIGT UND DEFINIERT?	JA	NEIN
14. Sind die Elektroausstattung / IT / Telefonie / TV / Smart-Home-Technologie, soweit gewünscht, in den Planungsleistungsvereinbarungen mit dem Architekten berücksichtigt?	☐	☐

Um was geht es?

Bei der Planung der Elektroinstallation geht es darum, dass Sie in allen Räumen eine ausreichende Versorgung mit Stromanschlüssen haben, für Steckdosen und Beleuchtung. Außerdem muss die Stromversorgung für alle dauerhaft strombetriebenen Hausinstallationen vorgesehen werden, also etwa eine Wärmepumpe oder Lüftungsanlage.

Es gibt zwar eine DIN-Norm (18015-2) und auch die Richtlinie RAL RG 678 der HEA-Fachgemeinschaft für effiziente Energieanwendung e.V. zum Umfang der Elektroausstattung. Beim individuellen Planen ist aber das Sinnvollste, dass Sie die Planung der Elektroausstattung Raum für Raum selber planen beziehungsweise mit dem Architekten durchgehen. Da man die Räume am Anfang der Planungsphase ja aber noch nicht kennt, kann man ganz einfach eine Mindestausstattung pro Raum festlegen. Die DIN-Norm sieht zum Beispiel für Räume über 20 Quadratmeter generell immer nur 5 Steckdosen vor. Das ist aber sehr schnell zu wenig.

Vergessen Sie bei der Elektroplanung auch nicht die Festlegung von Außenbeleuchtung und Außensteckdosen.

Ebenso kann man für die IT- und Telefonie-Verkabelung früh eine Mindestausstattung pro Wohnraum (also auch Schlafzimmer, Arbeitszimmer, Kinderzimmer) festlegen, falls eine solche gewünscht ist. Man sollte sich gut überlegen, ob man bei einem Neubau nur auf WLAN setzt. Wenn man nämlich schon die Möglichkeit hat, Datenkabel in alle Räume zu ziehen, sollte man die Chance auch nutzen. Zumindest sollte man Leerrohre mit Zugdraht legen lassen, um später sehr einfach nachrüsten zu können, wenn man das will. Soweit Kabelfernsehen installiert werden soll oder muss, kann man auch dafür das gleich tun und später bereits früher verlegte Leerrohre nutzen. Leerrohre sollten dann einen ausreichend dimensionierten Durchmesser haben, wenn in ihnen später mehrere Kabel geführt werden sollen.

Soweit eine Klingel mit einer oder mehreren Gegensprechstationen gewünscht ist, sollte auch das gleich festgelegt werden.

Da sich die Elektromobilität wahrscheinlich über kurz oder lang durchsetzen wird, ist es sinnvoll, einen Elektroanschluss dafür am PKW-Stellplatz, im Carportbereich oder in der Garage vorzusehen. Wenn man sich noch unsicher ist, kann man natürlich auch in diesem Fall zunächst einfach mit einem Leerrohr mit dem ausreichenden Durchmesser arbeiten, das vom Hausanschlussraum bis zu Stellplatz, Carport oder Garage geführt wird.

Getrost vergessen können Sie das gesamte Thema Smart Home. Es ist kaum zu glauben welchen völligen Unsinn sich die Industrie hier teilweise einfallen lässt, um neue Geschäftsfelder zu erschließen, die Verbraucher letztlich extrem teuer zu stehen kommen, ohne irgendeinen realistischen Mehrwert zu entfalten. Vom Datenschutz und ganz neuen Risiken durch Hackerangriffe auf Ihr zukünftiges Haus gar nicht zur reden. Wenn Sie Wert darauf legen, dass Ihr Kühlschrank zukünftig für Sie

→

online einkauft oder Ihr WC zukünftig direkt mit Ihrem Hausarzt zu Ihren Urinwerten kommuniziert, können Sie alles das selbstverständlich anstreben. Die Kosten dafür sind aber derart hoch und der Nutzen ist derart gering, respektive schlicht absurd, dass dieses neue Kommerzfeld der Industrie in diesem Buch keine Rolle spielen wird.

Welche Kostenrisiken gibt es?

Das größte Kostenrisiko bei der Elektroinstallation ist immer die Überdimensionierung, die man später nicht benötigt. Das erste große Kostenrisiko haben Sie mit dem Ausschalten von Smart-Home-Technologie für Ihr Haus bereits umgangen. Sie können völlig problemlos 50.000 bis 60.000 Euro in diese Technologie für ein Einfamilienhaus packen. Tatsächlicher Alltagsnutzen dafür: In der Regel gleich null. Konzentrieren Sie sich also besser auf das wirklich Nötige. Denn auf kaum einem Feld kann man bei einem Hausbau so effizient sparen wie bei der Elektroinstallation, wenn man sich auf das wirklich Unverzichtbare konzentriert.

Eine Mindestausstattung an Steckdosen, Schaltern und Lichtauslässen pro Raum, jeweils aufgeschaltet auf raumweise oder raumpaarweise Sicherungskreise ist ausreichend. Hinzu kommen noch die Raumverkabelung mit IT, Telefonie und TV zum Beispiel aller Wohnräume sowie die Elektroinstallation für alle Festinstallationen wie Wärmepumpe, Lüftungsanlage, Raffstoren und dergleichen Das ist es aber dann auch schon, mehr benötigt eigentlich kein Privathaushalt. Kennen Sie genaue Raumnutzungen noch nicht, vor allem in Bezug auf IT, Telefonie und TV, reicht zunächst auch die Verlegung von Leerrohren völlig aus. Wollen Sie hingegen teure BUS-Technologie installieren, bei der Sie auch später noch zum Beispiel sehr flexibel jedem beliebigen Schalter jede beliebige Lampe zuordnen können oder auch aufwendige Menü-Steuerungen für ganze Lichtanlagen, können Sie ohne Probleme 10.000 Euro und mehr an Zusatzkosten verursachen, für einen aber eben relativ bescheidenen Mehrwert in Ihrem Alltag. Daher unser Tipp: Mit großer Zurückhaltung an die Elektroausstattungsplanung gehen und nur das installieren lassen, was man wirklich benötigt. Und dort, wo man sich noch unsicher ist, einfach ausreichend dimensionierte Leerrohre mit Zugdraht verlegen lassen.

Was muss geregelt werden?

Es ist sinnvoll, mit dem Architekten frühzeitig eine einfache, aber ausbaufähige (Leerrohre) Elektroausstattung zu regeln. Sie können dabei eine Standardlösung (zum Beispiel DIN oder HEA) zugrunde legen (→ Seite 93), damit Ihr Architekt weiß, welchen Standard er für seine Kostenschätzung ansetzen muss. Vielen Menschen reichen aber zumindest die DIN-Vorgaben nicht. Man kann dann eigene Mindestanzahlen für Steckdosen, Lichtauslässe und Schalter festlegen und später detailliert anpassen.

Sie können auch optionale Ausbaustufen mit Ihrem Planer festlegen. Das hat aber nur dann Sinn, wenn es Ihnen erstens wirklichen Zusatznutzen im Alltag bringt und zweitens noch in Ihr Gesamtbudget passt. Wegen einer überzogenen und daher sehr teuren Elektroausstattung am Ende bei den Oberflächengewerken des Innenausbaus sparen zu müssen wäre nicht sinnvoll.

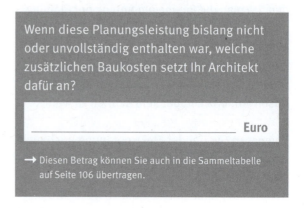

Wenn diese Planungsleistung bislang nicht oder unvollständig enthalten war, welche zusätzlichen Baukosten setzt Ihr Architekt dafür an?

_____ Euro

→ Diesen Betrag können Sie auch in die Sammeltabelle auf Seite 106 übertragen.

Checkblatt Planung
Oberflächenausstattung

IN DER PLANUNGSLEISTUNGSVEREINBARUNG MIT DEM ARCHITEKTEN BERÜCKSICHTIGT UND DEFINIERT?	JA	NEIN
15. Sind die Oberflächenausstattungen in den Planungsleistungsvereinbarungen mit dem Architekten berücksichtigt?	☐	☐

Um was geht es?

Die Oberflächengestaltung betrifft üblicherweise alle Innenoberflächen eines Hauses. Dazu gehören Decken, Wände und Böden. Aber auch Oberflächen von Innentüren oder Treppen. Und es gehören dazu auch Fensterrahmen, Fenstertürrahmen und Haustüren.

In Deutschland sind Innenoberflächen mit weißen Kunststofftüren, Laminatböden, Plastikfußbodenleisten und Kunststofffensterrahmen ungezählt. Manchmal kommen noch Kunststoffverkleidungen für die Rollladenkästen hinzu. Wer einen solchen Raum betritt, merkt sofort, dass er keinen Raum mit Atmosphäre betritt, sondern eben das, was es ist: Einen Raum aus Plastik. Oberflächenausstattungen entscheiden gemeinsam mit Raumhöhen und Befensterungen ganz wesentlich darüber, ob ein Raum eine Atmosphäre entwickeln kann oder nicht.

Welche Kostenrisiken gibt es?

Kostenrisiken bei Oberflächengewerken entstehen fast immer dann, wenn die Schnittpunkte zu Vorgewerken nicht klar geklärt sind. Welche Qualität hat also etwa der Mauerputz, um anschließend direkt auf ihn tapezieren zu können? Welche Qualität hat die Estrichoberfläche, um darauf Fliesen, Parkett oder Teppich verlegen zu können? Stimmt die Qualität des Untergrunds nicht oder ist sie in der Ausschreibung nicht klar festgelegt (→ Checkblatt 45 Seite 109), kann es Ihnen passieren, dass Sie das ganze Haus erst einmal nachspachteln lassen müssen, bevor Sie auch nur einen Quadratmeter Decken-, Wand-oder Bodenverkleidung legen können. Mehrkosten: ohne Probleme 8.000 bis 10.000 Euro für ein Einfamilienhaus, je nach Umfang der Oberflächen.

Das zweite große Kostenrisiko von Oberflächengewerken ergibt sich, wenn ihre Ausführung zu wenig exakt festgelegt ist: Erhält die Wand nur einen Anstrich oder zwei? Mit welcher Farbe? Was ist mit Lösemitteln? Handelt es sich beim Parkett um 22-Milimeter-Massivparkett oder Fertigparkett auf Montageplatte? Sind die Bodenleisten aus Massivholz? Wird das Parkett gewachst und geölt oder versiegelt? Erhält es einen Zwischenschliff? Werden die Fliesen im Dünnbettmörtel verlegt? Stehen Format und Verlegerichtung fest? Wie ist der Sockel ausgebildet? Und so weiter und so weiter.

Die Kosten-Unterschiede bei Oberflächengewerken können sehr schnell 5, 10, auch 20 Euro pro Quadratmeter ausmachen. Haben Sie vor, 120 Quadratmeter Boden zu belegen und etwa das Vierfache an Wand- und Deckenfläche, geht es insgesamt vielleicht um 600 Quadratmeter. Selbst wenn Sie nur Mehrkosten von etwa 5 Euro pro Quadratmeter hätten, wären das ganz schnell 3.000 Euro an Zusatzkosten wegen ungeklärter Leistungen.

Was muss geregelt werden?

Häufig ist es so, dass man in einer sehr frühen Phase, am Beginn von Planungsgesprächen, noch gar nicht genau weiß, welche Decken-, Wand- oder Bodenbeläge man letztlich haben will. Man kann einem Architekten aber sicherlich eine Tendenz mitteilen. Will man stabile, dauerhaft belastbare Bodenbeläge, sollten dafür auch höhere Preise angesetzt werden. Beispiel: Es gibt zwar Fliesen für 15 Euro pro Quadratmeter, Sie werden qualitativ

→

gute Fliesen aus dem Fliesenfachhandel aber erst ab etwa 40 Euro pro Quadratmeter erhalten. Laminat erhalten Sie auch schon für 3 bis 5 Euro den Quadratmeter. Ein guter Parkettboden hingegen kann Sie 70 Euro pro Quadratmeter kosten. Wenn Sie aber mit dem Architekten von vornherein ein klares Budget für die unterschiedlichen Oberflächen festlegen, kann das früh in die Kostenrechnung eingehen, sodass es nachher auch wirklich zur Verfügung steht. Wird es während der Planung im Gesamtbudget dann eng, kann man schauen, wo man spart, aber das Oberflächenbudget möglicherweise bestehen lassen.

Dass Oberflächengewerke vielfach so unschön aussehen und auf Laminat und billige Teppiche und Fliesen zurückgegriffen wird, hängt oft auch ganz einfach an der Tatsache, dass zum Ende des Bauens hin vielen Bauherren schlichtweg das Geld ausgeht, weil keine frühzeitige Gewerkebudgetierung vorgenommen wurde und so kein festes Budget für die Innenoberflächen von Beginn an gesichert wurde.

> Wenn diese Planungsleistung bislang nicht oder unvollständig enthalten war, welche zusätzlichen Baukosten setzt Ihr Architekt dafür an?
>
> _____ Euro
>
> → Diesen Betrag können Sie auch in die Sammeltabelle auf Seite 106 übertragen.

Checkblatt Planung
Treppen

IN DER PLANUNGSLEISTUNGSVEREINBARUNG MIT DEM ARCHITEKTEN BERÜCKSICHTIGT UND DEFINIERT?	JA	NEIN
16. Sind die Treppen in den Planungsleistungsvereinbarungen mit dem Architekten berücksichtigt?	☐	☐

Um was geht es?
Bei mehrgeschossigen Gebäuden sind Treppen zur Überbrückung der Geschosse zwingend. Man kann zwischen Innen- und Außentreppen unterscheiden. Außentreppen sind bei Einfamilienhäusern aber eher selten, es sei denn, es gibt einen Außenzugang zum Keller oder das Haus steht an einem Hang und muss komplex erschlossen werden.

Außentreppen sind in der Regel aus Beton oder Stahl, Innentreppen meist aus Holz oder Stahl oder auch einer Kombination. Auch Betonfertigteiltreppen finden Einsatz.

Die Treppe ist das zentrale Erschließungsbauteil mehrgeschossiger Häuser. Eine Treppe kann Teil der Lösung oder Teil des Problems einer flexiblen Gebäudenutzung sein. Offene Treppen, gedankenlos ins Haus gesetzt, zugänglich über Wohn- oder Esszimmer oder ungünstig zum Hauseingang gelegen, können nur selten einer vielleicht später einmal gewünschten separaten Geschosserschließung dienen.

Welche Kostenrisiken gibt es?
Je nach Bauart können Treppen erhebliche Kostenunterschiede haben. Einfache Standardtreppen erhält man zwischen 8.000 und 12.000 Euro. Aufwendige Sichtbetontreppen mit individuellem Stahlgeländer können auch das Doppelte kosten.

Kostenrisiken tauchen auf, wenn Treppenwünsche und Treppenplanung nicht frühzeitig kritisch hinterfragt und geklärt werden. Eine Treppe ist kein Inszenierungsinstrument. Sie bauen schließlich kein Schloss, sondern ein Einfamilienhaus. Sie geben auch keine Empfänge, sondern feiern eher hin und wieder ein Fest. Das heißt, zunächst einmal ist die Treppe für Ihren Alltag ein Gebrauchsgegenstand, der sicher und komfortabel begehbar sein muss. Außerdem sollte er leicht zu pflegen und zu reinigen sein. Und schließlich sollte eine Treppe nicht nur die Vertikalerschließung eines Hauses sicherstellen, sondern das auch so tun, dass eine Vertikalerschließung möglich ist, ohne Konflikte bei der Horizontalerschließung hervorzurufen. Das heißt: Wenn man zunächst durchs Wohnzimmer laufen muss, um von dort eine Geschossebene höher zu gelangen, darf das hinterfragt werden, denn dann wird Ihr Wohnzimmer ein Stück weit zum Flur.

Eine Treppe sollte immer auch ermöglichen, dass Geschossebenen unabhängig voneinander erreicht werden können. Auf diese Weise ist es möglich, ein Haus auch geschossweise zu nutzen, was langfristig eine wichtige Option sein kann. Selbst dort, wo nach dem Bebauungsplan nur eine Wohneinheit im Haus zulässig ist, kann ja trotzdem eine informelle, separate Geschossnutzung sinnvoll sein.

Was muss geregelt werden?
Festgelegt werden sollte mit dem Architekten früh die Funktion der Treppe – also etwa die Vermeidung von Nutzungsüberlagerungen (Wohnzimmer = Treppenerschließung) und auch spätere, separate Erschließungsfähigkeit aller Geschosse. Das hat nämlich Einfluss auf die Lage und Anordnung der Treppe im Grundriss. Auch festgelegt werden sollten die bevorzugten Baustoffe für die Treppen. Das hat Einfluss auf Konstruktion und natürlich den Preis.

Die Treppe ist ein Bauteil, bei dem man hervorragend Kosten sparen kann, ohne dabei an Wohnqualität einbüßen zu müssen. Denn viel entscheidender als Bauweise und Baumaterial der Treppe ist ihre Anordnung im Grundriss eines Hauses und dadurch die Flexibilität der Gesamterschließung eines Hauses.

Auch das Steigungsverhältnis einer Treppe (Verhältnis Stufenhöhe zu Stufentiefe) kann man völlig unabhängig von ihrer sonstigen Ausführung planen. Eine sehr teure, aufwendige Sichtbetontreppe, die ein ungünstiges Steigungsverhältnis hat, kann sehr viel unkomfortabler sein, als eine vergleichsweise preisgünstige Stahl-Holz-Treppe mit einem angenehmen Steigungsverhältnis.

Es ist grundsätzlich sinnvoll, jeweils am Treppenfußpunkt auch einen Stromanschluss vorzusehen, falls später einmal ein Treppenlift nachgerüstet werden soll oder muss.

> Wenn diese Planungsleistung bislang nicht oder unvollständig enthalten war, welche zusätzlichen Baukosten setzt Ihr Architekt dafür an?
>
> _____ Euro
>
> → Diesen Betrag können Sie auch in die Sammeltabelle auf Seite 106 übertragen.

Checkblatt Planung
Badausstattung

IN DER PLANUNGSLEISTUNGSVEREINBARUNG MIT DEM ARCHITEKTEN BERÜCKSICHTIGT UND DEFINIERT?	JA	NEIN
17. Ist die Badausstattung in den Planungsleistungsvereinbarungen mit dem Architekten berücksichtigt?	☐	☐

Um was geht es?

Bei der Badausstattung eines Hauses geht es einerseits um Art und Anzahl der Bäder in einem Haus sowie der Ausstattung des einzelnen Bades an sich. Wenn man neu baut und individuell planen kann, sollte man sich gut überlegen, ob man zumindest folgende Bäder unterbekommen kann: Gäste-WC, Kinder-Bad und Eltern-Bad. Man kann Bäder heute auf relativ kleinem Raum effizient unterbringen. Wenn man eine Dusche und eine Wanne haben will, kann man auch überlegen, ein Kinderbad mit einer Wanne und ein Elternbad mit einer Dusche zu bauen. Passt in das Elternbad kein WC mehr, kann man auch ein reines Duschbad bauen oder ähnlich. Sind die Bäder sehr effizient im Haus angeordnet und können gemeinsame Installationsschächte nutzen, machen die Mehrkosten häufig nur die Kosten für eine zusätzliche Trennwand aus, aber der Alltagsnutzen von 2 kleineren Bädern anstatt eines großen ist enorm.

Auch bei der Badausstattung kann man sehr einfach und kosteneffizient vorgehen. Ob man wirklich ein sehr teures und platzintensives Doppelwaschbecken benötigt oder ob man nicht eher ein einfacheres Einzelwaschbecken installiert, dafür aber in 2 getrennte Bäder statt in eines, sollte man hinterfragen. Sehr teure Armaturen sind nicht immer unbedingt notwendig. Eine Rainshower-Dusche mag schön sein, und vielleicht kann sie sogar noch mit Lichteffekten das Wasser zum Leuchten bringen. Wie lange aber stehen Sie wirklich unter der Dusche? Und haben Sie dann die Muße für Regen in allen Regenbogenfarben oder doch eher Eile, rechtzeitig aus dem Haus zu kommen? Kurzum: Sie benötigen vielleicht keinen Wellness-Tempel, sondern ein gutes und gebrauchstaugliches Bad – aber vielleicht mal zwei plus ein Gäste-WC, damit zumindest klassischer Abendbesuch für einen WC-Gang nicht Ihre Privatsphäre aufsuchen muss.

Welche Kostenrisiken gibt es?

Die Kostenrisiken beim Badausbau sind groß. Fliesen, Sanitärgegenstände und Armaturen haben große Preisunterschiede. Bei den Fliesen ist es allerdings so, dass selbst hochwertige Produkte, die schnell 40, 50 oder 60 Euro pro Quadratmeter kosten können, keine wirklichen Preissprünge der Gesamtbaukosten verursachen. Denn wenn Ihr Bad etwa 5 bis 6 Quadratmeter groß ist und jeder Quadratmeter 20 oder auch 30 Euro mehr kostet, sind das insgesamt nur etwa 200 bis 360 Euro für den Boden und vielleicht etwa noch einmal das Doppelte an Materialkosten für die Wände, je nachdem wie umfassend sie gefliest werden sollen. Anders sieht es schon bei Sanitärgegenständen und Armaturen aus. Hier liegen die Unterschiede bei einem Vielfachen. Sie können ein WC für 250 Euro oder für 2.000 Euro erwerben, einen Wasserhahn für 50 Euro oder für 500 Euro.

Was muss geregelt werden?

Auf alle Fälle sollte man von Anfang die Anzahl der Bäder und ihre Funktion festlegen (zum Beispiel Gäste-WC, Kinderbad, Elternbad). Auch Raumgrößen kann man zumindest näherungsweise festlegen. Schon auf 4 bis 5 Quadratmetern kann man ein Bad hervorragend unterbringen.

Da man beim Ausbau des Badraums in einem frühen Planungsstadium oft noch nicht weiß, was man am Ende will, kann man zumindest einen groben Ausstattungsrahmen festlegen, sodass der Architekt in etwa weiß, ob es in eine eher gehobene Richtung gehen soll oder doch im mittleren Kostensegment bleibt.

Checkblatt Planung
Terrasse / Balkon

IN DER PLANUNGSLEISTUNGSVEREINBARUNG MIT DEM ARCHITEKTEN BERÜCKSICHTIGT UND DEFINIERT?	JA	NEIN
18. Sind Terrasse / Balkon in den Planungsleistungsvereinbarungen mit dem Architekten berücksichtigt?	☐	☐

Sehr wichtig ist es für einen Architekten zu wissen, ob ein Bad, auch wenn das übrige Haus vielleicht nicht barrierefrei geplant ist, barrierefrei geplant werden soll. Denn das hat großen Einfluss auf Raumaufteilung, Bodenaufbau, Sanitärgegenstände, Türen – und damit auch auf die Kosten (→ Checkblatt 26 Seite 74 und Checkblatt 144 Seite 299).

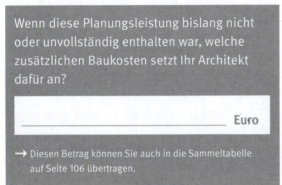

Um was geht es?

Praktisch kein Haus kommt eigentlich ohne Terrasse aus und viele auch nicht ohne Balkon.

Die Bauweise von Terrassen kann extrem einfach sein (Betonplatten lose und mit offenen Fugen im Kiesbett verlegt), aber auch sehr aufwendig (Fliesenbelag im Mörtelbett und im Gefälle auf Dämmung und Abdichtung auf einem Kellerraum verlegt).

Auch die Bauweise von Balkonen kann denkbar einfach sein (Betonplatte mit Isolationskörben auskragend ohne Belag) oder sehr komplex (etwa ein eingeschnittener Dachbalkon mit innenliegender Entwässerung, Wärmeschutz, Abdichtungsschichten und Fliesenbelag).

Beim Balkon stellt sich immer die Frage, ob man ihn tatsächlich braucht, wenn man einen Garten hat. Vor allem dann, wenn gleich mehrere Zimmer an einen Balkon grenzen, heißt das immer auch, dass alle Zimmernachbarn dann unmittelbar vor allen Zimmerfenstern vorbeigehen können und man nie wirkliche Privatheit hat.

Balkone sind Bauteile, die dem Wetter extrem ausgesetzt sind, das heißt, sie sind in aller Regel auch pflegeintensiv. Vor allem Belag, Entwässerung und Geländer sind davon betroffen.

→

Welche Kostenrisiken gibt es?

Balkone kosten schnell zwischen 15.000 und 20.000 Euro, je nach Größe und Ausführung. Sie bringen nur selten wirklichen Mehrwert und werden im Alltag eher wenig genutzt. Wenn man sein Haus plant, lebt man in der Regel noch in einer Mietwohnung. Dort hat man natürlich einen Balkon und nutzt ihn im Sommer auch. Der Balkon einer Wohnung grenzt fast immer auch an das Wohnzimmer. Bei einem Haus ist das aber anders. Dort ersetzt meist die Terrasse den bisherigen Wohnungsbalkon. Dann nutzt man natürlich im Schwerpunkt die Terrasse. Daher sollte man einen Balkon einer Wohnung nicht mit dem Balkon eines Hauses gleichsetzen. Der Nutzwert ist sehr unterschiedlich. Der Verzicht auf einen Balkon beim Hausbau bietet die gute Gelegenheit, Geld einzusparen, ohne dabei wirklich an Wohnqualität zu verlieren.

Was muss geregelt werden?

Sinnvoll ist es, mit einem Architekten zumindest grob zu vereinbaren, welchen Terrassenaufbau man sich wünscht, ob einfach im Kieselbett oder komplex mit massivem Unterbau, damit der Architekt weiß, in welche Richtung er planen kann. Auch die gewünschte Mindestgröße einer Terrasse kann man festlegen.

Beim Balkon sollte man früh überlegen, ob man ihn wirklich benötigt. gegebenenfalls kann die Hausplanung auch so erfolgen, dass zunächst ohne Balkon gebaut wird, aber später optional noch ein Balkon vor die Fassade gesetzt werden kann. Das geht dann sehr einfach, wenn man mit Fenstertüren und brüstungshohen Geländern davor arbeitet, im Volksmund oft als französische Fenster bezeichnet. Dann kann man später jederzeit das Brüstungsgeländer wegnehmen und einen Balkon davorsetzen.

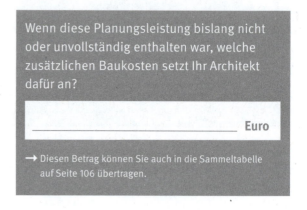

→ Diesen Betrag können Sie auch in die Sammeltabelle auf Seite 106 übertragen.

Checkblatt Planung
Carport / Garage

IN DER PLANUNGSLEISTUNGSVEREINBARUNG MIT DEM ARCHITEKTEN BERÜCKSICHTIGT UND DEFINIERT?	JA	NEIN
19. Sind Carport / Garage in den Planungsleistungsvereinbarungen mit dem Architekten berücksichtigt?	☐	☐

Um was geht es?

Für jede Wohneinheit eines Bauvorhabens ist nach den geltenden Bebauungsplänen üblicherweise auch ein Stellplatz auf dem eigenen Grundstück nachzuweisen, ein Carport oder eine Garage aber natürlich nicht. Es geht – rein rechtlich – nur um den Nachweis der anfahrbaren Stellfläche.

Bei machen Bauvorhaben werden Carport und/oder Garage von Anfang an mitgeplant und mit errichtet, bei vielen Bauvorhaben werden Carport und / oder Garage auch erst später ergänzt. Es wird häufig eher wenig Wert auf die gestalterische Qualität der Garage gelegt; nicht selten sieht man aufwendig gebaute Häuser mit Fertiggaragen daneben. Es ist sinnvoll, ein Carport und eine Garage von Anfang an mit einzuplanen, wenn das gewünscht ist. Mindestens der Standort und gegebenenfalls nötige Anschlüsse wie Strom und Entwässerung oder auch vorbereitete Wand-an-Wand-Anschlüsse sollten geklärt sein.

Welche Kostenrisiken gibt es?

Der Unterschied, ob man eine geschlossene Garage oder einen offenen Carport baut, ist relativ. Das Teure dabei sind Gründung und Dach und eher weniger die Umfassungswände. Während man bei einem Carport vielleicht auch mit einer leichten Kiesschüttung auf der Parkfläche zurechtkommt, wird man bei einer Garage auf alle Fälle eine feste Bodenplatte haben wollen. Bei einem leichten Carport-Dach kann man mit Punktfundamenten auskommen, auf denen die das Dach tragenden Stützen stehen. Bei Garagen nutzt man üblicherweise entweder Streifenfundamente oder auch eine ausreichend starke Bodenplatte. In diesen Fragen liegen die wahren Kostenunterschiede. Es gibt Fertiggaragenangebote, die mit Kosten von knapp 10.000 Euro beworben werden. Bei diesen Angeboten ergibt sich jedoch schnell die Frage, welche der zwingenden vorbereitenden Arbeiten denn bei dem Preis überhaupt berücksichtigt sind. Und da stellt man oft fest, dass weder Gründung noch Stromanschluss noch Entwässerung, manchmal nicht einmal die Anlieferkosten enthalten sind. Demgegenüber ist eine individuell geplante Einzelgarage für etwa 18.000 Euro erhältlich, unter Berücksichtigung aller Leistungen. Die kann dann aber auch in Ausstattung sowie in Länge, Breite und Höhe exakt und maßgenau einem Grundstück angepasst werden. Das bietet natürlich Vorteile. Außerdem kann sie so auch gestalterisch in den Hausbau mit einbezogen werden und gemeinsam mit dem Haus verputzt werden. Fertiggaragen hingegen haben festgelegte Maße und jede Abweichung von der Norm wird sehr schnell teuer. Dann kann es sinnvoller sein, von Anfang an eine individuelle Garage zu bauen.

Teuer können hausintegrierte Garagen werden, weil dann auch zahlreiche Brandschutzbestimmungen greifen. Die Garage muss nämlich sehr sorgfältig und sicher brandschutztechnisch vom übrigen Haus getrennt werden. Auch spezielle Türen und Türschleusen sind dann vorzusehen.

Carports sind schon für etwa 8.000 bis 10.000 Euro erhältlich. Es gibt auch noch günstigere Selbstbausätze, allerdings ohne Gründung. Wer also handwerklich geschickt ist, kann sich an einem Carport durchaus versuchen, das ist – im Gegensatz zu einem kompletten Hausbau – relativ risikofrei.

Die entscheidende Kostenfrage ist aber die, ob man Carport oder Garage überhaupt benötigt, und →

diese Frage hängt entscheidend davon ab, welche Funktion die Garage übernehmen soll. Es soll ein Fahrzeug wettergeschützt geparkt werden können, das ist klar, aber man muss bedenken: welches Fahrzeug? Ein uralter Familienkombi im Gegenwert von vielleicht 5.000 oder 8.000 Euro durch eine Garage für 25.000 Euro zu schützen, erscheint wenig sinnvoll. Das wäre so, als wenn man einen Tresor für 10.000 Euro kauft, um ein Schmuckstück im Wert von 2.000 Euro zu schützen. Man kann das natürlich machen, wenn es einen ideellen Mehrwert gibt. Auch ein alter Käfer kann natürlich einen ideellen Mehrwert haben, und deshalb will man ihn vielleicht schützen. Oder aber es steht in näherer Zukunft ein Neuwagenkauf an. Dann sehen die Frage nach einer Garage und die Rechnung dazu natürlich schnell wieder anders aus.

Was muss geregelt werden?

Es ist sinnvoll, das Thema PKW-Stellplatz schon früh mit dem Architekten zu besprechen. Denn wenn Sie zum Beispiel 2 Fahrzeuge haben, die Sie im Alltag ohne aufwendiges Rangieren unterbringen wollen, können Sie das bei der Planung gar nicht früh genug berücksichtigen. Je früher der Architekt das weiß, desto besser kann er es von Anfang an im Entwurf berücksichtigen.

Falls Sie noch nicht genau wissen, was Sie letztlich wollen, ob Stellplatz, Carport oder Garage, kann Ihr Architekt zunächst auch nur den möglichen Standort und die Erschließung festlegen. Also Anfahrbarkeit, optionale Ankopplung der Garage ans Haus, mögliche Entwässerung und Stromanschluss. Die tatsächliche Realisierung können Sie noch verschieben, es ist aber sinnvoll, wenn die Garage beim Baugesuch vorsorglich mit eingezeichnet und mit beantragt wird. Dann ist sie nämlich gleich mit genehmigt. Das verursacht keine Zusatzkosten, erspart Ihnen diese aber, falls Sie später doch noch eine Garage bauen.

> Wenn diese Planungsleistung bislang nicht oder unvollständig enthalten war, welche zusätzlichen Baukosten setzt Ihr Architekt dafür an?
>
> _____ Euro
>
> → Diesen Betrag können Sie auch in die Sammeltabelle auf Seite 106 übertragen.

Checkblatt Planung
Hauptbaustoff

IN DER PLANUNGSLEISTUNGSVEREINBARUNG MIT DEM ARCHITEKTEN BERÜCKSICHTIGT UND DEFINIERT?	JA	NEIN
20. Ist der Hauptbaustoff in den Planungsleistungsvereinbarungen mit dem Architekten berücksichtigt?	☐	☐

Um was geht es?

Im Zuge einer Hausplanung sollte man mit einem Planer vor dem Entwurfsbeginn zumindest auch den Hauptbaustoff des Hauses festlegen. Das heißt, man sollte mindestens die Frage geklärt haben, ob es sich um einen Holzbau oder einen Massivbau handeln soll oder um eine Kombination. Denn je nachdem, welchen Weg man geht, hat man es mit sehr unterschiedlichen Planungsansätzen zu tun, wobei auch nicht jeder Architekt, der sich intensiv mit Massivbau beschäftigt, sich auch schon intensiv mit Holzbau auseinandergesetzt hat. Der Hauptbaustoff hat weitreichende Auswirkungen, das beginnt bei Konstruktionsweisen und endet bei der Statik. Wenn ein Architekt den geplanten Hauptbaustoff nicht kennt, ist das, als ob ein Schneider oder eine Schneiderin ein Kleidungsstück entwerfen würde, ohne zu wissen, welcher Stoff überhaupt verwendet werden soll, oder wenn ein Bäcker oder eine Bäckerin ein Backrezept schreiben würde, ohne den Teig zu kennen. Das kann nicht funktionieren.

Welche Kostenrisiken gibt es?

Wenn die Hausplanung den Hauptbaustoff des Rohbaus nicht berücksichtigt, kann das zu falschen Maß-Annahmen und auch falschen Statik-Annahmen führen. Das wiederum führt später meist zu teuren Umplanungen. Ein Architekt muss zu Beginn einer Planung zumindest wissen, ob er es mit einem Holzbau oder einem Massivbau oder einer Kombination aus beiden zu tun hat; denn das hat erhebliche Kostenauswirkungen.

Auch die Tatsache, welchen Massivbaustoff oder welchen Holzbaustoff mit welchem Wandaufbau und mit welcher Fassade man wählt, hat erheblichen Einfluss auf die Kosten. 10 Prozent der Baukosten können völlig problemlos allein in den Kostenunterschieden unterschiedlicher Wandaufbauten und Fassadenverkleidungen stecken. Von ganz simplen Wandaufbauten, mit einfacher Steinlage und Vollwärmeschutz davor, bis hin zu komplexeren Wandaufbauten, zum Beispiel mit Mauerung, Dämmung, Hinterlüftung und Verklinkerung. Oder bei Holz: einfache OSB-Platten in Tafelbauweise mit innenliegender Dämmlage und Putzauftrag außen oder aber Rohbau aus Massivholzwänden und fugenoffener Holzverschalung außen.

Wenn Ihr Architekt Ihnen möglichst früh möglichst sicher kakulierte Kosten nennen soll, muss er den gewünschten Hauptbaustoff des Hauses und die bevorzugte Wand-Konstruktionsweise auch möglichst früh kennen.

Was muss geregelt werden?

Im Idealfall wird ganz zu Anfang geregelt, welche Bauweise gewählt wird, und nach Möglichkeit auch detaillierter, welcher Wandaufbau. Wer also etwa einen Holzmassivbau haben will, sollte das sehr früh beim Architekten ansprechen. Ebenso, wenn man zum Beispiel ein Gebäude aus Sichtbeton wünscht. Wenn man noch nicht weiß, ob man ein Massivhaus oder ein Holzhaus bauen will, ist es für Entwürfe eigentlich noch zu früh.

Welche Ausführung man im Detail beim Holz- oder Massivbau wählt, kann man später immer noch klären. Nötigenfalls kann dazu auch ein Kostenkorridor festgelegt werden. Dann weiß man, welche Ausführungsart im kalkulierten Leistungspaket enthalten ist und welche nicht.

→

> Wenn diese Planungsleistung bislang nicht oder unvollständig enthalten war, welche zusätzlichen Baukosten setzt Ihr Architekt dafür an?
>
> _____ Euro
>
> → Diesen Betrag können Sie auch in die Sammeltabelle auf Seite 106 übertragen.

Checkblatt Planung
Gartenbau / Zugänge / Zufahrten / Zaun

IN DER PLANUNGSLEISTUNGSVEREINBARUNG MIT DEM ARCHITEKTEN BERÜCKSICHTIGT UND DEFINIERT?	JA	NEIN
21. Sind Gartenbau / Zugänge / Zufahrten / Zaun in den Planungsleistungsvereinbarungen mit dem Architekten berücksichtigt?	☐	☐

Um was geht es?

Wenn der Hausbau weitestgehend abgeschlossen ist, folgt der Gartenbau. Viele Bauherren machen ihn in Eigenleistung, um Geld zu sparen. Man sollte das aber nicht unterschätzen. Die Gartenanlage ist nicht einfach nebenbei zu machen, sondern je nach Größe und Topografie des Grundstücks erfordert sie viel Arbeit. Das zentrale Problem dabei ist, dass sie an bestimmte jahreszeitliche Abläufe gebunden ist. Nicht alles lässt sich zu jeder Jahreszeit einfach pflanzen. Verpasst man ein Zeitfenster, kann es sein, dass sich alles um ein Jahr verschiebt. Aber kaum jemand will noch ein weiteres Jahr auf einem Baustellengrundstück sitzen, wenn er mit dem Bauen fertig ist. Wer dann aber dafür kein Geld mehr hat, wird im Zweifel länger warten müssen, bis er wieder darangehen kann.

Zugänge, Zufahrten, ein Zaun, soweit gewünscht, können unabhängig von Vegetationszyklen gesetzt werden. Zumindest eine Carport- oder Garagenzufahrt und der Zugang zum Haus sollten früh so weit hergestellt sein, dass man nicht noch monatelang durch Matschfelder zum Haus laufen muss und den klebrigen Schmutz an den Schuhen fortlaufend ins Haus trägt.

Welche Kostenrisiken gibt es?

Der Gartenbau birgt größere Kostenrisiken. Das fängt damit an, dass Mutterboden, der sich vor dem Bauen auf dem Grundstück befindet, nur abgeschoben und seitlich gelagert werden sollte. Er sollte nicht mit abtransportiert werden zu einer Erddeponie. Denn diesen Boden können Sie nachher gut gebrauchen. Ansonsten zahlen Sie ihn zweimal: Einmal beim Abtransport samt Deponiekosten und dann noch einmal, wenn Sie ihn wieder neu kaufen müssen. Das kostet Sie in aller Regel alles zusammen einen höheren vierstelligen Betrag, den Sie sich ganz einfach sparen können. Wenn der Bebauungsplan keine oder nur einige Bepflanzungsvorgaben enthält, kann man sich beim Gartenbau zunächst auch einfach auf die Einsaat einer Wiese konzentrieren. Denn fast immer will man zunächst vor allem eine möglichst zügige Herstellung einer grünen Wiese schaffen, um dem Grundstück den Baustellen-Charakter zu nehmen.

Bei den Zugängen und Zufahrten kann man grundsätzlich unterscheiden zwischen offenen und geschlossenen Oberflächen. Wenn Sie eine geschlossene Oberfläche, zum Beispiel einen verfugten Natursteinbelag, haben möchten, dann muss der Untergrund entsprechend tragfähig sein, damit die Oberfläche und die Fugen bei Belastung nicht reißen. Das ist meist teurer, als es Zugänge und Zufahrten sind, bei denen nur ein loser Plattenoberbelag mit offenen Fugen in einem Kiesbett als Tragschicht liegt. Die Entwässerung erfolgt dann natürlich zwischen den Fugen hindurch ins Kiesbett. Allerdings sind solche Aufbauten auch nicht so druckstabil wie geschlossene Flächen. Platten können also bei Punktbelastungen durchaus einmal tiefer ins Kiesbett gedrückt werden.

Man kann auch ganz einfach nur ein Kiesbett aufschütten. Das ist zwar eine kostengünstige Lösung, sie hat aber den Nachteil, dass sie natürlich nicht druckstabil ist. Die Kostenunterschiede für die unterschiedlichen Ausführungen können sich, je nach Flächengröße, im mittleren bis höheren vierstelligen Bereich für die Gesamtflächen bewegen. Sehr einfach kann man dabei sparen, wenn Zugänge und Zufahrten effizient, also auch nicht unnötig breit und lang, geplant werden. Das heißt:

Nicht jede Haustür eines jeden Hauses liegt zwingend an der tatsächlich dafür geeignetsten Stelle, und nicht jede Zufahrt hat wirkliche die definitiv optimale Anbindung an Straße und Haus.

Zäune sind beliebt in Deutschland. Ob das unsere Wohngebiete schöner macht, sei einmal dahingestellt. Die einfachste Art einen Zaun einzusparen ist die, eine Hecke zu pflanzen. Die macht zwar Arbeit und muss gepflegt werden, aber sie schafft eine natürliche, grüne Grenze. Ein Zaun kann, je nachdem wie aufwendig er werden soll und gegründet ist, viele Hundert Euro pro laufendem Meter kosten. Wenn das 200 oder 500 Euro sind, bedeutet auf eine Lauflänge von 30 oder 40 Metern eben locker 8.000 oder 20.000 Euro. Das sind schon erhebliche Unterschiede. Da kann sich am Ende die einfache Hecke wieder sehr schnell lohnen, gestalterisch ohnehin.

Was muss geregelt werden?

Man sollte bei den Gesprächen mit dem Architekten von Anfang an ein realistisches Kostenbudget auch für den Gartenbau, die Zuwege, Zufahrten und die Grundstücksbegrenzung einplanen. Denn wenn das Geld am Ende fehlt, folgt fast immer ein weiteres Jahr Leben auf einer „gefühlten" Baustelle. Nicht immer ist die Gartenplanung völlig frei. In Bebauungsplänen gibt es häufig auch Bepflanzungsvorgaben für Gärten. Diese müssen zwingend beachtet werden.

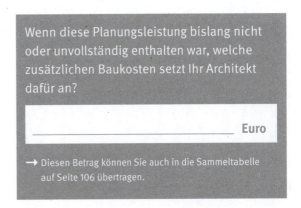

Wenn diese Planungsleistung bislang nicht oder unvollständig enthalten war, welche zusätzlichen Baukosten setzt Ihr Architekt dafür an?

_____ Euro

→ Diesen Betrag können Sie auch in die Sammeltabelle auf Seite 106 übertragen.

Übersicht: Mögliche Zusatzkosten Planung

	MÖGLICHE ZUSATZKOSTEN PLANUNG (IN EURO)	CHECKBLATT
1. B-Plan-Anforderungen / Anforderungen aus § 34 BauGB		22 → Seite 67
2. Anforderungen aus Bodengutachten		23 → Seite 69
3. Anforderungen aus Grundstückstopografie		24 → Seite 70
4. Größe und Zimmeranzahl / Geschosshöhen		25 → Seite 71
5. Barrierefreiheit		26 → Seite 74
6. Dach / Dachausbau		27 → Seite 76
7. Keller / Kellerstandard		28 → Seite 77
8. Energetischer Standard		29 → Seite 79
9. Anschluss an die öffentliche Versorgung (zum Beispiel Möglichkeit Gasanschluss, Höhenlagen Abwasserkanal)		30 → Seite 81
10. Heizungsart / Warmwasserbereitung		31 → Seite 83
11. Lüftungsanlage		32 → Seite 85
12. Schallschutzstandard		33 → Seite 87
13. Fenster, Türen, Rollläden, Raffstoren		34 → Seite 90
14. Elektroausstattung / IT / Telefonie / TV / Smart-Home-Technologie		35 → Seite 93
15. Oberflächenausstattung		36 → Seite 95
16. Treppen		37 → Seite 96
17. Badausstattung		38 → Seite 98
18. Terrasse / Balkon		39 → Seite 99
19. Carport / Garage		40 → Seite 101
20. Hauptbaustoff		41 → Seite 103
21. Gartenbau / Zugänge / Zufahrten / Zaun		42 → Seite 104
SUMME		

Checkblatt Ausschreibung
Pauschalpreise oder Einheitspreise

IN DER AUSSCHREIBUNG AN HANDWERKER BERÜCKSICHTIGT UND DEFINIERT?	JA	NEIN
1. Sind Pauschalpreise und Einheitspreise in der Ausschreibung an Handwerker berücksichtigt und definiert?	☐	☐

Um was geht es?

Leistungen können bei Ausschreibungen als Pauschalpreis oder Einheitspreis ausgeschrieben werden. Beispiel: Sie können die Tapezierung und das Streichen von Wänden in einem Haus pro Quadratmeter ausschreiben oder aber pauschal das Tapezieren und Streichen aller Innenwände. Wenn Sie per Einheitspreis ausschreiben, gibt der Handwerker an, was er pro Quadratmeter für das Tapezieren und das Streichen kalkuliert. Nach Fertigstellung seiner Leistung wird bei der Einheitspreisausschreibung dann ein sogenanntes Aufmaß gemacht, das heißt, es wird nachgemessen, welche Fläche tatsächlich tapeziert und gestrichen wurde, und die so exakt ermittelten Kosten sind dann zu zahlen.

Beim Pauschalpreis entfällt das Aufmaß, und der Pauschalpreis wird an den Handwerker gezahlt, auch wenn seine Arbeitsleistung letztlich etwas höher oder geringer ausfällt als ursprünglich gedacht. „Etwas" deswegen, weil bei Massenüberschreitungen von 10 oder mehr Prozent auch ein Pauschalpreis gefährdet sein kann. Denn in einem solchen Fall kann der Handwerker unter Umständen Nachforderungen für seine Mehrarbeit stellen. Das heißt, auch ein Pauschalpreis sichert nicht einfach grenzenlos gegen jede Kostensteigerung ab.

Welche Kostenrisiken gibt es?

Es gibt im klassischen Einfamilienhausbau eigentlich keinen Grund, ohne Not Pauschalpreisvereinbarungen zu treffen. Wenn der Architekt die Massen exakt ermittelt hat und ausschreibt, kann auch eine exakte Abrechnung erfolgen, bei der das Aufmaß eigentlich keine Überraschungen mehr bringen dürfte. Insofern sind Kostenüberraschungen dort dann nicht zu erwarten. Nehmen Sie aber zum Beispiel ein Bauteil wie eine Treppe. Niemand wird sie stufenweise ausschreiben, sondern man wird das Gesamtbauteil Treppe ausschreiben.

Das Kostenrisiko besteht jetzt im Wesentlichen darin, dass in der Pauschalgesamtleistung nicht alle Leistungen erfasst sind. Nehmen Sie etwa an, es handelt sich um eine Stahltreppe mit Holzstufen. Ist die Grundierung des Stahls enthalten? Ist das Streichen des Stahls enthalten? Ist die Oberflächenbehandlung des Holzes enthalten? Wachsen und Ölen? Lackieren? Einfach? Zweifach? Mit Zwischenschliff? Und das Geländer? Ist das auch beschrieben und berücksichtigt? Sie sehen, es wird schnell kompliziert, je umfassender die Leistung einer Position ist. Und alles, was nicht beschrieben ist, muss dann eben auch bei einer Pauschalpreisposition zusätzlich bezahlt werden. Denn sie umfasst natürlich nur diejenigen Leistungen, die sie auch beschreibt. Und nicht jeder Handwerker wird zwingend auf fehlende Leistungen hinweisen, sondern diese gegebenenfalls später einfach zusätzlich in Rechnung stellen. Je nachdem, um welche Position es sich handelt, können das Zigtausende Euro sein. Zwar muss ein Handerker Mehrleistungen ankündigen, bevor er sie ausführt, handelt es sich dabei aber um Leistungen, die Sie in jedem Fall benötigen und die zwischen anderen Leistungen des Handwerkers liegen, werden Sie um diese Mehrkosten nur schwer herumkommen.

Was muss geregelt werden?

Wenn man exakte Maße und Massen hat, ist die Einheitspreisausschreibung sinnvoll. Man kann dadurch Preise sehr exakt abrechnen, nach den tatsächlich angefallenen Leistungen. Hat man die genauen Maße und Massen nicht, muss zunächst →

immer hinterfragt werden, warum das nicht der Fall ist. Nur weil deren Ermittlung mühsam ist, reicht als Begründung jedenfalls nicht aus. Für Bauteile die man als Gesamtbauteil zum Pauschalpreis ausschreiben muss oder ausschreiben will, muss man darauf achten, dass dann auch wirklich alle notwendigen Leistungen in der Position erfasst sind. Denn der Pauschalpreis gilt natürlich nur für beschriebene Leistungen. Alles andere wird zusätzlich abgerechnet.

Soll das gesamte Haus als Generalunternehmerleistung ausgeschrieben werden, geht man oft über eine sogenannte funktionale Ausschreibung, das heißt, dann muss eine sehr exakte Baubeschreibung entwickelt werden, in der alle Leistungen möglichst exakt definiert sind. Dies entspricht den Vorgaben, die Sie ab Seite 125 in diesem Buch finden, also der Bau- und Leistungsbeschreibung für Fertighausanbieter oder Generalunternehmer.

Checkblatt Ausschreibung
Grundpositionen / Alternativpositionen / Eventualpositionen

IN DER AUSSCHREIBUNG AN HANDWERKER BERÜCKSICHTIGT UND DEFINIERT?	JA	NEIN
2. Sind Grundpositionen / Alternativpositionen / Eventualpositionen in der Ausschreibung an Handwerker berücksichtigt und definiert?	☐	☐

Um was geht es?

Neben der Differenzierung nach Pauschalpreis- und Einheitspreispositionen unterscheidet man in Ausschreibungen auch zwischen Grundpositionen, Alternativpositionen und Eventualpositionen.

Grundpositionen sind diejenigen Positionen, die auf alle Fälle benötigt werden. Alternativpositionen sind Positionen, die man alternativ zu den Grundpositionen anwenden könnte. Es kann beispielsweise sein, dass Sie vielleicht an einigen Wänden alternativ eine andere Tapete wünschen, das aber noch nicht sicher wissen.
Eine Eventualposition hingegen ist eine Position, die möglicherweise zusätzlich kommt. Also etwa, wenn noch offen ist, ob auch Räume im Keller tapeziert werden sollen.

Man könnte jetzt natürlich fragen, was die Ausschreiberei aller möglichen Eventualitäten soll. Der Hintergrund ist ganz einfach: Wenn der Fall eintritt, dass man eine Option ziehen möchte, hat man einen klar definierten und vereinbarten Preis dafür und ist nicht Fantasiepreisen ausgeliefert. Denn der Handwerker weiß, dass auch seine Alternativ- und Eventualpreise von Anfang an bei der Auswertung des Angebots kritisch begutachtet werden und mit entscheiden über die Auftragsvergabe.

Welche Kostenrisiken gibt es?

Kostenrisiken liegen vor allem darin, dass man zu wenige Alternativ- oder Eventualpositionen in eine Ausschreibung aufnimmt. Man hat dann keine belastbaren Preise für Optionen und verzichtet unnötig auf kostensichere Alternativen oder Zusatzleistungen.

Was muss geregelt werden?

Man sollte gemeinsam mit dem Architekten überlegen, welche Alternativen und welche zusätzlichen Optionen man in der Ausschreibung berücksichtigt haben will. Vor allem dann, wenn eine Ausschreibung sehr früh angefertigt wird, zum Beispiel für Innenoberflächen, und man sich noch nicht überall ganz sicher ist, sollte die Ausschreibung genug Flexibilität bei gleichzeitiger Kostensicherheit bieten.

Checkblatt Ausschreibung
Leistungsumfang / Leistungsdifferenzierung / Leistungsgrenzen

IN DER AUSSCHREIBUNG AN HANDWERKER BERÜCKSICHTIGT UND DEFINIERT?	JA	NEIN
3. Sind Leistungsumfang / Leistungsdifferenzierung / Leistungsgrenzen in der Ausschreibung an Handwerker berücksichtigt und definiert?	☐	☐

Um was geht es?

Manchmal taucht bei Ausschreibungen das Problem auf, wie umfangreich man einzelne Positionen ausschreibt. Beispiel: Soll die Stahltreppe vom Schreiner geliefert werden, weil sie Holzstufen hat, oder vom Schlosser, weil sie ein Stahlgerüst hat – und wer soll sie streichen, der Maler?

Im Idealfall ist es immer so, dass Leistungen an das Gewerk vergeben werden, das sie originär ausführen kann. Zu viele Schnittstellen können jedoch zu Problemen führen: Denn wenn das Treppen-Stahlgerüst vom Schlosser und die Holzstufen vom Schreiner kommen, dann kann das natürlich auch zu Problemen führen. Das fängt schon bei den exakt abzustimmenden Stufenmaßen an und hört beim abgestimmten Lieferdatum auf.

Daher kann es sinnvoll sein, dass man bei einzelnen Leistungen auch einmal Gewerkegrenzen überspringt und eigentlich gewerkefremde Leistungen ausschreibt. Das setzt aber voraus, dass belastbar geklärt ist, welcher der Leistungsumfang vom angefragten Gewerk auch sicher geleistet werden kann. Und die Grenzen sind schnell erreicht: Ein Klempner oder Blechner, der nicht nur ein Dach verblechen, sondern gleich noch die Dachbegrünung mit erledigen soll, kann schnell scheitern, wenn er die Grundlagen des Gründachbaus nicht kennt. Und jeder Grünbauer kann umgekehrt

→

schnell an einer Dachverblechung scheitern, wenn er die Arbeitsweisen, Materialien und Richtlinien dieses Gewerks nicht kennt.

Kleinere Überschneidungen hingegen, die geübt sind, können gut funktionieren. Beispiel: Eine Stahltreppe mit Holzstufen kann auch ein Schlosser liefern, ein Schreiner aber nicht ohne Weiteres. Denn der Hauptanteil der Leistung, also das Leitgewerk, das in diesem Fall auch statisch tragende Wirkung hat, sind die Schlosserarbeiten. Und ein Schreiner kann eben nicht automatisch eine Schweißnaht setzen, ein Schlosser aber durchaus eine Holzstufe. Umgekehrt kann ein Schlosser keine Holzzimmertüren mit exakten Nuten und Fügungen liefern, ein Schreiner aber zusätzlich auch die Metallbeschläge der Tür. Dann ist der Schreiner das Leitgewerk.

Welche Kostenrisiken gibt es?
Die Kostenrisiken bei nicht klar gewerkegetrennten Ausschreibungen liegen zum einen darin, dass ein in einer Leistung nicht geübtes Gewerk diese Leistung gegebenenfalls nur schwer kalkulieren kann und dann natürlich bei der Kalkulation lieber Sicherheitsaufschläge mit einkalkuliert, um am Ende keine roten Zahlen zu schreiben.

Zum anderen liegt das Risiko auch darin, dass die Leistungen später möglicherweise tatsächlich nicht geübt ausgeführt werden können und dann eigentlich vermeidbare Verzögerungen oder ernsthaftere Störungen des Bauablaufs eintreten können, die weitere Zusatzkosten nach sich ziehen. Das kann durchaus erheblich sein: Wenn ein Estrichleger gleich auch die Fußbodenheizungsrohre mit verlegen soll und es dort in der Folge zu Undichtigkeiten kommt, weil er eine Abdichtung vergessen hat, und dann der Estrich durchnässt wird und nochmals hergestellt werden muss, kostet dies problemlos 6 Wochen Zeit. Denn auch der neue Estrich muss erst einmal wieder vollständig getrocknet sein, bevor es weitergehen kann. Wird das nach hinten durchgereicht, kann der ganze Bau unter Umständen erst mehrere Monate später als geplant fertig sein. Denn nicht jede Firma kann passgenau ihre Arbeiten flexibel verschieben.

Was muss geregelt werden?
Leistungen sollten grundsätzlich immer an diejenigen Gewerke vergeben werden, die die Leistung auch fachlich sicher erbringen können. Das Handwerk ist gewerkeweise spezialisiert, im Idealfall mit großem Fachwissen und viel Erfahrung. Das sollte man nicht unterschätzen. Ein Konditor kann eine exzellente Torte backen, ein Bäcker ein exzellentes Brot. Umgekehrt sieht das schon anders aus. Und so ist das bei allen Handwerks-Gewerken. Das ist auch nachvollziehbar und nicht anders als bei allen anderen Berufen auch.

Wenn eine klar gewerkegetrennte Ausschreibung aus irgendwelchen Gründen nicht möglich ist oder Leistungen sonst in zu kleine Bestandteile aufgeteilt werden müssten, sollten Leistungen immer bei demjenigen Gewerk ausgeschrieben werden, das die komplexere Hauptleistung erbringt (Leitgewerk). Sollen also etwa einfache Trockenbauarbeiten und umfangreiche Fliesenarbeiten gemeinsam vergeben werden, sollte das dem Fliesenbauer zugeschlagen werden. Sind die Trockenbauarbeiten hingegen sehr umfangreich und komplex und die Fliesenarbeiten überschaubar, kann die umgekehrte Variante sinnvoller sein.

Checkblatt Ausschreibung
Gewerkeübergreifende Zusatzleistungen

IN DER AUSSCHREIBUNG AN HANDWERKER BERÜCKSICHTIGT UND DEFINIERT?	JA	NEIN
4. Sind gewerkeübergreifende Zusatzleistungen in der Ausschreibung an Handwerker berücksichtigt und definiert?	☐	☐

Um was geht es?

Es gibt Dinge, die gewerkeübergreifend geregelt werden müssen. Dazu gehört insbesondere die Baustelleneinrichtung. Von Baustrom, Bauwasser, Bauzäunen, Baustraßen, Lagerplätzen, Verkehrsumleitungen profitieren am Ende alle Gewerke, aber einer muss es machen. Sie könnten das als Bauherr zwar auch alles unabhängig von den Gewerken selbst übernehmen. Dann müssen Sie sich aber auch um den Betrieb der Dinge kümmern. Wenn morgens um 7 dann das Bauwasser nicht läuft, obwohl es dringend gebraucht wird, wird Ihr Telefon klingeln, und man wird Sie bitten, sich umgehend darum zu kümmern. Aller Erfahrung nach klingelt es dann in einer Woche auch fünfmal hintereinander. Montags ist es der Baustrom, dienstags das Bauwasser, mittwochs der Bauzaun, donnerstags die Baubeleuchtung und freitags das Bau-WC, das nicht geleert ist. Und wenn Sie weitere Elemente der Baustelleneinrichtung betreiben, tauchen auch solche Fragen auf: Wer reinigt die Tagesunterkunft? Braucht es einen Materialcontainer? Wer hat Schlüssel und Zugang, wer nicht? Sie sehen: Es wird schnell kompliziert. Daher macht man es häufig so, dass die gewerkeübergreifenden Dinge, die von Anfang an da sein müssen und die in der Folge auch alle Gewerke benötigen, der Rohbauer mit übernimmt.

Welche Kostenrisiken gibt es?

Eine übliche Baustelleneinrichtung kostet für Aufbau, Betrieb und Abbau um die 2.000 Euro. Die Kosten können aber auch schnell steil ansteigen, wenn zum Beispiel eine Kranaufstellung erfolgt, eine aufwendige Befestigung für eine LKW-Anfahrbarkeit oder eine effizente Beleuchtung. Man sollte diese Position daher von Anfang an sorgfältig mit dem Architekten durchsprechen und mit ausschreiben. In aller Regel übernimmt das der Rohbauer, aber auch für ihn ist das natürlich eine Zusatzleistung, für die Kosten anfallen. Ist die Leistung dann nicht ausgeschrieben, haben Sie sehr früh im Bauvorhaben bereits die erste zusätzliche Rechnung im Briefkasten.

Was muss geregelt werden?

Regeln Sie nicht nur die Baustelleneinrichtung, sondern auch den Betrieb derselben! Es muss dann auch geklärt werden, wer die Verbrauchskosten trägt. Das Bau-WC muss regelmäßig geleert werden, das Bauwasser und der Baustrom müssen bezahlt werden. Am einfachsten kann man das anteilig pauschal auf alle Betriebe umlegen, denn man kann nicht mit jedem Betrieb über eigene Zähler differenziert abrechnen. Der Aufwand wäre viel zu hoch.

Und: Regeln Sie auch die Einholung aller nötigen Behördengenehmigungen! Baustrom und Bauwasser sind hier genauso zu nennen wie ein Bauzaun, der im Straßenraum untergebracht werden muss.

Generell gilt: Alle gewerkeübergreifenden Leistungen sollten möglichst einem Gewerk zugeordnet und dort mit ausgeschrieben werden.

Checkblatt Ausschreibung
Vollständigkeit jeder Einzelposition

IN DER AUSSCHREIBUNG AN HANDWERKER BERÜCKSICHTIGT UND DEFINIERT?	JA	NEIN
5. Ist die Vollständigkeit jeder Einzelposition in der Ausschreibung an Handwerker berücksichtigt und definiert?	☐	☐

Um was geht es?
Jede Position muss vollständig beschrieben werden. Das betrifft sowohl das benötigte Material als auch die benötigte Arbeitsleistung. Das ist eine sehr große Herausforderung und alle EDV-Ausschreibungsprogramme helfen dabei nur sehr bedingt weiter, denn jede Baustelle ist individuell und lässt sich nur sehr bedingt über vorgegebene Ausschreibungstexte wirklich fassen. Erfahrene Architekturbüros lassen daher auch in hohem Maß eigene Erfahrungen in die Ausschreibungen einfließen. Die häufigsten Fehler und Probleme sind:

→ zu geringe Massenvorgaben
→ falsche Maßvorgaben
→ falsche Stückzahlvorgaben
→ ungenaue Beschreibungen der Leistungen
→ unzulässige Leistungsforderungen
→ unvollständige Beschreibungen der Leistungen
→ unklare oder fehlende Materialangaben, auch von Zusatzmaterialien
→ fehlende Ausschreibung notwendiger vorbereitender Arbeiten
→ fehlende Ausschreibung notwendiger Zusatzleistungen
→ fehlende Ausschreibung notwendiger Spezialgeräte (Maschinen, Gerüste und dergleichen)

Welche Kostenrisiken gibt es?
Die Kostenrisiken aufgrund fehlender Materialien oder Leistungen in Ausschreibungen sind enorm, weil sie sofort auf die Baukosten durchschlagen. Denn was nicht ausgeschrieben ist, ist auch nicht kalkuliert und muss damit in aller Regel auch zusätzlich bestellt und bezahlt werden.

Was muss geregelt werden?
Wirklich alle benötigten Baumaterialien, Bauelemente und Bauleistungen müssen in der Ausschreibung erfasst sein. Das ist nur möglich, wenn viel Praxiserfahrung in die Ausschreibung mit einfließt.

Es hilft auch, wenn ein zweiter erfahrener, unabhängiger Kollege oder eine solche Kollegin die Ausschreibung noch einmal kritisch gegenliest, um möglichst alle Lücken zu erkennen.

Ist das nicht möglich, sollte man spätestens dann, wenn man in die Gespräche mit den Handwerkern geht, bei diesen nachfragen, ob aus Ihrer Sicht Dinge nicht berücksichtigt sind, die zwingend noch gebraucht werden, um das Gewerkeziel zu erreichen.

Checkblatt Ausschreibung
Sondereinrichtungen / Sonderbauweisen / Sondermaschinen

IN DER AUSSCHREIBUNG AN HANDWERKER BERÜCKSICHTIGT UND DEFINIERT?	JA	NEIN
6. Sind Sondereinrichtungen / Sonderbauweisen / Sondermaschinen in der Ausschreibung an Handwerker berücksichtigt und definiert?	☐	☐

Um was geht es?

Nicht immer geht aus den ausgeschriebenen Leistungen klar hervor, wie man sich deren Erbringung wünscht oder erwartet. Auch gleiche Leistungen kann man auf sehr unterschiedliche Art und Weise erbringen. So kann man etwa eine Baugrube mit dem Spaten oder dem Bagger ausheben, und einen Dachstuhl kann man mit und ohne Kran setzen. Durch die Höhe der Arbeitskosten setzt man heute fast überall, wo es möglich ist, Maschinen ein. Es kann aber sein, dass bestimmte Maschinen gar nicht ohne Weiteres einsetzbar sind, zum Beispiel weil der Platz nicht ausreicht, die Zufahrt nicht möglich oder der Untergrund nicht tragfähig genug ist. Es kann dann sein, dass man spezielle Maschinen benötigt, deren Gebrauch gesondert ausgeschrieben werden muss, etwa ein Autokran mit weitem und hohem Schwenkradius, weil das Grundstück sonst nicht erreicht oder befahren werden kann.

Auch bei den Bauweisen kann es spezielle Anforderungen geben. So kann es sein, dass die Baugrube während des Baus im Grundwasser steht und eine aufwendige Wasserhaltung eingerichtet werden muss oder aber die Baugrube sehr dicht an einem Hang liegt, der abgestützt werden muss. Oder aber Sondereinrichtungen sind nötig, zum Beispiel besondere Verkehrssicherungsmaßnahmen, weil die Baustelle in den öffentlichen Verkehrsraum ragt.

Solche Spezialitäten sind nie in den üblichen Leistungen enthalten, und solche Anforderungen kann auch nicht jedes Gewerk ohne Weiteres erfüllen. Das liegt schon daran, dass beispielsweise für einige Maschinen Spezialführerscheine benötigt werden und die dauerhafte Maschinenvorhaltung und -wartung sehr teuer ist. Entweder müssen dafür dann spezielle eigene Dienstleister gefunden werden, oder aber man fragt eine solche Leistung bei bestimmten Gewerken als Subunternehmerleistung mit ab.

Welche Kostenrisiken gibt es?

Wenn zwingend notwendige Sondereinrichtungen, Sonderbauweisen oder Sondermaschinen nicht berücksichtigt werden und ohne diese die Baustelle nicht durchgeführt werden kann, kann das erhebliche Kostenkonsequenzen haben, und zwar nicht nur aufgrund der tatsächlichen Mehrkosten für die zusätzlich benötigten Einrichtungen, Bauweisen oder Maschinen. Sondern es kann Sie noch ganz anders treffen, nämlich bis hin zum Baustellenstillstand. Denn nicht jede Sondermaschine ist zu jedem Zeitpunkt in beliebiger Anzahl verfügbar. Ein schwerer Autokran beispielsweise kann über Wochen ausgebucht sein. Muss dann ein Gerät von weiter her geordert werden, kostet das natürlich zusätzliches Geld. Ist jedoch auch aus größerer Entfernung gar kein Gerät erhältlich, steht die Baustelle erst einmal still, mit allen Kostenkonsequenzen aufgrund der Zeitverschiebungen.

Was muss geregelt werden?

Sonderbauweisen, Sondereinrichtungen und Sondermaschinen müssen von vornherein in der Ausschreibung berücksichtigt werden, wenn sie unverzichtbar sind.

→

Das heißt, es muss klar sein, wie die Baustelle eingerichtet, beliefert und betrieben wird. Es muss geregelt sein, dass auch die größten Bauteile, die angeliefert werden, sicher auf die Baustelle gelangen können, ebenso wie alle Baumaschinen, und dass mögliche Risiken aus Topografie und Untergrund berücksichtigt sind und mit den ausgeschriebenen Leistungen sicher beherrscht werden können.

Checkblatt Ausschreibung
Allgemeine Technische Vertragsbedingungen (ATV)

IN DER AUSSCHREIBUNG AN HANDWERKER BERÜCKSICHTIGT UND DEFINIERT?	JA	NEIN
7. Sind Allgemeine Technische Vertragsbedingungen (ATV) in der Ausschreibung an Handwerker berücksichtigt und definiert?	☐	☐

Um was geht es?
Der Begriff „Allgemeine Technische Vertragsbedingungen" kommt aus der Vergabe- und Vertragsordnung für Bauleistungen (VOB). Sie ist bis heute bei vielen öffentlichen und gewerblichen Bauverträgen (also Verträgen, die nicht mit Verbrauchern geschlossen werden) sehr oft Vertragsgrundlage. Bis 2008 war sie auch weit verbreitete Vertragsgrundlage in Verträgen mit Verbrauchern. Dann aber entschied der Bundesgerichtshof (BGH) im Sinn der Verbraucherzentrale, die geklagt hatte, dass dies nicht mehr ohne Weiteres möglich sei, und es folgte auch eine gesetzliche Novellierung dazu im BGB, die der VOB ihre privilegierte Position nahm (→ Checkblatt 140 Seite 294).

Die VOB besteht aus 3 Teilen, wobei Teil B die sogenannten Allgemeinen Vertragsbedingungen sind und Teil C die sogenannten Allgemeinen Technischen Vertragsbedingungen (ATV). Wer Teil B der VOB vereinbart, vereinbart immer auch automatisch Teil C, was in der VOB / B gleich am Anfang geregelt ist. Diese Allgemeinen Technischen Vertragsbedingungen sind nichts anderes als DIN-Normen. Wichtig an diesen Normen ist dabei unter anderem, dass sie festlegen, welche Leistungen eines Gewerks als sogenannte Nebenleistungen gelten und welche als sogenannte Besondere Leistungen. Die Nebenleistungen sind gemeinsam mit den Hauptleistungen zu erbringen, und sie werden nicht extra vergütet, die Besonderen Leistungen sind dagegen zusätzlich zu vergüten.

In einem BGB-Vertrag sind diese Normen aber nicht automatisch mit vereinbart. Denn Normen sind nach der Rechtsprechung des BGH nur privatrechtliche Vereinbarungen und habe keinen quasi automatischen, allgemeinen Gültigkeitsanspruch. Sie können zwar als sogenannte Allgemein Anerkannte Regeln der Technik gelten, müssen es aber nicht zwingend sein. Daher kann es sinnvoll sein, entweder eigene Allgemeine Technische Vertragsbedingungen zu formulieren (was viele Architekturbüros auf Basis ihrer eigenen Erfahrungen machen) oder aber zum Beispiel die der VOB/C zu übernehmen.

Welche Kostenrisiken gibt es?
Aus ungeklärten Leistungen können beim Bauen sehr schnell förmliche Kostenexplosionen entstehen. Ein einfaches Beispiel zeigt Ihnen das: Ein Maler ist damit beauftragt alle Wände eines Hauses zu tapezieren und zu streichen. Als er damit anfangen will, bemerkt er, dass der Untergrund nicht glatt genug für die Aufnahme der Tapete ist und der Untergrund auch noch grundiert werden muss – und zwar im ganzen Haus. Da die Abnahme der Wände mit dem Rohbauunternehmer und dem Putzer bereits stattgefunden hat und diese Probleme dabei nicht erkannt wurden, ist der Putzer für deren Behebung nicht mehr heranzuziehen. Zwar findet sich in der Ausschreibung des Putzers eine Angabe zur Oberflächenqualität, die er zu liefern hatte, aber niemand hat bei der Abnahme moniert, dass diese offensichtlich nicht geliefert wurde.

Die Mehrkosten von etwa 6.000 Euro für die Arbeiten im Haus bleiben nun also an Ihnen hängen. Das ist natürlich sehr ärgerlich. Gäbe es jetzt klare ATV-Regelungen, könnte man zumindest dort feststellen, welche Vorleistungen der Maler kostenfrei mit zu erbringen hat und welche nicht. Für Malerarbeiten ist das geregelt in der DIN 18363. Dort heißt es unter Punkt 4.2.1, dass das Vorbehandeln ungeeigneter Untergründe eine Besondere Leistung ist. Damit wäre aber klar: Der Maler hat Anspruch auf eine Zusatzvergütung.

Was muss geregelt werden?
Allgemeine Technische Vertragsbedingungen können entweder Regelungen der VOB/C ganz oder teilweise übernehmen oder nur für einzelne Gewerke. Oder aber die Regelungen greifen auf Erfahrungen des Architekturbüros zurück, wobei zu beachten ist, dass die Regelungen auch rechtlich zulässig sein müssen. Eine Regelung etwa, die einem Maler unverhältnismäßige Pflichten und Risiken auferlegt, also beispielsweise den gesamten Gerüstbau rund um ein Haus selbst zu bezahlen, ohne dass dies vergütet wird, könnte gerichtlich scheitern. Das heißt also, dass solche Regelungen nicht nur aus technischer Sicht, sondern auch aus rechtlicher Sicht geprüft sein sollten. Bei guten Architekturbüros kümmert sich der kooperierende Anwalt dieses Architekturbüros darum. Denn gute Architekturbüros pflegen eine regelmäßige Zusammenarbeit mit Fachanwälten für Bau- und Architektenrecht oder solchen mit entsprechendem Tätigkeitsschwerpunkt.

Checkblatt Ausschreibung
Zusätzliche Technische Vertragsbedingungen (ZTV)

IN DER AUSSCHREIBUNG AN HANDWERKER BERÜCKSICHTIGT UND DEFINIERT?	JA	NEIN
8. Sind Zusätzliche Technische Vertragsbedingungen (ZTV) in der Ausschreibung an Handwerker berücksichtigt und definiert?	☐	☐

Um was geht es?

Zusätzliche technische Vertragsbedingungen können nötig werden, wenn zusätzliche Regelungen erforderlich sind, die über die Allgemeinen Technischen Vertragsbedingungen hinausgehen. So kann es zum Beispiel sein, dass eine Baumaßnahme im stehenden Grundwasser abgewickelt werden muss oder an einem sehr steilen Hang. Dann können besondere technische Leistungen erforderlich werden, die durch den üblichen Leistungsrahmen nicht abgedeckt sind. Das kann vielleicht die fortlaufende Überwachung des Wasserspiegels oder die fortlaufende Überwachung des sicheren Wasserabflusses sein, bei einem steilen Hang kann das die durchgängige Begleitung durch einen Geologen betreffen, die gefordert wird.

Schon die Verkehrssituation an der Baustelle kann besondere Maßnahmen erfordern, beispielsweise für die Anlieferungslogistik. So kann es etwa sein, dass die Baustelle nur durch ein schmales Tor zu erreichen ist oder sich in zweiter Reihe befindet und bei Weitem nicht jeder LKW die Baustelle einfach erreichen kann. Dann muss das als Zusätzliche Technische Vertragsbedingung erwähnt und aufgenommen werden. Und es können auch noch einfachere Dinge sein, die darunter fallen. So gilt etwa der Samstag als Werktag; es kann aber sein, dass man die Nachbarschaft mit lauten Arbeiten am Samstag verschonen will. Dann wäre eine Zusätzliche Technische Vertragsbedingung, dass mit bestimmten Maschinentypen am Samstag nicht gearbeitet werden darf oder nur dann, wenn sie bestimmte Lärmwerte nicht überschreiten.

Unter Umständen können auch allgemeine Festlegungen erfolgen, unter welchen Temperatur- und Wetterbedingungen auf der Baustelle generell nicht mehr ohne Weiteres gebaut werden darf oder nur nach Zustimmung der Bauleitung. Außerdem kann festgelegt werden, dass bestimmte Materialproben zu hinterlegen sind, etwa eine Betonprobe. Auch technische Schnittstellenvorgaben zwischen Arbeitsgängen können geregelt werden, also etwa dass grundsätzlich jede Bewehrung immer zunächst durch den Statiker begutachtet und freigegeben werden muss, bevor betoniert werden darf. Vielleicht sind auch besondere Schutzmaßnahmen gewünscht oder erforderlich, etwa wenn ein Haus als Doppelhaushälfte an ein bereits bestehendes Haus angebaut wird. Alle diese Dinge werden oft über die Zusätzlichen Technischen Vertragsbedingungen geregelt.

Welche Kostenrisiken gibt es?

Wenn Zusätzliche Technische Vertragsbedingungen nicht geregelt sind und es im Verlauf der Baustelle zu Problemen kommt, zum Beispiel weil samstags mit bestimmten Maschinentypen nicht gearbeitet werden soll, etwa einer lauten Kreissäge, kann das zu erheblichen Auswirkungen führen. Besteht nämlich eigentlich grundsätzlich ein Anspruch des Unternehmers, auch samstags zu arbeiten, und Sie wollen es ihm verbieten, kann das erhebliche Kosten nach sich ziehen. Denn vielleicht hat der Unternehmer entlang Ihres Bauzeitenplans auch Samstage mit eingerechnet. Entfallen diese Arbeitstage nun überraschenderweise, müssen im laufenden Bauverfahren neue Regelungen gefunden werden, die kaum ohne Zeitverzug ablaufen werden.

Oder aber es stellt sich zum Beispiel heraus, dass die Baustelle überhaupt nicht vernünftig anfahrbar ist und jedes Mal Material vom größeren LKW auf einen kleinen, möglicherweis auch noch extra angemieteten Pritschenwagen umgeladen werden muss. Wer zahlt dann diese Mehrkosten? Im Bauwesen spricht man in diesem Zusammenhang von sogenannten Behinderungsanzeigen. Der Handwerker zeigt damit eine Behinderung an, die seine Arbeit erschwert oder unmöglich macht und die er nicht zu verantworten hat. Behinderungsanzeigen sind im Bauwesen gefürchtet, weil sie fast immer mit Kostenforderungen einhergehen; denn kann ein Handwerker unverschuldet nicht weiterarbeiten, laufen seine Kosten ja trotzdem weiter. Muss er also gegebenenfalls 4 Mann für einen oder auch mehrere Tage nach Hause schicken, weil seine Arbeiten behindert werden, wird das teuer.

Was muss geregelt werden?
Die Zusätzlichen Technischen Vertragsbedingungen (ZTV) sollten sehr präzise beschreiben, was zusätzlich gefordert wird und nach welchen Regeln. Beides sollte immer transparent und praxistauglich erfolgen.

Ist also etwa ein Grundstück nicht ohne Weiteres anfahrbar, muss das in den ZTV geregelt werden.

Auch Details können sauber geregelt werden: Legen die Zusätzlichen Technischen Vertragsbedingungen zum Beispiel fest, dass bestimmte Arbeiten bei Temperaturen unter 5 Grad nicht mehr erfolgen sollen, ist es sinnvoll, zugleich festzulegen, wie das transparent und praxistauglich überprüft wird, beispielsweise indem man regelt, dass als Referenzwert jeweils die regionalen Messwerte des Deutschen Wetterdienstes gelten. Dann genügt ein tagesaktueller Blick auf dessen Internetseiten, und der Streit ist geklärt.

Der Handwerker muss von vornherein wissen, welche besonderen technischen Herausforderungen auf ihn warten, um seine Kalkulation sicher erstellen zu können und später nicht mit zusätzlichen Kosten aufwarten zu müssen.

Gute ZTVs resultieren vor allem aus der Erfahrung eines Architekturbüros. Wird diese technische Erfahrung dann mit einem Anwalt auf rechtliche Regelungstauglichkeit abgeklopft, können sehr gute Vertragswerke entstehen, die Bauherren viel Schutz bieten. Wenn ein erfahrenes Architekturbüro dies sorgfältig macht, ist das ein großer Vorteil für den Bauherrn.

Checkblatt Ausschreibung
Besondere Vertragsbedingungen

IN DER AUSSCHREIBUNG AN HANDWERKER BERÜCKSICHTIGT UND DEFINIERT?	JA	NEIN
9. Sind besondere Vertragsbedingungen in der Ausschreibung an Handwerker berücksichtigt und definiert?	☐	☐

Um was geht es?

Man kann mit privatrechtlichen Ausschreibungen auf 2 Wegen zum Bauvertrag kommen: Entweder man schreibt die Leistungen zunächst nur technisch aus und verhandelt den Vertrag dann später mit dem Handwerker. Oder man nimmt alle Vertragsbedingungen direkt mit in die Ausschreibung hinein und erteilt auf diese Ausschreibung beziehungsweise das Angebot, das der Handwerker auf Basis dieser Ausschreibung abgibt, einfach nur noch den Zuschlag. Beide Wege sind im privatrechtlichen Bauen möglich.

Man braucht in eine Ausschreibung auch gar keine besonderen Vertragsbedingungen aufzunehmen, sondern kann einfach direkt im Ausschreibungstext festlegen, dass der Vertrag im Fall eines Zuschlags auf Basis des BGB-Werkvertragsrechts zustande kommt. Dann hätte man aber das Problem, dass zahlreiche Punkte nicht geregelt wären, die sehr kostenträchtig werden können. Besondere Vertragsbedingungen sind alle Vertragsbedingungen, die über die Regelungen des BGB hinausgehen und dessen allgemeine Regelungen ergänzen. Wichtig dabei ist, dass sie den Regelungen des BGB nicht einfach beliebig widersprechen oder diese einfach mit eigenen Klauseln beliebig aussetzen können. Sonst können diese Reglungen schnell unwirksam sein. Es geht bei den Besonderen Vertragsbedingungen unter anderem um folgende Punkte:

→ Versicherungsregelungen
→ Baustellen- und Arbeitssicherheitsregelungen
→ Bauzeitenregelungen inklusive Zwischenterminen
→ Subunternehmerregelungen
→ sinnvollerweise Zahlungsregelungen mit Zahlungsplan
→ gegebenenfalls besondere Abnahmeregelungen
→ gegebenenfalls besondere Kündigungsregelungen
→ Vorbehalt losweise Vergabe

Welche Kostenrisiken gibt es?

Würde man keine Besonderen Vertragsbedingungen schließen, bliebe vieles ungeklärt. Das einfachste Beispiel ist der Zahlungsplan. Gibt es keinen klaren Zahlungsplan, ergibt sich das große Risiko der Überzahlung. Dieses Risiko ist trotz Novellierung des BGB und der Einführung eines speziellen Verbraucherbauvertragsrechts leider kaum gemindert worden, es besteht in hohem Maß weiter. Haben Sie dann relativ hohe Zahlungen geleistet, aber keine adäquate Gegenleistung erhalten, kann das sehr kostenträchtig enden: Wird der beauftragte Handwerker in diesem Moment insolvent, ist Ihr Geld unwiederbringlich weg. Die Beträge können so hoch sein, dass dadurch der gesamte Weiterbau gefährdet ist; denn ob Sie einen Rohbau oder einen Dachstuhl zweimal zahlen können, dürfte sehr fraglich sein.

Was muss geregelt werden?

Die Besonderen Vertragsbedingungen müssen zumindest die wichtigsten Regelungen enthalten, die für Ihre Baustelle ergänzend wichtig sind. Nicht jeder Architekt hat das notwendige rechtliche Verständnis, um das sicherzustellen. Ganz im Gegenteil: Sehr viele haben es nicht. Wer also eine Ausschreibung auf Basis des BGB-Werkvertragsrechts durch Besondere Vertragsbedingungen ergänzen oder der Ausschreibung einen Bauvertrag beilegen will, auf dessen Basis der Vertragsschluss zwischen Bauherrn und Handwerker erfolgen soll, der sollte dies unbedingt vorab einen Anwalt durchsehen lassen, und zwar einen Fachanwalt für Bau- und Architektenrecht oder einem Anwalt mit entsprechendem Tätigkeitsschwerpunkt.

Auch klare Versicherungsregelungen, gegebenenfalls Bürgschaftsregelungen und eine klare Zahlungsplanregelung sollten dabei grundsätzlich immer mit großer Sorgfalt berücksichtigt werden (→ Checkblatt 133 Seite 281, Checkblatt 137 Seite 289 und Checkblatt 141 Seite 295).

Checkblatt Ausschreibung
Stundensätze Personal

IN DER AUSSCHREIBUNG AN HANDWERKER BERÜCKSICHTIGT UND DEFINIERT?	JA	NEIN
10. Sind Stundensätze Personal in der Ausschreibung an Handwerker berücksichtigt und definiert?	☐	☐

Um was geht es?

Es kann im Verlauf eines Bauvorhabens immer passieren, dass man zusätzlich einige Handwerkerstunden benötigt. Um später nicht von Fantasiestundensätzen überrascht zu werden, fragt man besser von vornherein gleich die Personalstundensätze ab.

Welche Kostenrisiken gibt es?

Kostenrisiken können auftauchen, wenn eine Abfrage gar nicht erfolgt ist und man später tatsächlich mit sehr hohen Stundensatzforderungen konfrontiert wird. Das heißt aber natürlich ebenfalls, dass man nötigenfalls – je nach Gewerk – auch Stundensätze von Spezialisten abfragen muss, etwa eines Bagger- oder Kranfahrers.

Was muss geregelt werden?

Wenn man Handwerker-Stundensätze abfragt, sollte man diese differenziert nach Qualifikation abfragen. Üblicherweise werden folgende Qualifikationen abgefragt:

→ Meister
→ Geselle
→ Lehrling

Die Positionen sollten als Eventualposition ausgeschrieben werden.

→

Neben den benannten Qualifikationen kann es sein, dass man auch Fachleute mit Spezialqualifikationen abfragen muss. Das kann etwa ein Spezialmaschinenführer sein, der einen speziellen Führerschein benötigt (Baggerfahrer, Kranfahrer), oder auch eine Person, die besondere handwerkliche Qualifikationen mitbringen muss (zum Beispiel den großen Schweißschein).

Checkblatt Ausschreibung
Los-Unterteilung

IN DER AUSSCHREIBUNG AN HANDWERKER BERÜCKSICHTIGT UND DEFINIERT?	JA	NEIN
11. Sind Los-Unterteilungen in der Ausschreibung an Handwerker berücksichtigt und definiert?	☐	☐

Um was geht es?

Eine sogenannte losweise Vergabe erfolgt eigentlich eher bei großen Bauvorhaben. Hat man etwa ein sehr großes oder mehrere Gebäude, kann man einzelne Gewerke natürlich auch in Teilen vergeben; einzelne Bauabschnitte also, die einem Gewerk angehören, können getrennt werden. Übertragen auf den Rohbau eines Einfamilienhauses hieße das zum Beispiel, dass man den Kellerbau, den übrigen Hausbau und den Garagenbau in 3 Lose zerlegt. Dann könnte man alle 3 Lose an unterschiedliche Unternehmen vergeben, und zwar an das jeweils für jedes Los günstigste. Das hört sich in der Theorie zunächst einmal gut an. Ein Einfamilienhausbau ist aber so klein, dass kaum ein Rohbauunternehmen sich auf eine solche Kleinteiligkeit einlassen würde. Und auch für Sie ist das nicht unproblematisch. Denn Sie könnten sich fragwürdige Haftungsschnitte einfangen. Tauchen an der Schnittstelle des Rohbaus vom Keller zum Erdgeschoss Probleme auf, kann es natürlich schnell zur Verursacherfrage kommen: War der Kellerbauer Verursacher oder der Rohbauer des übrigen Hauses?

Eine Garage hingegen, die vollständig separat vom Haus gebaut werden soll, kann man durchaus als Los von einem übrigen Leistungspaket trennen. Auch die Malerarbeiten innen im Haus und außen am Haus kann man durchaus in 2 Lose trennen. Der Spielraum für losweise Vergaben ist aber beim Einfamilienhausbau sehr begrenzt.

Welche Kostenrisiken gibt es?

Wenn man eine Ausschreibung nicht in Lose teilt und sich optional eine losweise Vergabe vorbehält, ist es anschließend schwierig, die Leistung aufzuteilen. Dann ist man natürlich für ein Gewerk einem Handwerker ausgeliefert. Selbst ein Nebenbau wie eine Garage kann mit Kostenunterschieden von 10.000 Euro und mehr angeboten werden. Daher lohnt es sich natürlich schon, darüber nachzudenken, für bautechnisch und rechtlich klar voneinander trennbare Leistungen eines gleichen Gewerks unterschiedliche Unternehmen zu beauftragen. Haus und Garage könnten das etwa sein oder auch Putz- und Malerarbeiten innen im Haus und außen am Haus.

Was muss geregelt werden?

Wenn man eine losweisen Vergabe von Leistungen eines Gewerks anstrebt, muss man mit dem Architekten sprechen, wo das überhaupt sinnvoll erscheint. Man sollte dabei auch vermeiden, Handwerker zu verärgern, wenn zeitgleich unter Umständen 2 Konkurrenten auf einer Baustelle unterwegs sind. Wenn die Leistungen temporär hintereinander liegen (beispielsweise Hausbau, Garagenbau oder Innenputz, Außenputz), sieht das noch einmal etwas anders aus. Die Beträge, die man einsparen kann, sollten dann aber auch groß genug sein, um das Vorgehen zu rechtfertigen.

▶ PRAXISBEISPIEL 5:

Analyse der Kostenfallen bei der Planung

Familie Müller hat einen Architekten mit der Planung eines Einfamilienhauses in einem Neubaugebiet beauftragt und um einen ersten Entwurf gebeten. Festgelegt wurden einige Rahmenbedingungen: die ungefähre Hausgröße und die Zimmeranzahl. Als der erste Entwurf ins Haus flattert samt einer Kostenschätzung über 290.000 Euro, stellt Familie Müller mit Hilfe dieses Buches fest, dass einige wichtige Dinge bei der Kostenzusammenstellung gar nicht berücksichtigt sind:

→ Das Bodengutachten mit kritischer Grundwassersituation wurde bei der Kellerplanung nicht berücksichtigt.
→ Die anvisierte Ausstattung des Hauses mit elektrischen Raffstoren ist in der Planung nicht enthalten.
→ Der Ausbau des Dachspitzes ist in der Planung nicht berücksichtigt.
→ Auch die Garage fehlt.

Familie Müller überschlägt die potenziellen Mehrkosten und kommt zu folgendem Ergebnis:

→ Keller in WU-Beton, Zusatzkosten: 8.000 Euro
→ elektrische Raffstoren statt Rollläden, Zusatzkosten: 12.000 Euro
→ Ausbau Dachspitz, Zusatzkosten: 10.000 Euro
→ Garagenbau, Zusatzkosten: 25.000 Euro

55.000 Euro Mehrkosten ergeben sich allein aufgrund dieser 4 Punkte. Familie Müller ist alarmiert. Das würde ihr Budget komplett sprengen und könnte sehr gefährlich werden. Die Müllers entschließen sich, mit dem Architekten zunächst einmal eine detaillierte Leistungsbeschreibung als Grundlage für die Planung zu erarbeiten, um absolut sicher sein zu können, dass alle nötigen Leistungen in der Planung enthalten sind. Ist das Haus bei diesen Vorgaben dann am Ende zu teuer, kann systematisch das herausgenommen werden, was nicht zwingend benötigt wird.

PRAXISBEISPIEL 6:

Analyse der Kostenfallen bei der Ausschreibung

Familie Schmidt hat einen Architekten mit der Planung und Ausschreibung eines Einfamilienhauses beauftragt, sie ist sich aber unsicher, ob alle unverzichtbaren Leistungen enthalten sind. Sie legt daher zunächst die Ausschreibung zum Tiefbau einem befreundeten Bauingenieur vor, der zufällig als Bauleiter im Wohnungsbau tätig ist. Diesem fällt beim Durchlesen auf, dass folgende Punkte nicht berücksichtigt sind:

→ Freimachung Grundstück
→ Deponierungskosten Erdreich (nur Aushub und Abtransport ausgeschrieben)
→ Gräbenaushub für alle Ver- und Entsorgungsleitungen von der Grundstücksgrenze bis zum Haus

Der befreundete Bauingenieur überschlägt die potenziellen Mehrkosten aus den nicht ausgeschriebenen Leistungen und kommt zu folgenden Zahlen:

→ Freimachung Grundstück, Zusatzkosten: 2.500 bis 3.500 Euro
→ Deponierungskosten: 2.500 bis 4.000 Euro
→ Gräbenaushub: 1.500 bis 2.500 Euro

Das heißt, allein schon bei der Ausschreibung des Tiefbaugewerks fehlen Leistungen in Höhe von bis zu 10.000 Euro, potenzielle Mehrkostenrisiken während der Bauphase dieses Gewerks noch gar nicht mitgerechnet. Mindestens 15 Gewerke sind im Rahmen eines üblichen Hausbaus nötig:

→ Tiefbauer
→ Rohbauer
→ Zimmerer
→ Dachdecker
→ Klempner / Blechner
→ Fensterbauer
→ Rolladen- / Raffstorenbauer
→ Heizungsbauer
→ Sanitärinstallateur
→ Elektriker
→ Fliesenleger
→ Putzer / Gipser
→ Maler
→ Schreiner
→ Parkettleger
→ Bodenleger

Würden in jedem Gewerk auch nur 3 Kleinigkeiten vergessen, die jeweils Mehrkosten in Höhe von 1.000 oder 2.000 Euro nach sich zögen, wären das bereits zwischen 15.000 und 30.000 Euro an Mehrkosten nur aufgrund vergessener Leistungen in der Ausschreibung.

Nach Durchsicht der Tiefbau-Ausschreibung durch den befreundeten Ingenieur schlägt Familie Schmidt diesem vor, alle Ausschreibungen aller Gewerke gegen Honorar gegenzuprüfen. Das Ergebnis möchte Familie Schmidt dann zunächst intern mit dem Architekten besprechen, bevor die Ausschreibungen an die Handwerker gehen.

Sind die Fehler zu gravierend, wollen die Schmidts überlegen, ob der entwerfende Architekt wirklich auch die notwendige Erfahrung und Kompetenz für die Ausschreibung hat. Nötigenfalls wird Familie Schmidt für Ausschreibung und Bauleitung ein anderes, sehr erfahrenes Büro beauftragen müssen, das Referenzen zur Kostensicherheit bei ähnlichen Projekten vorweisen kann.

€

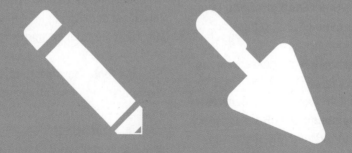

Fragebögen und Checkblätter: Planung und Umsetzung mit dem Generalunternehmer oder Fertighausanbieter

Baut man nicht mit dem Architekten, sondern mit dem Generalunternehmer oder Fertighausanbieter, wird üblicherweise sehr früh ein Vertrag über alle Planungs- und auch Bauleistungen geschlossen. Ein wichtiger Bestandteil dabei ist die sogenannte Bau- und Leistungsbeschreibung. Was in ihr nicht enthalten ist, führt später fast immer zu Mehrkosten.

Der Gesetzgeber hat im Jahr 2018 erstmals gesetzliche Mindestinhalte für Bau- und Leistungsbeschreibungen definiert. Und zwar in Artikel 249 § 2 Absatz 1 und 2 des Einführungsgesetzes zum BGB. Hier heißt es wörtlich, Zitat:

„§ 1 Informationspflichten bei Verbraucherbauverträgen
Der Unternehmer ist nach § 650j des Bürgerlichen Gesetzbuchs verpflichtet, dem Verbraucher rechtzeitig vor Abgabe von dessen Vertragserklärung eine Baubeschreibung in Textform zur Verfügung zu stellen.

§ 2 Inhalt der Baubeschreibung
(1) In der Baubeschreibung sind die wesentlichen Eigenschaften des angebotenen Werks in klarer Weise darzustellen. Sie muss mindestens folgende Informationen enthalten:

1. allgemeine Beschreibung des herzustellenden Gebäudes oder der vorzunehmenden Umbauten, gegebenenfalls Haustyp und Bauweise,

2. Art und Umfang der angebotenen Leistungen, gegebenenfalls der Planung und der Bauleitung, der Arbeiten am Grundstück und der Baustelleneinrichtung sowie der Ausbaustufe,

3. Gebäudedaten, Pläne mit Raum- und Flächenangaben sowie Ansichten, Grundrisse und Schnitte,

4. gegebenenfalls Angaben zum Energie-, zum Brandschutz- und zum Schallschutzstandard sowie zur Bauphysik,

5. Angaben zur Beschreibung der Baukonstruktionen aller wesentlichen Gewerke,

6. gegebenenfalls Beschreibung des Innenausbaus,

7. gegebenenfalls Beschreibung der gebäudetechnischen Anlagen,

> 8. Angaben zu Qualitätsmerkmalen, denen das Gebäude oder der Umbau genügen muss,
>
> 9. gegebenenfalls Beschreibung der Sanitärobjekte, der Armaturen, der Elektroanlage, der Installationen, der Informationstechnologie und der Außenanlagen.
>
> (2) Die Baubeschreibung hat verbindliche Angaben zum Zeitpunkt der Fertigstellung des Werks zu enthalten. Steht der Beginn der Baumaßnahme noch nicht fest, ist ihre Dauer anzugeben."

Der gesetzliche Rahmen ist damit aber leider nur sehr vage definiert und hilft Ihnen nur sehr bedingt dabei, eine wirklich belastbare Leistungsklärung – und damit ja Kostensicherheit – herbeizuführen. Um das zu erreichen, müssen Sie viel intensiver einsteigen, als der Gesetzgeber das tut, und wirklich alle Leistungen umfassend klären. Dabei hilft Ihnen dieses Kapitel.

Zwar regelt § 650 k Absatz 2 des BGB zusätzlich noch Folgendes, was sehr wichtig ist, Zitat:

> „Soweit die Baubeschreibung unvollständig oder unklar ist, ist der Vertrag unter Berücksichtigung sämtlicher vertragsbegleitender Umstände, insbesondere des Komfort- und Qualitätsstandards nach der übrigen Leistungsbeschreibung, auszulegen. Zweifel bei der Auslegung des Vertrags bezüglich der vom Unternehmer geschuldeten Leistung gehen zu dessen Lasten."

Das Problem ist nur, dass Sie in der Praxis unter Umständen ein Haus haben mit unklarem Leistungsumfang und dann im Zweifel erst einmal gerichtlich den tatsächlich geschuldeten Leistungsumfang klären lassen müssten. Das ist ohne umfassende und teure Gutachten kaum machbar. Und selbst wenn Sie dann nach Jahren Recht bekommen würden, dürfte das Unternehmen zwischenzeitlich auch keine Insolvenz beantragt haben, um die Leistungen tatsächlich noch erbringen zu können. Das kann man im Bauwesen nicht immer automatisch voraussetzen. Daher ist es sinnvoll, den Leistungsumfang von vornherein möglichst detailliert zu klären und den Bau eng zu überwachen, um auf diese Weise sicherzustellen, dass die vereinbarte Leistung vor Ort auch erbracht wird.

Nachfolgend finden Sie zunächst einen Fragebogen zu allen Punkten, die in der Bau- und Leistungsbeschreibung enthalten sein sollten als zu erbringende Leistungen des Unternehmers. Daran anschließend finden Sie dann das dazugehörige Checkblatt zu jedem der Prüfpunkte.

Diesen Fragebogen finden Sie auch als Download im Internet (→ www.vz-ratgeber.de/fragebogen-leistungsumfang). Er ist so aufgebaut, dass Sie ihn auch einfach Ihrem Hausanbieter vorlegen können und um Ausfüllung bitten. Sie sollten den Fragebogen aber keinesfalls als PDF an den Hausanbieter senden, sondern Sie sollten ihn ausdrucken und Ihrem Hausanbieter per Post zuschicken. Sonst könnte es sein, dass er zu leicht nachverfolgen kann, woher Sie den Fragebogen haben und schon beim Stichwort „Verbraucherzentrale" möglicherweise verstimmt reagiert.

Fragebogen zum Leistungsumfang des angebotenen Hauses

Welche Leistungen sind in Ihrem Hausangebot enthalten und welche nicht? Bitte einfach „Ja" (enthalten) oder „Nein" (nicht enthalten) ankreuzen. Mündliche Zusagen bleiben dabei unberücksichtigt, es geht nur um die schriftlich in der Bau- und Leistungsbeschreibung gemachten Zusagen.	JA	NEIN	CHECKBLATT
1. Genehmigungsgebühren (Baugenehmigung und eventuell nötige Sondergenehmigungen)	☐	☐	54 → Seite 129
2. Statik	☐	☐	55 → Seite 130
3. falls erforderlich: Prüfstatik	☐	☐	55 → Seite 130
4. Haustechnikplanung	☐	☐	56 → Seite 132
5. KfW-Effizienzhaus-Klassifizierung	☐	☐	57 → Seite 133
6. Erschließungsbeiträge (alle Ersterschließungsbeiträge nach dem Baugesetzbuch)	☐	☐	58 → Seite 134
7. Vermessungs- und Katastergebühren (Grundstückseinmessung, Gebäudeeinmessung, Gebäudeabsteckung)	☐	☐	59 → Seite 135
8. Bodengutachten (auf Bodenklasse, Bodentragfähigkeit und Grundwasser)	☐	☐	60 → Seite 136
9. Freiräumung Grundstück	☐	☐	61 → Seite 138
10. Baustelleneinrichtung (soweit erforderlich inklusive Baustraßen, Materiallagerplatz und Kranstandplatz)	☐	☐	62 → Seite 139
11. Baustrom- / Bauwasseranschluss und spätere Demontage (inklusive Genehmigung und Genehmigungsgebühr)	☐	☐	63 → Seite 141
12. Baustrom-/ Bauwasserverbrauch	☐	☐	63 → Seite 141
13. Grundwasserhaltung in der Baugrube (falls notwendig bei hohem Grundwasserstand)	☐	☐	64 → Seite 143
14. Abtransport und Deponiegebühr des Erdaushubs	☐	☐	65 → Seite 144
15. Wasser- und Abwasseranschlüsse inklusive Kontrollschacht (lückenlos, vom öffentlichen Netz bis ins Haus beziehungsweise umgekehrt, betriebsfertig) sowie Regenwasserentwässerungskanal	☐	☐	66 → Seite 146
16. Hebeanlage Abwasserhebeanlage Kondensatwasserhebeanlage (Heizung) Fäkalabwasserhebeanlage	☐	☐	69 → Seite 152
17. Gasanschluss (lückenlos vom öffentlichen Netz bis ins Haus, betriebsfertig)	☐	☐	72 → Seite 159
18. Stromanschluss (lückenlos vom öffentlichen Netz bis ins Haus, betriebsfertig)	☐	☐	70 → Seite 153
19. Elektroausstattung (bitte Umfang angeben, auch in Kellerräumen, Dachräumen, Außenbeleuchtung, gegbenenfalls Garage)	☐	☐	70 → Seite 153
20. Gegensprechanlage mit Annahmestationen auf allen Geschossen	☐	☐	70 → Seite 153
21. Heizungs- beziehungsweise Wärmepumpenergänzung durch Solarkollektoren für die Warmwasserbereitung Warmwasserzirkulationsleitung	☐	☐	72 → Seite 159
22. bei Installation einer Solarkollektoranlage auch 300-Liter-Warmwasserspeicher enthalten	☐	☐	72 → Seite 159
23. TV-, IT- und Telefon-Anschluss (lückenlos vom öffentlichen Netz bis ins Haus, betriebsfertig)	☐	☐	71 → Seite 157
24. Keller	☐	☐	67 → Seite 148
25. Keller als WU-Keller in Stahlbeton	☐	☐	67 → Seite 148

Verbraucherzentrale

128 Kostenfallen

Welche Leistungen sind in Ihrem Hausangebot enthalten und welche nicht? Bitte einfach „Ja" (enthalten) oder „Nein" (nicht enthalten) ankreuzen. Mündliche Zusagen bleiben dabei unberücksichtigt, es geht nur um die schriftlich in der Bau- und Leistungsbeschreibung gemachten Zusagen.	JA	NEIN	CHECKBLATT
26. Dämmung unterhalb der Kellerbodenplatte	☐	☐	68 → Seite 149
27. Dämmung der Kelleraußenwände	☐	☐	68 → Seite 149

28. Kellerestrich (alle Räume)
    Verbundestrich
    Estrich auf Trennlage
    schwimmender Estrich inklusive Wärmedämmung
	☐	☐	68 → Seite 149

29. Bodenbelag im gesamten Keller (zum Beispiel Fliesen)	☐	☐	68 → Seite 149
30. isolierte Kellerfenster (Doppelverglasung) mit Kellerlichtschächten	☐	☐	73 → Seite 163
31. falls kein Keller: Dämmung unterhalb der Bodenplatte	☐	☐	68 → Seite 149
32. Rollläden an Kellerfenstern	☐	☐	74 → Seite 165
33. Rollläden in allen Geschossen außer Keller (falls ja, aber an einzelnen Fenstern nicht, bitte diese nennen)	☐	☐	74 → Seite 165
34. Dreischeiben-Wärmeschutzverglasung aller Wohnraumfenster	☐	☐	73 → Seite 163
35. Einbruchschutz an allen Türen und Fenstern nach RC 2 (falls ja, aber an einzelnen Fenstern oder Türen nicht, bitte diese nennen)	☐	☐	73 → Seite 163

36. Gäste-WC und Bäder
    Spiegel   Spiegelbeleuchtung
    Handtuchhalter   WC-Papierhalter
	☐	☐	75 → Seite 167

37. gedämmte Dachbodeneinschubtreppe (falls Zwischendecke oberstes Geschoss zu Dachboden gedämmt ist)	☐	☐	76 → Seite 171
38. Dachbodenbeplankung (Dachboden begehbar und nutzbar als Abstellraum)	☐	☐	76 → Seite 171
39. Dachdämmung	☐	☐	76 → Seite 171
40. Dachbodenwandbekleidung	☐	☐	76 → Seite 171
41. erhöhter Schallschutz (zum Beispiel gemäß DIN 4109 Beiblatt 2)	☐	☐	77 → Seite 174

42. Hauszugang   Eingangspodest
    Vordach   Außenwandlampe
    Briefkasten   Hausnummer
	☐	☐	79 → Seite 180

43. Hauszugangsweg	☐	☐	79 → Seite 180
44. Terrasse	☐	☐	80 → Seite 181
45. Balkon	☐	☐	80 → Seite 181
46. Garage	☐	☐	82 → Seite 185
47. Carport	☐	☐	82 → Seite 185
48. Haustürschlüssel mit Schließanlage	☐	☐	79 → Seite 180
49. Außensteckdosen und Außenbeleuchtung Terrasse und Balkon	☐	☐	70 → Seite 153
50. Außenwasserhahn (frostfrei)	☐	☐	66 → Seite 146
51. Regenwasserzisterne	☐	☐	81 → Seite 184
52. Außenanlagen	☐	☐	81 → Seite 184
53. Einbauküche	☐	☐	78 → Seite 178

Checkblatt Baubeschreibung
Baugenehmigungsgebühren

LEISTUNGSUMFANG DES IHNEN ANGEBOTENEN HAUSES	JA	NEIN
1. Sind die Genehmigungsgebühren (Baugenehmigung und eventuell nötige Sondergenehmigungen) im Leistungsumfang des Ihnen angebotenen Hauses enthalten?	☐	☐

Was sind Baugenehmigungsgebühren?

Wer ein Gebäude bauen will, muss diesen Bau beantragen und genehmigen lassen. Dafür fällt eine Gebühr an. Auch vereinfachte Verfahren wie das Kenntnisgabeverfahren ziehen eine Gebühr nach sich. Die Gebühr für den Bauantrag ist aber nicht die einzige Gebühr, die im Verlauf eines Hausbaus anfällt. Auch Erschließungsbeiträge (→ Checkblatt 58 Seite 134), Vermessung des Grundstücks und des Gebäudes plus Eintragung in den amtlichen Lageplan (→ Checkblatt 59 Seite 135) oder behördliche Abnahmegebühren (zum Beispiel Rohbauabnahme) sind solche Gebühren. Während Gebühren immer nur eine begleitende behördliche Leistung honorieren, werden mit Erschließungsbeiträgen aber tatsächlich anfallende Kosten, die die Gemeinde beispielsweise durch den Bau einer Straße, eines Gehwegs, einer Straßenbeleuchtung oder einer Kanalisation oder ähnlich hat, anteilig den Anliegern in Rechnung gestellt.

Bei Generalunternehmern und Fertighausanbietern ist die Genehmigungsgebühr fast nie mit im Kaufpreis enthalten, sie kommt also obendrauf. Ebenfalls bei Verträgen mit Bauträgern, bei denen Grundstück und Haus getrennt voneinander erworben werden, ist sie sehr häufig nicht Teil des Angebots.

Wann benötigt man eine Baugenehmigung?

Eine Baugenehmigung oder das vereinfachte Genehmigungsverfahren ist die gesetzliche Voraussetzung, damit man überhaupt bauen darf, sonst könnte jeder wahllos bauen. Eine Baugenehmigung erfolgt auf der Grundlage der Landesbauordnung (LBO) des jeweiligen Bundeslands, in dem Sie bauen wollen, ferner auf der Grundlage des Baugesetzbuches (BauGB) und des Bebauungsplans. Dieser legt fest, in welcher Art und Weise das Grundstück bebaut werden darf. Existiert ein solcher nicht, entscheidet die Kommune üblicherweise nach § 34 Absatz 1 des BauGB, der Folgendes besagt, Zitat:

> „Innerhalb der im Zusammenhang bebauten Ortsteile ist ein Vorhaben zulässig, wenn es sich nach Art und Maß der baulichen Nutzung, der Bauweise und der Grundstücksfläche, die überbaut werden soll, in die Eigenart der näheren Umgebung einfügt und die Erschließung gesichert ist."

Wie hoch sind Baugenehmigungsgebühren?

Die Höhe der Genehmigungsgebühren wird auf Stadt- oder Landkreisebene geregelt, beträgt aber etwa 0,1 bis 0,5 Prozent der Bausumme, je nach Art und Umfang des Bauvorhabens, bei Baukosten von 250.000 Euro also etwa zwischen 250 bis 1.250 Euro. Rechnen Sie mit etwa 500 bis 800 Euro.

> Wenn diese Leistungen bislang nicht oder unvollständig enthalten waren, welche zusätzlichen Kosten setzt Ihr Unternehmen dafür an?
>
> _____ Euro
>
> → Diesen Betrag können Sie auch in die Sammeltabelle auf Seite 188/189 übertragen.

Gibt es Alternativen?
Nein. Die behördlichen Baugenehmigungsgebühren müssen gezahlt werden. Daher ist es wichtig, dass auch alle anfallenden Genehmigungsgebühren bei der Kostenaufstellung berücksichtigt werden.

Checkblatt Baubeschreibung
Statik und Prüfstatik

LEISTUNGSUMFANG DES IHNEN ANGEBOTENEN HAUSES	JA	NEIN
2. Ist die Statik im Leistungsumfang des Ihnen angebotenen Hauses enthalten?	☐	☐
3. Ist die Prüfstatik im Leistungsumfang des Ihnen angebotenen Hauses enthalten?	☐	☐

Was ist eine Statik beziehungsweise Prüfstatik?
Eine Statik ist eine Berechnung, mit der man die benötigten Dimensionierungen von Fundamenten, Bodenplatten, Wänden, Decken und Dächern errechnet, damit sie statisch tragfähig sind.

Eine Prüfstatik ist eine unabhängige Gegenprüfung der statischen Berechnung des Statikers durch einen Prüfstatiker. Man will damit sozusagen ein 4-Augen-Prinzip erreichen, da Fehler bei der Statik natürlich dramatische Konsequenzen haben können. Je nach Bundesland und Gebäudetyp kann sie Pflicht sein. Das regeln die Landesbauordnungen und deren Verfahrensverordnungen. Am einfachsten ist es, beim örtlich zuständigen Baurechtsamt nachzufragen, ob eine Prüfstatik für das geplante Gebäude erforderlich ist oder nicht.

Wann benötigt man eine Statik beziehungsweise Prüfstatik?
Eine Statik benötigt man grundsätzlich und immer dann, wenn man nachweisen will oder muss, dass ein Haus so, wie die Planung es vorgibt, tatsächlich auch statisch belastbar ist und steht. Eine Statik muss daher auch jedem Baugesuch beigefügt werden, der Statiker muss in der Regel ein nachweisberechtigter Tragwerksplaner sein.

Darüber hinaus ist manchmal eine Prüfstatik notwendig. Mit ihr wird die Statik nochmals gegengeprüft, um sicherzugehen, dass wirklich nichts übersehen wurde. Eine Prüfstatik darf nur von dafür zugelassenen Prüfstatikern vorgenommen werden.

Was kostet eine Statik beziehungsweise Prüfstatik?

Die Kosten einer Tragwerksplanung richten sich nach der Honorarordnung für Architekten und Ingenieure (HOAI). Mehr dazu erfahren Sie im Checkblatt Statiker/Prüfstatiker (→ Checkblatt 17 Seite 49).

Prüfingenieure werden nach Kostenordnungen für Prüfingenieure bezahlt, aber nicht für jeden Bauantrag ist ein Prüfingenieur erforderlich, nur wenn das zuständige Baurechtsamt das verlangt, ist es auch nötig. Mehr auch hierzu erfahren Sie im Checkblatt Statiker/Prüfstatiker (→ Checkblatt 17 Seite 49).

Tragwerksplanerkosten und optional auch die Prüfstatikerkosten sollten von vornherein in jedem Hausangebot mit enthalten sein, denn Sie gehen ja selbstverständlich davon aus, dass das Haus, das Sie bauen wollen, über eine geprüfte Statik verfügt. Auch wenn Sie glauben, dass die Statik im Preis enthalten ist, sollten Sie trotzdem anhand der Bau- und Leistungsbeschreibung überprüfen, ob nicht nur die Tragewerksplanung, sondern auch die Prüfstatik Teil der Leistung ist. Fragen Sie ansonsten nach den voraussichtlichen Kosten. Denn gerade die Prüfstatik ist oft nicht Bestandteil des Leistungsangebots und könnte Ihnen folglich extra in Rechnung gestellt werden. Siehe dazu auch Checkblatt Statiker /Prüfstatiker (→ Checkblatt 17 Seite 49).

> Wenn diese Leistungen bislang nicht oder unvollständig enthalten waren, welche zusätzlichen Kosten setzt Ihr Unternehmen dafür an?
>
> _____ Euro
>
> → Diesen Betrag können Sie auch in die Sammeltabelle auf Seite 188/189 übertragen.

Gibt es Alternativen?

Zur Anfertigung einer Statik-Berechnung gibt es keine Alternative. Daher müssen Sie darauf achten, dass sie im Leistungspaket enthalten ist.

Bei der Prüfstatik kann es Unterschiede geben. Sinnvoll ist hier ein Gespräch beim örtlich zuständigen Baurechtsamt.

Checkblatt Baubeschreibung
Haustechnikplanung

LEISTUNGSUMFANG DES IHNEN ANGEBOTENEN HAUSES	JA	NEIN
4. Ist die Haustechnikplanung im Leistungsumfang des Ihnen angebotenen Hauses enthalten?	☐	☐

Wenn diese Leistungen bislang nicht oder unvollständig enthalten waren, welche zusätzlichen Kosten setzt Ihr Unternehmen dafür an?

_____ Euro

→ Diesen Betrag können Sie auch in die Sammeltabelle auf Seite 188/189 übertragen.

Was ist eine Haustechnikplanung?
Die Haustechnikplanung betrifft im Einfamilienhausbau vor allem die Elektroplanung gegebenenfalls mit Fotovoltaik- und Speicherplanung, die Lüftungsplanung, die Heizungsplanung, eventuell mit Solarkollektorplanung, die Sanitärplanung mit der Warmwasserplanung und etwaige Sonderplanungen wie etwa eine Swimmingpool- oder Saunaplanung.

Wann benötigt man eine Haustechnikplanung?
Eine Haustechnikplanung ist eigentlich grundsätzlich unverzichtbar. Selbst wenn man bei einem Hausbau weitgehend auf Gebäudetechnik verzichten will, ist es sinnvoll, dass gerade auch dann die Technik genau geplant wird. Ein Passivhaus etwa, das auf eine herkömmliche Heizung vollständig verzichtet und dessen Raumtemperatur über eine Lüftungsanlage gesteuert wird, benötigt natürlich eine umso genauere Planung der Lüftungsanlage. Wer ein KfW-Effizienzhaus bauen will, vor allem ein KfW-Effizienzhaus 40 oder 40 Plus kommt ohnehin nicht um eine Haustechnikplanung herum.

Was kostet eine Haustechnikplanung?
Wieviel eine Haustechnikplanung auf Basis der Honorarordnung für Architekten und Ingenieure (HOAI) in etwa kostet, können Sie im Checkblatt Fachingenieure Haustechnikingenieur auf Seite 51 nachlesen.

Gibt es Alternativen?
Zu einer sorgfältigen Haustechnikplanung gibt es keine Alternativen. Daher sollten Sie darauf achten, dass die Haustechnikplanung im Leistungspaket enthalten ist, auch für den Fall von Sonderwünschen wie Fotovoltaik- oder Solarkollektorausstattung oder das Erreichen bestimmter haustechnischer Anforderungen aus den KfW-Effizienzhaus-Klassen.

Checkblatt Baubeschreibung
KfW-Effizienzhaus-Klassifizierung

LEISTUNGSUMFANG DES IHNEN ANGEBOTENEN HAUSES	JA	NEIN
5. Ist die Effizienzhaus-Klassifizierung im Leistungsangebot festgelegt?	☐	☐

Was ist eine KfW-Effizenzhaus-Klassifizierung?

Die KfW ist die Kreditanstalt für Wiederaufbau. Sie wurde nach dem Zweiten Weltkrieg gegründet, um den Wiederaufbau in den damaligen Westzonen voranzubringen. Heute ist sie eine Förderbank des Bundes, die unter anderem günstige Wohnbaukredite vergibt. Diese koppelt sie aber seit einigen Jahren an energetische Voraussetzungen, die die Neubauten einhalten müssen. Sie definiert diese Voraussetzungen als sogenannte Effizienzhaus-Klassen. Davon gibt es aktuell 3:

→ KfW-Effizienzhaus 55
→ KfW-Effizienzhaus 40
→ KfW Effizienzhaus 40 Plus

Hintergrund der Definition ist, dass ein KfW-Effizienzhaus 55 nur etwa 55 Prozent des Primärenergiebedarfs als das gesetzlich zulässige Höchstmaß nach der Energieeinsparverordnung hat. Entsprechendes gilt für die Effizienzhaus-Klasse 40. Das Effizienzhaus 40 Plus hat darüber hinaus praktisch schon Passivhausstandard und zusätzliche technische Anforderungen, wie etwa einen Stromspeicher.

Wann benötigt man eine KfW-Effizienzhaus-Klassifizierung?

Eine KfW-Effizienzhaus-Klassifizierung benötigt man dann, wenn man mit einem entsprechenden Kredit der KfW-Bank finanzieren will. Dann muss die Klassifizierung auch in der Baubeschreibung klar benannt sein und verankert werden.

Was kostet eine KfW-Effizienzhaus-Klassifizierung?

Gesetzlichen Anspruch haben Sie beim Bauen zunächst einmal immer nur auf ein Gebäude, das die energetischen Vorgaben der Energieeinsparverordnung (EnEV) und des Erneuerbare-Energien-Wärmegesetzes (EEWärmeG) einhält. Wollen Sie darüber hinaus bessere energetische Werte, etwa gemäß der KfW-Effizienzhaus-Klassifizierungen, sind es die Mehrkosten des Bauens, die den Kostenunterschied ausmachen. Diese Mehrkosten können ganz schnell fünfstellig werden, das hängt aber von Ihrem Hausanbieter ab und davon, was er an Mehrkosten verlangt, wenn Sie zum Beispiel von einem EnEV-Standard zu einem KfW-Effizienzhaus-55-Standard wechseln möchten. Da Zinsen aktuell am Markt allgemein günstig sind, kann der Zinsvorteil einer Finanzierung mit der KfW-Bank sehr schnell relativ sein und die Bau-Mehrkosten für eine Energie-Effizienzhaus-Klassifizierung nicht rechtfertigen.

> Wenn diese Leistungen bislang nicht oder unvollständig enthalten waren, welche zusätzlichen Kosten setzt Ihr Unternehmen dafür an?
>
> _____ Euro
>
> → Diesen Betrag können Sie auch in die Sammeltabelle auf Seite 188/189 übertragen.

Gibt es Alternativen?

Man kann auch ohne Effizienzhaus-Klassifizierung einzelne energetische Gebäudeelemente, die einem wichtig sind, angehen. Die KfW gibt auch für Einzelmaßnahmen Zuschüsse und Förderungen. Am besten sieht man sich dazu immer aktuell unter www.kfw.de sorgfältig um. Denn die Programme wechseln auch von Zeit oder werden angepasst.

Verbraucherzentrale

Checkblatt Baubeschreibung
Erschließungsbeiträge

LEISTUNGSUMFANG DES IHNEN ANGEBOTENEN HAUSES	JA	NEIN
6. Sind die Erschließungsbeiträge (alle Ersterschließungsbeiträge nach dem Baugesetzbuch) im Leistungsumfang des Ihnen angebotenen Hauses enthalten?	☐	☐

Was sind Erschließungsbeiträge?

Wenn Kommunen Bauland ausweisen, heißt das, früher oder später müssen auch Straßen, Gehwege, Wasserleitungen, Abwasserleitungen und dergleichen gebaut werden. Dafür fallen hohe Kosten an. Von den Maßnahmen profitieren im Wesentlichen die Anlieger dieser neuen Straßen, daher müssen sie auch anteilig die Kosten tragen. Rechtsgrundlage hierfür sind das Baugesetzbuch und kommunale Satzungen. Die Kommunen greifen bei der Finanzierung der Infrastruktur von Neubaugebieten also üblicherweise direkt auf die Grundstücksanlieger zurück.

Nicht nur beim Bau einer neuen Immobilie, auch beim Kauf einer gebrauchten Immobilie können Sie Erschließungsbeiträge treffen, entweder dann, wenn die Ersterschließung eines Grundstücks selbst nach Jahren von der zuständigen Kommune noch nicht abgerechnet worden ist und Ihnen plötzlich eine solche Rechnung ins Haus flattert, oder auch dann, wenn eine Straße nach vielen Jahren zum Beispiel komplett erneuert werden muss oder zusätzlich einen Gehweg oder eine Straßenbeleuchtung erhalten soll.

Wann zahlt man Erschließungsbeiträge?

Bei Fertighausanbietern und Generalunternehmern ist der Erschließungsbeitrag im Angebot eigentlich nie enthalten. Selbst aber wenn er mit im Vertrag enthalten wäre, ist die Frage natürlich immer, was ist mit „Ersterschließung" gemeint?

Am sinnvollsten ist es, wenn der Bauunternehmer den Umfang dessen, was an Ersterschließungsmaßnahmen in seinem Vertrag enthalten oder nicht enthalten ist, vollständig auflistet, damit man im Zweifelsfall bei der Kommune abfragen kann, welche Kosten für die nicht enthaltenen Leistungen noch auf einen zukommen.

Wenn Sie Grundstück und Haus getrennt vom Bauträger erwerben, sind auch in diesem Fall die Erschließungsbeiträge häufig nicht Bestandteil des Angebots. Hier hilft Ihnen die Checkliste in diesem Buch zur Überprüfung der Vollständigkeit des Ihnen vorgelegten Angebots. Außerdem sollten Sie sehr genau in der Bau- und Leistungsbeschreibung nachsehen, ob dort die vollständige Ersterschließung inklusive deren Kosten als Leistung im Angebot enthalten ist. Manchmal lesen Sie in Bau- und Leistungsbeschreibungen auch „Ersterschließung nach BauGB" oder Ähnliches. Damit wird dann der Umfang der Ersterschließung nach dem Baugesetzbuch definiert. Das umfasst im Wesentlichen Straßen, Gehwege, Entwässerung und Beleuchtung (→ Checkblatt 92 Seite 214). Was ist aber, wenn die Kommune zusätzliche Erschließungen plant und das auf die Anlieger umlegen will? Das wäre dann vertraglich nicht gefasst. Daher: Klare Abfrage bei der zuständigen Kommune, welche Erschließungsmaßnahmen geplant sind und schriftliche Bestätigung einholen.

Wie hoch sind Erschließungsbeiträge?

Erschließungsbeiträge sind – anders als Bearbeitungsgebühren zum Beispiel für einen Bauantrag – tatsächlich anfallende Kosten für die Infrastruktur, die auf die Anlieger umgelegt werden. Der zu tragende Anteil richtet sich nach einem sogenannten Verteilungsmaßstab, eine Art Verteilungsschlüssel, den die Kommunen in Satzungen festlegen müssen. Dieser Verteilungsmaßstab kann sich richten nach Art und Maß der baulichen Nutzung, nach der Grundstücksfläche oder aber nach der Grundstückslänge an der Erschließungsanlage.

Außerdem sind Kombinationen der 3 Verteilungsmaßstäbe zulässig. Richtet sich der Verteilungsmaßstab nach der Grundstücksbreite an der Erschließungsanlage, ist das letztlich das Längenmaß, das das Anliegergrundstück zur Erschließungsstraße hat. Das heißt, ein Eckgrundstück kann hier erheblich benachteiligt sein, weil es ein langes Anliegermaß des Grundstücks an den öffentlichen Straßenraum gibt. Erschließungsgebühren gehören zu den höchsten Zusatzkosten beim Bau einer Immobilie. Sie müssen hier auf alle Fälle mit höheren vierstelligen, auch fünfstelligen Summen rechnen. Daher muss diese Kostenanfrage von Beginn an bei der zuständigen Kommune gestellt werden und von Anfang an in den Finanzierungsüberlegungen Berücksichtigung finden.

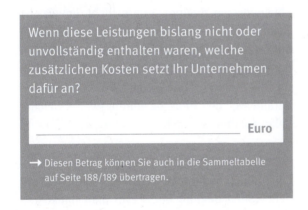

> Wenn diese Leistungen bislang nicht oder unvollständig enthalten waren, welche zusätzlichen Kosten setzt Ihr Unternehmen dafür an?
>
> _____ Euro
>
> → Diesen Betrag können Sie auch in die Sammeltabelle auf Seite 188/189 übertragen.

Gibt es Alternativen?
Alternativen kann es dann geben, wenn beispielsweise eine Baugruppe oder mehrere Bauherren gemeinsam einer Kommune anbieten, die Erschließung in Eigenregie mit zu übernehmen. Für die Kommune kann das interessant sein, wenn sie dadurch personell entlastet wird oder auch dauerhaft entlastet ist, zum Beispiel mit Folgekosten, wenn die privat organisierte Erschließung auch den dauerhaften Unterhalt mit übernimmt (gegebenenfalls Straßen- und Kanalwartung und -sanierung und Ähnliches). Für eine Baugruppe wiederum können Kostenvorteile bei Erstellung und Betrieb erwachsen. Diese Fälle sind aber sehr selten.

Checkblatt Baubeschreibung
Vermessungs- und Katastergebühren

LEISTUNGSUMFANG DES IHNEN ANGEBOTENEN HAUSES	JA	NEIN
7. Sind die Vermessungs- und Katastergebühren (Grundstückseinmessung, Gebäudeeinmessung, Gebäudeabsteckung) im Leistungsumfang des Ihnen angebotenen Hauses enthalten?	☐	☐

Was sind Vermessungs- und Katastergebühren?
Vermessungsgebühren entstehen, wenn die Einmessung des Grundstücks, der Gebäudeecken und des Gebäudes erfolgt. Auch die Erstellung eines amtlichen Lageplans, der dem Baugesuch beigelegt werden muss, gehört dazu. Amtliche Vermessungen können nur öffentlich bestellte Vermessungsingenieure durchführen. Die Ergebnisse der Vermessung müssen dann in ein Liegenschaftskataster eingetragen werden. Ein wesentlicher Bestandteil dieses Katasters ist eine Flurkarte, in die alle Liegenschaften eingezeichnet sind. Auch für die Eintragung in dieses Liegenschaftskataster sind Gebühren zu entrichten.

Wann benötigt man eine Vermessung und Katastereintragung?
Eine Vermessung benötigt man gesetzlich zwingend dann, wenn ein Grundstück erschlossen wird und bebaut werden soll. Dann müssen beispielsweise Grenzmarkierungen festgelegt werden, es muss ein amtlicher Lageplan erstellt werden und Grundstück und Gebäude müssen ins Liegenschaftskataster aufgenommen werden. Ferner müssen die Gebäudeecken auf dem Grundstück abgesteckt werden, damit die Aushub- und Bauarbeiten daran orientiert erfolgen können. Meist zweimal: Zunächst als Grobabsteckung vor Aushub der Baugrube und dann als Feinabsteckung nach Aushub der Baugrube. Viel Vermesserarbeit steht im Verlauf eines Bauvorhabens also an.

Wie hoch sind Vermessungs- und Katastergebühren?

Bei den Gebühren ist zu unterscheiden zwischen den Vermessungsgebühren und den Eintragungsgebühren ins Kataster. Die Katastergebühren richten sich üblicherweise nach Gebühren- und Kostenverordnungen auf Landesebene. Zu den dazu anfallenden Kosten können Sie sich bei Ihrem regional zuständigen Katasteramt informieren.

Die Vermessungsgebühren hingegen richten sich nach der Honorarordnung für Architekten und Ingenieure (HOAI). Mehr dazu erfahren Sie im Checkblatt Vermessungsingenieur/Geodät (→ Checkblatt 16 Seite 47).

> Wenn diese Leistungen bislang nicht oder unvollständig enthalten waren, welche zusätzlichen Kosten setzt Ihr Unternehmen dafür an?
>
> _____ Euro
>
> → Diesen Betrag können Sie auch in die Sammeltabelle auf Seite 188/189 übertragen.

Gibt es Alternativen?

Nein, zu den nötigen Vermessungen gibt es normalerweise keine Alternativen. Sie sind auch sinnvoll und in Ihrem Interesse. Die zentrale Frage ist nur, sind diese Kosten in dem Ihnen vorliegenden Hausbauangebot enthalten oder nicht. Falls nicht, können Sie direkt 3.000 bis 3.500 weitere Euro zurücklegen für diese versteckten Kosten.

Checkblatt Baubeschreibung
Bodengutachten

LEISTUNGSUMFANG DES IHNEN ANGEBOTENEN HAUSES	JA	NEIN
8. Ist das Bodengutachten (auf Bodenklasse, Homogenbereich, Bodentragfähigkeit und Grundwasser) im Leistungsumfang des Ihnen angebotenen Hauses enthalten?	☐	☐

Was ist ein Bodengutachten?

Ein Bodengutachten ist eine Dokumentation, die aufgrund einer Bodenuntersuchung des jeweiligen Grundstücks erstellt wird. Der Umfang eines Bodengutachtens hängt davon ab, was alles untersucht wurde. Mit einem solchen Gutachten wird üblicherweise zumindest untersucht, um welche Bodenklasse oder Homogenbereiche es sich handelt, welche Bodenpressung vorliegt und wo sich der Grundwasserspiegel befindet. Denn vor allem diese 3 Punkte haben erhebliche Auswirkungen darauf, welches Haus beziehungsweise welcher Keller auf dem Grundstück errichtet werden kann.

Wann benötigt man ein Bodengutachten?

Ein Bodengutachten benötigt man, bevor man mit dem Bauen beginnt und bevor man Baukosten einholt. Denn mit einem Bodengutachten wird geklärt, welche Bebauungsvoraussetzungen seitens des zu bebauenden Bodens überhaupt gegeben sind. Das betrifft vor allem

→ die Konsistenz des Bodens (Bodenklasse beziehungsweise Homogenbereiche),
→ die Tragfähigkeit des Bodens (Bodenpressung),
→ den Stand des Grundwassers (Grundwasserspiegel).

Ein zu schweres Haus auf zu weichem Grund etwa würde einsinken. Aber auch ein zu leichtes Haus kann ein Problem sein, so könnte es bei hochstehendem Grundwasser „aufschwimmen". Hochstehendes Grundwasser kann darüber hinaus schwere Kellerschäden verursachen. Steht das Grundwasser so hoch, dass es selbst in der Baugrube stehen würde, muss es sogar während der Bauarbeiten fortlaufend hinausgepumpt werden (→ Checkblatt 64 Seite 143). Da aber in der Folge auch der Keller permanent im Grundwasser stehen würde, müsste auch er besondere Abdichtungsmaßnahmen erhalten, vor allem eine sogenannte weiße Wanne. Das ist ein Keller aus speziellem, wasserundurchlässigem Beton, man spricht dabei von WU-Beton. Dieser verhindert den Wassereintritt.

Fertigt man vor dem Hausbau kein Bodengutachten an und weiß dann nicht, auf welche Grund und Boden man stößt, muss man unter Umständen spontan während des Bauablaufs nach Lösungen suchen. Das ist gefährlich und kann sehr teuer werden.

Wie hoch sind die Kosten eines Bodengutachtens?

Ein Bodengutachten wird nach der Honorarordnung für Architekten- und Ingenieure (HOAI) abgerechnet, siehe Checkblatt Bodengutachter/Geologe/Geotechnik → Checkblatt 15 Seite 46. Besteht Verdacht auf bestimmte Umweltbelastungen und müssen auch verschiedene Schadstoffe analysiert werden – zum Beispiel mittels Laborproben – steigt der Preis. Die Beprobung der üblichen Parameter ist aber im HOAI-Rahmen ohne Besondere Leistungen zu haben. Lassen Sie sich auch hierzu gegebenenfalls Angebote mehrerer Ingenieurbüros für Geologie geben. Sie finden Büros in Ihrer Nähe in den „Gelben Seiten" unter „Geologen"/„Geologiebüros"/„Ingenieurbüros für Geologie" oder auch unter „Hydrogeologen".

> Wenn diese Leistungen bislang nicht oder unvollständig enthalten waren, welche zusätzlichen Kosten setzt Ihr Unternehmen dafür an?
>
> _____ Euro
>
> → Diesen Betrag können Sie auch in die Sammeltabelle auf Seite 188/189 übertragen.

Gibt es Alternativen?

Fast nie sind Bodengutachten im Leistungsumfang von Hausbauangeboten enthalten. Bei Fertighausanbietern oder Generalunternehmern werden die Bodenverhältnisse, die dem Hausangebot zugrunde liegen, meist als Vorbehalt in den Kaufvertrag aufgenommen. Stößt man jedoch nicht auf die vertraglich zugrunde gelegten Bodenverhältnisse, sind Mehrkosten vorprogrammiert, die sehr schnell sehr hoch sein können (→ Checkblatt 64 Seite 143 und Checkblatt 67 Seite 148).

Trotzdem sind Bodengutachten nach wie vor selten. Manchmal wird es auch so gehandhabt, dass ein Blick in die Baugruben von Nachbarbebauungen helfen muss oder man einen Baggerschurf in den Boden macht und darüber einen Eindruck zu gewinnen versucht. Es ist allerdings die Frage, ob das sinnvolle Alternativen sind oder ob es nicht viel sinnvoller ist, ein Bodengutachten mit den wichtigsten Parametern zu haben und dies auch als Vertragsbestandteil mit einzubringen, damit der Hausanbieter später gerade nicht behaupten kann, er habe von den angetroffenen Bodenverhältnissen nichts gewusst.

Sie können auch den Fertig- beziehungsweise Massivhausanbieter bitten, Ihnen ein Angebot für ein Bodengutachten vorzulegen. Sie können die Kosten dann mit einem von Ihnen selbst eingeholten Angebot vergleichen.

Checkblatt Baubeschreibung
Freiräumung Grundstück

LEISTUNGSUMFANG DES IHNEN ANGEBOTENEN HAUSES	JA	NEIN
9. Ist die Freiräumung des Grundstücks im Leistungsumfang des Ihnen angebotenen Hauses enthalten?	☐	☐

Was ist eine Freiräumung?

Unter Freiräumung versteht man die Räumung eines Grundstücks von allen Dingen, die dem Bauvorhaben im Weg sind. Darunter fällt die Räumung eventuell von Müll genauso wie die Räumung von Strauchwerk oder auch Bäumen, aber auch alte Zäune, Gesteinsbrocken und Ähnliches gehören dazu.

Das Fällen von Bäumen steht dabei allerdings unter einem besonderen Schutz, unter anderem der örtlichen Baumschutzsatzung. Diese legt fest, welche Bäume gefällt werden dürfen und welche nicht, was üblicherweise zum einen mit dem Baumdurchmesser und zum anderen mit der Baumart zu tun hat. Dieser Vorgang ist genehmigungspflichtig. Außerdem kann eine Baumfällung üblicherweise nur außerhalb der Hauptvegetationszeit, von Oktober bis März, vorgenommen werden.

Wann benötigt man eine Freiräumung?

Spätestens zum Baubeginn muss das Grundstück freigeräumt sein. Die meisten Hausanbieter kalkulieren bei ihren Festpreisen damit, dass sie ein komplett geräumtes Grundstück vorfinden. Dadurch, dass Hausanbieter die Freiräumung im Vertrag vorbehalten, bleiben diese Kosten nicht am Hausanbieter hängen, sondern am Bauherrn – und das sind Sie. Sie benötigen aber natürlich die Räumung, weil sonst mit dem Bauen gar nicht begonnen werden kann; denn der Hausanbieter möchte üblicherweise ein planebenes, freies Grundstück vorfinden, auf dem er mit dem Bau oder Aushub unmittelbar beginnen kann. Das heißt, um eine Grundstücksräumung und deren Kosten kommen Sie üblicherweise gar nicht herum, es sei denn, Ihr Grundstück ist eine topfebene, gemähte, grüne Wiese oder eine ebenes Stück Land, auf dem man sofort mit dem Bauen beginnen kann.

Wie hoch sind die Kosten einer Freiräumung?

Die Kosten einer Freiräumung hängen ganz erheblich davon ab, wie groß das freizuräumende Grundstück ist und was darauf zu räumen ist. Das kann von einigen Hundert Euro bis hin zu vielen Tausend Euro gehen, vor allem dann, wenn beispielsweise aufwendige Baumfällungen durchgeführt werden müssen, inklusive Genehmigungsverfahren. Üblicherweise grenzt man das Kostenrisiko dadurch ein, dass man einen Kostenvoranschlag eines Grünbaubetriebs einholt und parallel den Hausanbieter fragt, ob er die Räumung ebenfalls verrichten könnte und was das bei ihm kosten würde. So hat man zumindest den Vergleich.

Rechnen Sie selbst bei einfachen, ebenen Grundstücken, bei denen nur Strauchwerk, vielleicht Brombeerhecken, entfernt werden muss, mindestens mit 1 bis 2 Arbeitstagen und 2 Mann. Bei 2 Arbeitstagen und 2 Mann ergäbe sich nachfolgende Rechnung, bei einem Arbeitstag entsprechend die Hälfte: 2 x 2 x 8 (2 Tage x 2 Männer x 8 Stunden) x 60 (Euro brutto / Stundensatz) = 1.920 Euro. Dazu können auch noch Abfahrt- und Deponie-Gebühren kommen, wenn das Grünzeug nicht in beliebiger Menge beispielsweise auf einem örtlichen Grünhof abgegeben werden kann. Außerdem kommen oft noch Zusatzkosten hinzu: Vor allem die Bereitstellung von Fahrzeugen und Maschinen. Zieht sich eine Freiräumung über 3 Tage, können ganz schnell Kosten von 3.000 bis 5.000 Euro zusammenkommen.

Wenn diese Leistungen bislang nicht oder unvollständig enthalten waren, welche zusätzlichen Kosten setzt Ihr Unternehmen dafür an?

_____ Euro

→ Diesen Betrag können Sie auch in die Sammeltabelle auf Seite 188/189 übertragen.

Gibt es Alternativen?
Soweit man das Grundstück noch nicht erworben hat, kann man natürlich auch seinerseits ein freigeräumtes Grundstück erwerben, die Freiräumung also zum Vertragsbestandteil mit dem Vorbesitzer machen.

Gehört einem das Grundstück aber selbst und schließt der Hausanbieter diese Leistung nicht ein, kann man als Alternative zum Einkauf dieser Leistung nur überlegen, die Grundstücksräumung selbst, also in Eigenleistung selbst vorzunehmen. Man sollte die Mühe dessen aber nicht unterschätzen, es kann sehr viel harte Arbeit bedeuten und ohne vernünftiges Arbeitsgerät, wie beispielsweise eine Motorsäge und einen Autoanhänger zum Abtransport oder ähnlich, oft gar nicht möglich sein.

Checkblatt Baubeschreibung
Baustelleneinrichtung

LEISTUNGSUMFANG DES IHNEN ANGEBOTENEN HAUSES	JA	NEIN
10. Ist die Baustelleneinrichtung im Leistungsumfang des Ihnen angebotenen Hauses enthalten?	☐	☐

Was ist eine Baustelleneinrichtung?
Bei einer Baustelleneinrichtung handelt es sich um Baustraßen, Kranstandplatz, Lagerplatz für Material, einen Bauzaun, ein Chemie-WC und auch den Anschluss von Baustrom und Bauwasser (→ Checkblatt 63 Seite 141). Hinzu können benötigte Straßenabsperrungen kommen und gegebenenfalls auch die Beleuchtung solcher Absperrungen.

Wann benötigt man eine Baustelleneinrichtung?
Eine Baustelleneinrichtung benötigt man, bevor mit dem Bauvorhaben begonnen werden kann; denn sie ist Voraussetzung dafür, dass überhaupt gebaut werden kann. Hinzu kommt, dass fehlerhafte Baustellenabsicherungen auch zum Verlust von Versicherungsschutz führen können. Zwei Beispiele sollen das Problem der Baustelleneinrichtung erläutern: Viele Fertighausanbieter, aber auch Generalunternehmer nehmen in ihre Verträge Regelungen auf, denen nach die Baustelle auch mit schweren Fahrzeugen problemlos zu erreichen sein muss. Fertighausanbieter geben hier häufig genaue Tonnage-Lasten vor. Ist dies dann später nicht der Fall und der Fertighausanbieter kann mit seiner Logistik die Baustelle nicht vernünftig erreichen oder bricht ein schwerer LKW auf der Baustelle ein, liegen die Mehrkosten daraus üblicherweise bei Ihnen. Diese Mehrkosten können sehr hoch sein; denn es kann sein, dass ein schweres Kranfahrzeug herbeigeschafft werden muss, um die Gebäudeteile über eine Zwischenstrecke zu heben oder um den LKW aus seiner misslichen Lage zu befreien. Kommt es bei solchen Zwischen- →

fällen auch noch zu Beschädigungen von LKW oder Hausfertigteilen kann es richtig teuer werden. Ferner bedeuten solche Zwischenfälle fast immer einen empfindlichen Zeitverzug. Auch nur ein Tag Verzug beim Aufbau eines Fertighauses, dessen Rohbau üblicherweise binnen einem, maximal 2 Tagen steht, kann gravierende Folgen haben. Wenn nämlich ein Bautrupp sein Vorhaben zum Beispiel an einem Freitagabend nicht fertigstellen kann und den halbfertigen Bau übers Wochenende stehen lassen muss und es dann auch noch überraschend zu einem Wetterumschwung kommt, kann das sogar die Durchfeuchtung des ganzen Hauses nach sich ziehen. Außerdem stellt Ihnen vielleicht der Fertighausanbieter den zusätzlichen Tag, den er unverschuldet benötigt, in Rechnung. Ein Bautrupp mit 8 Mann und 2 LKW kann Sie ganz schnell einen höheren vierstelligen Betrag kosten. Auch für diesen wird der Fertighausanbieter oder Generalunternehmer ungern einstehen wollen, wenn der Grund dieser Entwicklung bei Ihnen und einer unzureichenden Baustelleneinrichtung liegt. Gleiches gilt für das Thema Versicherung.

Wenn die von Ihnen betriebene Baustellenabsicherung nicht ausreichend ist und beispielsweise spielende Kinder zu Schaden kommen, wird das unter Umständen weniger dem Fertighausanbieter oder Generalunternehmer angelastet als vielmehr Ihnen als Bauherr. Das gilt auch für Bauträgerimmobilien, bei denen Grundstück und Haus getrennt gekauft werden, denn in diesem Fall sind Sie rechtlich ja nicht mehr einfach Hauskäufer, sondern Bauherr.

Was kostet eine Baustelleneinrichtung?
Die Kosten einer Baustellenerschließung hängen ganz stark vom Umfang den nötigen Einrichtungs- und Erschließungsmaßnahmen ab. Wenn die Baustelle also zum Beispiel auch mit schweren LKW gut anfahrbar ist, vielleicht sogar schon eine öffentliche Straße – zumindest provisorisch – bis an die Baustelle führt, ist das ein großer Vorteil. Ist dies nicht der Fall und muss vielleicht eine sogenannte Baustraße angelegt werden (das ist eine provisorische Schotterstraße meist auf wasserdurchlässiger Trennlage) ist schnell mit höheren vierstelligen Summen zu rechnen. Kommen auch noch Kranaufstellungskosten hinzu, eventuell auch Mietkosten, die nicht in der Bau- und Leistungsbeschreibung enthalten sind, ist die Vierstelligkeit sehr schnell in Richtung Fünfstelligkeit der Rechnung durchbrochen. Sind darüber hinaus auch noch aufwendige Absicherungsmaßnahmen zu öffentlichem Straßenraum zu tätigen, können sehr schnell 15.000 bis 20.000 Euro zusammenkommen, Kosten nur für die Baustelleneinrichtung, die man überhaupt nicht auf dem Schirm hatte, bis hin zu Sicherungsmaßnahmen zu öffentlichem Straßenraum.

Werden nur ein einfacher, üblicher Bauzaun, ein Chemie-WC und ein Bauwagen fällig, kommt man über eine Bauzeit von einigen Monaten mit 1.200 bis 2.000 Euro aus. Diese Kosten sollten aber auf alle Fälle im Hausangebot enthalten sein.

> Wenn diese Leistungen bislang nicht oder unvollständig enthalten waren, welche zusätzlichen Kosten setzt Ihr Unternehmen dafür an?
>
> _____ Euro
>
> → Diesen Betrag können Sie auch in die Sammeltabelle auf Seite 188/189 übertragen.

Gibt es Alternativen?

Ein wirkliches Problem bei der Baustelleneinrichtung ist, dass sie immer eine Schnittstelle darstellt zwischen den von Ihnen zu erbringenden Leistungen und den Leistungen des Fertighausanbieters oder Generalunternehmers. Deswegen ist eine Möglichkeit, dass man den Hausanbieter bittet, eine komplette Baustelleneinrichtung in gesonderter Position mit anzubieten, damit man sich einmal ansehen kann, welche Kosten er dafür ansetzt und was Sie zahlen müssten.

Wenn der Hausanbieter diese Leistung selber erbringt, hat das den großen Vorteil, dass er sich um alles kümmern muss und nicht Sie Dinge erbringen müssen, die Sie vielleicht noch nie vorher getan haben und auch nie mehr tun werden. Sind die Kosten zu hoch, kann man überlegen, eventuell Teilleistungen selber zu übernehmen.

Ungünstig wäre, wenn Ihnen der Hausanbieter eine Baustelleneinrichtung anbietet, ohne dass er zuvor das Grundstück gesehen hat; denn vielleicht benötigen Sie bestimmte Leistungen gar nicht, wieder andere jedoch unbedingt. Daher ist es sehr wichtig, dass Sie mit dem Anbieter auf alle Fälle eine Vorbesichtigung der Baustelle vornehmen, das heißt, der Anbieter sollte sich ein Bild von der konkreten Situation vor Ort machen und schriftlich eine Aussage treffen, ob die Anfahr-, Ablade- und Lagersituation für ihn funktioniert. Vorbehalte bezüglich der Baustellenvoraussetzungen sollten dann unbedingt aus dem Vertrag genommen werden, und stattdessen sollte dort erklärt werden, dass die Baustelle besichtigt wurde und sie für den Bauablauf und das Bauvorhaben geeignet ist. Das mindert die Kostenrisiken stark. Viele Anbieter wehren sich dagegen und sagen, das sei alles viel zu viel Aufwand. Sie dürfen dann allerdings schon die Frage stellen, ob Sie das bei einer Investition im sechsstelligen Bereich nicht erwarten könnten, zumal es ja im beiderseitigen Interesse liegt.

Checkblatt Baubeschreibung
Baustrom / Bauwasser

LEISTUNGSUMFANG DES IHNEN ANGEBOTENEN HAUSES	JA	NEIN
11. Sind der Baustrom- / Bauwasseranschluss und die spätere Demontage (inklusive Genehmigung und Genehmigungsgebühr) im Leistungsumfang des Ihnen angebotenen Hauses enthalten?	☐	☐

Was sind Baustrom und Bauwasser?

Die Installation von Baustrom und Bauwasser gehört eigentlich zur Baustelleneinrichtung. Baustrom und Bauwasser werden hier aber noch einmal gesondert behandelt, da man bei einer Baustelleneinrichtung um alles Mögliche herumkommen mag, aber nicht um die Bereitstellung von Baustrom und Bauwasser. Auch in Vertragsunterlagen von Fertighausherstellern oder Generalunternehmern sind beide häufig explizit benannt, meist als vom Bauherrn zu erbringende Leistung. Vom Bauherrn zu erbringende Leistungen verbergen sich in Vertragsunterlagen gern hinter der sehr irreführenden Begrifflichkeit „bauseits". Eine „bauseits" zu erbringende Leistung ist eine vom Bauherrn zu erbringende Leistung, richtigerweise müsste man also von „bauherrenseitig" zu erbringenden Leistungen sprechen. „Bauseits" hört sich aber harmloser an, und man überliest es schneller, das scheint jedoch leider mitunter gewollt.

Baustrom und Bauwasser sind temporäre Strom- und Wasseranschlüsse auf der Baustelle. Wenn man zu bauen beginnt, hat das Grundstück meist noch keinen Strom- und Wasserzugang. Daher benötigt man während der Bauzeit ein Provisorium. Außerdem benötigt man für viele Maschinen am Bau auch nicht den üblichen Wechselstrom, sondern sogenannten Drehstrom, weil viele Baumaschinen damit arbeiten.

Verbraucherzentrale

Wann benötigt man Baustrom und Bauwasser?

Baustrom und Bauwasser sind für die Stromversorgung der Baugeräte und die Wassernutzung während des Baus unverzichtbar. Es gibt Fertighausanbieter, die inzwischen beides nicht mehr benötigen und vollständig ausgerüstet zum Bauplatz kommen, aber das muss vorab gut geklärt werden. Sind Baustrom- und Bauwasseranschluss nämlich in den Vertragsbedingungen vorbehalten und findet das Unternehmen sie dann nicht vor, kann das Unternehmen vielleicht nicht weiterbauen und stellt Ihnen eine sogenannte „Behinderungsanzeige". Eine Behinderungsanzeige ist eine Mitteilung an Sie, in der das Unternehmen festhält, dass es in seinen Arbeiten behindert wird – und zwar durch Sie – und dass Sie aufgefordert werden, die Behinderung zu beseitigen. Reagieren Sie dann nicht sehr schnell und angemessen und beseitigen die Behinderung, bleiben die Zusatzkosten, die die Behinderung verursacht hat, sehr schnell an Ihnen hängen. Wenn ein 8-Mann-Team auch nur einen halben Tag umsonst herumsitzt, kann das richtig teuer werden: 8 x 4 (8 Mann x 4 Stunden) x 80 (Euro brutto / Stundensatz) = 2.560 Euro!

Was kosten Baustrom und Bauwasser?

Bei Baustrom und Bauwasser gibt es üblicherweise 5 Kostenpunkte:

→ die behördliche Genehmigungsgebühr
→ die Miete der Strom- und Wasserzähler
→ die Installation vor Ort
→ der Strom- und Wasserverbrauch
→ die Deinstallation vor Ort

Sie können dabei insgesamt etwa mit 500 bis 1.000 Euro an Kosten rechnen (auch je nach Verbrauch).

> Wenn diese Leistungen bislang nicht oder unvollständig enthalten waren, welche zusätzlichen Kosten setzt Ihr Unternehmen dafür an?
>
> _____ Euro
>
> → Diesen Betrag können Sie auch in die Sammeltabelle auf Seite 188/189 übertragen.

Gibt es Alternativen?

Auch bei Baustrom und Bauwasser gibt es die Möglichkeit, sich Genehmigung, Installation und Deinstallation vom Hausanbieter mit anbieten zu lassen. Ebenso kann die Abrechnung des Verbrauchs über ihn laufen; meist geht der Hausanbieter dann sparsamer mit Wasser und Strom um. Andererseits ist der Verbrauch aber über die Verbrauchsuhren transparent abrechenbar. Eine andere Variante könnte sein, sich beim Baunachbarn, soweit es einen solchen gibt, mit „dranzuhängen". Das muss man aber gut mit eben dem Nachbarn abstimmen, damit auch die Abrechnung vernünftig klappt. Am einfachsten ist es, wenn der Nachbar mit seinem Bau schon deutlich weiter ist und Baustrom- und Bauwasser eigentlich fast schon wieder demontieren könnte. Dann könnten Sie gegen Gebühr an den Nachbarn die Installation übernehmen. Über die Dokumentation des Verbrauchszwischenstandes wäre auch der Verbrauch nachher gut abrechenbar. Das sind aber in der Regel eher seltene Zufälle, häufiger ist dagegen schon der Fall, dass man bei 2 Doppelhaushälften von vornherein gemeinsame Sache macht und am Ende die Installations- und Verbrauchskosten einfach pauschal teilt.

Fragebögen und Checkblätter: Planung und Umsetzung mit dem Generalunternehmer oder Fertighausanbieter 143

Checkblatt Baubeschreibung
Grundwasserhaltung

LEISTUNGSUMFANG DES IHNEN ANGEBOTENEN HAUSES	JA	NEIN
13. Ist die Grundwasserhaltung in der Baugrube (falls nötig bei hohem Grundwasserstand) im Leistungsumfang des Ihnen angebotenen Hauses enthalten?	☐	☐

Was ist Grundwasserhaltung?
Unter Grundwasserhaltung versteht man einen künstlichen Eingriff in den natürlichen Grundwasserspiegel. Unter anderem kann man den Grundwasserstand dabei auf einem bestimmten Niveau halten oder auch absenken oder auch das Grundwasser von bestimmten Bereichen wie einer Baugrube fernhalten. Grundwasserhaltung kann dauerhaft nötig oder auch nur temporär erforderlich sein.

Wann benötigt man Grundwasserhaltung?
Bei hochstehendem Grundwasser kann man nicht ohne Weiteres einfach eine Baugrube ausheben, denn sonst würde Grundwasser einfach in eben diese nachfließen. In der Baugrube selbst könnte man dann nicht mehr bauen. Daher muss im Fall eines hohen Grundwasserstands bei gleichzeitig notwendigem Kelleraushub eine temporäre Grundwasserhaltung erfolgen, mindestens so lange, bis der Keller fertig erstellt ist. Dazu wird üblicherweise das Wasser um die Baugrube herum fortlaufend abgepumpt und an anderer Stelle wieder einem natürlichen Oberflächengewässer zugeführt. Grundwasserhaltungen und Grundwassereinleitungen in andere Gewässer sind genehmigungspflichtig.

Was kostet Grundwasserhaltung?
Bei der Grundwasserhaltung stehen zunächst einmal Genehmigungsgebühren an, die sich im Rahmen weniger Hundert Euro bewegen. In diesem Fall muss die Grundwasserhaltung selbst installiert werden. Hier gibt es unterschiedliche Verfahren, die auch unterschiedlich hohe Kosten nach sich ziehen. Die Kosten für eine Grundwasserhaltung sind aber generell vierstellig. Je nach Aufwand können sie auch fünfstellig werden. Sie liegen – je nach gewähltem Verfahren und abhängig von Lage und Größe der Baugrube sowie den Mengen des abzupumpenden Wasservolumens – zwischen 5.000 und 10.000 Euro, wenn es komplizierter wird (schwierige Baugrube, aufwendiges Abpumpen), auch deutlich mehr.

Aufgrund der hohen Kosten ist es wichtig, dass man vor Baubeginn die Höhe des Grundwasserspiegels kennt, um die Wahrscheinlichkeit dieser Kostenposition frühzeitig feststellen zu können; denn sie muss dann unbedingt sogleich mit berücksichtigt werden. Hinzu kommt, dass nach Beendigung der Grundwasserhaltung und bei folglich dann wieder steigendem Grundwasserspiegel der Keller dauerhaft im Grundwasser stehen kann oder wird, das heißt, für die Kellerkonstruktion muss eine wasserdichte Variante gewählt werden, die ebenfalls erhebliche Mehrkosten verursacht (→ Checkblatt 67 Seite 148).

> Wenn diese Leistungen bislang nicht oder unvollständig enthalten waren, welche zusätzlichen Kosten setzt Ihr Unternehmen dafür an?
>
> _____ Euro
>
> → Diesen Betrag können Sie auch in die Sammeltabelle auf Seite 188/189 übertragen.

Verbraucherzentrale

Gibt es Alternativen?

Wenn man weiß, dass das Grundstück, welches man zur Bebauung erworben hat, in einem Gebiet mit hohem Grundwasserspiegel liegt, kann man natürlich von vornherein die Überlegung anstellen, ob man in dieses Grundwasser tatsächlich einen Keller setzen will. Der Verzicht auf den Keller spart natürlich höhere Summen, und man kann dann vielleicht über die Schaffung eines ebenerdigen Kellerersatzraumes nachdenken. Auf der anderen Seite ist ein Keller natürlich ein Hausbereich, auf den man ungern verzichtet, er trägt auch zu einem höheren Wiederverkaufswert des Hauses bei.

Will man auf alle Fälle einen Keller bauen, dann führt bei einem hohen Grundwasserstand kein Weg an einer geordneten Grundwasserhaltung während der Kellerbauphase und einem wasserdichten Keller vorbei.

Checkblatt Baubeschreibung
Abtransport- und Deponiekosten

LEISTUNGSUMFANG DES IHNEN ANGEBOTENEN HAUSES	JA	NEIN
14. Sind der Abtransport und die Deponiegebühr des Erdaushubs im Leistungsumfang des Ihnen angebotenen Hauses enthalten?	☐	☐

Was sind Abtransport- und Deponiekosten?

Abtransport- und Deponiekosten sind Kosten, die für alles anfallen, was im Verlauf einer Baumaßnahme von der Baustelle abtransportiert und speziell deponiert werden muss. Das kann beispielsweise Abbruchmaterial eines alten Gebäudes sein, das bislang auf dem Grundstück stand, oder auch Abbruchmaterial von alten Nebengebäuden, Zäunen, Einfriedungen oder dergleichen. Es können auch zu entsorgende Schadstoffe sein.

Für üblichen Baustellenabfall, vor allem solchen, den die Unternehmen während der Bauphase selbst produzieren wie leere Verpackungen, Packmaterial, Farbeimer, Putzreste und so weiter werden üblicherweise keine Abtransport- oder Deponiekosten in Rechnung gestellt.

Wann benötigt man Abtransport und Deponie?

Der häufigste Grund für den Abtransport und die Deponie ist die Entfernung des Erdreichs, das im Verlauf des Aushubs der Baugrube vom Grundstück entfernt werden muss, weil es auf diesem nicht dauerhaft gelagert werden kann – meist aus Platzgründen. Die Freiräumung des Grundstücks, also die Räumung von hinderlichem Strauchwerk und eventuell auch Bäumen ist zu diesem Zeitpunkt ja bereits erfolgt, das Grünzeug ist bereits abtransportiert und auf einem Grünhof deponiert. Daher finden Sie diesen Aspekt im Checkblatt Freiräumung Grundstück. Abtransport und Deponie können aber auch Abbruchmaterial und sogar hochsensibles Material betreffen, selbst Blindgänger aus dem Zweiten Weltkrieg. Das ist allerdings selten. Häufiger ist schon der Abtransport von belastetem Boden. Das kann zum Beispiel dann nötig sein, wenn auf dem Grundstück zuvor eine gewerbliche Nutzung stattgefunden hat – wie etwa bei einer Tankstelle oder Werkstatt. Aber selbst intensiv betriebene Landwirtschaft kann zu erheblichen Bodenbelastungen und zum notwendigen Austausch von Boden führen, wenn anschließend darauf eine Wohnbebauung errichtet werden soll.

Was kosten Abtransport und Deponie?

Abtransport- und Deponiekosten von üblichem Erdmaterial sind in der Regel vierstellig, ab etwa 3.000 Euro und auch deutlich höher. Wie hoch im Einzelfall, das kommt auf das Volumen des abzutransportierenden Materials, auf die Art des Materials und auf die Deponiekosten an. Die Erfahrung der Verbraucherzentrale zeigt, dass Abtransport- und Deponiekosten fast nie im Leistungsumfang explizit benannt werden. Eine ganze Reihe von Bauunternehmen lässt das Aushubmaterial später tatsächlich auf dem Grundstück liegen, auch wenn dies dafür zu klein ist. Der Abtransport und die Deponiekosten sind dann gesondert zu vergüten. Dem sollten Sie vorbeugen, indem Sie mit dem Checkblatt aus diesem Buch, prüfen, ob auch Abtransport und Deponie des Erdaushubs im Leistungsumfang und damit im Preis enthalten sind.

Handelt es sich bei dem abzutransportierenden Material nicht um übliches Erdmaterial, sondern um Bauschutt oder auch zusätzlich um Bauschutt, dann fällt dafür ebenfalls noch einmal ein Betrag in etwa gleicher Höhe an.

Geradezu explodieren können die Abtransport- und Deponiekosten, wenn es sich nicht um übliches Erdmaterial, sondern um belastetes Material handelt, zum Beispiel mit Altölen durchsetztes Erdmaterial oder Ähnliches. Denn dann ist der Aushub dieses Materials bereits teurer wegen zusätzlicher Schutzvorkehrungen auch des Arbeitspersonals. Und ebenso wird der Transport schnell teurer, je nachdem, ob das Material offen transportiert werden kann oder geschlossen transportiert werden muss und wie weit die nächste geeignete Deponie entfernt liegt. Und schließlich sind natürlich auch die Deponiekosten selbst schnell deutlich teurer als üblich, denn nicht jede Deponie kann einfach jedes Material aufnehmen. Spezialdeponien sind in Errichtung und Unterhalt natürlich teurer als einfache Erddeponien.

> Wenn diese Leistungen bislang nicht oder unvollständig enthalten waren, welche zusätzlichen Kosten setzt Ihr Unternehmen dafür an?
>
> _____ Euro
>
> → Diesen Betrag können Sie auch in die Sammeltabelle auf Seite 188/189 übertragen.

Gibt es Alternativen?

Um Abtransport- und Deponiekosten zu vermeiden, gibt es verschiedene Möglichkeiten. Zunächst kann man natürlich ganz auf einen Keller und Aushub verzichten, dies aber nur wegen der Aushub- und Deponiekosten zu tun, wäre Unsinn. Eine Alternative ist die Geländemodellierung. Man kann dabei ausgehobenes Erdmaterial an anderer Stelle auf dem Grundstück aufschütten und das Gelände so modellieren. Gern wird dies an Hanggrundstücken gemacht.

Ist das nicht möglich, können Sie sich überlegen, es mit einem Inserat zu versuchen und den Boden kostenfrei an Selbstabholer abzugeben. Übliches Erdreich – nicht zu verwechseln mit gutem oberflächennahen Mutterboden – ist aber nicht allzu beliebt, es sei denn, man benötigt es gerade zufällig für Verfüllungsmaßnahmen oder Ähnliches.

Checkblatt Baubeschreibung
Hausanschlüsse und Entwässerungskanalarbeiten

LEISTUNGSUMFANG DES IHNEN ANGEBOTENEN HAUSES	JA	NEIN
15. Sind die Wasser- und Abwasseranschlüsse inklusive Kontrollschacht (lückenlos, vom öffentlichen Netz bis ins Haus beziehungsweise umgekehrt, betriebsfertig) sowie Regenwasserentwässerungskanal im Leistungsumfang des Ihnen angebotenen Hauses enthalten?	☐	☐
50. Ist ein Außenwasserhahn (frostfrei) im Leistungsumfang des Ihnen angebotenen Hauses enthalten?	☐	☐

Was sind Hausanschlüsse und Entwässerungskanalarbeiten?

Hausanschlüsse sind sämtliche Versorgungsanschlüsse des Hauses an die öffentliche Infrastruktur, sei es von Wasser, Abwasser, Elektrizität, Telekommunikation und eventuell auch Gas oder Fernwärme.

Ein Hausanschluss ist sozusagen der private Teil der Infrastruktur. Dieser private Anschluss läuft von der Grundstücksgrenze bis zum Haus beziehungsweise vom Haus bis zur Grundstücksgrenze. Das ist der Teil, den die öffentlichen Infrastrukturanbieter nicht bauen, sondern den Sie selber bauen und finanzieren müssen. Das heißt, Sie müssen dazu Kabel-, Rohrleitungs- und Kanalgräben ausheben lassen und gegebenenfalls einen sogenannten Kontrollschacht (eine Art privaten Kanalzugang auf Ihrem Grundstück) errichten lassen. Bei Angeboten von Fertighausanbietern oder Generalunternehmern sind diese Leistungen fast nie Vertragsbestandteil, auch bei Bauträgern nicht, wenn Grundstück und Haus separat gekauft werden. Ein angeblich schlüsselfertiges Haus ist absurderweise häufig noch nicht einmal ein betriebsfertiges Haus. Sehr häufig steht in Bau- und Leistungsbeschreibungen zum Beispiel beim Punkt „Regenrinnen" „Fallrohre bis ein Meter oberhalb Gelände". Das heißt, das Fallrohr der Regenwasserleitung wird vom Dach heruntergeführt und hört dann einfach einen Meter oberhalb des Geländes auf. Die Regenwasserentwässerungskanalleitung, die am Fußpunkt des Kellers im Gefälle bis zum Kontrollschacht gezogen wird, fehlt dann. Ebenso die Standrohre am Fußpunkt der Fallrohre der Regenleitung, die das Regenwasser von der Fallleitung durchs Erdreich nach unten abführen in die Entwässerungskanalleitung.

Wann benötigt man Hausanschlüsse und Entwässerungskanalarbeiten?

Sie benötigen die Anschlüsse spätestens zum Zeitpunkt der Keller- beziehungsweise Bodenplattenerrichtung. Durch die Hausanschlüsse wird das Haus an alle öffentlichen Versorgungen angebunden. Sie erhalten dadurch unter anderem fließendes Wasser, Gas oder Strom, was Wohnen überhaupt erst komfortabel macht. Manche Anschlüsse kann man frei wählen, beispielsweise ob man einen Gasanschluss haben will oder nicht (aber auch nur, wenn eine Gasleitung in der Straße vor Ihrem Grundstück liegt oder geplant ist), andere hingegen muss man zwingend umsetzen – wie zum Beispiel die Anbindung eines Gebäudes an die Wasser- und Abwasserversorgung. Die Entwässerungskanalarbeiten für das Regenwasser müssen erfolgen, wenn das Wasser nicht anders abgeführt werden soll (vielleicht in eine Zisterne) oder muss (unter Umständen kommunale Vorgaben).

Was kosten Hausanschlüsse und Entwässerungskanalarbeiten?

Die Kosten für Hausanschlüsse setzen sich üblicherweise zusammen aus Erdarbeiten und den jeweiligen Kabel-, Rohr- oder Kanalverlegungsarbeiten samt Materialkosten.

Hausanschlusskosten – also die Kosten der Rohr- und Leitungsverlegung (Strom, Telefon, Wasser, Abwasser, eventuell Gas oder Fernwärme) von der Grundstücksgrenze bis zum Haus – sind fast immer im vierstelligen Bereich. Sie sollten dafür mit etwa 2.500 bis 4.000 Euro rechnen.

Hinzu kommen die Entwässerungskanalarbeiten mit zusätzlich ungefähr 600 bis 700 Euro, bei großen Häusern auch mehr. Da dieser Kostenpunkt relativ hoch ist, sollte er von vornherein mit dem Hausanbieter besprochen werden. Entweder nimmt der ihn in seinen Leistungskatalog auf und erledigt ihn mit, oder Sie müssen sich ein Unternehmen suchen, das diese Anschlüsse vornimmt. Das Problem sind dann allerdings natürlich wieder Schnittpunkte, die in Ihrer Verantwortung liegen. Die verlegten Kabel, Rohre und Kanäle müssen am Haus exakt dort herauskommen, wo sie benötigt werden. Wenn gerade erst neu errichtete und unter Umständen aufwendig abgedichtete Kelleraußenwände dafür durchbohrt werden müssen, sollte die Bohrung sehr sorgfältig und umsichtig erfolgen. Wird hier nicht sorgsam gearbeitet und auf Erhaltung der Abdichtungskosten geachtet, kann das weitere Folgekosten nach sich ziehen. Egal wer die Anschlüsse letztlich legt, die Hauswanddurchbrüche für die Anschlüsse sollte nach Möglichkeit der Hausanbieter durchführen.

> Wenn diese Leistungen bislang nicht oder unvollständig enthalten waren, welche zusätzlichen Kosten setzt Ihr Unternehmen dafür an?
>
> _____ Euro
>
> → Diesen Betrag können Sie auch in die Sammeltabelle auf Seite 188/189 übertragen.

Gibt es Alternativen?

Wirkliche Alternativen zu Hausanschlüssen gibt es nicht, es sei denn, sie wären wirklich energieautark und hätten Ihre eigene Kläranlage für Abwässer inklusive behördlicher Genehmigung.

Es gibt nur in Teilbereichen Alternativen. So kann man beispielsweise beim Gasanschluss des Grundstücks als Abzweig von der Hauptleitung mitunter wählen, ob man diesen haben will oder nicht. Auch bezüglich der Regenwasserableitung kann man beantragen, das Regenwasser für den eigenen Gebrauch im Garten nutzen und Regenwassertonnen oder -zisternen aufstellen zu dürfen. In Neubaugebieten von immer mehr Kommunen wird man sogar dazu verpflichtet.

Checkblatt Baubeschreibung
Kellerkonstruktion

LEISTUNGSUMFANG DES IHNEN ANGEBOTENEN HAUSES	JA	NEIN
24. Ist ein Keller im Leistungsumfang des Ihnen angebotenen Hauses enthalten?	☐	☐
25. Ist ein Keller als WU-Keller in Stahlbeton im Leistungsumfang des Ihnen angebotenen Hauses enthalten?	☐	☐

Was ist eine angemessene Kellerkonstruktion?

Eine angemessene Kellerkonstruktion ist das Ergebnis der Anforderungen an den Keller. Das ist zunächst die Frage: Auf welchen Bodenverhältnissen steht der Keller? Dann kommen Fragen nach den Grundwasserverhältnissen, nach dem Auftriebsrisiko von unten und der Gebäudelast von oben. Erst danach kommen Fragen zur Nutzungsart des Kellers, also Wohnkeller oder Lagerraum. Häufig wird bei Kellerkonstruktionen ganz grundsätzlich unterschieden zwischen sogenannten schwarzen Wannen und weißen Wannen. Unter schwarzen Wannen versteht man Kellerausführungen, die mit wasserdurchlässigen Steinen oder auch Beton ausgeführt sind und die zum Schutz außen einen schwarzen Anstrich erhalten (daher der Name), meist ist das eine Bitumendickbeschichtung. Sie soll verhindern, dass Feuchte ins Mauerwerk oder den Beton dringt. Unter einer weißen Wanne versteht man eine Kellerausführung in wasserundurchlässigem Beton, sogenannter WU-Beton. Dieser kann – wird aber meist nicht mehr – zusätzlich mit Bitumendickbeschichtungen oder Ähnlichem behandelt werden. Er bleibt grau beziehungsweise weiß-grau, daher der Name weiße Wanne. Mit Wanne ist der Keller selbst gemeint, der wie eine Wanne ins Erdreich gesetzt wird.

Wann benötigt man eine angemessene Kellerkonstruktion?

Die richtige Kellerkonstruktion muss von Anfang an berücksichtigt werden; denn eine angemessene Kellerkonstruktion ist nötig, damit ein Keller die ihm zugeordneten Aufgaben auch tatsächlich erfüllen kann, zum Beispiel muss er also – falls das unverzichtbar ist – dicht sein gegen stehendes Grundwasser. Er muss eventuellen Auftriebskräften (Keller können in Grundwasser „aufschwimmen") ausreichend entgegenwirken können, und seine Statik muss so ausgelegt sein, dass er das Gebäude tragen kann, das auf ihm errichtet wird. Darüber hinaus muss er – wenn er beispielsweise als Wohnkeller genutzt wird – auch über die notwendigen Wärmedämmungen und Lichteinlässe verfügen, um überhaupt bewohnbar zu sein. Außerdem benötigt er dann auch Mindestraumhöhen.

Was kostet eine angemessene Kellerkonstruktion?

Die Kosten eines Kellers sind sehr unterschiedlich und hängen eben tatsächlich vor allem an der angemessenen Ausführung der Konstruktion. Ist diese aufwendig, können Kosten förmlich explodieren. Daher sind auch Baugrunduntersuchungen so wichtig, damit man solche Kostenrisiken rechtzeitig erkennen kann. Wenn ein Keller als schwarze Wanne geplant ist und sich plötzlich herausstellt, dass eine weiße Wanne benötigt wird, können das schnell hohe vier- bis fünfstellige Mehrkosten sein, zwischen 8.000 und 15.000 Euro und mehr, je nach Größe und Ausführung des Kellers. Das ist ein Betrag, der eine Finanzierung definitiv gefährden kann, deswegen ist die Prüfung, ob der Keller eine angemessene Konstruktionsweise hat, sehr wichtig. Wenn kein Bodengutachten des Grundstücks vorliegt, zumindest mit Daten zu Bodenklasse oder Homogenbereichen, Bodendruckverhältnissen und Grundwasserstand, und parallel ein Keller in einfacher Ausführung, also zum Beispiel als gemauerter Keller mit Bitumendickbeschichtung angeboten wird, bestehen klare

Fragebögen und Checkblätter: Planung und Umsetzung mit dem Generalunternehmer oder Fertighausanbieter

Risiken. Denn was ist, wenn Bodenverhältnisse angetroffen werden, die plötzlich eine ganz andere Kellerausführung nötig machen? Dann müssen Sie schnell eine ganz andere, kostenintensive Entscheidung treffen.

> Wenn diese Leistungen bislang nicht oder unvollständig enthalten waren, welche zusätzlichen Kosten setzt Ihr Unternehmen dafür an?
>
> _____ Euro
>
> → Diesen Betrag können Sie auch in die Sammeltabelle auf Seite 188/189 übertragen.

Gibt es Alternativen?

Eine Möglichkeit ist immer, dass Sie auf den Keller ganz oder teilweise verzichten. Der komplette Kellerverzicht führt dazu, dass nur noch eine Bodenplatte auf der Erdoberfläche gegossen wird, entweder selber tragend oder mit Streifenfundamenten, um das Haus darauf zu errichten. Bei einer Teilunterkellerung wird nur ein Teil des Hauses unterkellert. Eine beispielsweise nur halbe Unterkellerung führt in der Regel aber nicht zur Halbierung der Kellerbaukosten, sondern es können letztlich dann doch fast die Kosten einer Vollunterkellerung anfallen. Das liegt unter anderem daran, dass Teilunterkellerungen einen gewissen statischen Aufwand erfordern, denn ein Teil des Hauses ohne Keller muss dann ja anders gegründet werden als der andere Teil mit Keller. Damit es dabei nicht zu unterschiedlichen Setzungen oder dergleichen kommt, muss das Ganze gut geplant werden, mit entsprechendem Aufwand, zum Beispiel tieferer Gründung des nicht unterkellerten Bereichs. Eine Erwägung kann daher in einem solchen Fall sein, den Keller ganz entfallen zu lassen und einen ebenerdigen Kellerersatzraum etwa neben der Garage zu bauen.

Checkblatt Baubeschreibung
Kellerausstattung

LEISTUNGSUMFANG DES IHNEN ANGEBOTENEN HAUSES	JA	NEIN
26. Ist eine Dämmung unterhalb der Kellerbodenplatte im Leistungsumfang des Ihnen angebotenen Hauses enthalten?	☐	☐
27. Ist eine Dämmung der Kelleraußenwände im Leistungsumfang des Ihnen angebotenen Hauses enthalten?	☐	☐
28. Ist ein Kellerestrich (alle Räume) im Leistungsumfang des Ihnen angebotenen Hauses enthalten?	☐	☐
29. Ist ein Bodenbelag im Keller (zum Beispiel Fliesen) im Leistungsumfang des Ihnen angebotenen Hauses enthalten?	☐	☐
31. Falls kein Keller geplant: Ist es eine Dämmung unterhalb der Bodenplatte im Leistungsumfang des Ihnen angebotenen Hauses enthalten?	☐	☐

Was ist eine angemessene Kellerausstattung?

Neben der Kellerkonstruktion ist auch die Kellerausstattung ein unbedingt zu überprüfender Kostenpunkt. Die Kellerausstattung bei Fertighaus- oder Generalunternehmerangeboten hat üblicherweise einen sehr niedrigen Standard. Das heißt, Keller sind häufig ungedämmt, haben Einfachverglasung, keinen Estrich und keinen Bodenbelag (in der Regel gestrichener Beton), nur eine minimale Elektroausstattung und mitunter keinen Wasser- und Abwasseranschluss. Die Angemessenheit einer Kellerausstattung hängt davon ab, wie der Keller genutzt werden soll. Wenn der Keller zu Wohnzwecken verwendet werden soll, aber auch wenn der Hausanbieter Begriffe wie „Hobbyraum" in den Keller schreibt, dann haben diese Räume zunächst einmal Vorgaben der jeweiligen Landesbauordnungen an Wohnräume einzuhalten. Das beginnt bei der Raumhöhe (in allen Bundeslän- →

dern 2,40 Meter, außer in Baden-Württemberg, dort 2,30 Meter, und außer in Berlin, dort 2,50 Meter) und geht weiter über die Fenstergrößen (mindestens 10 Prozent der Raumgrundfläche muss Fensterfläche sein; Beispiel: ein 10 Quadratmeter großer Raum = 1 Quadratmeter Fensterfläche), Fluchtmöglichkeiten aus den Fenstern und führt schließlich zu Beheizbarkeit auf Raumtemperatur (nach DIN zumindest 20 °C). Was mit diesen Anforderungen von einem Hobbyraum in einem üblicherweise angebotenen Keller noch übrig bleibt, können Sie selber überprüfen. Wollen Sie hingegen nur Äpfel, Kartoffeln und Wein im Keller lagern und wollen ihn nicht zu Wohnzwecken nutzen, benötigen Sie auch weder bestimmte Raumhöhen noch bestimmte Fenstergrößen noch Beheizbarkeit, also auch keine Dämmung und keinen Estrich. Sie können den Keller dann allerdings später auch nicht ohne Weiteres umnutzen.

Wann benötigt man eine angemessene Kellerausstattung?

Die Angemessenheit der Ausstattung eines Kellers hängt vor allem davon ab, wie man den Keller nutzen will. Wenn einem durch den Fertighausanbieter oder Generalunternehmer Nutzungsmöglichkeiten versprochen werden, dann sollten diese auch eingehalten werden, das heißt, die baulichen Voraussetzungen müssen entsprechend geschaffen werden. Ist also ein Hobbyraum versprochen, dann muss dieser auch gedämmte Außenwände haben, eine Dämmung unterhalb des Estrichs sowie einen Estrich selbst, ferner eine ausreichende Raumhöhe, ausreichende Belichtung und ausreichende Beheizungsmöglichkeiten.

Nicht selten ist es so, dass Hausanbieter solche Kellerflächen noch mit in die Wohnfläche einrechnen und es dadurch zu einer ungerechtfertigten Größe der Gesamtwohnfläche des Hauses kommt. Wollen Sie das Haus dann gegebenenfalls einmal vermieten oder verkaufen, können Sie diese Flächen aber nicht einfach als Wohnflächen angeben. Sie kaufen also angebliche Wohnfläche, die es gar nicht gibt. Daher ist eine angemessene Kellerausstattung zumindest immer dann angezeigt, wenn sie seitens des Immobilienanbieters als Wohnraum oder Wohnfläche ausgegeben wird.

Wenn der Keller nur Lagerzwecken dienen soll, kann er auch eine relativ einfache Ausstattung haben. Es kann sogar besser sein, gar keinen Estrich im Keller zu haben als den falschen. Ein sinnvoller Estrich ist ein schwimmender (man könnte auch sagen frei schwingender) Estrich auf Dämmlage. Ein Verbundestrich hingegen (direkt auf die Bodenplatte gegossener Estrich) ist weniger sinnvoll, weil er keine Wärmedämmwirkung hat. Auch ein Estrich auf Trennlage (Folienlage zwischen Bodenplatte und Estrich) hilft nicht wirklich weiter. Dann bringen Sie lieber später einmal, wenn Sie wieder Geld haben, einen Estrich auf Dämmlage ein. Für diesen Fall müssen dann nur die Raumhöhen von Anfang an mitgedacht sein (Estrich auf Dämmlage hat etwa 12 Zentimeter Aufbauhöhe, die dann der Raumhöhe verlorengeht).

Ein weiterer Problempunkt beim Kellerausbau ist häufig der Schnittpunkt Treppenhaus / Kellerbereich: Viele Kellerabgänge sind heute offen gestaltet. Die warme Wohnraumluft gelangt so bis in den Kellervorflur. Dieser Vorflur hat häufig einen Estrich mit einer Dämmlage darunter. Aber die Kellerinnenwände vom Vorflur zu den angrenzenden Räumen und die Türen vom Vorflur in diese angrenzenden Räume sind meist nicht wärmegedämmt. So stoßen Kalt- und Warmbereiche des Hauses doch ungedämmt aufeinander. Wenn Sie auf dem eigenen Grundstück mit dem Fertighausanbieter oder Generalunternehmer bauen und einen Keller haben wollen, ist eine sinnvolle Überlegung immer, den gesamten Keller von außen zu dämmen, also sowohl die Kelleraußenwände wie auch die Kellerbodenplatte. Denn das ist eine Maßnahme, die Sie später nur unter hohem Aufwand (Kelleraußenwanddämmung) beziehungsweise gar nicht mehr (Bodenplattenunterdämmung) umsetzen können, während Sie beispielsweise einen Bodenbelag später immer einmal austauschen können. Eine Komplettdämmung des Kellers von außen ist sinnvoll. Soweit Sie wissen, dass Sie im Keller eine Waschmaschine und vielleicht einen Trockner anschließen wollen, müssen diese Anschlüsse (also Wasser, Abwasser und Strom) natürlich schon dorthin gelegt werden, wo die Maschinen später stehen sollen.

Was kostet eine angemessene Kellerausstattung?

Vergleicht man einen nichtausgebauten mit einem ausgebauten Keller, ist der Betrag sehr schnell fünfstellig. Der Ausbau eines kleineren Hauskellers in einfachem Standard (Elektroversorgung, Wasserversorgung, Heizung, größere Fenster, Dämmung, Estrich, Bodenbeläge, Wandputz, Deckenputz, Wohntüren) kann schnell zwischen 10.000 und 15.000 Euro kosten, mit Schwankungen nach oben und nach unten. Benötigt man den Keller nicht als Wohnraum, liegt hier also erhebliches Einsparpotenzial, wobei man sagen muss, dass die deutlich überwiegende Anzahl von Hausangeboten ohnehin einen Kellerausbau gar nicht vorsieht und er also auch im Preis nicht enthalten ist. Bei vielen Fertighausanbietern gilt sogar „ab Oberkante Bodenplatte". Das heißt, dann ist weder ein Keller noch auch nur eine Bodenplatte im Preis enthalten.

> Wenn diese Leistungen bislang nicht oder unvollständig enthalten waren, welche zusätzlichen Kosten setzt Ihr Unternehmen dafür an?
>
> _____ Euro
>
> → Diesen Betrag können Sie auch in die Sammeltabelle auf Seite 188/189 übertragen.

Gibt es Alternativen?

Bei den Überlegungen zu einer angemessenen Kellerausstattung sollte es immer um eine für Sie angemessene Kellerausstattung gehen. Wenn Sie einen Keller wollen, ist es zunächst einmal sinnvoll, den Keller von außen auch zu dämmen. Wenn Sie ganz sicher wissen, dass Sie den Keller nie zu Wohn-, Arbeits- oder Hobbyzwecken nutzen werden, können Sie ihn auch ungedämmt lassen, müssen ihn dann aber vom übrigen Haus gut isolieren, also die Kellerdecke und den Treppenhausvorflur des Kellers.

Sinnvoll kann es zumindest sein, den Keller nur zum späteren Ausbau vorzubereiten. Dabei sollten Sie bereits in die Außendämmung und ausreichend große Fenster investieren. Heizung, Strom und Wasser müssen nur bis zu einem Verteiler in den Keller gelegt werden, Estrich braucht auch noch nicht gelegt zu werden (nur die ausreichende Raumhöhe muss beachtet werden, sodass Estrich auch später noch problemlos eingebracht werden kann unter Beachtung der Wohnraumhöhe), auch Türrahmen und Türblätter können gegebenenfalls noch ganz entfallen, selbst Trennwände, soweit sie nicht tragend sind, müssten noch gar nicht eingebaut werden. Alles das hilft, Geld zu sparen an einer sinnvollen Stelle.

Sie hätten dann als Ergebnis einen sehr einfachen, aber gut vorbereiteten Rohkeller. Das kann viel sinnvoller sein, als einen angeblich ausgebauten Keller zu haben, der aber nicht einmal über eine ausreichende Dämmung der Außenwände und unterhalb der Bodenplatte verfügt.

Checkblatt Baubeschreibung
Hebeanlage

LEISTUNGSUMFANG DES IHNEN ANGEBOTENEN HAUSES	JA	NEIN
16. Ist eine Hebeanlage (falls nötig) im Leistungsumfang des Ihnen angebotenen Hauses enthalten?	☐	☐

Was ist eine Hebeanlage?
Eine Hebeanlage dient dazu, (Ab-)Wasser von einem niedrigen Niveau auf ein höheres Niveau zu „heben". Man unterscheidet zwischen Hebeanlagen für Fäkalien, Abwasser und auch Heizungskondensat. Es gibt Hebeanlagen in und außerhalb von Häusern, es gibt auch Hebeanlagen, an die mehrere Häuser angeschlossen sind. Zumeist handelt es sich aber um individuelle Hebeanlagen im Haus.

Wann benötigt man eine Hebeanlage?
Eine Hebeanlage wird dann benötigt, wenn der tiefste Punkt der Abwasserausleitung aus dem Haus nur sehr knapp oberhalb oder sogar unterhalb des Straßenkanalniveaus liegt, sodass eine Ausleitung des Abwassers aus dem Haus im natürlichen Gefälle bis zum Kanal nicht möglich ist. Das kann zum Beispiel dann der Fall sein, wenn das Abwasser des Hauses unterhalb der Kellerbodenplatte gesammelt wird und von diesem Tiefpunkt in den Straßenkanal geführt werden soll. Wenn dies über ein natürliches Gefälle nicht möglich ist, muss das Abwasser zunächst auf ein höheres Niveau gehoben werden, um von dort aus dann im natürlichen Gefälle den Straßenkanal zu erreichen.

Wieviel kostet eine Hebeanlage?
Eine Hebeanlage kostet zwischen etwa 1.500 und 3.500 Euro, je nachdem, welches Modell gewählt wird und ob auch die Montagekosten eingeschlossen sind. Hinzuzurechnen sind langfristige Wartungs- und natürlich Reparaturkosten. Ist die Hebeanlage bei einem neuen Gebäude vom Generalunternehmer oder Fertighausanbieter in der Leistungsbeschreibung nicht explizit benannt, gehört sie auch nicht zur vertraglich vereinbarten Leistung. Hier sind also unter Umständen Kosten in Höhe von 1.500 bis 3.500 Euro zusätzlich zu veranschlagen.

> Wenn diese Leistungen bislang nicht oder unvollständig enthalten waren, welche zusätzlichen Kosten setzt Ihr Unternehmen dafür an?
>
> _____ Euro
>
> → Diesen Betrag können Sie auch in die Sammeltabelle auf Seite 188/189 übertragen.

Gibt es Alternativen?
Die einfachste Alternative zu einer Hebeanlage ist der komplette Verzicht auf sie. Das kann zum Beispiel dann funktionieren, wenn man auf Wasser- und Abwasseranschlüsse im Keller verzichtet. Man kann in diesem Fall das Abwasser bereits unterhalb der Decke zwischen Erdgeschoss und Keller sammeln und im Gefälle zum Kanal führen, das funktioniert fast immer. Das heißt zugleich aber auch, dass man beispielsweise die Waschmaschine nicht mehr ohne Weiteres in den Keller stellen kann. Waschmaschinen haben allerdings eigene Pumpen und manchmal genügt ein höherer Sockel, auf dem die Waschmaschine im Keller steht, damit sie ihr Abwasser noch in eine solche Abwasserleitung unterhalb der Kellerdecke pumpen kann. Der Einbau von Toiletten und Duschen im Keller hingegen ist ohne Hebeanlage dann in der Regel aber nicht möglich. Dafür spart man jedoch einen vierstelligen Betrag und hat darüber hinaus keine Wartungs- und Reparaturkosten.

Will man ungeachtet dessen aber doch WC und Dusche im Keller haben und wird eine Hebeanlage benötigt, sollte diese von vornherein mit in die Baubeschreibung des Fertighausanbieters oder Generalunternehmers aufgenommen und kalkuliert werden. Dann haben Sie zumindest die Möglichkeit zu reagieren und dafür etwa an einer anderen Stelle auf etwas zu verzichten, um die Gesamtbaukosten nicht zusätzlich zu belasten.

Checkblatt Baubeschreibung
Elektroausstattung

LEISTUNGSUMFANG DES IHNEN ANGEBOTENEN HAUSES	JA	NEIN
18. Ist ein Stromanschluss (lückenlos vom öffentlichen Netz bis ins Haus, betriebsfertig) im Leistungsumfang des Ihnen angebotenen Hauses enthalten?	☐	☐
19. Ist die Elektroausstattung (auch in Kellerräumen, Dachräumen, Außenbeleuchtung, gegebenenfalls Garage) im Leistungsumfang des Ihnen angebotenen Hauses enthalten?	☐	☐
20. Ist eine Gegensprechanlage mit Annahmestationen auf allen Geschossen im Leistungsumfang des Ihnen angebotenen Hauses enthalten?	☐	☐
49. Sind Außensteckdosen und Außenbeleuchtung für Terrasse und Balkon im Leistungsumfang des Ihnen angebotenen Hauses enthalten?	☐	☐

Was ist eine angemessene Elektroausstattung?
Die Elektroausstattung umfasst die Installation des Hausanschlusses sowie aller Steckdosen, Schalter, Deckenauslässe und Wandauslässe (an die später die Lampen angeschlossen werden können) samt aller Verkabelungen – innerhalb des Hauses und außerhalb des Hauses. Es müssen also auch der Anschluss für eine Hauseingangs-, eine Terrassen- und eine Balkonbeleuchtung enthalten sein, ferner Steckdosenanschlüsse für Terrasse und Balkon. Soweit eine Garage Vertragsbestandteil ist, benötigt natürlich auch diese mindestens eine Steckdose und einen Beleuchtungsanschluss.

Der Umfang der Elektroausstattung im Haus ist bei fast allen Hausanbietern eher mager. Fast nie ist das, was im Angebot enthalten ist, wirklich ausreichend. Hier hilft in der Regel nur, mithilfe der Grundrisspläne Raum für Raum fiktiv durch das

Haus zu gehen und mit 3 verschiedenen Farbstiften zu markieren, wo Steckdosen benötigt werden und wie viele, wo Schalter benötigt werden und wie viele und wo Deckenauslässe oder Wandauslässe benötigt werden und wie viele. Ein einfaches Beispiel soll Ihnen das klarmachen: Bei der Beschreibung des Umfangs einer Elektroausstattung in einer üblichen Bau- und Leistungsbeschreibung tauchen die ersten Probleme manchmal schon bei der Raumdefinition auf. In der Baubeschreibung heißt es dann zum Beispiel: „eine Steckdose im Flur". Im Plan gibt es aber nur einen „Windfang" und eine „Diele", und man rätselt dann, in welchem Raum diese Steckdose denn nun sitzt. Und wo im Raum sie sitzt, ist ohnehin fast nie angegeben, wenn man nicht einen detaillierten Elektroplan erhält.

Wichtig ist auch, dass die Anzahl der Stromkreise angegeben ist und welche Räume sie jeweils umschließen. Je kleiner die Stromkreise – je höher also ihre Anzahl ist – , desto höher ist die Betriebssicherheit, desto einfacher ist aber auch die Abschaltung eines begrenzten Bereiches, zum Beispiel um eine Glühbirne zu wechseln oder eine Installation vorzunehmen.

Es gibt unterschiedliche Definitionen, auf die Sie in einigen Bau- und Leistungsbeschreibungen stoßen können, so zum Beispiel „Elektroinstallation nach DIN" oder „Elektroausstattung nach HEA". HEA ist ein Verein (Fachgemeinschaft für effiziente Energieanwendung e.V.). Dieser hat in Anlehnung an die DIN 18015-2 eine Mindestausstattung für die Elektroinstallation definiert. Beides ist für Sie im konkreten Fall Ihres Hausbaus aber möglicherweise wenig hilfreich. An die DIN kommen Sie nur gegen horrende Kosten – und dann nützt Sie Ihnen nicht einmal, weil die DIN-Vorgaben extrem mager sind. Sie benötigen schon eine detaillierte und vollständige Übersicht sämtlicher Elektroanschlüsse zu Ihrem Haus (alle Steckdosen, alle Schalter, alle Deckenauslässe, alle Wandauslässe, alle Außenstecker, Außenschalter und Außenauslässe).

Bei den Kabeln unterscheidet man zwischen Stegleitungen und Mantelleitungen. Ein dritte Variante sind Kabel in Leerohren. Die Wahl der Ausführung hängt auch davon ab, welchen Komfort man bei der Elektroausstattung sucht beziehungsweise welchen Nachrüstungsbedarf man zukünftig hat. Ist dieser eher hoch, kann es sinnvoll sein, alle Leitungen in Leerohren verlegen zu lassen, in die man später weitere Kabel legen kann oder in denen man bereits liegende einfach austauschen kann, ohne eine Wand oder Decke öffnen zu müssen.

Wann benötigt man eine angemessene Elektroausstattung?

Eine einmal installierte Elektroausstattung ist nicht ohne Weiteres einfach nachrüstbar. Das geht nur, wenn man von vornherein bestimmte Vorkehrungen dafür trifft. Wenn man aber schon ein neues Haus kauft oder baut, will man ja auch nicht nach kurzer Zeit schon wieder nachrüsten, sondern eigentlich will man einen Standard schaffen, mit dem man einige Jahre auskommt. So kann man sich beispielsweise grundsätzlich zwischen einem einfachen Standard mit NYM-Leitungen entscheiden oder aber für eine etwas gehobene mit Mantelleitungen oder gar Leerohren, und schließlich kann man auch ein BUS-System wählen. Bei diesem lassen sich dauerhaft zum Beispiel bestimmte Schalter bestimmten Lampen immer wieder neu beliebig zuordnen und auch Funktionen per Mobilfunk steuern. Die meisten Menschen benötigen das nicht.

Viele verzichten auch auf elektrische Rollladenantriebe, etwas anders sieht es bei Jalousien aus. Bei großen Südfenstern mit großflächigen Jalousien kann vereinzelt durchaus ein Elektromotor zum Einsatz kommen und auch sinnvoll sein. Die Wünsche und Bedürfnisse der Menschen sind hier unterschiedlich. Was sich aber festhalten lässt, ist die Tatsache, dass Sie nur in den wenigsten Fällen mit dem Ihnen angebotenen Umfang an Elektroausstattung auskommen werden. „Eine Steckdose im Flur" heißt nämlich, dass diese Steckdose eventuell bereits durch den Stecker des Akku-Festnetz-Telefongerätes dauerhaft belegt ist. Für das Aufladen des Mobilfunkgeräts oder für den Betrieb des Staubsaugers im Flur ist dann bereits kein Platz mehr.

Das Einfachste ist, dass man sich seinen gegenwärtigen Bedarf an Steckdosen pro Zimmer einmal ansieht und sich fragt, was denn darüber hinaus wünschenswert wäre? Das kann man dann vergleichen mit dem, was einem der Hausanbieter offeriert. Nicht vergessen sollte man dabei Nebenbereiche wie Keller oder Dachboden. Auch Räume, die man nur als Waschküche benutzen will, kommen mit einer einzelnen Steckdose selten aus. Dann muss man bereits entscheiden, ob nun Waschmaschine oder Trockner angeschlossen wird, und für das Bügeleisen ist ohnehin dann keine mehr frei. Besonders in Waschküchen ist die Lage der Steckdosen oft sehr wichtig, weil man gerade dort ungern Steckerleisten auf den Boden legt, in die im Zweifel Wasser laufen kann.

Fehlerinduktionsschalter, sogenannte FI-Schalter zur Kindersicherheit sind heute ohnehin Standard und müssen eingebaut werden. Ihr Einbau ist in Kinderzimmern, Küchen und Bädern sinnvoll.

Stromkreise sollten, wie erwähnt, nicht zu groß sein. Wenn beispielsweise Wohnzimmer und Küche an einem Stromkreis hängen und Sie die Sicherung in der Küche herausnehmen wollen, um eine Glühbirne zu wechseln, kann das dazu führen, dass damit auch sämtliche Einstellungen Ihres Fernsehers oder DVD-Players verloren gehen.

Eine angemessene Elektroausstattung ist eine solche, die zunächst einmal vom Umfang her Ihren Bedürfnissen entspricht (ausreichende Anzahl an Steckdosen, Schaltern, Decken- und Wandauslässen im Haus inklusive Keller und Dachboden, sowie außen am Haus und in einer eventuellen Garage). Die zweite Überlegung ist dann, ob die Steckdosen, Schalter, Decken- und Wandauslässe mit Stegleitungen, Mantelleitungen oder mit Leitungen in Leerrohren angefahren werden sollen. Die dritte Überlegung ist schließlich, welchen Standard der Anlage man wünscht. Ob man sich den Luxus eines BUS-Systems leisten will, sollte man ernsthaft hinterfragen. Auch hinsichtlich zusätzlicher Ausstattung, wie zum Beispiel elektrischer Rollläden, kann man unterschiedlicher Meinung sein. Will man solche Dinge allerdings haben, gehören Sie von Anfang an auf die Ausstattungsliste, also in die vertraglich zu vereinbarende Bau- und Leistungsbeschreibung, damit Sie Ihre Kosten im Auge behalten und nicht von erheblichen Mehrkosten plötzlich überrascht werden.

Was kostet eine angemessene Elektroausstattung?

Eine Elektrogrundausstattung ist in den meisten Hausangeboten enthalten. Meistens ist sie aber deutlich unterdimensioniert. Beim Kostenrisiko stellt sich deshalb hier weniger die Frage nach den Kosten der Basisinstallation als nach dem Kostenrisiko für Zusatzwünsche und wie man das eingrenzt. Ein einfaches Beispiel aus der Beratungspraxis der Verbraucherzentrale mag das Kostenrisiko verdeutlichen: Ein Ratsuchender ließ die Baubeschreibung eines Hausanbieters prüfen. Dieser offerierte eine schmale Grundausstattung mit Elektrik. Für weitere Installationen setzte er pro Element (Schalter, Steckdose) eine Pauschale von 90 Euro netto an. Der Kunde wollte im gesamten Haus nur 4 weitere Steckdosen haben, dazu 1 für die Terrasse und 1 für den Balkon sowie 4 zusätzliche Schalter, was zusammen Kosten von sage und schreibe 900 Euro netto ausgelöst hätte. Samt Mehrwertsteuer wären das 1.071 Euro gewesen. Sie sehen, dass Zusatzkosten für die Elektroausstattung explodieren können, wenn sie diese nicht von vornherein festlegen. Überlegen Sie einmal, wenn Sie pro Etage nur 6 zusätzliche Steckdosen und 4 zusätzliche Schalter haben wollten, dann würden Sie bei den genannten Vertragsbedingungen und bei 3 Etagen (Keller, Erdgeschoss, Dachgeschoss) bei folgender Rechnung landen: 30 (Installationen zusätzlich) x 90 (Euro) = 2.700 Euro Zusatzkosten netto und 3.213 Euro brutto. Sehr viele Hausanbieter wollen für jede weitere Installation einer Steckdose, eines Schalters, eines Decken- oder Wandauslasses 50 oder mehr Euro, häufig auch noch ohne Angabe, ob brutto oder netto. Angemessen sind maximal 25 bis 35 Euro brutto.

> Wenn diese Leistungen bislang nicht oder unvollständig enthalten waren, welche zusätzlichen Kosten setzt Ihr Unternehmen dafür an?
>
> _____ Euro
>
> → Diesen Betrag können Sie auch in die Sammeltabelle auf Seite 188/189 übertragen.

Gibt es Alternativen?

Die wirksamste Alternative, sich vor überraschenden Mehrkosten bei der Elektroausstattung zu schützen, liegt darin, von vornherein über dieses Thema mit dem Hausanbieter offen zu sprechen. Ihre stärkste Verhandlungsposition haben Sie dann, wenn Sie auf eigenem Grundstück bauen und den Hauskaufvertrag des Fertighausanbieters oder Generalunternehmers noch nicht unterzeichnet haben. Anders sieht es aus, wenn Sie ein Grundstück erwerben und sich bereits im Grundstückskaufvertrag verpflichten, mit einem bestimmten Bauunternehmen zu bauen.

Wenn Sie frühzeitig erkennen, dass die Elektroausstattung, so wie sie Ihnen angeboten wird, nicht ausreicht und der Hausanbieter zur Erweiterung nur bei Zahlung von Mehrkosten bereit ist, sollten Sie aber zumindest diese mit ihm festlegen. Hierfür gibt es unterschiedliche Vorgehensweisen. Entweder legen Sie im Detail die von Ihnen gewünschte Elektroausstattung fest und verhandeln dafür einen Gesamtpreis. Oder aber Sie legen fest, was eine Steckdose, ein Schalter, ein Deckenauslass und ein Wandauslass pro Stück zusätzlich kosten. Wie erwähnt sollten diese Preise aber nicht über 25 bis maximal 35 Euro pro Stück brutto liegen. Und eine Doppelsteckdose sollte nicht gleich das Doppelte, also 50 oder 70 Euro kosten, sondern deutlich darunter; denn die Hauptarbeit wie das Schlitzen oder Schneiden der Wand muss auch in diesem Fall nur einmal gemacht werden. Eine solche Kostenfestlegung vor Hauskauf verhindert zumindest überraschende Fantasiepreise später im Bauablauf, wenn der Zeitdruck hoch ist und Sie keine Verhandlungsmöglichkeit mehr haben.

Checkblatt Baubeschreibung
IT- / Telefon- / TV-Ausstattung

LEISTUNGSUMFANG DES IHNEN ANGEBOTENEN HAUSES	JA	NEIN
23. Ist der TV-, IT- und Telefon-Anschluss (lückenlos vom öffentlichen Netz bis ins Haus, betriebsfertig) im Leistungsumfang des Ihnen angebotenen Hauses enthalten?	☐	☐

Was ist eine angemessene IT- / Telefon- / TV-Ausstattung?

Eine angemessene Telekommunikationsausstattung umfasst heute mehr als nur einen Telefonanschluss. Dazu gehören gegebenenfalls auch ein Kabelanschluss für den TV-Empfang und natürlich ein Anschluss an Datenkabel für den Internetzugang. Es gibt zwar – gerade in ländlichen Regionen – mittlerweile auch den Versuch der kabellosen Übertragung, um auch auf dem Land schnellere Datenübertragungen möglich zu machen, trotzdem sollte ein Haus natürlich nach Möglichkeit auch an die Datenkabel angebunden werden, soweit sie existieren. DSL beziehungsweise TDSL ist heute – zumindest in Ballungsräumen – Standard.

Im Haus selbst ist dann eine Unterverteilung in die einzelnen Räume wichtig. Es ist bereits heute so, dass eigentlich jeder Wohn- und Schafraum inklusive Kinderzimmer einen Telefon-, Kabel- und Internetanschluss haben sollte oder doch zumindest die Option dafür. Das kann man entweder lösen über die Verlegung von Leerrohren, über die man später eine Versorgung mit Datenkabeln einziehen kann, oder man legt auch die Kabel bereits bis in alle Zimmer und installiert ebenso die Anschlussdosen. Dann ist alles fix und fertig und man muss bei Bedarf nur noch die Geräte anschließen, also Telefon, TV und Computer.

Wann benötigt man eine angemessene IT- / Telefon- / TV-Ausstattung?

Die meisten Menschen benötigen die private Telekommunikationsausstattung zu Hause nur für private Zwecke. So etwas kann sich aber durchaus auch einmal ändern, sei es, dass man – vielleicht auch nur vorübergehend – einen Teil der beruflichen Arbeit von zu Hause aus erledigen kann oder will, sei es, dass man einen Fernlehrgang bucht, der im Wesentlichen über den Computer läuft, oder sei es auch, dass die eigenen Kinder sich von zu Hause in Schulungsprogramme ihrer Schulen einloggen müssen, was in Zukunft noch stärker der Fall sein kann. Dann ist die Internetnutzung keine reine Privatsache mehr, sondern wird zum festen Werkzeug der Ausbildung oder des Berufs.

Aber auch für die Nutzung des Hauses selber kann Telekommunikation in Zukunft noch eine ganz andere Rolle spielen. Mit den sogenannten Smartphones in Kombination mit bestimmten Hausinstallationen (BUS-Technik) kann man heute schon „Fernsteuerungen" einiger Bereiche des Hauses vornehmen, wie zum Beispiel der Heizung. Ob sich das allerdings wirklich an Verbraucherbedürfnissen orientiert, ist mit großen Fragezeichen verbunden. Wer seine Haustechnik mit dem Internet verbindet, muss wissen, nicht nur er wird dann Einrichtungen im Haus fernsteuern können, sondern das können dann auch andere.

Was kostet eine angemessene IT- / Telefon- / TV-Ausstattung?

Mit der Telekommunikationsausstattung ist es wie mit der Elektroausstattung. Eine Basisausstattung ist im Kaufvertrag in der Regel enthalten, meist aber keine umfassende oder komfortable Ausstattung. Wenn Sie eine solche wollen, müssen Sie diese vor dem Kauf mit dem Hausanbieter festlegen. Nicht jeder Anbieter wird Ihnen alles anbieten wollen oder können. Das fängt schon damit an, dass für die Hauszuleitung der Telekommunikationsleitung das erschließende Telekommunikationsunternehmen zuständig ist, nicht der Hausanbieter und nicht die Kommune. Gleiches gilt für Kabel-TV. Ein ganzes Neubaugebiet in Süddeutschland war monatelang ohne Festnetzanschluss, weil kein Telekommunikationsunternehmen Interesse an einer Telekommunikationserschließung des Gebiets hatte.

Sie wiederum kaufen aber ein Haus schlüsselfertig und gehen davon aus, dass dann auch alles im Paket enthalten ist, das Haus also nicht nur schlüsselfertig übergeben wird, sondern auch betriebsfertig. Damit hier kein Ärger entsteht, müssen Leistungen und Kosten vorab dezidiert geklärt werden. Bei der Basisausstattung ist zunächst wichtig, dass auch der Hausanschluss der Telefon- und Datenkabel enthalten ist, was bei Fertighaus- und Generalunternehmerangeboten üblicherweise nicht der Fall ist. Auch bei Bauträgerimmobilien, bei denen Grundstück und Haus separat gekauft werden, ist das nicht automatisch der Fall. Ist die Leistung nicht im Leistungsumfang enthalten und muss sie vollständig zusätzlich erbracht werden, inklusive Kabelkanalaushub von der Grundstücksgrenze an der öffentlichen Straße bis zum Haus, dann sollte man für den Hausanschluss mit einem Betrag zwischen 600 und 1.000 Euro brutto rechnen.

Hinzu kommt noch die Verteilung im Haus. Hier gibt es die Variante, dass man die Dinge nur vorbereiten lässt, etwa durch die Verlegung von Leerrohren in alle Räume inklusive Leerdosen, oder wählt doch die Variante, dass man alles fertig installieren lässt, inklusive Kabeln und Dosen. Auch hier sollte man bei voller Installation in alle Räume mit einem Betrag von nicht unter 150 bis 200 Euro pro Raum rechnen, bei 5 Räumen also 750 bis 1.000 Euro. Hier schwanken die Preise allerdings sehr, daher muss dies unbedingt rechtzeitig abgefragt werden, damit nicht plötzlich eine Rechnung über 2.500 Euro oder Ähnliches auf dem Tisch liegt. Das Ziehen nur von Leerrohren und Setzen von Leerdosen sollte mit nicht mehr als 75 bis 100 Euro pro Raum zu Buche schlagen.

Wenn der Telekommunikations- oder Kabelanbieter selber die Verlegung im Haus übernimmt, wird der Außendienstmonteur hier unter Umständen nach Stundensätzen abrechnen; wenn das so ist, sollte er vorab allerdings einen verbindlichen Kostenvoranschlag machen.

> Wenn diese Leistungen bislang nicht oder unvollständig enthalten waren, welche zusätzlichen Kosten setzt Ihr Unternehmen dafür an?
>
> _____ Euro
>
> → Diesen Betrag können Sie auch in die Sammeltabelle auf Seite 188/189 übertragen.

Gibt es Alternativen?

Die Alternativen bei der Telekommunikationsinstallation liegen vor allem im Bereich des Hausanschlusses. Wenn man kein Kabel-TV will oder es keinen örtlichen Anbieter gibt, kann man auch auf Satellit umsteigen. Allerdings erfordert auch der Empfang über eine Satellitenschüssel eine innerhäusliche Unterverteilung in die einzelnen Räume. Der Internetzugang wird im ländlichen Raum zukünftig möglicherweise ergänzend auch per Funksignal erfolgen statt über Kabel, selbst beim Telefon haben heute viele Menschen bereits keinen Festnetzanschluss mehr. Die Alternativen hängen hier also an den örtlichen Voraussetzungen und an den persönlichen Vorlieben. Eine sinnvolle und kostengünstige Alternative ist jedenfalls immer, den Hausanschluss installieren zu lassen (für Telefon, Internet und TV), die Unterverteilung im Haus über Leerrohre und Leerdosen jedoch nur vorbereiten zu lassen.

Checkblatt Baubeschreibung
Heizungsausstattung

LEISTUNGSUMFANG DES IHNEN ANGEBOTENEN HAUSES	JA	NEIN
17. Ist (falls gewünscht) ein Gasanschluss (lückenlos vom öffentlichen Netz bis ins Haus, betriebsfertig) im Leistungsumfang des Ihnen angebotenen Hauses enthalten?	☐	☐
21. Ist eine Heizungs- beziehungsweise Wärmepumpenergänzung durch Solarkollektoren für die Warmwasserbereitung im Leistungsumfang des Ihnen angebotenen Hauses enthalten?	☐	☐
22. Ist bei Installation einer Solarkollektoranlage auch ein 300-Liter-Warmwasserspeicher im Leistungsumfang des Ihnen angebotenen Hauses enthalten?	☐	☐

Was ist eine angemessene Heizungsausstattung?

Die Heizungsausstattung eines Hauses muss zunächst einmal natürlich so ausgelegt sein, dass sie die Wohn- und Schlafräume sowie Bäder und Küche ausreichend beheizt, nach DIN also zumindest auf 20 °C beziehungsweise 24 °C – und zwar unabhängig davon, wie kalt es draußen ist. Aber eine angemessene Heizung muss natürlich noch viel mehr können. Die moderne Energiegesetzgebung fordert automatische Anpassung an Außentemperaturverhältnisse, auch eine automatische Nachtabsenkung muss einstellbar sein, und schließlich sollte jeder Heizkörper natürlich einzeln individuell angefahren werden können und regelbar sein. Das ist heute aber üblicherweise Standard. Soweit eine Fußbodenheizung zum Einsatz kommt, ist es sehr wichtig, die einzelnen Heizkreise festzulegen. Es ist nicht sinnvoll zum Beispiel Flure und Bäder zusammenzuhängen oder Arbeits- und Schlafzimmer oder ähnlich. Am besten ist es, wenn jeder Raum über eine eigene Heizschleife angefahren und versorgt wird, sodass die Temperatur in jedem Raum individuell regelbar ist. Das gilt ebenso für offene Koch-Ess-Wohnbereiche, wo Kochbereich, Essbereich und Wohnbereich getrennt voneinander regelbar sein sollten. Auch die Regelbarkeit selbst sollte ganz leicht zugänglich sein, über einfache Regelventile in den jeweiligen Räumen.

Zu einer angemessenen Heizungsausstattung gehört auch eine ökonomisch und ökologisch optimale Heizungsplanung. Die Frage, ob man mit Öl, Gas, Pellets, Fernwärme, Wärmepumpe (also Strom) oder Geothermie das Haus beheizt, ist häufig eine Frage der örtlich überhaupt gegebenen Verhältnisse. Liegt vor dem Haus eine Gasleitung, kann die Gasheizung eine Option sein, liegt vor dem Haus keine Gasleitung, geht das nicht (oder nur mit Flüssiggas). Gleiches gilt für Fernwärme. Bei Öl stellen sich inzwischen viele kritische Fragen, ökonomische und ökologische, weshalb eine Ölheizung in der heutigen Zeit nicht mehr die erste Wahl ist. Umgekehrt muss aber auch eine Wärmepumpe nicht automatisch eine ökologische Lösung sein, nämlich dann nicht, wenn sie keine gute sogenannte Jahresarbeitszahl hat, was viele Luft-Wasser-Wärmepumpen tatsächlich nicht haben, und wenn der Strom zu ihrem Betrieb kein zertifizierter Ökostrom ist. Die Jahresarbeitszahl (in Bau- und Leistungsbeschreibungen manchmal auch mit „JAZ" abgekürzt oder mit „ß" – griechisch Beta – bezeichnet) gibt das Verhältnis von abgegebener Wärmeleistung in Kilowattstunden (kWh) zu aufgenommener Antriebsleistung in Kilowattstunden (kWh) an, betrachtet über den Zeitraum von einem Jahr (a). Eine gute Jahresarbeitszahl liegt bei 4 oder 4,5 oder höher.

Neben der Raumerwärmung versorgt die Heizung meist auch die Warmwasserversorgung. Seit Einführung des Erneuerbare-Energien-Wärme-Gesetzes (EEWärmeG) ist bei Neubauten die Nutzung erneuerbarer Energien Pflicht, und zwar in einem →

Umfang zwischen 15 und 50 Prozent des Gesamtenergiebedarfs (je nach eingesetzter Energieart, also etwa Solarenergie, Energie aus Biomasse, Geothermie und so weiter). Die meisten Hausanbieter lösen diese Vorgabe damit, dass sie als Standard im Hauspaket auch Solarkollektoren für die Warmwasserbereitung mit anbieten. Was mitunter aber fehlt, ist ein ausreichend großer Warmwasserspeicher. Denn wenn sie zwar Solarkollektoren haben, aber nur einen Warmwasserspeicher mit 120 Litern Speichervolumen, kann es Ihnen passieren, dass die Heizung doch immer wieder das schnell verbrauchte solarerwärmte Warmwasser durch heizungserwärmtes Wasser ergänzen muss. Daher benötigt man beim Betrieb von Solarkollektoranlagen üblicherweise auch einen deutlich größeren Warmwasserspeicher von etwa 300 Litern Speichervolumen.

Wann benötigt man eine angemessene Heizungsausstattung?

Eine angemessene Heizungsanlage dient einerseits natürlich dem Komfort und der Behaglichkeit, sie muss andererseits aber auch dem ökonomischen und ökologischen Einsatz von Energie gerecht werden. Die Anschaffungskosten einer Heizungsanlage werden über die Jahre von ihren Betriebskosten weit übertroffen, wenn sie strom- oder rohstoffabhängig ist. Das heißt, auch eine zunächst teure Heizungsanlage kann langfristig günstiger sein als eine zunächst preiswert erscheinende Anlage.

Die Festlegung der Heizungsausstattung ist in Bau- und Leistungsbeschreibungen fast durchgängig ein großes Problem. Obwohl man erwarten würde, dass genaue Herstellerbezeichnung und Typ des Heizgerätes, also zum Beispiel des Brenners oder des Pelletofens oder auch der Wärmepumpe, dezidiert benannt werden und auch weitere Elemente und ihre Hersteller genau festgehalten werden (also beispielsweise Warmwasserspeicher, Solarkollektoranlage, Heizungspumpen und Heizkörper), ist dies nur selten der Fall. Häufig finden Sie in Bau- und Leistungsbeschreibungen Formulierungen wie „moderne Gasbrennwertheizung" oder Ähnliches. Das heißt, Sie wissen letztlich gar nicht, welches Gerät welches Herstellers eingebaut werden soll, und damit auch nicht, ob das Gerät eine gute Kosten-Nutzen-Rechnung hat. Ob es beispielsweise bei der Stiftung Warentest zumindest mit „gut" getestet wurde, können Sie so auch nicht in Erfahrung bringen; deshalb ist die Nachfrage sinnvoll, welches System welches Herstellers eingebaut werden soll. Es ist dann auch klug nachzusehen, ob das Gerät unter Umständen bei der Stiftung Warentest (www.test.de) getestet wurde. Darüber hinaus ist die langfristige Versorgung mit Ersatzteilen ein Aspekt. Deutsche Hersteller von Heizungsanlagen gehören allerdings ohnehin zu den international führenden Produzenten, sodass Sie möglicherweise ein Fabrikat mit relativ einfacher Möglichkeit der Ersatzteilbeschaffung erhalten.

Ein weiterer Aspekt einer angemessenen Heizungsanlage ist ihr Wartungsbedarf. Viele Hausanbieter übernehmen nur dann Garantieleistungen, wenn mit der Übernahme der Heizungsanlage durch den Hauskäufer oder Bauherrn auch gleichzeitig ein Wartungsvertrag abgeschlossen wird. Manche Hausanbieter schließen sogar Gewährleistungen (die anders als Garantien gesetzlich verpflichtend sind) für den Fall aus, dass kein Wartungsvertrag geschlossen wird. Das ist allerdings juristisch nicht so einfach machbar, wie es in manchen Kaufverträgen formuliert wird. Ungeachtet dessen sollten der Wartungsbedarf einer Anlage möglichst gering sein und damit deren Wartungskosten. Wenn ein Hausanbieter einen Wartungsvertrag verlangt, sollten Sie ihn direkt nach den Kosten fragen, die er veranschlagt. Nicht immer wird die Wartung der Anlage diejenige Firma übernehmen können, die sie auch einbaut – zum Beispiel schon aufgrund zu großer örtlicher Entfernungen. Dann muss ein weiteres Unternehmen hinzugezogen, und auch dessen Kosten müssen dann in Erfahrung gebracht werden. Da die Gewährleistung vieler Heizungsbauteile nicht über 5 Jahre läuft, sondern nur über 2 Jahre, sollten 2 Routine-Heizungschecks in den ersten beiden Jahren eigentlich im Kaufpreis des Hauses enthalten sein und nicht ein Extra-Wartungsvertrag für diese Zeit abgeschlossen werden müssen. Auch das können Sie offen ansprechen.

Was kostet eine angemessene Heizungsausstattung?

Eine angemessene Heizungsausstattung kostet zwischen 15.000 und 25.000 Euro, wobei es nach oben kaum Grenzen gibt. Die Kosten sind deshalb so hoch, weil eine Heizungsanlage natürlich nicht nur aus einem Brenner, ein paar Rohrleitungen und einigen Heizkörpern besteht, sondern eine moderne Heizungsanlage hat in der Regel auch solare Komponenten, also etwa Solarkollektoren zur Brauchwassererwärmung auf dem Dach inklusive eines 300-Liter-Schichtenspeichers für das Warmwasser. Man kann für eine Heizungsanlage auch schnell 35.000 Euro und mehr loswerden. Bei solchen Preisangeboten sollte man allerdings genauer hinsehen, sie müssen qualitativ sehr gut sein.

Sie können davon ausgehen, dass ein Gasbrenner zwischen 1.500 und 3.500 Euro kostet. Mit 2.500 bis 3.500 Euro sollten Sie für einen modernen Warmwasserschichtenspeicher mit 300 Litern Inhalt rechnen, und zusätzlich etwa 5.000 bis 7.000 Euro werden die Solarkollektoren auf dem Dach verschlingen. Dazu kommen die internen Rohrleitungen, Pumpen und Heizkörper. In etwa so setzt sich der Gesamtpreis zusammen. Kaufen Sie nun aber zum Beispiel eine Wärmepumpe für 8.000 Euro, erhöht sich der Gesamtpreis der Heizungsanlage natürlich entsprechend, da Sie für eine Wärmepumpe nach wie vor deutlich tiefer in die Tasche greifen müssen als für einen Gasbrenner. Trotzdem kann sich eine wirklich effiziente Erdwärmepumpe mit einer Jahresarbeitszahl von mindestens 4,5 (→ Erläuterung weiter oben im Checkblatt) langfristig lohnen.

Soweit Sie eine Fußbodenheizung möchten oder auch im Bad beispielsweise einen Handtuchheizkörper, verteuern auch diese Elemente die Heizungsanlage und erhöhen damit die Gesamtkosten natürlich. Fußbodenheizungen sind schnell um ein Drittel bis die Hälfte teurer als klassische Heizkörper.

Je nachdem, welches Heizsystem Sie wählen und ob dieses einen Schornstein benötigt oder nicht (Fernwärme und Wärmepumpen benötigen keinen), kommt neben dem Schornsteinbau (der als einzügiger, einfacher Schornstein aber meist im Grundpreis enthalten ist) auch eine Abnahme des Schornsteins hinzu. Diese nimmt der zuständige Schornsteinfeger vor. Für die sogenannte Rohbau- und die sogenannte Gebrauchsabnahme können Sie mit um die 150 Euro rechnen.

> Wenn diese Leistungen bislang nicht oder unvollständig enthalten waren, welche zusätzlichen Kosten setzt Ihr Unternehmen dafür an?
>
> _____ Euro
>
> → Diesen Betrag können Sie auch in die Sammeltabelle auf Seite 188/189 übertragen.

Gibt es Alternativen?

Bei Heizungsanlagen gilt: Bevor man zu viel Geld in eine Heizungsanlage steckt, sollte man zunächst in eine optimale Gebäudehülle investieren. Denn eine Heizungsanlage ist letztlich nichts anderes als der aufwendige Versuch, eine nicht optimale Gebäudehülle dadurch auszugleichen, →

dass man das Gebäude von innen künstlich nachheizt. Hochgedämmte Gebäude wie beispielsweise Passivhäuser können weitgehend auf Heizungsanlagen verzichten und kommen mit einer installierten Lüftungsanlage samt Wärmerückgewinnung aus. Zwar ist die Anfangsinvestition teurer, langfristig allerdings sind die Betriebskosten eines Passivhauses sehr gering, das heißt, man investiert zunächst mehr, dafür jedoch langfristig und an der richtigen Stelle. Die Mehrkosten für einen Passivhausstandard betragen etwa 10 bis 15 Prozent gegenüber EnEV-Standard. Aber auch der EnEV-Standard wird vom Gesetzgeber schrittweise auf den Passivhausstandard hin weiterentwickelt werden.

Hinzu kommt: Eine andere Heizungslösung ist später auch einmal einfacher nachzurüsten als ein anderer Wärmedämmstandard des Hauses insgesamt.

Wenn das Geld momentan nur für den gesetzlich vorgeschriebenen EnEV-Wärmedämmstandard reicht und Sie auch bei der Heizung keine großen Sprünge machen können, dann ist eine Lösung immer, mögliche Nachrüstungen zumindest bereits anlagentechnisch vorzubereiten. Wenn Sie also zunächst mit einem klassischen Gasbrenner einsteigen wollen, sollten sie nachfragen, ob dieser später problemlos auch zum Beispiel gegen eine Wärmepumpe ausgetauscht werden kann, ohne dass die Heizungsanlage insgesamt aufwendig umgebaut werden muss. Viele Hersteller bieten Nachrüstoptionen und sinnvolle Ergänzungen, wenn dies von vornherein berücksichtigt wird.

Eine weitere Möglichkeit, Geld zu sparen, ist schließlich die Eigenleistung. Allerdings sollte man eine Heizungsinstallation nur dann in Eigenleistung durchführen, wenn dafür wirkliche Fachkunde im Familien- oder Freundeskreis vorhanden ist. Denn sie sollte unbedingt ein ausgebildeter Heizungsmonteur vornehmen.

Kritisch bei Eigenleistungen ist immer der Schnittpunkt der Eigenleistung zu der vom Hausanbieter zu erbringenden Leistung. Wird beispielsweise eine Fußbodenheizung verlegt, muss der Hausanbieter zunächst die Decken erstellen. Auf diese muss dann eine Wärme- und / oder Trittschalldämmung gelegt werden und auf beziehungsweise in diese schließlich die Heizschleifen. Darauf wiederum muss der Estrich gegossen werden. Wenn es hier zu Verzögerungen oder Abstimmungsproblemen kommt, können schnell finanzielle Forderungen des Hausanbieters auf Sie zukommen. Ein weiteres Problem ist das Thema Haftung bei Gewährleistungsfällen. Wird etwa nach einem Jahr der Estrich an irgendeiner Stelle feucht, dann taucht natürlich die Frage auf, warum? Und wer ist dann dafür verantwortlich? Hat der Estrich die Heizschleife beschädigt? Oder war es umgekehrt eine bereits beschädigt installierte Heizschleife, die den Estrich durchfeuchtet hat?

Wenn Sie also Eigenleistungen in Erwägung ziehen, dann überlegen Sie immer, welche Einsparungen Sie damit realisieren können und welche Folgerisiken damit einhergehen können. Unproblematische Eigenleistungen sind meist diejenigen, die ganz am Ende eines Bauvorhabens stehen und nur noch Oberflächengewerke betreffen wie zum Beispiel Tapezier- und Malerarbeiten innen oder Bodenbelagsarbeiten innen. Mit diesen Arbeiten kommen sie dem Hausanbieter nicht in die Quere, und der Haftungsschnittpunkt ist relativ klar.

Zur Schornsteinabnahme gibt es Alternativen dann, wenn die eigene Heizungsanlage gar keinen Schornstein braucht, also etwa eine Wärmepumpe. Dann muss natürlich auch keine Abnahme erfolgen. Es hat aber keinen Sinn, die Wahl einer Heizungsanlage davon abhängig zu machen, ob eine Schornsteinabnahme erfolgen muss oder nicht, sondern die Wahl einer Heizungsanlage sollte davon abhängen, ob sie optimal zum baulichen Vorhaben passt und ökologisch und ökonomisch sinnvoll ist.

Fragebögen und Checkblätter: Planung und Umsetzung mit dem Generalunternehmer oder Fertighausanbieter

Checkblatt Baubeschreibung
Fenster

LEISTUNGSUMFANG DES IHNEN ANGEBOTENEN HAUSES	JA	NEIN
30. Sind isolierte Kellerfenster im Leistungsumfang des Ihnen angebotenen Hauses enthalten?	☐	☐
34. Ist eine Dreischeiben-Wärmeschutzverglasung aller Wohnraumfenster im Leistungsumfang des Ihnen angebotenen Hauses enthalten?	☐	☐
35. Ist ein Einbruchschutz an allen Türen und Fenstern nach RC 2 im Leistungsumfang des Ihnen angebotenen Hauses enthalten?	☐	☐

Was ist eine angemessene Fensterausstattung?
Eine angemessene Fensterausstattung umfasst heutzutage zumindest die Aspekte Wärmeschutz, Schallschutz und Einbruchsicherheit.

Beim Wärmeschutz beispielsweise gibt es gesetzliche Vorgaben. So müssen Fenster einen festgelegten Wärmedurchgangswert (U-Wert) einhalten, der in der Energieeinsparverordnung (EnEV) festgelegt ist und von Zeit zu Zeit verschärft wird.

Beim Schallschutz kann es Vorgaben aus dem Bebauungsplan geben. Dort können sogenannte Lärmpegelbereiche festgelegt sein, vor allem in der Nähe von lauten Straßen, Bahnlinien oder Gewerbegebieten. In diesen Bereichen kann ein bestimmter Schallschutz vor Außenlärmeintrag vorgeschrieben sein. Sie können sich bei der zuständigen Kommune danach erkundigen, ob Schallschutzvorgaben im Bebauungsplan festgelegt wurden.

Und beim Einbruchschutz gibt es möglicherweise Vorgaben der Versicherung, in jedem Fall aber Empfehlungen der Kriminalpolizei (www.k-einbruch.de). Man richtet sich hier bei Fenstern unter anderem nach sogenannten Resistance-Classes (RC / früher: WK für Widerstandklassen), die aussagen, wie lange ein Fenster einem Einbrecher Widerstand entgegensetzen kann. Sie beginnen mit RC 1 und gehen über RC 2 bis hin zu RC 6, je höher die Zahl, desto sicherer das Fenster. RC 2 N oder auch RC 2 ist im Einfamilienhausbau eine gute Wahl und ausreichend sicher, aber auch deutlich teurer als eine RC-1-Ausstattung. Der Unterschied zwischen beiden liegt darin, dass bei der RC-2-N-Version kein Sicherheitsglas verwendet wird.

Eine angemessene Fensterausstattung betrifft auch die Anzahl der Fenster beziehungsweise deren Größe. Nach den Landesbauordnungen sind zumindest 10 Prozent der Raumgrundfläche als Fensterfläche vorzusehen (bei einem 10 Quadratmeter großen Raum also 1 Quadratmeter Fensterfläche). Ferner sollte bei Fenstern ihre Öffnungsrichtung festgelegt werden (damit sie im geöffneten Zustand beispielsweise nicht einfach mitten in den Raum vorragen, sondern zu einer Wand hin geschwenkt werden können). Und bei raumhohen Fenstern muss beachtet werden, dass Sicherheitsglas mindestens für die Brüstungsverglasung zum Einsatz kommt, wenn außen vor dem Fenster Absturzgefahr besteht und dort kein Geländer angebracht wird.

Die Fenstermontage sollte möglichst nach RAL erfolgen, das heißt, ein Fenster wird mit Blendleisten dicht ins Mauerwerk eingepasst und nicht nur einfach mit Bauschaum eingefügt. Fast alle Fertighausanbieter montieren ihre Fenster bereits im Werk. Durch diesen standardisierten Vorgang kann das Fenster sehr genau eingepasst werden. Dadurch haben Fertighäuser an diesem Punkt meist eine recht hohe Qualität, anders ist es bei Fenstermontagen erst auf der Baustelle.

Soweit im Keller einmal Wohnräume entstehen sollen, spielen die Fenstergröße und damit die →

Verbraucherzentrale

natürliche Belichtung und Belüftung eine große Rolle. Wie bereits mehrfach erwähnt müssen gemäß Landesbauordnungen (LBOs) auch die Voraussetzungen als Fluchtfenster im Kellergeschoss gegeben sein. Das ist bei einem Fenster, das zu klein ist und eine hohe Brüstung hat, nicht gegeben.

Wann benötigt man eine angemessene Fensterausstattung?

Eine angemessene Ausstattung der Fenster benötigt man vor allem dann, wenn man bestimmte energetische Ziele erreichen will. Daher sollte sich eine angemessene Fensterausstattung immer danach richten, welchen Ausstattungsgrad das Haus insgesamt hat. Wenn das Haus zum Beispiel als sehr hochwertig gedämmtes Passivhaus ausgestattet wird, hat es keinen Sinn, dann bei den Fenstern zu sparen, weil in diesem Fall die Dämmwirkung der Gebäudehülle zu stark beeinträchtigt wird. Bei einem Haus mit dem gerade einmal gesetzlich geforderten Dämmstandard nach der Energieeinsparverordnung (EnEV) kann man eher mit einem etwas niedrigeren Standard leben. Ganz grundsätzlich ist es aber so, dass es sinnvoller ist, in eine gut gedämmte Gebäudehülle zu investieren als in eine Heizungsanlage. Denn eine Heizungsanlage ist letztlich nichts anderes, als der Versuch, eine schlecht gedämmte Gebäudehülle durch Nacherwärmung des Gebäudeinneren mit Wärme zu kompensieren.

Was kostet eine angemessene Fensterausstattung?

Meist ist in Hausangeboten eine eher einfache Grundausstattung an Fenstern enthalten. Das sind häufig Fenster mit Isolierverglasung in Form einer Doppelverglasung mit Edelgasfüllung zwischen den Gläsern, maximal als RC-I-Ausführung, in der Regel ohne gehobenen Schallschutz und Rollläden mit Rollladengurten nur in den Wohnräumen (also nicht im Keller und nicht in Küchen, Bädern, WCs oder dem Dachboden). Will man eine höherwertige Fensterausstattung, vielleicht Dreifachverglasung als RC-II-Ausführung, eventuell sogar mit einem bestimmten Schallschutz, dann gehen die Kosten rasant nach oben. Ein kleineres Fenster (Größe etwa ein Quadratmeter), das sonst 350 oder 400 Euro kostet, kann auf diese Weise ganz schnell das Doppelte kosten. Wenn Sie also Zusatzkosten für höherwertige Fenster auf ein ganzes Haus hochrechnen, sind das sehr schnell fünfstellige Beträge. 8.000 bis 12.000 Euro und mehr sind da flott verplant.

> Wenn diese Leistungen bislang nicht oder unvollständig enthalten waren, welche zusätzlichen Kosten setzt Ihr Unternehmen dafür an?
>
> _____ Euro
>
> → Diesen Betrag können Sie auch in die Sammeltabelle auf Seite 188/189 übertragen.

Gibt es Alternativen?

Man kann es auch bei der Grundausstattung an Fenstern belassen, wenn daran nicht bestimmte Finanzierungsoptionen hängen (beispielsweise KfW-Effizienzhaus-Vorgaben), man sollte nur zumindest wissen, in welcher Form welche Fenster zu öffnen sind.

Wenn es Vorgaben aus dem Bebauungsplan zum Schallschutz gibt, sollte man sich gut überlegen, ob man sich darüber hinwegsetzt. Das wäre unzulässig, und: Außenschalleintrag kann über lange Zeiträume sehr zermürbend sein.

Bei der Gebäudehülle gibt es nur wenige Alternativen. Sie später nachzurüsten ist aufwendig. Es ist sinnvoll, in gute Fenster und eine gute Dämmung zu investieren. Keller, Fassade und Dach sind Bauteile, die die Gebäudekorpusqualität sichern.

Fragebögen und Checkblätter: Planung und Umsetzung mit dem Generalunternehmer oder Fertighausanbieter   165

Checkblatt Baubeschreibung
Rollläden / Raffstoren

LEISTUNGSUMFANG DES IHNEN ANGEBOTENEN HAUSES	JA	NEIN
32. Sind Rollläden an Kellerfenstern im Leistungsumfang des Ihnen angebotenen Hauses enthalten?	☐	☐
33. Sind Rollläden im Leistungsumfang des Ihnen angebotenen Hauses enthalten?	☐	☐

Was ist eine angemessene Rollladen- / Raffstorenausstattung?

Die Funktion eines Rollladens ist vor allem die Raumverdunkelung. Im Sommer werden Rollläden gern auch zur Raumverschattung eingesetzt, sie haben dabei allerdings den Nachteil, dass sie zwar in Teilen die direkte Sonneneinstrahlung verhindern, den Raum aber meist auch erheblich dunkler machen. Außenjalousien, sogenannte Raffstoren, eignen sich dagegen zur Verschattung von Räumen deutlich besser. Ihre Lamellen kann man so einstellen, dass direkte Sonneneinstrahlung verhindert wird, aber ausreichend Helligkeit durchs Fenster gelangen kann. Außenjalousien sind aber fast nie im Standardangebot von Hausangeboten enthalten, da sie deutlich teurer sind als Rollläden.

Bei der Rollladenausstattung sieht man heute fast immer Kunststoffrollläden vor. Auch die Rollladenkästen sind mitunter aus Kunststoff, was von der Rauminnenseite nicht allzu schön aussieht. Rollladenkästen sollten heute über eine ausreichende Dämmung und Dichtigkeit verfügen. Gleichzeitig sollte man die Rollladenkästen für Reparaturen problemlos öffnen können, ohne dabei größere Oberflächenschäden im oder am Haus hervorzurufen.

Es gibt inzwischen auch gedämmte Rollladenlamellen, sodass man das Haus nachts zusätzlich vor Wärmeverlusten schützen kann.

Eine Hochschiebsicherung sollte heute jeder Rollladen haben, und für Rollläden gibt es ebenso die Widerstandsklassendefinition, die auch Fenster haben, von RC 1 bis RC 6 (→ Checkblatt 73 Seite 163). Wie dort ist auch hier RC 2 zu empfehlen.

Elektrische Antriebe, die es schon seit Jahrzehnten gibt, sind nach wie vor eher Luxus. Nur beim Einbau von Raffstoren (Außenjalousien) werden sie zunehmend eingesetzt, weil man diese manuell nicht mit einem Gurtband bedienen kann, sondern nur mit einer Kurbel, was umständlicher und zeitaufwendiger ist.

Wetterschutz ist keine Funktion mehr von Rollläden. Was Fensterläden früher durchaus geleistet haben, leisten Rollläden heute nicht mehr – im Gegenteil. Es ist nicht klug, bei Hagelschlag den Rollladen herunterzulassen. Hagelkörner haben leichtes Spiel mit den Kunststofflamellen und durchschlagen sie in der Regel einfach, auch Außenjalousien halten Hagelschlag und starken Winden nicht immer ohne Beschädigung stand.

Eine Sonderstellung nehmen Rollläden an Kellerfenstern, Bad- und WC-Fenstern, mitunter auch Küchenfenstern sowie an Dach- und Dreiecksfenstern ein. Sehr häufig sind sie nicht in der Grundausstattung enthalten und müssen zusätzlich bezahlt werden.

Wann benötigt man eine angemessene Rollladen- / Raffstorenausstattung?

Eine angemessene Ausstattung des Hauses mit Rollläden beinhaltet zumindest auch die Küche, Bäder, WCs, Dach- und Dreiecksfenster.

→

Rollläden an Kellerfenstern sind im Standardpreis von Häusern praktisch nie enthalten. Es kann aber sein, dass man sie zumindest bei bestimmten Kellerräumen haben will. Häufig ist das beispielsweise bei Hanggrundstücken der Fall, wenn an der hangabgewandten Hausseite große Kellerfenster möglich sind und man diese auch mit Rollläden versehen will. Auch bei Dreiecksfenstern, zum Beispiel unter Giebeln, hätte man manchmal gerne Rollläden, doch diese sind ebenso in den Standardpreisen fast nie enthalten, weil dort teure Spezialrollläden notwendig sind. Auch bei Dachfenstern, etwa bei Gaubenfenstern, und fast immer bei Schrägdachfenstern sind Rollläden fast nie im Preis enthalten, fast nie auch ein Sonnenschutz.

Die Ausstattung mit elektrischen Antrieben kann dann ein Thema sein, wenn große Fensterflächen nicht mit Rollladengurten zu bedienen sind, sondern mit Kurbeln. Vor allem dann, wenn statt eines Rollladens ein Raffstore montiert wird, können elektrische Antriebe benötigt werden. Denn das Hochkurbeln von Raffstoren dauert deutlich länger als das von Rollläden, außerdem ist das Fadenwerk der Raffstoren meist anfälliger als die relativ einfache Lamellenbauweise von Rollläden.

Auch im Fall körperlicher Beeinträchtigungen der Bewohner können elektrische Antriebe das Mittel der Wahl sein.

Was kostet eine angemessene Rollladen-/ Raffstorenausstattung?

Je nachdem, was Sie alles zusätzlich haben wollen, können die Kosten vierstellig steigen, bei Raffstoren als Sonderwunsch auch fünfstellig, je nach Umfang. Wollen Sie zum Beispiel statt Gurtrollern oder Handkurbeln einen elektrischen Antrieb, wird es gleich deutlich teurer; denn dann kommen natürlich auch Elektromotoren zum Einsatz. Die Kosten eines ganz einfachen Rollladens, der vielleicht schon für 150 Euro zu haben ist, können dann auf 300 bis 400 Euro springen.

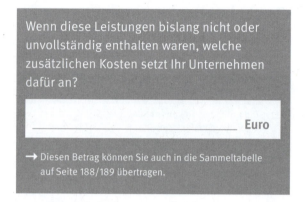

Gibt es Alternativen?

Man kann es auch bei der Grundausstattung an Rollläden belassen. Man sollte sich nur zumindest klar darüber sein, an welchen Fenstern Rollläden angebracht werden.

Bezüglich des elektrischen Antriebs von Rollläden kann man überlegen, diesen durch Installation von Leerrohren und Leerdosen nur vorbereiten zu lassen, sodass später nur Schalter und Elektromotoren nachgerüstet werden müssen

Raffstoren sind besonders gut geeignet für Haussüd- und Hauswestseiten; denn sie dienen ja vornehmlich nicht der Verdunkelung, sondern dem Sonnenschutz. Daher kann man sie auch gezielt nur an diesen Wänden einsetzen. Wer darüber hinaus morgendlichen Sonnenschutz haben möchte, muss auch diese Hausseite mit Raffstoren ausstatten. Nur eine reine Hausnordseite braucht einen solchen Sonnenschutz nicht. Wenn er auch dort eingesetzt wird, dann oft aus optischen Gründen, um allen Hausseiten eine ähnliche Gestaltung zu geben.

Checkblatt Baubeschreibung
Badausstattung

LEISTUNGSUMFANG DES IHNEN ANGEBOTENEN HAUSES	JA	NEIN
36. Ist eine angemessene Gäste-WC- und Bäderausstattung im Leistungsumfang des Ihnen angebotenen Hauses enthalten?	☐	☐

Was ist eine angemessene Badausstattung?

Eine angemessene Badausstattung umfasst nicht nur die sichtbare Ausstattung wie Fliesen, Sanitärgegenstände und Armaturen, sondern auch die unsichtbaren Dinge wie die Installation und die Warmwasserbereitung. Informationen zur angemessenen Warmwasserbereitung finden Sie im Checkblatt Heizung. Dort finden Sie zugleich Informationen zum Thema Fußbodenheizung, die immer häufiger in Bädern eingebaut wird. Auch das Thema Handtuchheizkörper findet dort Erwähnung.

Eine angemessene Badausstattung beginnt mit einer angemessenen Installation für die Wasserzu- und Wasserableitung. Hier finden Sie in Hausangeboten als Material häufig Kunststoffrohre. Für die Wasserzuleitung wird zumeist ein Verbundkunststoff gewählt, für die Wasserableitung häufig ein PVC-Rohr, seltener finden Sie Kupferrohre und noch seltener Edelstahlrohre. Einfache Kunststoffrohre als Wasserzuleitungsrohre sollte man ablehnen, da es hier inzwischen Diskussionen zu Weichmachern gibt, die solche Kunststoffrohre in das Wasser abgeben. Verbundkunststoffe hingegen sind eine Möglichkeit, allerdings muss man auch klar sagen, dass noch keine wirklich langjährigen Erfahrungswerte vorliegen, wie sich Rohre solcher Art über einen langen Zeitraum verhalten. Die längsten Erfahrungen hat man mit einfachen Kunststoffleitungen als Heizschleifen in Fußbodenheizungen. Hier wurden die ersten verbauten Kunststoffe mit der Zeit teilweise porös und einige auch undicht.

Die Verbundkunststoffe der heutigen Generation sind da allerdings deutlich weiter. Kunststoffrohre haben den Vorteil, dass man sie elegant allen Biegungen anpassen kann, wohingegen man beispielsweise Kupferrohre mit entsprechenden Winkelstücken anpassen muss. Auch bei Kupfer kann es zu Undichtigkeiten kommen; durch sogenannten Kupferfraß können mit den Jahren durchaus Löcher in den Wandungen der Rohre auftauchen. Wer ganz sichergehen will, wählt Edelstahlrohre. Mit diesen hat man langjährige Erfahrung, sie sind sehr wenig anfällig gegen Rohrschäden; außerdem sind ihre Wandungen sehr glatt, sodass das Wasser gut fließen kann (Vermeidung von Ablagerungen). Bei Kunststoffrohren gibt es unter Experten dagegen auch Diskussionen dazu, inwieweit sich an deren leicht rauen Wandungen eventuell unerwünschte Stoffe (eben auch gesundheitsschädliche) festsetzen können.

Die Wasserableitung wird praktisch immer aus PVC-Rohren gefertigt; PVC ist allerdings nicht umweltverträglich und gibt ebenfalls Weichmacher an das Wasser ab, was isoliert betrachtet zwar für das Abwasser vertretbar, mit dem etwas weiteren Blick auf den Wasserkreislauf für diesen aber auch nicht ideal ist. Nur selten werden Sie aber in Hausangeboten Alternativen zu PVC-Rohren finden. Früher gab es oft noch Gussrohre; sie sind aber fast völlig aus dem Markt verschwunden.

Unabhängig davon, welches Leitungsmaterial Sie wählen, ist der Installationsschallschutz der Leitungen wichtig. Mehr dazu erfahren Sie im Checkblatt Schallschutz.

Bei den Armaturen ist zum Schallschutz Folgendes zu beachten: Während das eine Ende der Rohre der Hausanschluss an das öffentliche Ver- und Entsorgungsnetz ist, ist das andere Rohrende entweder die Armatur, also zum Beispiel ein Wasserhahn oder der Duschkopf für die Entnahme des Frischwassers. Beim Wasserablauf kann man dagegen nicht viel falsch machen, aber bei Armaturen gibt es erhebliche Unterschiede – vor allem Qualitätsunterschiede. Das betrifft auch den Schallschutz. Armaturen erhalten Sie in unterschiedlichen Schallschutzklassen von I bis III, je niedriger desto besser. Eine exzellent gedämmte Wasserleitung nutzt unter Umständen nur relativ, wenn sich an deren Ende eine sehr laute Armatur befindet. Daher sollten Sie bei den Armaturen ebenso auf festgeschriebene Schallschutzstufen achten: Wenn die Rohrinstallation einen guten Schallschutz hat, sollten dies die Armaturen auch haben (→ Checkblatt 77 Seite 174). Das heißt also: Nicht nur die reine Optik einer Armatur ist wichtig, sondern auch ihre technischen Eigenschaften sind es.

Der nächste wichtige Punkt sind die Sanitärgegenstände, also WC-Schüssel, Waschbecken, Duschtasse, Badewanne. Auch diese müssen zunächst einmal schallentkoppelt montiert werden. Bei Hänge-WCs zum Beispiel wird eine Kunststoffmatte zwischen WC-Schüssel und Montagewand gesetzt. Badewannen werden meist in komplette Hartschaumträgerkörper gesetzt, und auch Duschtassen erhalten üblicherweise eine solche Schallentkopplung. Waschbecken werden ähnlich wie WCs mit einer Kunststoffmatte zwischen Waschbecken und Wand montiert.

Die Qualität der Sanitärgegenstände selber kann zwar sehr unterschiedlich sein, allerdings sind die Preise auch sehr unterschiedlich. In den meisten Hausangeboten gibt es eine sehr einfache Standard-Sanitärausstattung, die nicht unbedingt jedem Geschmack entsprechen muss. Wer es höherwertiger will oder auch einfach ein spezielles Design bevorzugt, muss schnell tiefer in die Tasche greifen.

Weiterer Ausstattungspunkt sind die Wand und Bodenfliesen. Hier werden Sie ebenfalls sehr oft eher einfache oder niedrige Standards vorfinden, häufig Wand- und Bodenfliesen im Bereich zwischen 15 und 25 Euro pro Quadratmeter. Wollen Sie andere Fliesen haben, müssen Sie zumeist einen Aufpreis zahlen.

Fensterbänke in Bädern sind meist gefliest. Das ist durchaus in Ordnung. Falls Sie etwas anderes wollen, müssen Sie dies rechtzeitig kundtun und schriftlich in die Baubeschreibung aufnehmen. Ein anderes Thema ist die Höhe der Wandverfliesung. Diese kann „raumhoch" sein, sie kann „türhoch" sein, wie es viele Anbieter ausdrücken, und sie kann auch deutlich niedriger sein, zum Beispiel auch mit dieser Maßangabe: „Wände umlaufend bis auf 1,20 Meter verfliest." Hier müssen Sie gegebenenfalls eingreifen und festlegen, was Sie wünschen; denn auch das kann zu Mehrkosten führen. Klar ist indes, dass zumindest im Bereich der Dusche die Wand auf wenigstens 2 Meter Höhe gefliest sein sollte.

Festgelegt werden muss dann noch, was darüber passiert. Putz? Tapete? Auch die Ausführung der Decke im Bad sollte festgelegt werden, um keine Kostenüberraschungen zu erleben; nicht zu vergessen sollte die Ausführung des Sockels beschrieben werden, also des Bereichs, an dem Boden und Wand zusammenlaufen. Meist wird hier eine Sockelleiste aus gestellten, hälftig oder anders geschnittenen Bodenfliesen gewählt.

Ein Thema, das nicht zuletzt im Badbereich zunehmend an Raum gewinnt, ist die Barrierefreiheit. Barrierefreiheit ist kein geschützter Begriff, allerdings gibt es zur Barrierefreiheit eine DIN-Norm, die unter anderem definiert, wie zum Beispiel ein Bad beschaffen sein muss, damit man es als barrierefrei bezeichnen kann. Es handelt sich um die DIN 18040, Teil II. Hier werden Vorgaben für Türdurchgangsbreiten gemacht, für die Unterfahrbarkeit (mit dem Rollstuhl) des Waschbeckens, für die Anfahrbarkeit des WCs (Parallelstellmöglichkeit des Rollstuhls) und die Einfahrbarkeit in den Duschbereich (schwellenfreie Duschtasse). Wer hier speziellen Bedarf hat, sollte sich seitens des Hausanbieters ausführlich beraten lassen und vertraglich gegebenenfalls einfach „Badausbau nach DIN 18040, Teil II" vereinbaren. Mit diesem absolut simplen Satz sind alle Vorgaben klar umrissen, die der Hausanbieter einzuhalten hat und die sicherstellen, dass man sich im Zweifel sogar mit dem Rollstuhl selbstständig im Bad bewegen kann (→ Checkblatt 26 Seite 74).

Vergessen in der Baubeschreibung werden gerne die vielen Kleinigkeiten: Handtuchhalter, WC-Papierrollenhalter, Haltegriffe Wanne / Dusche, Seifenschalen, Spiegel. Wenn Sie ein nagelneues Bad abnehmen und wenige Tage später mit der Bohrmaschine in eben den neuen Fliesenspiegel hineinbohren müssen, tut das weh. Es ist auch unnötig, wenn von vornherein geklärt ist, dass diese Montagen noch durch den Hausanbieter erfolgen, zum Beispiel jeweils im sogenannten Fugenkreuz. Das heißt, gebohrt wird dort, wo 4 Fliesen mit ihren Ecken aneinanderstoßen, eben im Fugenkreuz. Das ist aber auch nicht immer machbar, dann behilft man sich mit Manschetten.

Der Spiegel allerdings und die Spiegelbeleuchtung erhalten immer mehr Bedeutung. Viele Spiegel werden heute großflächig mit in den Fliesenspiegel integriert. Wenn Sie also keinen kleinen Spiegel haben wollen, der vor die Verfliesung gehängt wird, sondern einen großen, eingefügt in den Fliesenspiegel, dann muss das schriftlich in der Bau- und Leistungsbeschreibung fixiert werden.

Wann benötigt man eine angemessene Badausstattung?

Eine angemessene Badausstattung hat zunächst nichts mit übertriebenem Komfort oder gar Luxus zu tun, wie man meinen könnte, sondern damit, dass man eine angemessene Qualität einkauft, um möglichst lange etwas von der Investition zu haben. Denn wenn man bereits nach kurzer Zeit erste Reparaturen oder Instandsetzungen vornehmen muss, dann kann das teuer und aufwendig werden. Es gibt zwar eine Gewährleistungszeit, diese währt aber maximal 5 Jahre, für bewegliche Teile mitunter sogar weniger. Ein Bad sollte jedoch 20 bis 30 Jahre halten, bevor man es erneuern muss.

Man bedenke grundsätzlich, dass nicht nur die Oberflächengewerke wie Fliesen, Sanitärgegenstände und Armaturen über eine hinreichende Qualität verfügen müssen, sondern auch die „unter Putz" verbauten Elemente wie die Frischwasserleitungen, die Abwasserleitungen, die Heißwasserbereitung und vielleicht besondere Heizungselemente wie ein Handtuchheizkörper oder eine Fußbodenheizung.

Darüber hinaus kann es vorkommen, dass das Bad für veränderte Lebensumstände einsetzbar bleiben muss, beispielsweise wenn man – auch nur übergangsweise – eine barrierefreie Nutzbarkeit benötigt. Gerade in solchen Fällen wird man für eine weitsichtige Planung sehr dankbar sein. Sie ist nicht in jedem Fall umsetzbar, aber zumindest eine barrierereduzierte Planungsvariante ist häufig machbar, sie spielt leider jedoch nur sehr selten eine Rolle. Wer aber im eigenen Haus wirklich alt werden will, für den sollten solche Überlegungen eine große Rolle spielen (→ Checkblatt 26 Seite 74).

Was kostet eine angemessene Badausstattung?

Die Kosten für ein qualitätvolles Bad mit einer Wanne, einer Dusche, einem WC und 2 Waschbecken liegen bei etwa 12.000 bis 18.000 Euro. Für dieses Geld kann man dann allerdings Edelstahlrohrleitungen erwarten, schallgedämmt gelagert, eventuell in Vorbauten, dazu hochwertige Fliesen (Quadratmeterpreis nicht unter 35 Euro netto),

Verbraucherzentrale

hochwertige Sanitärgegenstände (keine Stangenware aus Bauhäusern, sondern namhafte Hersteller aus dem Sanitärfachhandel) sowie große Spiegel und Zubehör wie beispielsweise Waschtischunterschränke, Edelstahl-Handgriffe und Handtuchhalter sowie Seifenschale oder WC-Papierrollenhalter.

Soll eine barrierefreie Ausstattung hinzukommen, sollte man mit etwa 4.000 bis 5.000 Euro Zusatzkosten rechnen, da in der Regel grundsätzlich mehr Raum gebraucht wird (unter anderem für die Anfahrbarkeit des WCs und Bewegungsflächen). Ferner müssen die Unterfahrbarkeit des Waschtischs hergestellt, eine bodenebene Duschtasse eingesetzt werden mit entsprechenden Vorkehrungen bereits auf Estricheben und gegebenenfalls eine Schwenkvorrichtung für die Badewanne. Modernen barrierefreien Bädern sieht man ihre Unterstützungsfunktionen nicht an. Im Gegenteil – sie wirken längst sehr elegant.

> Wenn diese Leistungen bislang nicht oder unvollständig enthalten waren, welche zusätzlichen Kosten setzt Ihr Unternehmen dafür an?
>
> _____ Euro
>
> → Diesen Betrag können Sie auch in die Sammeltabelle auf Seite 188/189 übertragen.

Gibt es Alternativen?

Soweit man Fliesenleger im Verwandten- oder Bekanntenkreis hat, kann man natürlich überlegen, das Bad in Eigenleistung auszubauen. Es müssen dann aber klare Schnittstellen vereinbart werden, also: Bis wohin baut der Hausanbieter die Rohinstallation, und ab welchem Punkt übernehmen Sie mit der Eigenleistung? Soweit später Probleme auftauchen (zum Beispiel eine undichte Leitung) muss Ihnen immer klar sein, dass es dann Haftungsschnittpunkte geben kann, bei denen der Hausanbieter die Verantwortung ablehnen wird. Wenn das Geld sehr knapp ist, können Sie überlegen, zunächst nur eine sehr einfache Badausstattung zu wählen, die Sie später einmal gegen eine höherwertige Ausstattung austauschen können. Vor allem bei den Sanitärgegenständen und Armaturen kann man einiges sparen, bei den Fliesen selber ist es sinnvoller, gleich höherwertige zu nehmen, damit diese später nicht aufwendig wieder herausgebrochen werden müssen. Es ist dabei sinnvoll, sich einige der verbauten Fliesen sicherheitshalber in den Keller zu legen, auch falls man später tatsächlich doch noch einmal Sanitärgegenstände tauschen will oder muss. Denn beim Wechsel von Sanitärgegenständen kommt es manchmal zu Fliesenbruch oder Fliesenfehlstellen.

Man kann auf Verfliesungen in Bädern auch ganz verzichten, ein Estrich und Wandputz, die mit einem wischbaren Kunstharzanstrich überzogen werden, tun es auch. Auch sogenannte Pandomo-Böden (leicht glänzender Bodenbelag auf Zementbasis mit der optischen Wirkung eines großflächigen, fugenfreien Steinbelags) sind eine Möglichkeit. Mit Pandomo kann man fließend auch Wand und Boden überziehen, man muss aber genau prüfen, ob man dabei am Ende wirklich spart. Nicht alle Alternativen sind wirklich preiswerter als Fliesen.

Soweit zusätzliche Bäder geplant sind, beispielsweise ein Gästebad im Keller oder Ähnliches, kann man vielleicht überlegen, diese zunächst gar nicht auszubauen, sondern sie nur vorzubereiten und den Ausbau nachzuholen, wenn wieder etwas Geld in der Kasse ist. Sinnvoll ist es allerdings, sämtliche Installationsanschlüsse bereits legen zu lassen, damit später nur noch der Badausbau selbst mit den Oberflächengewerken wie Fliesen, Sanitärgegenständen und Armaturen erfolgen muss.

Checkblatt Baubeschreibung
Dachbodenausstattung

LEISTUNGSUMFANG DES IHNEN ANGEBOTENEN HAUSES	JA	NEIN
37. Ist eine gedämmte Dachbodeneinschubtreppe (falls Zwischendecke oberstes Geschoss zu Dachboden gedämmt ist) im Leistungsumfang des Ihnen angebotenen Hauses enthalten?	☐	☐
38. Ist eine Dachbodenbeplankung (Dachboden begehbar und nutzbar als Abstellraum) im Leistungsumfang des Ihnen angebotenen Hauses enthalten?	☐	☐
39. Ist eine Dachdämmung im Leistungsumfang des Ihnen angebotenen Hauses enthalten?	☐	☐
40. Ist eine Dachbodenwandbekleidung im Leistungsumfang des Ihnen angebotenen Hauses enthalten?	☐	☐

Was ist eine angemessene Dachbodenausstattung?

Wer ein Haus baut, das über ein Pult- oder Satteldach verfügt, welches durch eine Zwischendecke vom darunterliegenden Wohnraum abgetrennt ist, der muss in der Baubeschreibung ganz genau nachsehen, wie diese Zwischendecke beschaffen ist. Immer häufiger sind das nur abgehängte Decken, auf die von oben später einfach nur eine leichte Dämmschicht gelegt wird, welche jedoch weder betreten noch belastet werden kann. Mit der Nutzung des Dachbodens als Abstellboden wird es dann nichts. Eine angemessene Dachbodenausstattung umfasst also zumindest eine vernünftige Erreichbarkeit und eine ausreichende Begeh- und Belastbarkeit und die Beachtung energetischer Vorschriften.

Will man den Dachboden auch als Wohnraumreserve zum späteren Ausbau haben, müssen zusätzliche Kriterien eingehalten werden, vor allem aus den Landesbauordnungen (Raumhöhe, Belichtung, Beheizbarkeit), damit er im Zweifel auch möglichst einfach zu Wohnraum umgebaut werden kann.

Die Energieeinsparverordnung (EnEV) schließlich macht energetische Vorgaben, je nachdem, ob der Dachboden ausgebaut ist oder nicht. Bei einem nicht ausgebauten Dachstuhl reicht es, wenn die Zwischendecke zwischen letzter beheizter Wohngeschossebene und kaltem Dachboden gedämmt ist. Ist das Dach ausgebaut, müssen die Dachflächen an sich gedämmt werden.

Hat das Gebäude einen Kamin, muss auch an einen Ausstieg für den Schornsteinfeger gedacht werden. Das heißt, neben einer Luke müssen auf dem Dach Trittgitter angebracht werden, und der Dachboden selbst muss natürlich einfach und sicher zu erreichen sein. Ist die Zwischendecke zwischen oberstem Wohngeschoss und Dachgeschoss gedämmt, muss darüber hinaus die Dachbodenklappe gedämmt sein.

Wann benötigt man eine angemessene Dachbodenausstattung?

Eine angemessene Dachbodenausstattung ist zunächst einmal notwendig, um gesetzliche Vorgaben einzuhalten. So muss gemäß der Energieeinsparverordnung (EnEV) zum Beispiel die oberste Geschossdecke von Gebäuden gedämmt werden. Das heißt, bei Häusern, bei denen der Dachboden nicht ausgebaut ist, muss entweder das Dach selbst gedämmt werden oder eben die Zwischendecke zwischen dem obersten Wohngeschoss und dem Dach. Da die Dämmung der Zwischendecke einfacher und preisgünstiger ist, bieten die meisten Hausanbieter zunächst einmal nur diese Variante an. Nicht immer ist dabei aber auch eine gedämmte Dachbodenklappe enthalten. Fordern Sie diese auf alle Fälle ein, sie ist Stand der Technik.

Soweit ein Schornsteinfeger einen Schornstein auf dem Dach erreichen muss, sollte er auch einfach auf den Dachboden gelangen können, um von dort aus sicher auf das Dach aussteigen zu können. Als Hausbesitzer sind Sie hier mitverantwortlich.

Üblicherweise soll ein Dachboden auch als Abstellraum dienen können, bei vielen Hausanbietern ist dies in der Basisvariante aber gar nicht möglich. Sie sieht häufig nur eine nicht tragfähige Zwischendecke zwischen dem obersten Wohngeschoss und dem Dachgeschoss vor, und nur für den Schornsteinfeger wird eine Art Holzlaufsteg eingebaut, von der Dachbodenklappe in der Zwischendecke bis zum Dachausstieg im Dach selbst. Ein durchgehender, begeh- und belastbarer Boden aus einer stabilen Holzlage muss immer häufiger zusätzlich gezahlt werden.

Soweit der Dachboden von vornherein zur Bewohnung ausgebaut werden soll, müssen Vorgaben der Landesbauordnung eingehalten werden. Das betrifft zunächst einmal die Raumhöhe. Nach den meisten Landesbauordnungen muss diese zumindest über 2 Dritteln der Grundfläche höher sein als 2,40 Meter. Die natürliche Belichtung der Räume mit ausreichend Fensterfläche muss ebenfalls gegeben sein (wieder etwa 10 Prozent der Raumgrundfläche), wie auch die Beheizbarkeit der Räume sichergestellt sein muss (20 °C nach DIN). Damit geht einher, dass die Dachfläche dann zumindest so weit gedämmt sein muss, dass die gesetzlichen Vorgaben aus der EnEV eingehalten werden; denn wenn das Dachgeschoss bewohnt wird, reicht eine Zwischendeckendämmung zwischen oberstem Wohngeschoss und Dachgeschoss natürlich nicht mehr aus. Dann muss auch die Dachfläche selbst gedämmt werden. Ferner können Anforderungen aus dem Bebauungsplan hinzukommen, zum Beispiel zum Schallschutz. Das ist besonders im Dach mit seiner weit verbreiteten Holzbauweise ein wichtiger Aspekt. Der Dachaufbau ist häufig nämlich nicht mehr als (von außen nach innen) eine Ziegellage, darunter eine Dachpappe, dann eine Dämmlage, darunter eine Dampfbremsfolie und unter dieser schließlich noch eine Gipskartonplatte. Sind aufgrund von Regelungen im Bebauungsplan besondere Schallschutzvorgaben einzuhalten – beispielsweise aufgrund von Lärmpegelbereichen – dann reicht eine einfache Innenverkleidung mit Gipskartonplatten häufig nicht aus, sondern es müssen zumindest 2 Lagen Gipskartonplatten angebracht werden. Dafür muss allerdings der Dachstuhl statisch entsprechend ausgelegt sein, was er in aller Regel ist, trotzdem sollte man das abklären; denn in allen diesen Dingen lauern Mehrkosten. Selbst wenn im Bebauungsplan keine Vorgaben zu erhöhtem Schallschutz gemacht werden, kann es sein, dass man einen solchen wünscht. Auch dann ist eine doppelt beplankte Lage Gipskartonverkleidung sinnvoll – aber eben auch doppelt so teuer wie eine einfache Lage.

Was kostet eine angemessene Dachbodenausstattung?

Grundsätzlich muss man bei den Kosten für eine angemessene Dachbodenausstattung natürlich unterscheiden zwischen einem Dachboden, der nur Lagerzwecken dienen soll und einem zum Wohngeschoss ausgebauten Dachboden. Soll ein Dachboden zu einem vollwertigen Wohngeschoss ausgebaut werden (in der Größenordnung eines üblichen Einfamilienhauses) ist mit Kosten von etwa 15.000 bis 20.000 Euro zu rechnen. Aber selbst wenn ein Dachboden mit völlig ungenügendem Ausbau zumindest zu einem Dachboden ausgebaut werden soll, auf dem man Lagerplatz schaffen kann (zum Beispiel durch den Einzug eines vernünftigen, flächendeckenden Bodens und einer vernünftigen Dachunterdichtung) ist mit Kosten von 3.000 bis 5.000 Euro zu rechnen.

> Wenn diese Leistungen bislang nicht oder unvollständig enthalten waren, welche zusätzlichen Kosten setzt Ihr Unternehmen dafür an?
>
> _____ Euro
>
> → Diesen Betrag können Sie auch in die Sammeltabelle auf Seite 188/189 übertragen.

Wenn das Geld sehr knapp ist und der Raumbedarf auch noch ohne Dachgeschoss auskommt, ist es sinnvoll, den Dachgeschossausbau erst später umzusetzen. Will man nur einen Lager-Dachboden schaffen, sollte man den Finanzbedarf dafür (also von der Wandlung des üblichen Spar-Dachbodens zu einem einfachen Lager-Dachboden) von vornherein mit einkalkulieren, vor allem dann, wenn kein Keller geplant ist. Gerade beim Einzug ist man meist sehr dankbar für Stauraum, den man sofort nutzen kann.

Gibt es Alternativen?

Den Ausbau eines Spar-Dachbodens zumindest zu einem nutzbaren Lager-Dachboden oder sogar zu einem vollwertigen Wohngeschoss kann man natürlich auch in Eigenleistung vornehmen. Allerdings gibt es auch hier dann die schon mehrfach erwähnten Haftungsschnittpunkte, wenn beispielsweise Ihre Gipskartonplatten und deren Unterkonstruktion unter den Dachstuhl des Hausanbieters geschraubt werden. Beschädigen Sie dabei dessen Dampfbremsfolie und später kommt es zu Schäden an der Dämmung, wird Ihr Hausanbieter sich wehren. Daher sind selbst solche Details wie die zulässige Montage der Unterkonstruktion der Gipskartonplatten auf der Folie sorgsam mit dem Hausanbieter zu klären. Darüber hinaus sollten der Zeitbedarf und die dafür benötigten handwerklichen Fähigkeiten nicht unterschätzt werden. Und vor allem sollten einige Dinge vorbereitet sein: Nach Möglichkeit sollte zum Beispiel die Heizungsinstallation bereits bis ins Dachgeschoss gelegt worden sein, außerdem sollte auch die Treppe bereits bis nach oben geführt und Fenster sollten bereits eingebracht sein.

Checkblatt Baubeschreibung
Schallschutz

LEISTUNGSUMFANG DES IHNEN ANGEBOTENEN HAUSES	JA	NEIN
41. Ist ein erhöhter Schallschutz (zum Beispiel gemäß DIN 4109 Beiblatt 2) im Leistungsumfang des Ihnen angebotenen Hauses enthalten?	☐	☐

Was ist angemessener Schallschutz?

Nur sehr selten bieten Hausangebote in ihrer Grundausstattung einen angemessenen Schallschutz. Der besteht aus einem ausreichenden Schutz vor Außenschalleintrag, Schalleintrag von Nachbarbebauungen, Innenschalleintrag und Schalleintrag von Gebäudeinstallationen.

Man unterscheidet zwischen Luftschall, Körperschall und Trittschall. Luftschall ist Schall, der durch die Luft übertragen wird, also etwa Schallwellen, verursacht durch das Spielen einer Trompete. Körperschall ist Schall, der durch direktes Einwirken auf den Baukörper verursacht wird, also etwa wenn Wasser durch eine Installationsleitung in einer Wand läuft, und Trittschall ist Schall, der beispielsweise beim Begehen einer Decke entsteht. Er entsteht zunächst als Körperschall, wird teilweise aber auch als Luftschall abgestrahlt.

Angemessen ist Schallschutz immer dann, wenn er den zu erwartenden Schallquellen wirksam entgegentritt. Der Schallschutz wird in der DIN 4109 geregelt. Sehr häufig lesen Sie in Bau- und Leistungsbeschreibungen daher auch „Schallschutz nach DIN", was sich zunächst einmal gut anhört, jedoch insofern unsinnig ist, als die DIN nur Mindestvorgaben zum Lärmschutz macht. Sie definiert keinen angemessenen Schallschutz. Die Rechtsprechung sieht die DIN 4109 entsprechend auch nicht mehr auf der Höhe der Zeit. Bereits mehrfach wurde gerichtlich entsprechend festgestellt, dass sie nicht mehr den Allgemein An-erkannten Regeln der Technik entspricht. Zur DIN 4109 gibt es ein sogenanntes Beiblatt 2, das unter anderem „Vorschläge für einen erhöhten Schallschutz" enthält. Ein solcher Schallschutz nach DIN 4109 Beiblatt 2 entspricht schon eher einem angemessenen Schallschutz. Auch der Verein Deutscher Ingenieure (VDI) hat eine Schallschutzrichtlinie vorgelegt, die VDI 4100. Sie arbeitet mit 3 sogenannten Schallschutzstufen (SSt) (→ weiter unten). Über die zusätzlichen Schallschutzstufen SSt EB I und SSt EB II bietet die VDI-Richtlinie allerdings auch die Möglichkeit raumdifferenzierter Schallschutzvorgaben (→ auch Seite 176).

Wann benötigt man angemessenen Schallschutz?

Drei wesentliche Schallquellen gibt es, vor denen man im eigenen Haus oder in der eigenen Wohnung üblicherweise geschützt sein will: Außenschalleintrag, Innenschalleintrag und Installationsschalleintrag.

Außenschalleintrag: Hier muss man darauf achten, ob im Bebauungsplan sogenannte Lärmpegelbereiche, manchmal auch abgekürzt als LPGs, eingetragen sind. Mitunter sind sie sogar farblich markiert. Ist das der Fall, muss man prüfen, in welchem Bereich das eigene Grundstück liegt. Meist gibt es dann auch Vorschriften aus dem Bebauungsplan zum Schallschutz. Kauft man nun zum Beispiel ein Fertighaus, muss der Fertighaushersteller darüber informiert werden, dass das zu bebauende Grundstück in einem besonderen Lärmpegelbereich liegt; denn dann muss er unter Umständen besondere Maßnahmen ergreifen, beispielsweise besondere Fenster einbauen. Solche sind fast nie Bestandteil der Standardausführung und müssen also auch gesondert gezahlt werden. Es kann jedoch auch sein, dass das Luftschall-Dämmmaß der gesamten Außenwand entsprechend angepasst werden muss. Dazu gibt es Vorgaben, detailliert erklärt in der „Muster-Baubeschreibung" der Verbraucherzentrale (→ Seite 351).

Sind im Bebauungsplan keine besonderen Bereiche eingezeichnet, kann es freilich trotzdem sein, dass in der Nähe eventuell störende Schallquellen sind, wegen derer Sie gerne einen erhöhten Schallschutz hätten. Ist das der Fall müssen Sie darüber rechtzeitig mit Ihrem Hausanbieter reden; denn dann muss er mit dem Schalldämmmaß entsprechend reagieren. Detaillierte Ausführungen hierzu und auch die konkreten Schallschutz-Anforderungen der einzelnen Lärmpegelbereiche finden Sie in der Muster-Baubeschreibung der Verbraucherzentrale (→ Seite 351).

Ein typischer Außenlärmeintrag ist auch der Lärmeintrag von direkt angrenzender Nachbarbebauung, vor allem, wenn Sie eine Doppelhaushälfte bauen und Wand-an-Wand ans Nachbarhaus anschließen, trifft Sie das.

Für den Schallschutz in Aufenthaltsräumen eines Hauses oder einer Eigentumswohnung können Sie neben den Empfehlungen aus Beiblatt 2 zur DIN 4109 auch einen Schallschutz vereinbaren, gemäß der VDI-Richtlinie 4100 vom Verein Deutscher Ingenieure. In dieser Richtlinie sind 3 Schallschutzstufen definiert, von I bis III. Schallschutzstufe I entspricht in etwa den Anforderungen der DIN 4109, bietet also keinen herausgehobenen Schallschutz, Schallschutzstufe II liegt etwa auf dem Niveau der Empfehlungen aus Beiblatt 2 zur DIN 4109, Schallschutzstufe III ist die höchste Stufe und bietet etwas höheren Schallschutz als die Empfehlungen aus Beiblatt 2 zur DIN 4109. Wenn Sie Schallschutzstufe III nach VDI 4100 vereinbaren, haben Sie einen relativ guten Schallschutz. Wollen Sie diesen Schallschutz auch für Küchen oder Bäder, muss dies aber explizit vereinbart werden; denn die Schallschutzstufen beziehen sich zunächst nur auf Aufenthaltsräume, auch wenn immer mehr Küchen als offene Küchen geplant werden.

Seit mehreren Jahren gibt es den Versuch, die Inhalte des Beiblatts 2 zur DIN 4109 und die Inhalte der VDI 4100 zu harmonisieren und durch ein Normblatt zu ersetzen. Hierzu wurde der Entwurf E DIN 4109 Teil 10 (Vorschläge für einen erhöhten Schallschutz) vorgelegt. Er wurde 2005 aber zurückgezogen. Ob es noch zu einer entsprechenden Norm kommen wird, ist gegenwärtig offen. Alternativ können Sie sich aber an die VDI Richtlinie 4100 halten.

Wenn Sie eine Bau- und Leistungsbeschreibung eines Hausanbieters akzeptieren, in der steht „Schallschutz nach DIN", dann haben Sie das Problem, dass Sie einen minderwertigen Schallschutz vertraglich vereinbart haben. Stünde zum Schallschutz überhaupt nichts in der Bau- und Leistungsbeschreibung, wäre das in diesem Fall sogar günstiger, weil Sie dann zumindest auf einen angemessenen Schallschutz klagen könnten. Und den sehen Richter heute oft deutlich höher als einfach nur nach DIN 4109. Wenn Sie also Vereinbarungen zum Schallschutz in der Bau- und Leistungsbeschreibung treffen, dann sollten diese immer erhöhten Schallschutz zur Grundlage haben.

Innenschalleintrag: Der Innenschalleintrag erfolgt vor allem durch die Bewohner des Gebäudes. Wohnt man ohne direkt angrenzende Nachbarbebauung mit der eigenen Familie in einem Haus kann man natürlich gut eingreifen, wenn es zu laut wird. Bei einer Doppelhaushälfte ist das schon schwieriger. Da ist Außenlärmeintrag faktisch immer auch Innenlärmeintrag – nämlich der Innenlärmeintrag des Nachbarn. Hier helfen nur die geschilderten Maßnahmen der vertraglichen Vereinbarung deutlich erhöhter Schallschutzwerte gegen Lärmeintrag vom Nachbarhaus.

Aber auch innerhalb der eigenen 4 Wände kann fehlender Schallschutz zum Problem werden. Wenn Kinderzimmer und Arbeitszimmer direkt nebeneinander liegen, dann birgt das Konfliktpotenzial. Es gibt darum die Möglichkeit, erhöhten Schallschutz auch innerhalb des Hauses zu vereinbaren (beispielsweise nach E DIN 4109-10 EW), aber dieser Schutz ist noch unterhalb der Schallschutzklassen I aus der VDI-Richtlinie 4100 angesiedelt und hilft nur bedingt. Eine neue Möglichkeit sind die Schallschutzstufen SSt EB I und SSt EB II nach der VDI, mit diesen kann man auch raumdifferenziert Schallschutz vereinbaren. Das kann dann sehr wichtig und sinnvoll sein, wenn zum Beispiel ein Musiker in der Familie ist. In solchen Fällen ist es wichtig, mit dem Hausanbieter auch über mögliche Schutzmaßnahmen innerhalb des Hauses zu sprechen.

Neben dem Installationsschalleintrag (→ weiter unten) geht es dabei vor allem um den Trittschall- und den Luftschallschutz. Vor Trittschallschutz schützt Sie vor allem sogenannter schwimmender Estrich, der weder Kontakt zur darunterliegenden Geschossdecke noch zu den angrenzenden Wänden hat, er „schwimmt" sozusagen frei auf einer Dämmlage. Schwimmender Estrich ist heute eigentlich Standard. Nicht Standard ist aber Estrich, der von Zimmer zu Zimmer einzeln eingebracht und schalltechnisch entkoppelt ist. Auch das kann man machen, wenn man dies will. Wichtiger indes sind wirksame Maßnahmen gegen den Luftschallschutz.

Sehr viele Hausangebote haben heute einen mehr als einfachen Innenausbau. Immer weitere Verbreitung finden beispielsweise sogenannte Gipskartonständerwände. Dabei werden zunächst Metallstreben senkrecht zwischen Geschossboden und Geschossdecke verschraubt, die dann von beiden Seiten mit einer 12,5 Millimeter starken Gipskartonplatte verkleidet werden. Eine solche Konstruktion ist weniger eine Wand, sondern eher die Fortentwicklung eines Vorhangs. Wände dieser Bauart lassen praktisch jeden Schall durch. Solche Wände kann man nur entweder ersetzen durch eine zumindest 24 Zentimeter starke Massivwand (denn auch dünne Massivwände in der Stärke von 11,5 Zentimetern haben nur eine schlechte Schalldämpfungswirkung), eine 24 → Zentimeter starke Wand führt aber nicht nur zu Mehrkosten, sondern unter Umständen sogar zu statischen Problemen, wenn sie frei auf eine Zwischendecke gesetzt wird, sie führt natürlich auch zu Raumverlust. Denn übliche Trockenbauwände sind gerade einmal 10 Zentimeter stark. Einen Kompromiss kann darstellen, dass man die Trockenbauwand innen füllt mit Weichfaserdämmstoff und auf beiden Seiten statt nur mit einer Gipskartonplatte mit 2 Gipskartonplatten übereinander verkleidet, der sogenannten Doppelbeplankung. Schon dieses einfache Vorgehen hilft deutlich, die Schalldämpfungswirkung der Wand erheblich zu erhöhen.

Alles das hilft aber wenig, wenn nicht gleichzeitig auch die Zimmertüren einen erhöhten Schalldämpfungsgrad erhalten. Die in normalen Hausangeboten weit verbreiteten einfachen Türen haben Türblätter mit einfachen Röhrenspanplatten und einfache Dichtungen, jedoch unten zum Boden hin zumeist gar keine. Wählt man andere Türblätter, mit höherer Dichte und Masse, gegebenenfalls einen Doppelfalzrahmen mit umlaufender Doppelfalzdichtung und eine sogenannten Schall-Ex an der Unterkante des Türblatts (das ist eine Vorrichtung, die sich beim Schließen der Tür automatisch auf den Boden absenkt), erreicht man schon einen deutlich verbesserten Schallschutz. Solche Türsysteme kann man aber oft dann nicht verwenden, wenn das Haus über eine zentrale Lüftungsanlage verfügt, bei der Zuluft über die Wohnräume eingespeist wird und die Abluft über Küchen und Bäder abgesaugt wird. Solche Systeme benötigen Türen mit Durchströmungsöffnungen für die Luft, etwa in Passivhäusern.

Installationsschalleintrag: Der Installationsschalleintrag rührt von den Hausinstallationen her, das ist üblicherweise vor allem der Schalleintrag aus Wasser- und Abwasserleitungen. Welche Rohre man auch wählt, wichtig ist, dass die Rohrleitungen schallentkoppelt durchs Haus geführt werden. Das heißt, dass sie nicht einfach in Wandschlitze gelegt und zugemörtelt werden, wie dies jahrzehntelang Praxis war, sondern dass sie in Schellen gelegt werden, die ihrerseits noch einmal eine Kunststoffeinlage haben, in der das Rohr liegt, sodass die Rohrerschütterungen bei Wasserdurchfluss durch diese Einlage gedämpft werden. Man spricht deshalb auch von Schalldämpfern. Sie können auch zum Installationsschallschutz klare Werte beim sogenannten Installationspegelgeräusch vereinbaren, zum Beispiel nach Schallschutzstufe II der VDI-Richtlinie 4100 auf 25 db(A) oder auch Schallschutzstufe III der VDI Richtlinie 4100 auf 22 db(A). Die Angabe dB bedeutet Dezibel, die Sie sich das als eine Art Lautstärkenbeziehungsweise Schalldämpfungsangabe vorstellen können. Eine Änderung von 3 dB bedeutet eine Verdopplung beziehungsweise Halbierung der Lautstärke.

Die in Bau- und Leistungsbeschreibungen häufig zu findende Formulierung „Schallschutz nach DIN" ist auch beim Installationsschallschutz weitgehend unbrauchbar, da die DIN 4109 nur absolute Mindestwerte zum Lärmschutz vorhält. Hier sollte für das Gebäude mindestens DIN 4109 Beiblatt 2 vereinbart werden oder Schallschutz nach Schallschutzstufe III der VDI-Richtlinie 4100.

Was kostet angemessener Schallschutz?

Angemessener Schallschutz ist teuer. Hausanbieter scheuen ihn daher sehr, denn er schmälert die Gewinnmarge, ohne dass er als (unsichtbares) Verkaufsargument wirklich zieht. Hinzu kommt, dass er haftungsintensiv ist, weil er konkret nachmessbar und damit nachprüfbar ist und weil er die Gewinnmarge empfindlich beeinträchtigt. Für einen guten Schallschutz muss nämlich im Grund jedes Bauteil qualitativ hochwertiger ausgebildet werden, als dies üblicherweise der Fall ist: Wände, Decken, Fenster und Türen. Um ein einfach ausgestattetes Haus auf ein Schallschutzniveau nach Schallschutzstufe III der VDI Richtlinie 4100 zu bringen, können Sie mit 10.000 bis 15.000 Euro rechnen, sehr schnell auch mehr.

Viele Hausanbieter lehnen verbesserte Schallschutzvereinbarungen sogar kategorisch ab, selbst wenn der Kunde diese wünscht. Hintergrund dafür ist die oft vorherrschende Unsicherheit, die versprochenen Werte am Ende auch wirklich erreichen zu können.

> Wenn diese Leistungen bislang nicht oder unvollständig enthalten waren, welche zusätzlichen Kosten setzt Ihr Unternehmen dafür an?
>
> _____ Euro
>
> → Diesen Betrag können Sie auch in die Sammeltabelle auf Seite 188/189 übertragen.

Gibt es Alternativen?

Wenige. Am einfachsten kann man noch auf den Schallschutz im eigenen Wohnbereich verzichten, weil man diesen am einfachsten beeinflussen kann. Aber schon den Nachbarn kann man in seinem Wohnverhalten nur bedingt beeinflussen.

Allerdings kommt es auch immer darauf an, wie Sie bisher gewohnt haben und wie Ihr subjektives Schallempfinden ist. Wenn Sie bislang in einem Altbau mit sehr schlechtem Schallschutz gewohnt haben, werden Sie für jede Verbesserung dankbar sein. Wohnen Sie jetzt schon in einem eher neueren Haus mit gutem Schallschutz, kann der Umzug ins eigene Haus schnell ein Schritt zurück werden. Interessanterweise ergibt sich nicht selten der Fall, dass man von einer Wohnung her wechselt, die möglicherweise 2 Zwischentüren zwischen Wohnzimmer und Kinderzimmer hatte, während das neue Haus vielleicht mit offenem Treppenhaus geplant ist und dann nur noch die Kinderzimmertür selbst zwischen Wohnzimmer und Kinderzimmer vorhanden ist.

Checkblatt Baubeschreibung
Einbauküche

LEISTUNGSUMFANG DES IHNEN ANGEBOTENEN HAUSES	JA	NEIN
53. Ist eine Einbauküche im Leistungsumfang des Ihnen angebotenen Hauses enthalten?	☐	☐

Was ist eine angemessene Einbauküche?
Während unsere Kochkünste allgemein dramatisch sinken, werden unsere Küchen immer hochwertiger. Eine angemessene Küche ist jedoch eine Küche, die den vorhandenen Kochkünsten entspricht, eine hochpreisige Profiküche in einem Haushalt, in dem man über eher geringe Kochkünste verfügt, ist eine glatte Fehlinvestition, wenn nicht gleichzeitig intensiver Kochunterricht genommen wird.

Ebenso gut könnten sich Nichtschwimmer einen Swimmingpool ins Haus bauen lassen oder Nicht-Musiker einen Flügel ins Wohnzimmer stellen. Eine angemessene Einbauküche orientiert sich daher am ehesten an den Nutzern und deren Können und Ansprüchen.

Selbst absolute Kochprofis benötigen keine Einbauküche, sondern im Zweifel einfach nur eine gute Küche, das heißt vor allem: einen guten Herd. Es gibt Köchinnen und Köche, die auf das Kochen mit Gas schwören, weil man mit Gas sehr schnell agieren kann, aber auch das ist nicht immer umsetzbar, zum Beispiel dann nicht ohne Weiteres, wenn man keinen Gasanschluss hat. Dann muss man gegebenenfalls mit Flüssiggas oder einer mobilen Gasflasche arbeiten. Auch der Backofen ist für viele Köchinnen und Köche ein wichtiges Werkzeug und sie investieren gezielt in dieses. Ob man um diese Geräte herum allerdings unbedingt eine komplette Einbauküche benötigt, muss jeder für sich entscheiden. Die zunehmend offene Bauweise der Küchen, ohne Trennwände zum Wohnraum, hat ebenfalls dazu beigetragen, dass Einbaukůchen sehr beliebt wurden, da sie mit ihrem geschlossenen Charakter dem angrenzenden Wohnraum optisch eher gerecht zu werden scheinen als einfache Küchen mit Einzelgeräten.

Wann benötigt man eine angemessene Einbauküche?

Machen Sie es sich ganz einfach: Überlegen Sie einmal, wer in Ihrem Freundeskreis wirklich gut kochen kann und welche Küche er oder sie hat. Sie werden verblüfft feststellen: Meist kommen aus den einfachsten Küchen die komplexesten Gerichte; und nicht selten gibt es den umgekehrten Fall: Aus Exklusivküchen kommen relativ einfache Mahlzeiten. Die Frage, wann man eine angemessene Einbauküche benötigt, lässt sich also eigentlich ganz einfach beantworten: Wenn man ebenso gut kochen kann, wie die Küche es hergibt, oder fest vorhat, es zu lernen. Ansonsten tut es immer eine einfache Küchenausstattung.

Was kostet eine angemessene Einbauküche?

Die Kosten einer Einbauküche richten sich zum einen nach der Qualität des gewählten Mobiliars und zum anderen nach der Qualität der gewählten Geräteinstallation. Eine angemessene Einbauküche mit relativ hochwertigen Geräten ist allerdings meist nicht unter 8.000 bis 15.000 Euro zu haben, je nach Größe und Ausstattung individueller Eingepassung vor Ort. Nach oben gibt es praktisch keine Grenzen; wenn man allerdings unbedingt will, kann man für eine Einbauküche schnell auch 20.000 oder 30.000 Euro loswerden – und sogar auch mehr.

> Wenn diese Leistungen bislang nicht oder unvollständig enthalten waren, welche zusätzlichen Kosten setzt Ihr Unternehmen dafür an?
>
> _____ Euro
>
> → Diesen Betrag können Sie auch in die Sammeltabelle auf Seite 188/189 übertragen.

Gibt es Alternativen?

Eine Einbauküche ist eine relativ teure Anschaffung, die meist auch beim Auszug zurückgelassen werden muss. Auf die Kochqualität selbst hat die Küche praktisch keinen Einfluss, sie hängt nach wie vor wesentlich vom Können, Wissen und der Erfahrung der Köchin oder des Kochs und der Qualität der gewählten Zutaten ab. Angesichts dieser Fakten sollte man die Investition in eine teure Einbauküche immer gut überlegen und darüber nachdenken, ob die Investition wirklich angemessen ist. Auch eine einfache Küche mit Einzelgeräten kann sehr wohnlich sein und Ihnen dabei viel Geld sparen. Hinzu kommt, dass man vor allem eine Einbauküche problemlos jederzeit nachrüsten kann, wenn wieder mehr Geld in der Kasse ist. Schlechter essen werden Sie in der Zwischenzeit deswegen jedenfalls ganz sicher nicht ein einziges Mal.

Checkblatt Baubeschreibung
Hauseingang

LEISTUNGSUMFANG DES IHNEN ANGEBOTENEN HAUSES	JA	NEIN
42. Ist ein Hauszugang im Leistungsumfang des Ihnen angebotenen Hauses enthalten?	☐	☐
43. Ist ein Hauszugangsweg im Leistungsumfang des Ihnen angebotenen Hauses enthalten?	☐	☐
48. Sind Haustürschlüssel mit Schließanlage im Leistungsumfang des Ihnen angebotenen Hauses enthalten?	☐	☐

Was ist ein vollständiger Hauseingang?
Ein vollständiger Hauseingang besteht aus folgenden Bauelementen:
Zugangstreppe mit Unterkonstruktion und gegebenenfalls Auflage (zum Beispiel Granitauflage), Geländer, unter Umständen eingelassenes Trittgitter auf dem obersten Treppenpodest zum Abstreifen von Schmutz von den Schuhen, Außenlicht, Vordach mit sicherer Regenwasserabführung, Hausnummer, Klingel, Gegensprechanlage, Briefkasten und Haustür in ausreichender Qualität (Einbruchschutz, Schallschutz, Wärmeschutz).

In vielen Baubeschreibungen fehlen gleich mehrere dieser Elemente. Ein fehlendes Element kann ein preiswertes Element sein, wie vielleicht nur ein einfacher Briefkasten, es kann aber auch ein teures Element sein, wie beispielsweise das Vordach oder auch die komplette Zugangstreppe samt Geländer.

Wann benötigt man einen vollständigen Hauseingang?
Gerade bei Neubauten ist von Anfang an ein vollständiger Hauseingang sinnvoll. Provisorische Treppen bringen Stolpergefahren mit sich, fehlende Trittgitter zum Reinigen der Schuhe verursachen fortlaufend Dreck im Haus, fehlende Vordächer sorgen für unangenehmen Regen auf den Schultern beim Schlüsselsuchen, das im Dunkeln ohne eine Beleuchtung ohnehin zum Ratespiel wird. Und auch wenn die Post keinen Briefkasten findet, kann das sehr problematische Folgen haben. Vor allem wenn aus irgendwelchen Gründen ein Arzt das Haus schnell finden muss und keine Hausnummer angebracht ist, ist das problematisch. Früher oder später benötigen Sie alle diese Ausstattungselemente doch, da können Sie sie auch gleich mit in die Kalkulation aufnehmen.

Was kostet ein vollständiger Hauseingang?
Sind alle die oben erwähnten Elemente nicht in der Bau- und Leistungsbeschreibung erwähnt, wird es ganz schnell teuer, nämlich mehrere Tausend Euro zusätzlich, allein für Treppe, Geländer und Vordach zwischen 3.000 und 5.000 Euro, eventuell sogar mehr. Und allein eine qualitätvolle Haustür kann mit 4.000 und mehr Euro zu Buche schlagen. Daher sollten diese Dinge vor Unterzeichnung eines Kaufvertrags eindeutig bemustert sein und in die Baubeschreibung aufgenommen werden, sonst drohen Ihnen von allem anderen abgesehen im Bereich Hauseingang für eigentlich selbstverständliche Dinge die genannten Mehrkosten. An solchen Punkten bietet sich Ihnen durchaus auch Verhandlungsmasse, wenn der Hausanbieter von „schlüsselfertig" spricht, sie aber faktisch mit Ihrem Schlüssel im Dunkeln auf provisorischer Treppe im Regen stehen lässt. So bildlich können Sie es ihm darlegen und ihn um faire „Schlüsselfertigkeit" bitten.

Fragebögen und Checkblätter: Planung und Umsetzung mit dem Generalunternehmer oder Fertighausanbieter   181

Wenn diese Leistungen bislang nicht oder unvollständig enthalten waren, welche zusätzlichen Kosten setzt Ihr Unternehmen dafür an?

_____ Euro

→ Diesen Betrag können Sie auch in die Sammeltabelle auf Seite 188/189 übertragen.

Checkblatt Baubeschreibung
Terrassen und Balkone

LEISTUNGSUMFANG DES IHNEN ANGEBOTENEN HAUSES	JA	NEIN
44. Ist eine Terrasse im Leistungsumfang des Ihnen angebotenen Hauses enthalten?	☐	☐
45. Ist ein Balkon im Leistungsumfang des Ihnen angebotenen Hauses enthalten?	☐	☐

Gibt es Alternativen?

Auch bei der Ausstattung des Hauseingangs kann man natürlich zur Eigenleistung greifen. Ein Briefkasten ist schnell gekauft und montiert – denkt man. Aber plötzlich muss er auf einem Vollwärmeschutz montiert werden, benötigt dafür Spezialdübel und Montagedämmplatten. Und dann läuft das Wasser auf ihm nicht ab, und schon nach wenigen Wochen kommt es auf dem Vollwärmeschutz oberhalb des Briefkastens zu unschönen Verfärbungen. Und das vergessene Außenlicht zwingt zur nachträglichen Durchbohrung der Außenwand, damit Sie das Kabel durch die Wand führen können oder ähnlich. Überlegen Sie sich gut, ob Sie hier wirklich sparen wollen oder nicht doch lieber vor Vertragsabschluss klar und hartnäckig verhandeln, um einen vernünftigen Preis für alle Ausstattungselemente rund um die Haustür herauszuholen.

Was sind angemessene Terrassen und Balkone?

Terrassen und Balkone werden bei Komplettangeboten von Häusern immer häufiger nur als Zusatzwunsch angeboten. Eine Terrasse wird teilweise grundsätzlich nicht mit angeboten, da sie dem Außenbereich zugeordnet wird, um den sich der Bauherr selbst kümmern muss. Das ist vor allem bei vielen Fertighausangeboten so. Auch bei Generalunternehmerangeboten fehlt sie häufig in der Baubeschreibung. Ist sie aber dort gar nicht erwähnt, ist sie auch nicht Bestandteil des Leistungsangebots.

Will man eine Terrasse, muss sie dann entweder in die Leistungsbeschreibung mit aufgenommen werden, oder aber man lässt sie von einem Dritten bauen. Wenn Terrassen mit im Angebot sind, sind es meist sehr einfache Konstruktionen wie eine verdichtete Erdschicht mit Kieselbett darauf, worin dann lose die Terrassenplatten liegen (meist einfache Betonplatten 20 x 20 Zentimeter). Bodenplatten aus Beton als Gründung für Terrassen sind immer seltener, sie sind auch nicht unbedingt nötig, allerdings sollte eine Terrasse schon einige Grundanforderungen erfüllen. Sie sollte sich nicht setzen (also nicht absacken – auch nicht einzelne Platten), sie sollte zuverlässig das Wasser abführen, und sie sollte im Winter frostfest sein, das heißt, der Plattenbelag sollte bei Frost nicht reißen oder brechen. Vor allem was die Setzung und

→

die sichere Wasserabführung angeht, sind die heute angebotenen Konstruktionen – besonders die Unterkonstruktionen – allzu oft nicht ausreichend qualitätvoll. Daher kann es durchaus sinnvoll sein, darüber nachzudenken, eine andere Ausführung zu wählen (→ Alternativen).

Bei Terrassen ist es insbesondere der Unterbau, der vernünftig konstruiert sein muss, damit er über lange Zeit gut nutzbar ist. Je nach Konstruktionsart muss das Erdreich dazu gut verdichtet werden, damit es nicht nachgeben kann, und mit einem leichten Gefälle versehen sein. Auf dieses Erdreich muss ein ausreichend hohes Kieselbett aufgebracht werden, in das dann wiederum Betonplatten verlegt werden. Diese sollten mit Abstandwinkeln versehen werden, damit sie sich untereinander nicht verschieben können.

Eine Alternative ist das Einbringen eines Magerbetons als Untergrund, auf dem das Kieselbett aufgebracht werden kann oder auf dem ein Mörtelbett mit Fliesen aufgebracht wird. Bei Fliesen im Mörtelbett muss dieses die Neigung mit nachvollziehen, und die Fliesen müssen rutschfest und frostsicher sein. Alternativ kann man auch einen Terrassenboden aus Holzdielen fertigen und zum Beispiel eine Unterkonstruktion aus Metall als Tragkonstruktion wählen, die im Erdreich mit Betonfüßen verankert sein kann. Das Wasser läuft dann beispielsweise zwischen den Bohlen ab. Allerdings muss aber unterhalb der Bohlen dafür gesorgt werden, dass das Wasser schnell vom Haus weg geführt wird.

Balkone gibt es in den unterschiedlichsten Varianten. Wichtig bei einem Balkon ist, dass er wärmeentkoppelt vom Haus konstruiert ist. Wird er separat vor das Haus gestellt, ist das in der Regel der Fall. Vorgehängte Balkone werden üblicherweise mit sogenannten Isolierkörben vom Haus weitestgehend wärmetechnisch getrennt. Ferner ist wichtig, dass der Balkon auch mit einem Belag und einer sicheren Wasserabführung versehen wird. Der Belag kann zum Beispiel ein Fliesenbelag im Mörtelbett sein, oder es können lose Betonplatten im Kieselbett sein, auch ein Holzbelag ist denkbar, sogar eine vollständige Holzkonstruktion des Balkons. Welche Ausführung auch immer man wählt, wichtig ist dabei, dass Wasser sicher und schnell abgeführt wird, das heißt also, dass der Belag und/oder die wasserführende Kieselschicht eine leichte Neigung vom Haus weg aufweist und die Balkonplatte grundsätzlich mit einer balkonumlaufenden Regenrinne ausgerüstet ist, von der das Wasser in die Hauptrinne oder in Wasserspeier mit ausreichendem Abstand zur Hauswand abgeführt wird, sodass auch bei starkem Wind das Wasser nicht an der Hausfassade landet. Ferner benötigt jeder Balkon natürlich ein stabiles Geländer. Ein Tipp hierbei ist, kein Geländer mit Horizontalstreben einzubauen, weil Kinder das gerne als Leiter nutzen, sondern Vertikalstreben zu wählen mit einem Abstand der Streben untereinander von nicht mehr als 12 Zentimeter – dann passt auch der Kopf eines Kleinkindes nicht hindurch. Für öffentliche Gebäude gibt es dazu sogar Vorschriften.

Das Thema Beleuchtung von Terrassen und Balkonen finden Sie im Checkblatt Elektroausstattung.

Wann benötigt man angemessene Terrassen und Balkone?

Eine angemessen Terrassen- und Balkonausstattung benötigt man immer dann, wenn man diese Bauteile auch wählt, ganz einfach deshalb, um Folgeschäden zu vermeiden, deren Instandsetzung meist teuer ist. Einer der häufigsten Folgeschäden ist die Setzung der gesamten Terrasse oder einzelner Platten. Ein anderer häufiger Folgeschaden ist, dass das Wasser nicht korrekt abfließt und im ungünstigsten Fall vor der Hauswand stehen bleibt oder sogar in diese eindringt und Schäden verursacht. Häufig ergeben sich auch Frostschäden besonders dann, wenn Fliesen im Außenbereich in ein Mörtelbett gelegt werden.

Bei Balkonen ist ein häufiges Ärgernis ebenfalls, dass das Wasser nicht sauber im Gefälle abfließt, dass umlaufende Ablaufrinnen fehlen oder nicht sauber gearbeitet sind. Häufig ist auch das Geländer ungünstig an die Balkonplatte montiert, sodass es unter Umständen sogar dem Wasserablauf im Weg sein kann. Unverzinkte Elemente rosten zudem sehr schnell.

Was kosten angemessene Terrassen und Balkone?

Bei Fertighausanbietern, bei denen Terrassen und Balkone nicht in der Basisausführung enthalten sind, können Sie die Mehrkosten meist sehr einfach erfragen. Diese liegen fast immer im vierstelligen Bereich. Für eine kleinere Terrasse sollten Sie zwischen 1.800 und 2.500 Euro kalkulieren, für einen kleinen Balkon zwischen 3.000 und 5.000 Euro Zusatzkosten – je nach Ausführung auch mehr. Ist die Ausführung sehr aufwendig, kann es auch deutlich teurer werden.

> Wenn diese Leistungen bislang nicht oder unvollständig enthalten waren, welche zusätzlichen Kosten setzt Ihr Unternehmen dafür an?
>
> _____ Euro
>
> → Diesen Betrag können Sie auch in die Sammeltabelle auf Seite 188/189 übertragen.

Gibt es Alternativen?

Eine Terrasse können Sie durchaus auch in Eigenleistung erstellen. Wenn Sie handwerklich geschickt sind und den Garten ohnehin selbst anlegen wollen, kann das eine Option sein. Ferner können Sie natürlich auch zunächst eine kleine Terrasse anlegen, eine Art „Austritt" in den Garten, und später einmal, wenn wieder etwas Geld in der Kasse ist, die Terrasse ausbauen.

Balkone können Sie kaum in Eigenleistung herstellen Wenn das Geld sehr knapp ist, sollten Sie sinnvollerweise zunächst auf den Balkon verzichten und einfach nur alles vorbereiten lassen, um später eventuell einmal einen Balkon nachrüsten zu können. Dazu ist es vor allem wichtig, dass die bodentiefen Fenstertüren, die später als Türen auf den Balkon führen sollen, von Anfang an eingebaut werden. Man kann diese dann zunächst als sogenannte französische Fenster ausführen. Das sind Fenstertüren, die bis auf den Boden reichen, aber vor denen direkt an der Außenfassade ein Geländer bis auf Brüstungshöhe montiert ist. Ist dieses Geländer einfach abschraubbar, können sie es später einmal, wenn sie einen Balkon vor das Haus gestellt haben, einfach demontieren und haben so ganz einfach den Balkonzugang geschaffen.

Checkblatt Baubeschreibung
Außenanlagen

LEISTUNGSUMFANG DES IHNEN ANGEBOTENEN HAUSES	JA	NEIN
51. Ist eine Regenwasserzisterne im Leistungsumfang des Ihnen angebotenen Hauses enthalten?	☐	☐
52. Sind die Außenanlagen im Leistungsumfang des Ihnen angebotenen Hauses enthalten?	☐	☐

Was sind Außenanlagen?

Unter Außenanlagen versteht man nicht nur die Anlage des Gartens mit Aufschüttung von Mutterboden, Geländemodellierung und Grünpflanzungen, sondern auch die Anlage aller Zuwege zum Haus, Fahrzeugzufahrt und Fahrzeugstellplatz sowie einen Zaun, manchmal auch Dinge wie zum Beispiel die Installation einer Regenwasserzisterne, wenn das gewünscht ist.

Wann benötigt man Außenanlagen?

Außenanlagen benötigt man eigentlich von Anfang an, wenn man das Haus sicher und schmutzfrei erreichen und ein Fahrzeug sicher abstellen will, ohne dass zum Beispiel Öl ins Erdreich gelangen kann, erst danach kommen Aspekte wie der Erholungswert einer Terrasse und des Gartens ins Spiel. Gerade bei Neubauten wird man es sehr schätzen, wenn zumindest die nötigsten Außenanlagen schnell erstellt sind, damit man nicht fortlaufend Dreck ins Haus trägt.

Was kosten Außenanlagen?

Bei den Außenanlagen kann man unterscheiden zwischen den Wegen, einer Auffahrt und einem Abstellplatz für das Fahrzeug, dem Zaun sowie der Anlage des Gartens selbst, mit Mutterboden, Geländemodellierung, Rasensaat und Grünpflanzen. Die mögliche Terrasse wurde im Checkblatt Terrassen und Balkon separat behandelt. Für Zuwege, Stellplatz und Zaun sollten Sie mit zumindest 3.500 bis 5.000 Euro rechnen, je nach Ausmaß der benötigten Wege und Flächen. Für den Garten selbst wird es meist deutlich teurer. Wenn er professionell angelegt werden soll, sollten Sie nicht unter 8.000 bis 10.000 Euro kalkulieren, es sei denn, es ist ein wirklich sehr kleiner Reihenhausgarten von wenigen Quadratmetern Fläche.

> Wenn diese Leistungen bislang nicht oder unvollständig enthalten waren, welche zusätzlichen Kosten setzt Ihr Unternehmen dafür an?
>
> _____ Euro
>
> → Diesen Betrag können Sie auch in die Sammeltabelle auf Seite 188/189 übertragen.

Gibt es Alternativen?

Für die Anlage von Wegen, Stellplätzen und Zaun benötigt man handwerkliches Geschick und Erfahrung. Denn dabei muss Untergrund verdichtet werden, ein sauberes Kiesbett oder sogar eine Magerbetonschicht ausgebracht werden, damit der Oberbelag später stabil hält und sich nicht fortlaufend in der Fläche oder an einzelnen Punkten setzt. Wenn man es selbst versuchen will, empfiehlt es sich, zunächst mit einer kleinen Aufgabe anzufangen, zum Beispiel dem Zuweg zum Haus, bevor man größere Flächen in Angriff nimmt.

Wenn man Spaß und Interesse an Gartenarbeit hat, kann man auch einen kompletten Garten selbst anlegen. Ganz so einfach, wie es sich anhört, ist es aber nicht, daher kann man sich auch hier überlegen, vielleicht zunächst in einem Teilbereich des Gartens einen „Testlauf" zu machen, bevor man gleich mit dem gesamten Garten beginnt.

Checkblatt Baubeschreibung
Carport und Garage

LEISTUNGSUMFANG DES IHNEN ANGEBOTENEN HAUSES	JA	NEIN
46. Ist eine Garage im Leistungsumfang des Ihnen angebotenen Hauses enthalten?	☐	☐
47. Ist ein Carport im Leistungsumfang des Ihnen angebotenen Hauses enthalten?	☐	☐

Was ist ein/e angemessene/r Carport / Garage?

Eine angemessene Garage ist eine vollumschlossene Garage mit Bodenplatte, festen Seitenwänden und verschließbarem Garagentor. Auch ein Licht- und Stromanschluss sollte zur Ausstattung gehören.

Eine angemessene Garage dient insbesondere dem Schutz und Werterhalt eines Fahrzeugs. Darüber hinaus ist es natürlich komfortabel, wenn man morgens im Winter das Fahrzeug nicht erst von Schnee freiräumen oder die Scheiben freikratzen muss. Wenn der Wert eines Autos allerdings geringer ist als der Kaufpreis einer Garage, dann müssen über viele Jahre schon mehrere geringwertige Fahrzeuge dort geparkt werden, damit sich die Investition lohnt. Allerdings übernimmt eine Garage meist noch Nebenfunktionen: Ob Fahrräder, Rasenmäher oder anderes, manches lässt sich dort zusätzlich unterbringen. Und ausgestattet mit Licht und Strom kann eine Garage auch zur temporären Werkstatt werden.

Immer häufiger werden als Alternative Carports angeboten, die jedoch nur sehr geringen Schutz für das Fahrzeug bieten. In der Regel handelt es sich bei Carports um einfache Holz- oder Metallkonstruktionen, meist eine Art Ständerkonstruktion, die ein sehr einfaches Dach trägt. Schon die Wasserabführung vom Dach (meist ein Flachdach) ist nicht immer sauber gelöst.

Die Dachentwässerung des Carports oder der Garage muss aber sorgfältig geplant sein und an die übrige Entwässerung angeschlossen werden. Soweit ein Gründach geplant ist, sind besondere Planungsgrundsätze der Gründachrichtlinie zu beachten: vor allem ein geregelter Wasserzu- und Wasserablauf. Staunässe soll vermieden werden, was bei Null-Grad-Flachdächern nur schwer zu erreichen ist.

Ein Carport kann ein Fahrzeug auch nicht vor Außenfrost schützen. Er kann im Wesentlichen Schatten spenden und vor Regen und vor allem vor Hagelschlag schützen, mehr nicht. Meist gibt man viel Geld für relativ wenig Schutzfunktion aus.

Garagen sind eigentlich nie im Leistungsumfang von Generalunternehmern oder Fertighausanbietern enthalten, sondern müssen zusätzlich angefragt werden.

Wann benötig man ein/en angemessene/n Garage / Carport?

Wenn Sie ein hochwertiges Fahrzeug besitzen, benötigen Sie eine Garage eigentlich von Anfang an. Handelt es sich um ein gebrauchtes, älteres Modell und ziehen Sie im Frühjahr oder Sommer ins Haus, kann die Garage auch noch warten. Ein Carport schützt dagegen ein Fahrzeug ohnedies zwar bedingt vor Regen, Schnee, Hagelschlag, Sonneneinstrahlung, aber nicht vor Kälte und Luftfeuchtigkeit.

Was kostet ein/e Garage / Carport?

Für eine angemessene Garage sollte man mit Kosten von 15.000 bis 18.000 Euro rechnen. Ganz einfache Fertiggaragen bekommt man auch schon für etwa 8.000 Euro. Will man etwas Aufwendigeres haben oder benötigt unter Umständen eine Doppelgarage, wird es schnell deutlich teurer. Allerdings verlangen viele Generalunternehmer selbst für einfache Carports Aufpreise zwischen 8.000 →

und 12.000 Euro, teils noch mehr. Ob man so viel Geld für eine einfache Konstruktion investieren will, die dem Fahrzeug nur mäßigen Schutz bietet, ist fraglich.

> Wenn diese Leistungen bislang nicht oder unvollständig enthalten waren, welche zusätzlichen Kosten setzt Ihr Unternehmen dafür an?
>
> _____ Euro
>
> → Diesen Betrag können Sie auch in die Sammeltabelle auf Seite 188/189 übertragen.

Gibt es Alternativen?

Wenn das Geld sehr knapp ist, ist die Garage ein Bauteil, auf das man zunächst ganz gut verzichten kann. Eventuell kann man ja sogar in der Nähe, zum Beispiel in der Nachbarschaft, für kleines Geld vorübergehend einen geschützten Stellplatz anmieten. Wenn Sie dafür 50 oder 80 Euro Miete im Monat zahlen, selbst wenn es 100 Euro sind, könnten Sie 10 Jahre lang Miete zahlen, bevor Sie den Kostenrahmen einer Garage erreichen würden.

Und eine zukunftsorientierte Alternative kann natürlich auch sein, ganz auf ein Fahrzeug zu verzichten, wenn Ihnen dies möglich ist und der örtliche öffentliche Personennahverkehr (ÖPNV) gut ausgebaut ist. Das spart nicht nur die Garage, das spart auch Anschaffung und Unterhalt und entlastet natürlich auch die Umwelt.

Da es zudem immer mehr Car-Sharing-Angebote gibt und da es ein solches möglicherweise auch in Ihrer Nähe gibt, kann auch das noch eine ergänzende Option zum ÖPNV sein, die man sich zumindest einmal näher ansehen sollte.

Checkblatt Baubeschreibung
Sonderwünsche

LEISTUNGSUMFANG DES IHNEN ANGEBOTENEN HAUSES	JA	NEIN
53. Sind Eigenleistungen möglich?	☐	☐

Was sind Sonderwünsche?

Neben den in den einzelnen Checkblättern aufgeführten Kostenfallen gibt es beim Bauen natürlich immer auch das Problem, dass man Sonderwünsche hat, die die Baukosten in die Höhe treiben können. Es soll dann doch noch ein „Schwedenofen", ein Kachelofen oder ein offener Kamin oder Ähnliches sein, wenn man schon einmal baut. In den vorliegenden Ratgeber wurden nur die Kostenfallen aufgenommen, die bei einem üblichen Hausbau sehr typisch sind, auch weil sie oft nicht oder nur unzureichend in der Bau- und Leistungsbeschreibung schriftlich fixiert sind. Die Kosten, die aus exquisiten Sonderwünschen wie einem Kamin, einer Heimsauna oder anderen Dingen resultieren, die man für ein übliches Haus zunächst nicht benötigt, können dabei nicht berücksichtigt werden. Sie treffen auch nicht die breite Masse der Bauherren. Sonderwünsche sind aber nicht automatisch exquisite Wünsche; denn der Generalunternehmer oder Fertighausanbieter wird darunter grundsätzlich alle Wünsche verstehen, die nicht in seiner Bau- und Leistungsbeschreibung enthalten sind, und wird Sie in der Regel dafür auch zur Kasse bitten.

Wann benötigt man Sonderwüsche?

Mit der Checkliste ab Seite 188 können Sie Ihren Bedarf an Sonderwünschen gut eruieren. Denn mit dieser Liste fragen Sie ja eine gewisse Vollständigkeit der Bau- und Leistungsbeschreibung direkt bei Ihrem Hausanbieter ab. Einige der Punkte würden Sie vielleicht sogar als selbstverständlich zu erbringende Leistung ansehen, und Sie wären überrascht, wenn diese nicht im Basispreis enthalten wären. Die in der Checkliste und in den Checkblättern des Ratgebers aufgeführten Punkte sind auch die Punkte, die zunächst wirklich wichtig sind und abgefragt werden müssen. Darüber hinausgehende Punkte sind meist doch eher speziellere Sonderwünsche, die nicht immer zwingend und notwendigerweise für ein vollständiges Angebot berücksichtigt werden müssen. Wohingegen Sie andere Sonderwünsche wie zum Beispiel einen Dachboden, auf dem Sie Dinge lagern können, eventuell dringend benötigen. Eigentlich waren Sie vielleicht ohnehin davon ausgegangen, es handele sich dabei um gar keinen Sonderwunsch und würde selbstverständlich geliefert. Das sind wichtige Sonderwünsche, die man als Laie aber gar nicht ohne Weiteres erkennen kann.

Was kosten Sonderwünsche?

Angaben über Kosten der unverzichtbaren Sonderwünsche finden Sie in den jeweiligen Checkblättern dieses Ratgebers. Kosten von eher exquisiten Sonderwünschen müssen Sie bei Ihrem Hausanbieter jeweils abfragen, aber auch diese Wünsche sollten vor Vertragsunterzeichnung offen auf den Tisch kommen. Denn auch sie sind natürlich geeignet, Kosten massiv in die Höhe zu treiben.

Gibt es Alternativen?

Überflüssige Sonderwünsche sollten generell hinterfragt werden, vor allem dann, wenn sie die Baukosten stark nach oben treiben; denn es gibt einen Punkt, an dem Bauen auch deswegen sehr unwirtschaftlich werden kann, weil die investierten Kosten im Falle eines Wiederverkaufs des Hauses nie mehr zu erlösen wären. Ein Luxusheim in falscher Lage ist nichts weiter als eine glatte Finanzruine, so exklusiv das Haus auch sein mag. Aber auch ein durchschnittliches Haus in durchschnittlicher Lage mit allzu aufwendiger Ausstattung kann ein Kostengrab werden.

Übersicht: Zusätzliche Leistungen / Zusätzliche Kosten

BISLANG IM ANGEBOT NICHT ENTHALTENE LEISTUNGEN	VOM UNTERNEHMEN GENANNTE ZUSÄTZL. KOSTEN (IN EURO)	CHECKBLATT
1. Genehmigungsgebühren (Baugenehmigung und eventuell nötige Sondergenehmigungen)		54 → Seite 129
2. Statik		55 → Seite 130
3. falls erforderlich: Prüfstatik		55 → Seite 130
4. Haustechnikplanung		56 → Seite 132
5. KfW-Effizienzhaus-Klassifizierung		57 → Seite 133
6. Erschließungsbeiträge (alle Ersterschließungsbeiträge nach dem Baugesetzbuch)		58 → Seite 134
7. Vermessungs- und Katastergebühren (Grundstückseinmessung, Gebäudeeinmessung, Gebäudeabsteckung)		59 → Seite 135
8. Bodengutachten (auf Bodenklasse, Bodentragfähigkeit und Grundwasser)		60 → Seite 136
9. Freiräumung Grundstück		61 → Seite 138
10. Baustelleneinrichtung (soweit erforderlich inklusive Baustraßen, Materiallagerplatz und Kranstandplatz)		62 → Seite 139
11. Baustrom- / Bauwasseranschluss und spätere Demontage (inklusive Genehmigung und Genehmigungsgebühr)		63 → Seite 141
12. Baustrom-/ Bauwasserverbrauch		63 → Seite 141
13. Grundwasserhaltung in der Baugrube (falls notwendig bei hohem Grundwasserstand)		64 → Seite 143
14. Abtransport und Deponiegebühr des Erdaushubs		65 → Seite 144
15. Wasser- und Abwasseranschlüsse inklusive Kontrollschacht (lückenlos, vom öffentlichen Netz bis ins Haus beziehungsweise umgekehrt, betriebsfertig) sowie Regenwasserentwässerungskanal		66 → Seite 146
16. Hebeanlage		69 → Seite 152
17. Gasanschluss (lückenlos vom öffentlichen Netz bis ins Haus, betriebsfertig)		72 → Seite 159
18. Stromanschluss (lückenlos vom öffentlichen Netz bis ins Haus, betriebsfertig)		70 → Seite 153
19. Elektroausstattung (bitte Umfang angeben, auch in Kellerräumen, Dachräumen, Außenbeleuchtung, gegebenenfalls Garage)		70 → Seite 153
20. Gegensprechanlage mit Annahmestationen auf allen Geschossen		70 → Seite 153
21. Heizungs- beziehungsweise Wärmepumpenergänzung durch Solarkollektoren für die Warmwasserbereitung/ Warmwasserzirkulationsleitung		72 → Seite 159
22. bei Installation einer Solarkollektoranlage auch 300-Liter-Warmwasserspeicher enthalten		72 → Seite 159
23. TV-, IT- und Telefon-Anschluss (lückenlos vom öffentlichen Netz bis ins Haus, betriebsfertig)		71 → Seite 157
24. Keller		67 → Seite 148
25. Keller als WU-Keller in Stahlbeton		67 → Seite 148

Fragebögen und Checkblätter: Planung und Umsetzung mit dem Generalunternehmer oder Fertighausanbieter

BISLANG IM ANGEBOT NICHT ENTHALTENE LEISTUNGEN	VOM UNTERNEHMEN GENANNTE ZUSÄTZL. KOSTEN (IN EURO)	CHECKBLATT
26. Dämmung unterhalb der Kellerbodenplatte		68 → Seite 149
27. Dämmung der Kelleraußenwände		68 → Seite 149
28. Kellerestrich (alle Räume)		68 → Seite 149
29. Bodenbelag im gesamten Keller (zum Beispiel Fliesen)		68 → Seite 149
30. isolierte Kellerfenster (Doppelverglasung) mit Kellerlichtschächten		73 → Seite 163
31. falls kein Keller: Dämmung unterhalb der Bodenplatte		68 → Seite 149
32. Rollläden an Kellerfenstern		74 → Seite 165
33. Rollläden in allen Geschossen außer Keller nicht, bitte diese nennen)		74 → Seite 165
34. Dreischeiben-Wärmeschutzverglasung aller Wohnraumfenster		73 → Seite 163
35. Einbruchschutz an allen Türen und Fenstern nach RC 2		73 → Seite 163
36. Gäste-WC und Bäder		75 → Seite 167
37. gedämmte Dachbodeneinschubtreppe (falls Zwischendecke oberstes Geschoss zu Dachboden gedämmt ist)		76 → Seite 171
38. Dachbodenbeplankung (Dachboden begehbar und nutzbar als Abstellraum)		76 → Seite 171
39. Dachdämmung		76 → Seite 171
40. Dachbodenwandbekleidung		76 → Seite 171
41. erhöhter Schallschutz (zum Beispiel gemäß DIN 4109 Beiblatt 2)		77 → Seite 174
42. Hauszugang		79 → Seite 180
43. Hauszugangsweg		79 → Seite 180
44. Terrasse		80 → Seite 181
45. Balkon		80 → Seite 181
46. Garage		82 → Seite 185
47. Carport		82 → Seite 185
48. Haustürschlüssel mit Schließanlage		79 → Seite 180
49. Außensteckdosen und Außenbeleuchtung Terrasse und Balkon		70 → Seite 153
50. Außenwasserhahn (frostfrei)		66 → Seite 146
51. Regenwasserzisterne		81 → Seite 184
52. Außenanlagen		81 → Seite 184
53. Einbauküche		78 → Seite 178
SUMME		

Verbraucherzentrale

▶ PRAXISBEISPIEL 7:

Analyse der Kostenfallen bei einem Generalunternehmerauftrag

Familie Meier möchte ein Haus mit einem Generalunternehmer bauen. Erste Vorbesprechungen fanden statt, der Generalunternehmer hat auch einen ersten Entwurf erstellt, er sendet schließlich einen Vertrag mit Baubeschreibung an Familie Meier. Beim Durchlesen der Baubeschreibung fällt Familie Meier auf, dass einige Dinge nur lückenhaft oder gar nicht beschrieben sind. Damit stellt sich natürlich die Frage, ob diese Dinge dann zusätzlich bezahlt werden müssen, weil sie nicht Vertragsbestandteil sind. Und genau so ist es. Grundsätzlich gilt: Nur was in der Baubeschreibung erfasst ist, ist auch Vertragsbestandteil. Zwar regelt Absatz 2, Paragraph 650k, BGB, Zitat:

> „Soweit die Baubeschreibung unvollständig oder unklar ist, ist der Vertrag unter Berücksichtigung sämtlicher vertragsbegleitender Umstände, insbesondere des Komfort- und Qualitätsstandards nach der übrigen Leistungsbeschreibung auszulegen. Zweifel bei der Auslegung des Vertrages bezüglich der vom Unternehmer geschuldeten Leistungen gehen zu dessen Lasten."

Allerdings legt das BGB nur extrem lückenhaft fest, was eine vollständige Baubeschreibung ist. Fixiert ist das im Artikel 249 des Einführungsgesetzes zum BGB. Unter dem dortigen § 2 wird unter den Punkten 6 und 7 beispielsweise erläutert, dass, Zitat: „gegebenenfalls" Beschreibungen des Innenausbaus und der gebäudetechnischen Anlagen zu machen sind (→ Seite 125 ff.). Solche unverbindlichen Vorgaben nützen Familie Meier natürlich wenig. Daher sollte man eine Baubeschreibung völlig unabhängig vom BGB immer sehr sorgfältig und umfassend zusammenstellen. Unangefochtener Standard einer guten Baubeschreibung ist nach wie vor die Muster-Baubeschreibung der Verbraucherzentrale. Sie ist direkt bei der Verbraucherzentrale (www.ratgeber-verbraucherzentrale.de/bauen-wohnen/die-muster-baubeschreibung) oder im Buchhandel zu erhalten. Familie Meier macht es sich einfach, lädt sich aus dem Internet die Checkliste zur Prüfung der Vollständigkeit von Baubeschreibungen herunter, die auch ab Seite 188 abgedruckt ist und legt sie dem Bauunternehmer mit der Bitte um Ausfüllen vor. Der kommt der Aufforderung nach und schickt sie an Familie Meier zurück. Anhand dieser Liste und des vorliegenden Buches kann Familie Meier nun eine genauere Auswertung machen. Demnach fehlen noch folgende Leistungen:

→ Baustelleneinrichtung
→ Abtransport und Deponie überschüssiges Erdreich
→ Bauwasser / Baustrom
→ Hausanschlüsse vollständig und betriebsbereit
→ WU-Betonkeller
→ nötige Ausbaustufe Hobbyraum im Keller
→ KfW-Effizienzhaus-Standard 55
→ Rollläden im Obergeschoss
→ Zusatzwünsche Elektroinstallation
→ Zusatzwünsche Sanitär
→ Terrasse und Balkon
→ Ausbau Spitzboden

Familie Meier überschlägt die zusätzlichen Kosten für die nicht benannten Leistungen:

Fragebögen und Checkblätter: Planung und Umsetzung mit dem Generalunternehmer oder Fertighausanbieter

- Baustelleneinrichtung: 1.800 Euro (Bauzaun, Lagerplätze und Gerüste)
- Abtransport und Deponie überschüssiges Erdreich: 4.200 Euro
- Bauwasser / Baustrom: 2.500 Euro (für Einrichtung, Betrieb und Abbau)
- Hausanschlüsse vollständig und betriebsbereit: 4.500 Euro (inklusive Kanalkontrollschacht)
- WU-Betonkeller: 8.000 Euro Mehrkosten zu einfachem Betonkeller
- nötige Ausbaustufe Hobbyraum im Keller: 1.400 Euro (inklusive Estrich und Heizung)
- KfW-Effizienzhaus-Standard 55: 15.000 Euro Mehrkosten zum Basis-Angebot
- Rollläden im Obergeschoss: 1.100 Euro
- Zusatzwünsche Elektroinstallation: 1.800 Euro
- Zusatzwünsche Sanitär: 2.800 Euro
- Lagerboden im Spitzboden: 800 Euro
- Terrasse und Balkon: 14.000 Euro
- Hauseingang mit Vortreppe: 3.800 Euro

Familie Meier addiert. Ergebnis: 61.700 Euro sind bislang in der Baubeschreibung nicht erfasst. Die Meiers erschrecken und ziehen sofort die Notbremse. Das Erste, was jetzt her muss, ist eine sehr sorgfältig gearbeitete Baubeschreibung, und auch den Bauvertrag möchte Familie Meier jetzt doch lieber noch einmal prüfen lassen.

PRAXISBEISPIEL 8:

Analyse der Kostenfallen bei einem Fertighauskauf

Familie Schneider möchte ein Fertighaus kaufen. Die Familie benötigt möglichst exakte Kostenabgaben, um die Finanzierungsgespräche mit der Bank führen zu können. Der Fertighausanbieter wirbt mit einem sensationellen Preis. Dieser Preis betrifft bei genauerem Hinsehen allerdings nur die absolute Basisausstattung ab Oberkante Bodenplatte.

Daraufhin lässt sich Familie Schneider die Baubeschreibung des Fertighauses in Basisausstattung zusenden und geht diese positionsweise mit Hilfe dieses Buches durch. Dabei stellen die Schneiders fest, dass folgende Leistungen nicht enthalten sind:

→ Freiräumung Grundstück
→ Baustellenzufahrt
→ Baustelleneinrichtung
→ Bodenplatte beziehungsweise Keller
→ Hauseingang
→ Hausanschlüsse
→ Dachgeschossausbau
→ Garage
→ Rollläden / Raffstoren
→ KfW-Effizienzhaus-Standard 55
→ Parkettboden
→ Holztüren

Familie Schneider stellt dabei auch fest, dass die Mehrkosten für diese Leistungen das Haus um einen sechsstelligen Betrag von etwa 120.000 Euro verteuern.

Das Angebot im Internet von 149.000 Euro für die Abbildung eines kompletten Hauses auf einem schönen Grundstück mit einer glücklichen Familie davor entpuppt sich somit als wenig realitätsnah.

Darauf angesprochen stellt der Fertighaushersteller klar, dass der exakte Preis selbstverständlich erst nach Vertragsabschluss mit der Bemusterung in seinem Bemusterungszentrum genannt werden könne, da der endgültige Preis natürlich von der Ausstattung abhänge. Das ist ein sehr häufiges Argument von Fertighausherstellern. Allerdings kann umgekehrt Familie Schneider natürlich keinen Vertrag unterzeichnen, in dem die Hausausstattung und die Baukosten nicht klar benannt sind. Die Schneiders gehen das Thema daher sehr pragmatisch an und schlagen dem Fertighausanbieter vor, die Bemusterung und die Festlegung aller Leistungsinhalte vor den Abschluss des Hauskaufvertrages zu legen. Damit das möglich ist, schlagen sie vor, die Kosten für die Ausarbeitung der Bemusterung zu tragen, falls sie später den Hauskaufvertrag doch nicht unterzeichnen.

Für die Bemusterung und die Festlegung des Leistungsumfangs setzt Familie Schneider einen Zeitbedarf von einem Tag an, das sind also 8 Stunden, die ein Mitarbeiter für sie zuständig sein würde. Dessen Lohn setzt Sie mit 60 Euro Stundensatz brutto an, das sind insgesamt 480 Euro brutto. Diesen Betrag bietet Familie Schneider dem Unternehmen als Ausgleich an, falls Sie das Haus nach Bemusterung nicht kauft.

Das Unternehmen möchte sich darauf jedoch nicht einlassen und teilt der Familie nüchtern mit, dass das nicht die Arbeitsweise des Unternehmens sei.

Die Schneiders können das nicht nachvollziehen und sind ihrerseits nicht bereit, sich auf finanzielle Abenteuer einzulassen. Sie werden die Gespräche mit dem Fertighaushersteller nicht weiterführen, sie bleiben souverän und gelassen und suchen weiter nach einem Hersteller, der bereit ist, der Familie schon im Bauvertrag auch die dringend benötigte Kostensicherheit zu bieten.

§

Vertragsfallen – ein Überblick

Nur selten im Leben schließt man so weitreichende Verträge wie beim Bauen. Wer dabei nicht aufpasst, kann sehr schnell in große Schwierigkeiten kommen, denn die Summen, um die es geht, sind sehr hoch und damit die Konsequenzen des eigenen Handelns oder Unterlassens weitreichend.

Was sind Vertragsfallen und wie entstehen sie?

Auch „Vertragsfalle" ist – wie Kostenfalle – ein umgangssprachlicher Begriff, besser könnte man von Vertragsrisiken sprechen. Es handelt sich dabei um Regelungen, die zu Ihrem erheblichen Nachteil geschlossen werden und die problemlos auch ausgleichend hätten geschlossen werden können. Vertragsrisiken sind beim Bauen praktisch immer mit Kostenrisiken verbunden. Der Gesetzgeber hat nach vielen Jahren des Abwartens reagiert, und seit dem 1. Januar 2018 gilt in der Bundesrepublik Deutschland ein völlig neues Bauvertragsrecht. Erstmals sind darin auch ein spezielles Verbraucherbauvertragsrecht und auch das Architektenvertragsrecht integriert. Zu beiden gab es bislang überhaupt keine gesonderten gesetzlichen Regelungen. Hinzu kommt, dass zukünftig spezielle Baurechtskammern an den Gerichten eingerichtet werden. Auch dafür war es höchste Zeit; denn die allgemeinen Spruchkörper der Gerichte sind mit komplexen Bauverfahren in aller Regel völlig überfordert. Das Rechtsgebiet ist komplex, und so, wie sich die Anwälte hier längst spezialisiert haben, sollten das auch Richter tun.

Wenn Sie auf eigenem Grundstück bauen, werden Sie es in aller Regel mit 4 möglichen Modellen zu tun bekommen:

→ Sie bauen in Eigenleistung.
→ Sie bauen mit dem Architekten und Handwerkern.
→ Sie bauen mit dem Architekten und einem Generalunternehmer.
→ Sie bauen direkt mit einem Generalunternehmer oder Fertighausanbieter.

Wenn Sie in Eigenleistung bauen, also tatsächlich nur das Baumaterial beziehen und alles in Eigenleistung erledigen, spielen Verträge für Sie nur eine untergeordnete Rolle, weil Sie es dann im Wesentlichen nur mit Kaufverträgen für Baumaterialien oder Bauelemente zu tun haben werden. Für Vollständigkeit von Material und Elementen sorgen Sie dann genauso selbst wie für die notwendige Bauqualität. Eigenleistung ist allerdings nur etwas für ausgebildete Handwerker, die Baustellen gut kennen und wirklich wissen, was auf sie zukommt. Wer noch nie ein Haus gebaut hat und glaubt, sozusagen am Feierabend nebenher ein Bausatzhaus errichten zu können, hat den Anschluss an die Wirklichkeit verloren. Ganz egal, wie sehr Anbieter von Bausatzhäusern auch mit der Einfachheit von Bausätzen werben, wer das noch nie gemacht hat und nicht aus einem Handwerksberuf kommt, sollte tunlichst die Finger davon lassen. Dieses Buch geht daher auch nicht auf Bausatzhäuser ein, die in Eigenleistung zu errichten sind; denn diejenigen, die das wirklich können und wissen, was sie tun, benötigen dafür keinen Ratgeber. Dieser Personenkreis steht jeden Tag auf Baustellen und weiß aus der Praxis, was auf ihn zukommt, während diejenigen, die glauben, mittels eines Buches Bauen in Eigenleistung erlernen zu können, das nächste Problem haben. So wenig, wie man aus einem Buch lernt, ein Auto zu fahren, vielleicht höchstens die theoretischen Grundlagen und Verkehrsregeln, so wenig lernt man bauhandwerkliches Tun aus einem Buch, vielmehr erfährt man nur die rechtlichen und technischen Grundlagen und Rahmenbedingungen.

Bauen Sie mit einem Architekten und Handwerkern, die das Haus gewerkeweise bauen, haben Sie mit dem Architekten zwar einen Sachwalter an Ihrer Seite, aber es kommt dann eben auch sehr auf diese Person an. Wenn Sie fliegen, ist vor allem die Erfahrung des Piloten sehr wichtig, so ist es beim Bauen auch. Aber beim Fliegen sind heute viele Vorgänge automatisiert und laufen nach festen Standards ab. Bauen hingegen ähnelt noch immer sehr viel mehr dem Segeln mit alten, schwierig zu steuernden Holzschiffen auf einem offenen Meer. Es kommt also erheblich auf den Kapitän an, der das Ruder in die Hand nimmt. Deswegen ist eine sehr sorgfältige Architektensuche auch so wichtig. Der Mann oder die Frau muss Sie sicher durch turbulente Zeiten und Herausforderungen bringen. Und damit die Voraussetzungen dafür stimmen, benötigen Sie nicht nur einen guten Architektenvertrag, sondern auch gute Verträge mit jedem einzelnen Handwerker. Beim Vertragsschluss mit Handwerkern sind Architekten unmittelbar mit eingebunden. Oft stammen die Vertragsvorschläge aus den Architekturbüros, und oft werden dabei folgenschwere Fehler gemacht. Denn ein Architekt ist eben kein Anwalt und schon gar kein Anwalt mit entsprechendem Tätigkeitsschwerpunkt oder Fachanwalt. Ein Architekt, der glaubt, er könne mal eben einen rechtssicheren Vertrag vorschlagen, hat bereits einen schwerwiegenden Fehler begangen: Selbstüberschätzung. Denn dass ein Architekt die laufende Baurechtsprechung über alle Obergerichte hinweg ständig im Blick hat und dann auch noch rechtssicher direkt in seinen Verträgen umsetzen kann, ist illusorisch. Gute Architekturbüros pflegen daher eine kontinuierliche Zusammenarbeit mit Fachanwälten für Bau- und Architektenrecht oder Anwälten mit entsprechendem Tätigkeitsschwerpunkt. Kein umfangreicher Bauvertrag verlässt ein solches Architekturbüro, ohne vorher anwaltlich geprüft worden zu sein. Ein guter Architekt wird Sie immer darauf aufmerksam machen, dass Sie Geld für solche rechtlichen Prüfungsleistungen einplanen sollten. Werden Verträge, die ein Architekturbüro in der Zusammenarbeit mit Handwerkern vorschlägt, kontinuierlich durch eine Anwaltskanzlei geprüft, ist eine abschließende kurze Durchsicht eines solchen Vertrags durch einen Anwalt auch nicht aufwendig und teuer.

Architekten arbeiten auf Basis der Honorarordnung für Architekten und Ingenieure (HOAI). Faktisch ist sie ein gesetzlich organisiertes Marktkartell. Denn alle Architekten müssen in ihren wesentlichen Leistungen gesetzlich vorgeschriebene Mindesthonorarhöhen verlangen. Selbst die Mindestsätze nach HOAI sind saftig und richten sich nach den Baukosten, mit 13 bis 15 Prozent der Baukosten müssen Sie auf alle Fälle bei einem Neubau rechnen. Eine Beispielrechnung finden Sie auf Seite 59. Dieses gesetzlich organisierte Marktkartell hat zwischenzeitlich auch die Europäische Kommission auf den Plan gerufen. Sie sieht hier Vorgaben zum europäischen Dienstleistungsmarkt verletzt und hat die Bundesregierung inzwischen vor dem Europäischen Gerichtshof verklagt, da diese sich weigerte, Änderungen der HOAI vorzunehmen. Es wird abzuwarten bleiben, ob sich die EU-Kommission durchsetzt. Die objektiven Voraussetzungen dafür sind aber nicht schlecht; denn der Kern der Argumentation, dass durch die HOAI ein unnötiges Marktkartell geschaffen wird, ist richtig. Das gibt es zwar bei anderen Berufsgruppen wie Anwälten oder Ärzten auch, aber es gibt schon einen großen Unterschied, ob die Vergütung von Anwälten oder Ärzten gesetzlich geregelt und in einen Kostenkorridor gebracht wird oder das Honorar von Architekten. Denn wenn die Qualität einer Rechtsberatung von der Höhe des Anwaltshonorars abhängt, gerät der Rechtsstaat ins Wanken. Und hängt die Qualität der gesundheitlichen Versorgung an der Höhe des Arzthonorars, droht armen Menschen die Ausgrenzung von notwendigen medizinischen Hilfen. Wenn hingegen Architekten frei aushandelbar zu bezahlen wären, drohte niemandem irgendetwas. Während man an einem Arzt oder Anwalt in bestimmten Lebenssituationen schlicht nicht vorbeikommt und existenzielle Lebensbereiche betroffen sein können, ist das bei einem Architekten völlig anders: Wer einen Architekten beauftragt, handelt in der Regel in einer hochprivilegierten Lebenssituation und vollkommen freiwillig. Es wäre daher problemlos möglich, Architektenhonorare freizugeben.

Das Argument, die HOAI führe zu Verbraucherschutz, weil der Wettbewerb unter Architekten nicht über die Kosten, sondern über die Inhalte geführt werde, ist komplett abwegig. Denn ob der Inhalt auch tatsächlich sein Geld wert ist, weiß vorher kein Bauherr. Man kauft ein Stück weit eine Blackbox. Das macht man bei der Tortenbestellung beim Konditor zwar auch, aber erstens ist das Honorar des Konditors nicht gesetzlich festgelegt, und zweitens ist die Investition in eine Torte noch keine Lebensinvestition. Hat die Torte nicht geschmeckt, kann man die nächste woanders bestellen. Das geht beim Hausbau eben gerade nicht. Ungezählte Prozesse zwischen Bauherren und Architekten zeugen auch nicht unbedingt davon, dass alle Bauherren mit der gezeigten Arbeitsleistung einverstanden waren. Ein gesetzlich festgelegter hoher Preis garantiert eben noch lange keinen optimalen Inhalt oder eine herausragende Qualität. Würde das Honorar freigegeben, würden die Preise sinken, denn es gibt seit Langem deutlich mehr Architekten am Markt, als nachgefragt werden.

Verbraucherzentrale

Klassische Vertragsfallen im Vertrag mit dem Architekten sind:

→ fehlende Leistungs- und Umfangdefinitionen des zu planenden Objekts
→ fehlende Leistungs- und Umfangdefinition der Tätigkeiten des Architekten
→ fehlende Kostengrenzen
→ fehlende zeitliche Regelungen
→ fehlende Kündigungsregelungen
→ fehlende Anwesenheitsregelungen für die Baustelle

Anders als Architekten sind Handwerker preislich nicht geschützt. Handwerker müssen für ihre Mitarbeiter den gesetzlichen Mindestlohn beachten, sind ansonsten in ihrer Preisgestaltung aber frei. Dafür sind jedoch die Leistungsbilder bei Handwerkern zunächst unklarer als bei Architekten; denn ein Handwerker muss jedes Bauvorhaben handwerklich neu angehen, er muss also jede gewünschte Ausführungsart immer wieder neu kalkulieren. Auch die rechtlichen Risiken in Verträgen mit Handwerkern liegen in anderen Punkten als bei Architektenverträgen.

Klassische Vertragsfallen in Verträgen mit Handwerkern sind:

→ VOB/B als Vertragsgrundlage, obwohl der Bauherr das vielleicht gar nicht wollte, aber der Architekt es so in den Vertrag setzte
→ unvollständiges Leistungsverzeichnis
→ unklare Zahlungsregelungen
→ unklare oder gänzlich fehlende Abnahmeregelungen (bei VOB/B-Verträgen)
→ fehlende Terminregelungen, auch von Zwischenterminen
→ unzulässige oder fehlende Vertragsstrafenregelung

Planen Sie Ihr Haus mit einem Architekten und geben das gesamte Vorhaben dann an einen Generalunternehmer, kann es sein, dass der Architekt diesen Schritt noch mit begleitet, das muss aber nicht so sein. Dann entsteht ein Schnittstellenproblem, um das Sie sich selber kümmern müssen.

Bauen Sie von vornherein mit einem Generalunternehmer oder einem Fertighausanbieter, haben Sie keinen Sachwalter an Ihrer Seite, sondern müssen sich von Anfang an um den gesamten Vertragsschluss selber kümmern. Wahrscheinlich nahezu 100 Prozent aller Bauherren lassen solche Verträge vor Unterzeichnung nicht prüfen und wundern sich, wenn es im Lauf des Bauvorhabens zu Vertragsstreitigkeiten kommt, mit erheblichen Rechtsnachteilen für sie.

Wer einen Bauvertrag unterzeichnet, ohne dass dieser zuvor von einem Fachanwalt für Bau- und Architektenrecht oder einem Anwalt mit entsprechendem Tätigkeitsschwerpunkt geprüft wurde, weiß nicht, was er tut. In aller Regel fehlt dann wahrscheinlich einfach die notwendige Lebenserfahrung und die Vorstellungskraft dafür, dass ein falscher Vertrag über größere Summen ganze Familien von heute auf morgen in den Abgrund reißen kann. Je nach den vertraglichen Formulierungen kann auch ein guter Anwalt beziehungsweise Fachanwalt nachträglich gegebenenfalls nur noch bedingt helfen; denn auch der beste Anwalt ist immer nur so gut wie die rechtlichen Grundlagen, die er vorfindet.

Typische Vertragsfallen in Generalunternehmerverträgen sind:

→ unvollständige Bauleistungsdefinition
→ ungenaue Bauleistungsdefinition
→ unvollständige Vertragsanlagenregelung (insbesondere Planung, Energetik und Statik)
→ riskante Zahlungsregelungen
→ riskante Abnahmeregelungen
→ fehlende Terminregelungen
→ fehlende Vertragsstrafenregelung
→ fehlende Kündigungsregelung für den Bauherrn

Woran kann man Vertragsfallen erkennen?

Laien können Vertragsfallen nur bedingt erkennen. Das liegt schon daran, dass die meisten Menschen kaum Erfahrung mit Verträgen haben. Der Mietvertrag, der Arbeitsvertrag, der Vertrag mit einem Mobilfunkanbieter oder der Kaufvertag für ein gebrauchtes Auto bilden üblicherweise den eher dürftigen Erfahrungshorizont. Diese Verträge werden auch fast immer vollständig von der Gegenseite vorgegeben. Und wenn Sie sich jetzt noch fragen, ob Sie an einem dieser Verträge nach Vorlage desselben auch nur je ein Wort geändert haben oder ob Sie diese Verträge nicht vielmehr exakt genauso unterzeichnet haben, wie man sie Ihnen vorgelegt hat, merken Sie, dass Sie doch nicht über Vertragserfahrung verfügen. Sie haben vielmehr Verträge nur unterzeichnet, aber noch nicht ausgehandelt. Das liegt unter anderem auch daran, dass in den benannten Fällen die Gegenseite wahrscheinlich meist am längeren Hebel saß. Ein Arbeitgeber wird davon ausgehen, dass Sie seinen Vertrag unterzeichnen. Tun Sie es nicht, wird er möglicherweise sein Angebot zurückziehen. Welche Wahl haben Sie also?

Es gibt aber natürlich Personen, die sehr viel Vertragserfahrung haben. Und diese Personen tun sich wesentlich leichter, einen Vertrag auf Risiken hin durchzusehen und dann auch zu verhandeln. Aber auch wer Hunderte von Versicherungsverträgen bearbeitet hat oder jeden Tag Leasingverträge verhandelt, wird fachlich-inhaltlich noch lange keinen Bauvertrag auf Risiken hin analysieren können. Das liegt in der Natur der Sache. Ein Ziel dieses Buches ist es, Ihnen Checkblätter für die häufigsten und wichtigsten Vertragsfallen von Architekten-, Handwerker- und Generalunternehmerverträgen an die Hand zu geben, sodass Sie in einem ersten Schritt selber überprüfen können, ob das jeweils Notwendige in den Verträgen, die man Ihnen vorlegt, auch geregelt ist und ob das, was gefährlich ist, im Vertrag vorkommt oder nicht. Dadurch können Sie ein Gefühl dafür entwickeln, auf was Sie achten müssen. Das Buch „Bauen!" der Verbraucherzentrale enthält darüber hinaus Beispielverträge, bei denen Sie sehen können, wie typische Architekten-, Handwerker- und Generalunternehmerverträge, die Bauherren vorgelegt werden, aussehen und was dabei zu beachten ist.

Wie kann man Vertragsfallen wirksam entgegentreten?

Um Vertragsfallen wirksam entgegentreten zu können, muss man sie zunächst einmal erkennen und dann auch wissen, was alternativ sinnvoll und möglich ist. Die Basis ist dabei immer das Werkvertragsrecht des BGB, dort exakt das Architektenvertragsrecht für den Vertrag mit dem Architekten und das Verbraucherbauvertragsrecht für den Vertrag mit den Handwerkern, dem Generalunternehmer oder dem Fertighausanbieter. Es ist in jedem Fall sinnvoll, sich diese Gesetze zumindest einmal durchzulesen. Das können Sie kostenfrei über das Gesetzesportal der Bundesregierung tun. Sie finden es unter: www.gesetze-im-internet.de. Das Werkvertragsrecht umfasst die Paragrafen 631 bis 651. Die Paragrafen 650i bis 650n umfassen dabei das spezielle Verbraucherbauvertragsrecht und die Paragrafen 650p bis 650t das spezielle Architektenvertragsrecht. Man muss das ein paar Mal durchlesen, um sich etwas hineinzufinden, aber es überhaupt einmal durchzulesen ist schon besser, als es gar nicht durchzulesen. Sie kennen dann zumindest einmal die rechtliche Basis, auf der auch Ihr Vertrag geschlossen werden wird.

Verbrauchern wird in der Baupraxis sehr häufig vieles erzählt, was einer genaueren Prüfung nicht ohne Weiteres standhält. Das gilt natürlich auch für die Verträge rund um das Bauen. Ein beliebtes Argument ist dann zum Beispiel: „Da sind Sie aber der Erste, der das fordert." Erstens ist das meistens nicht so und zweitens gilt: Selbst wenn es so wäre, ist das kein sachlicher Grund, bestimmte Regelungen nicht vorzunehmen. Manchmal hören Sie auch: „Das ist vollkommen unüblich und das machen wir auch grundsätzlich nicht." Auch dann können Sie gelassen bleiben; denn eine Generalisierung vollkommen subjektiver Einschätzungen dient viel häufiger, als Sie glauben, nur Ihrer Einschüchterung. Sie müssen sich immer klarmachen, dass Sie Grundstückseigentümer sind. Daher sind Sie es auch, der am Ende darüber entscheidet, wer auf Ihrem Grundstück baut – und wer eben auch nicht.

Es ist Ihnen als Laien definitiv nicht möglich, einen rechtssicheren Bauvertrag in allen Details auszuhandeln. Dazu benötigen Sie fachliche Hilfe. Dieses Buch gibt Ihnen die Möglichkeit zunächst einmal selber vertragliche Regelungen, die Ihnen vorgelegt werden, zu prüfen. Bevor Sie aber einen weitreichenden Vertrag gegenzeichnen, empfiehlt es sich auf alle Fälle, einen solchen durch einen Fachanwalt für Bau- und Architektenrecht oder durch einen Anwalt mit entsprechendem Tätigkeitsschwerpunkt prüfen zu lassen (→ Seite 201 ff.).

Die Verbraucherzentrale Nordrhein-Westfalen bietet die Möglichkeit, Architektenverträge schriftlich prüfen zu lassen. Das Angebot finden Sie unter: www.vz-nrw.de/Pruefung-von-Architektenvertraegen.

Und bei Handwerker- und Generalunternehmerverträgen ist eine Option auch, auf einen Mustervertrag zurückzugreifen, den die Organisation Haus und Grund und der Zentralverband Deutsches Baugewerbe (ZDB) entwickelt haben. Dieser Mustervertrag ist deswegen interessant, weil beide Organisationen eigentlich unterschiedliche Interessengruppen vertreten, nämlich Auftraggeber und Auftragnehmer am Bau, aber dennoch nach gemeinsamen Musterverträgen gesucht haben, die ausgewogene Regelungen enthalten. Diese Verträge werden kostenfrei zur Verfügung gestellt. Sie finden sie im Internet unter:

www.zdb.de/zdb-cms.nsf/id/verbraucher-bauvertraege-

Aufgrund der Tatsache, dass beide Verträge, also der Einzelgewerkevertrag und der Hausbauvertrag, auch von einem Spitzenverband der deutschen Bauwirtschaft angeboten werden, gibt es für Ihren Handwerker oder Hausanbieter eigentlich keinen Grund, einem solchen Vertrag nicht zuzustimmen. Auch wenn Verhandlungen zu einem ursprünglichen Vertrag in die Sackgasse geraten, kann ein solcher Vertrag eine Lösung sein als einfacher, transparenter, neuer Ansatz.

Für alle Vertragsverhandlungen gilt ganz grundsätzlich: Ein Ihnen vorgelegter Vertrag sollte niemals ungeprüft unterzeichnet werden. Ein Vertrag kann durch Sie mithilfe dieses Buches vorgeprüft werden, sollte vor Unterzeichnung aber einem Fachanwalt für Bau- und Architektenrecht oder Anwalt mit entsprechendem Tätigkeitsschwerpunkt zur präventiven Prüfung vorgelegt werden. Eine Alternative ist der benannte Musterbauvertrag von Haus und Grund und ZDB, der juristisch geprüft ist und ausgewogene Regelungen enthält.

Außerdem gilt: Vertragshandlungen sollten ruhig und sachlich sowie freundlich, aber verbindlich geführt werden. Von Zeitdruck oder nicht begründeten Argumenten sollten Sie sich nicht beeindrucken lassen. Und: Nicht selten haben Sie es auch mit Handelsvertretern zu tun, die selbst nicht unterschriftsberechtigt sind und auch nicht jede Entscheidung bezüglich des Vertrages treffen dürfen. Dann hören Sie häufig: „Das muss ich erst mit der Geschäftsführung klären." In einem solchen Fall ist es vielleicht sinnvoll, darauf hinzuweisen, dass man Ihnen für Verhandlungen zu einem sechsstelligen Betrag vielleicht auch eine verhandlungsbevollmächtigte Person schicken sollte. Denn sonst kann sich dieser Prozess ewig hinziehen, und Argument und Gegenargument können nie direkt ausgetauscht werden.

Und schließlich sollten Sie überlegen: Wenn Sie sich selbst Vertragsverhandlungen nicht zutrauen, können Sie das auch zusammen mit einer Person aus Ihrem Umfeld machen, die verhandlungserfahren ist. Jedoch gilt hier ebenso: Falls die Person nicht über hinreichende Erfahrungen im Bau- und Architektenrecht verfügt und kein Jurist ist, sollte das ausgehandelte Dokument am Ende immer einem Fachanwalt für Bau- und Architektenrecht oder einem Anwalt mit entsprechendem Tätigkeitsschwerpunkt vorgelegt werden. Denn es wird Ihnen ohne juristische Hilfe kaum gelingen, bessere und vor allem rechtlich auch sichere Alternativformulierungen zu entwickeln.

Viele Menschen glauben noch immer, nette Verkäufer oder Unternehmer, die wahre Charmeure sind, die Tür aufhalten, den Mantel abnehmen und zum Kaffee einladen, würden auch nette Verträge schließen. Diesen Irrtum haben schon viele Bauherren nach Vertragsunterzeichnung teuer bezahlt. Ob ein Unternehmer wirklich fair und nett ist, zeigt sich erst beim konkreten Vertragstext, den er von Ihnen unterzeichnet haben will.

Den richtigen Anwalt finden und beauftragen

Wer beim Bauen wirklich Geld sparen will, verzichtet nicht auf einen Anwalt, sondern schaltet ihn frühzeitig ein. Frühzeitig heißt: Bevor ein Vertrag unterzeichnet wird, prüft der Anwalt ihn. So kann der Anwalt von vornherein schwere Fehler vermeiden. Das ist fast immer kostengünstiger, als wenn es später aufgrund unklarer oder benachteiligender Verträge zu Problemen und Auseinandersetzungen kommt.

Mindestens 2 Herausforderungen stellen sich Ihnen dabei: Wie finden Sie den richtigen Anwalt und wieviel kostet er?

Finden des richtigen Anwalts

Um den richtigen Anwalt zu finden, sollten Sie sehr gezielt vorgehen. Zunächst ist es wichtig zu wissen, dass nicht jeder Anwalt Bausachen bearbeitet oder bearbeiten will oder auch kann. Auch Anwälte haben sich längst spezialisiert. 2 Spezialisierungskennzeichen gibt es:

→ Fachanwälte für Bau- und Architektenrecht
→ Anwälte mit Tätigkeitsschwerpunkt Bau- und Architektenrecht

Fachanwalt für Bau- und Architektenrecht

Anwälte, die Fachanwälte werden wollen, müssen üblicherweise einen Lehrgang absolvieren, eine Prüfung ablegen und bestimmte Fallzahlen nachweisen.

Anwalt mit Tätigkeitsschwerpunkt Bau und Architektenrecht

Ein Anwalt mit einem Tätigkeitsschwerpunkt muss dies nicht, sondern kann sich seinen Tätigkeitsschwerpunkt selber aussuchen und diesen den Mandanten mitteilen.

Man kann nicht allgemein sagen, dass es einen Qualitätsunterschied zwischen beiden Qualifizierungen gibt, es kommt immer auf den einzelnen Anwalt an. Ein engagierter Anwalt mit Tätigkeitsschwerpunkt im Bau- und Architektenrecht kann qualitativ hervorragende Arbeit leisten, die der eines Fachanwalts in nichts nachsteht.

Gezielte Suche

Es ist sinnvoll, wenn der Anwalt aus Ihrer Nähe kommt. Wenn Sie auf dem Land wohnen, kann er natürlich auch aus der nächsten größeren Stadt kommen. Finden Sie aber einen auf dem Land, kann das eine gute Lösung sein, doch auch in einer kleinen Stadt oder einem Vorort einer größeren Stadt finden Sie Anwälte, nicht nur in der Stadtmitte von Großstädten. Beim Bauen drehen sich die Rechtsfragen naturgemäß um die Baustelle. Daher sollte Ihr Anwalt diese und die zuständigen Gerichte möglichst einfach und unkompliziert erreichen können. Ein Anwalt aus Hamburg, der einen Baufall in München bearbeitet, muss nicht zwingend die sinnvollste Lösung sein.

Anwälte finden Sie recht einfach über das regionale Telefonbuch „Gelbe Seiten" und dort unter dem Stichwort „Anwälte" oder „Rechtsanwälte". Oft sind dort auch Ihre fachanwaltlichen Arbeitsgebiete oder Tätigkeitsschwerpunkte angegeben.

Sie können die Suche auch über das Internet versuchen. Was sich einfach anhört, ist es aber nicht. Nicht jeder gute Anwalt in Ihrer Nähe muss zwangsläufig auch einfach im Internet zu finden sein. Während Sie Fachanwälte für Bau- und Architektenrecht noch recht gut finden können, sind Anwälte mit entsprechendem Tätigkeitsschwerpunkt schon schwieriger zu finden. Sie haben aber meist einen ähnlich intensiven Überblick über das Rechtsgebiet wie Fachanwälte. Den Unterschied machen eher kammerinterne Regelungen aus. Und auch nicht jeder Anwalt möchte unbedingt einen Fachanwaltstitel tragen.

Eine Internetseite, mit der Sie eine schnelle und gute Anwalt-Recherche durchführen können, zu Fachanwälten und Anwälten mit Tätigkeitsschwerpunkt, ist zum Beispiel die Seite www.justico.de. Die Seite ist sehr übersichtlich gestaltet und einfach strukturiert. Wenn Sie dort in der Suchmaske den Ort eingeben, in dem Sie wohnen oder bauen wollen, kombiniert mit dem Begriff „Baurecht", erhalten Sie eine sehr vollständige Übersicht sowohl über Fachanwälte für Bau- und Architektenrecht als auch über Anwälte mit entsprechendem Tätigkeitsschwerpunkt aus der betreffenden Region. Es gibt für jeden Anwalt eine Verlinkung, sodass Sie direkt auf dessen Internetseiten weitere Informationen einsehen können. Es gibt aber natürlich auch andere Suchportale.

Kanzleigröße

Wenn Sie ein Ein- oder Zweifamilienhaus planen und bauen, ist eine kleinere Kanzlei oder auch ein Einzelanwalt der richtige Ansprechpartner. Das hat den Vorteil, dass Sie den Anwalt meist einfach und unkompliziert erreichen können und Ihr Fall auch nicht innerhalb der Kanzlei delegiert wird. Möglicherweise müssen Sie unter Umständen 2 oder 3 persönliche Vorgespräche führen, um denjenigen Anwalt zu finden, von dem Sie den Eindruck haben, dass er auch menschlich zu Ihnen passt.

Vergütung des Anwalts

Anwälte werden auf Grundlage des Rechtsanwaltsvergütungsgesetzes (RVG) vergütet. Bei der außergerichtlichen Gebührenvereinbarung sind Anwälte aber frei. Sinnvoll ist es, mit dem Anwalt eine Gebührenvereinbarung zu treffen und vorher darüber zu sprechen.

Im Wesentlichen gibt es 3 Modelle der Gebührenvereinbarung:

→ Gebühren nach dem Gegenstandswert / Wertgebühren
→ Stundensatzgebühren
→ Pauschalgebühren

Die häufigsten Gebührenvereinbarung sind Gebühren nach dem Gegenstandswert und Stundensatzgebühren. Arbeitet ein Anwalt auf Grundlage des Gegenstandswertes, muss er direkt darauf hinweisen, dass sich seine Honorierung danach richtet.

Gebühren nach dem Gegenstandswert / Wertgebühren

Die Wertgebühren richten sich nach dem Gegenstandswert. Wollen Sie also zum Beispiel einen Architektenvertrag abschließen über einen Hausbau im Wert von 250.000 Euro, sind nicht die 250.000 Euro der Gegenstandswert, sondern das Honorar des Architekten, das aus dem Architektenvertrag resultiert. Bauen Sie hingegen mit einem Generalunternehmer und wollen Sie mit diesem einen Vertrag über einen Hausbau im Wert von 250.000 Euro vereinbaren, ist das der Gegenstandswert.

Gebühren nach dem Gegenstandswert, sogenannte Wertgebühren, sind Gebühren nach § 13 Absatz 1 RVG. Dieser enthält eine Tabelle, die Gegenstandswerten Gebührenwerte zuordnet:

„Wenn sich die Gebühren nach dem Gegenstandswert richten, beträgt die Gebühr bei einem Gegenstandswert bis 500 Euro 45 Euro. Die Gebühr erhöht sich bei einem ...

GEGENSTANDSWERT BIS ... EURO	FÜR JEDEN ANGEFANGENEN BETRAG VON ... WEITEREN EURO	UM ... EURO
2.000	500	35
10.000	1.000	51
25.000	3.000	46
50.000	5.000	75
200.000	15.000	85
500.000	30.000	120
über 500.000	50.000	150

Eine Gebührentabelle für Gegenstandswerte bis 500.000 Euro ist diesem Gesetz als Anlage 2 beigefügt."

Die Formulierung des Gesetzes ist sprachlich sehr unklar und auf diese Weise hochmissverständlich. Um zu verstehen, was der Gesetzgeber eigentlich meint, zeigt die untenstehende Tabelle, was unter der unnötig umständlichen Formulierung mathematisch zu verstehen ist:

GEGENSTANDSWERT IN EURO	GEBÜHRENADDITIONEN IN EURO	GEBÜHR IN EURO (NETTO)
500	45	45
1.000	45 + 35	80
1.500	45 + 35 + 35	115
2.000	45 + 35 + 35 + 35	150
2.500	45 + 35 + 35 + 35 + 51	201
3.000	45 + 35 + 35 + 35 + 51	201
3.500	45 + 35 + 35 + 35 + 51 + 51	252
4.000	45 + 35 + 35 + 35 + 51 + 51	252
4.500	45 + 35 + 35 + 35 + 51 + 51 + 51	303

In dieser Logik kann man vorangehen und kommt mit diesen Rechenschritten letztlich zu den Tabellenwerten, wie sie in Anlage 2 des RVG abgedruckt sind: →

GEGENSTANDSWERT (IN EURO)	GEBÜHR IN EURO	GEGENSTANDSWERT (IN EURO)	GEBÜHR IN EURO
bis 500	45	bis 50.000	1.163
bis 1.000	80	bis 65.000	1.248
bis 1.500	115	bis 80.000	1.333
bis 2.000	150	bis 95.000	1.418
bis 3.000	201	bis 110.000	1.503
bis 4.000	252	bis 125.000	1.588
bis 5.000	303	bis 140.000	1.673
bis 6.000	354	bis 155.000	1.758
bis 7.000	405	bis 170.000	1.843
bis 8.000	456	bis 185.000	1.928
bis 9.000	507	bis 200.000	2.013
bis 10.000	558	bis 230.000	2.133
bis 13.000	604	bis 260.000	2.253
bis 16.000	650	bis 290.000	2.373
bis 19.000	696	bis 320.000	2.493
bis 22.000	742	bis 350.000	2.613
bis 25.000	788	bis 380.000	2.733
bis 30.000	863	bis 410.000	2.853
bis 35.000	938	bis 440.000	2.973
bis 40.000	1.013	bis 470.000	3.093
bis 45.000	1.088	bis 500.000	3.213

Die folgenden Beispiele zeigen Ihnen, was das in der Praxis konkret heißt.

 BEISPIEL 1:

Nehmen wir an, der **Gegenstandswert beträgt 2.800 Euro**. Dann können Sie in die obenstehende Tabelle gehen und nachsehen: Die Gebühr bei einem Gegenstandswert bis 3.000 Euro beträgt im einfachen Gebührensatz 201 Euro. Bei einem 1-fachen Gebührensatz ergäbe sich folgende Rechnung:

1,0 x 201 Euro + Auslagenpauschale 20 Euro + MwSt. 19 % = **262,99 Euro**

Bei einem 1,3-fachen Gebührensatz ergäbe sich folgende Rechnung:

1,3 x 201 Euro + Auslagenpauschale 20 Euro + MwSt. 19 % = **334,75 Euro**

> **BEISPIEL 2:**

Nehmen wir an, der **Gegenstandswert beträgt 28.000 Euro**. Dann gehen Sie wiederum in die obenstehende Tabelle und sehen nach: Die Gebühr bis 30.000 Euro beträgt 863 Euro.

Bei einem 1-fachen Gebührensatz ergäbe sich folgende Rechnung:

1,0 x 863 Euro + Auslagenpauschale 20 Euro + MwSt. 19 % = **1.050,77 Euro**

Bei einem 1,3-fachen Satz ergäbe sich folgende Rechnung:

1,3 x 863 Euro + Auslagenpauschale 20 Euro + MwSt. 19 % = **1.358,86 Euro**

Lassen Sie also zum Beispiel einen Architektenvertrag prüfen, dessen Honorarhöhe 28.000 Euro betragen soll, wären die benannten Rechenergebnisse, die Summen, die dann an einen Anwalt für die Prüfung zu zahlen wären, wenn eine Honorierung nach Gegenstandswert vereinbart wurde.

Etwas weiter unten werden Sie sehen, dass bei noch relativ niedrigen Gegenstandswerten wie diesem eine Vereinbarung nach Gegenstandswert sinnvoll sein kann und bei höheren Gegenstandswerten eine Stundensatzvereinbarung, wenn es um die präventive Prüfung von Verträgen geht.

> **BEISPIEL 3:**

Nehmen wir an, der **Gegenstandswert beträgt 280.000 Euro**. Dann sehen Sie in der Tabelle oben, dass bis zu einem Gegenstandswert von 290.000 Euro die Gebühr 2.373 Euro beträgt.

Bei einem 1-fachen Gebührensatz ergäbe sich folgende Rechnung:

1,0 x 2.373 Euro + Auslagenpauschale 20 Euro + MwSt. 19 % = **2.847,67 Euro**

Bei einem 1,3-fachen Satz ergäbe sich folgende Rechnung:

1,3 x 2.373 Euro + Auslagenpauschale 20 Euro + MwSt. 19 % = **3.694,83 Euro**

Nehmen wir an, es geht in allen 3 gezeigten Beispielen um die Prüfung und Mitwirkung bei der Gestaltung eines Vertrags. Dann handelt es sich um eine sogenannte Geschäftsgebühr nach Anlage 1 Abschnitt 3 zu § 2 des RVG. Deren Gebührensatz kann schwanken zwischen dem 0,5-fachen und dem 2,5-fachen des Gebührenwertes. Den Wert des 1,3-fachen darf sie nur übersteigen wenn, Zitat: *„die Tätigkeit umfangreich oder schwierig war."* Also eine absolute Gummiregelung, die alles und nichts heißen kann. Bei der Prüfung eines verbreiteten Mustervertrages wird ein Anwalt bei 1,3 bleiben können. Handelt es sich hingegen um einen individuellen Vertrag mit entsprechendem Prüfungsaufwand, wird der Anwalt auch das 1,5- bis 1,8-fache verlangen können. Also deutlich höhere Kosten. Daher muss von vornherein klar sein, welchen Gebührensatz der Anwalt wählt.

Stundensatzgebühren

Bei den Stundensatzgebühren setzt der Anwalt Kosten pro Arbeitsstunde an und multipliziert diese. Den Stundensatz setzt er selber fest. Dieser schwankt verbreitet zwischen 150 und 300 Euro plus Auslagenpauschale von 20 Euro plus Mehrwertsteuer. Die Stunden, die der Anwalt tatsächlich benötigt, rechnet er dann ab, sowohl für die interne Beratung nur mit Ihnen als auch für den Fall, dass er außergerichtlich nach außen auftreten muss.

Nehmen wir an, ein Anwalt benötigt 3 bis 4 Stunden um einen Architektenvertrag durchzuarbeiten und konkrete Verbesserungsvorschläge zu unterbreiten. Dann ergäbe sich folgende Rechnung bei einer Stundesatzvereinbarung von 200 Euro:

4 x 200 Euro Auslagenpauschale 20 Euro + 19 % MwSt. = **975,80 Euro**

Vergleicht man dieses Ergebnis mit einer Vereinbarung nach Wertgebühr zeigt sich: Welche Abrechnungsweise günstiger ist (nach Stundensatz oder nach Wertgebühr), kommt auf den voraussichtlichen Zeitbedarf und den Gegenstandswert an. Prüft der Anwalt einen komplizierten Architektenvertrag kann die Stundensatzvereinbarung teurer sein als eine Vereinbarung nach Gegenstandswert. Prüft er hingegen einen Generalunternehmervertrag über eine wesentlich höhere Summe, kann die Stundensatzvereinbarung günstiger sein.

Ein sehr fairer Anwalt bot einem Mandanten einmal die Wahlfreiheit an zwischen Stundensatzabrechnung und Abrechnung nach dem Gegenstandswert, und zwar in der Weise, dass der Mandant nach Abschluss der Beratung beide Abrechnungen vorgelegt bekam und die für ihn günstigere wählen durfte. Auch das geht und auch solche Anwälte gibt es.

Pauschalgebühren

Pauschalgebühren sind eine weitere Möglichkeit einer Gebührenvereinbarung. Es könnte sein, dass ein Anwalt Ihnen für die Prüfung eines Architektenvertrags eine pauschale Summe anbietet. Das kann er aber üblicherweise nur dann tun, wenn er zuvor einen kurzen Einblick in den Vertrag hatte und weiß, was auf ihn zukommt. Denn das Risiko bei der Pauschalgebühr steckt für den Anwalt darin, dass er möglicherweise deutlich mehr Zeit benötigt als kalkuliert, die er dann nicht abrechnen kann.

Erstberatung

Nehmen Sie nur eine Erstberatung eines Anwalts in Anspruch, darf dieser nach § 34 RVG Absatz 1 nur eine gedeckelte Gebühr von 190 Euro netto abrechnen, dazu 20 Euro Auslagenpauschale, also insgesamt 249,90 Euro brutto. Erstberatung heißt aber auch nur Erstberatung. Kommen Sie unvorbereitet zu einem Anwalt und wollen dann noch Dinge nachreichen für ein Folgegespräch, ist der Folgetermin eigentlich keine Erstberatung mehr. Einige Anwälte handhaben das kulant, andere nicht. Daher ist es wichtig, dass Sie sich für einen Erstberatungstermin möglichst gut vorbereiten und dem Anwalt den gesamten Sachverhalt, den Sie geprüft haben wollen, schlüssig und klar darlegen können.

Fazit

Im Ergebnis heißt dies alles, man muss mit einem Anwalt über potenzielle Kosten offen sprechen. Bei Bauprozessen mit aufwendigen Vor-Ort-Terminen und dergleichen können Stundensatzvereinbarungen schnell zu einer förmlichen Kostenexplosion anwaltlicher Gebühren führen. Bei der präventiven Prüfung von Verträgen mit relativ hohen Vertragssummen, also vor allem Generalunternehmerverträge oder umfangreiche Handwerkerverträge, können Stundensatzvereinbarungen hingegen sinnvoller sein als Vereinbarungen nach Wertgebühr. Es hängt also jeweils vom individuellen Fall ab. Ein fairer Anwalt wird Sie hierzu offen und transparent beraten.

Auch Sie können natürlich einiges tun, um den Aufwand für Ihren Anwalt zu reduzieren und ein effizientes Arbeiten zu ermöglichen. Wollen Sie Verträge prüfen lassen, sollte Ihr Anwalt nicht jede Variante der Verhandlungsstände bekommen, sondern gezielt über den letzten Sachstand informiert werden. Er sollte auch nicht nur ein Papierexemplar erhalten, sondern parallel ein offenes, bearbeitungsfähiges Word-Dokument. Liegt vom Vertrag nur ein PDF vor, sollten Sie daraus ein Word-Dokument erstellen, das für den Anwalt auch bearbeitungsfähig ist. Nötigenfalls müssen Sie die Inhalte sorgfältig aus dem PDF kopieren und in ein Word-Dokument setzen. Alles das muss Ihr Anwalt dann schon einmal nicht mehr tun, sondern er kann sich vielmehr konzentrieren auf die eigentliche, inhaltliche Arbeit. Wenn Sie dann noch mit ihm vereinbaren, dass er nicht nur den Vertrag durchsieht und Sie dazu berät, sondern dass er konkrete Änderungs- und Verbesserungsvorschläge in den Vertrag setzt, kann man sehr zügig und effizient vorankommen.

Wenn Sie überlegen, dass Sie Verträge über sehr hohe Summen mit einem Architekten, Generalunternehmer oder Fertighausanbieter unterzeichnen werden, dann relativieren sich anwaltliche Beratungshonorare schnell. Einen Architektenvertrag über 28.000 Euro zu unterzeichnen oder einen Fertighaus- oder Generalunternehmervertrag über 280.000 Euro, ohne dass ein Anwalt diesen geprüft hat, ist sehr risikoreich. Kaum ein Verbraucher überblickt das Risiko, dem er sich – und oft ja auch seine gesamte Familie – damit aussetzt.

Abwiegelung des Anwalts durch Dritte
Sagt man einem Architekten oder einem Unternehmer, dass man den Vertrag noch mit einem Anwalt besprechen will, erhält man oft denkwürdige Rückmeldungen, nach dem Motto: „Ja wenn Sie jetzt schon mit einem Anwalt kommen, wie soll das dann erst später werden?" Es kann sogar sein, dass man gar nicht mehr mit Ihnen zusammenarbeiten will. In diesen Fällen gibt es genau 2 Möglichkeiten:

→ Sie teilen zunächst einmal gar nicht mit, dass Sie eine inhaltliche Prüfung durch einen Anwalt vornehmen lassen.
→ Sie verzichten Ihrerseits auf die Zusammenarbeit mit dem betreffenden Architekten oder Unternehmer.

Ein Anwalt, den Sie präventiv einschalten, sucht keinen Streit, sondern belastbare Lösungen, und zwar in Ihrem Interesse. Bei so hohen Summen, wie sie bei Bauvorhaben üblich sind, haben Sie natürlich ein berechtigtes Schutzinteresse. Und es hilft Ihnen wenig, wenn Sie später mit einem Vertrag beim Anwalt auftauchen, der präventiv nie geprüft wurde und mit dem es dann erhebliche Probleme gibt.

Sie können umgekehrt die potenziellen Vertragspartner ja fragen, ob sie Verträge über so hohe Summen und bei Rechtsgebieten, in denen sie sich nicht auskennen, ohne fachliche Prüfung unterzeichnen würden. Sie jedenfalls sollten es möglichst nicht tun.

Checkblätter: Grundstückskaufvertrag

Schon beim Kaufvertrag zum Grundstück können Probleme beginnen, die sich am Ende durch das ganze Bauvorhaben ziehen. Das sollten Sie von vornherein vermeiden, indem Sie den Kaufvertrag gründlich prüfen. Dazu dienen die Checkblätter in diesem Kapitel.

Die nachfolgenden Checkblätter folgen einer klaren Struktur:

Nehmen Sie sich den Vertragsentwurf, der Ihnen vorgelegt wurde, zur Hand und prüfen Sie, ob und wie die nachfolgend aufgeführten Punkte der Checkblätter geregelt sind. Jedes Checkblatt enthält die Möglichkeit eines kurzen Ankreuzverfahrens mit 3 Punkten:

> **Vertrags-Check** ☑
>
> ☐ nicht geregelt
> ☐ unzureichend / benachteiligend geregelt
> ☐ unklare / unverständliche Formulierung

Außerdem gibt es einen vierten Punkt, für Dinge, die im Vertrag möglicherweise geregelt sind, aber besser ersatzlos entfallen sollten. Dieser ist dann grundsätzlich schon für Sie vorausgefüllt, weil unzweifelhaft ist, dass eine solche Vertragsregelung für Sie von Nachteil ist:

> ☑ Falls geregelt, sollte eine ersatzlose Streichung erfolgen.

Wenn Sie einen der 3 oberen Punkte ankreuzen müssen, dann müssen diese Punkte mit dem Anbieter geklärt werden. Hierzu kann man keine Modellformulierungen vorgeben, weil jeder Fall anders liegt und im Zweifel durch einen Anwalt geprüft werden muss. Denn der Notar, der den Grundstückskaufvertrag entwirft, ist eine neutrale Amtsperson. Auch wenn Sie es sind, der/die ihn bezahlt, heißt das nicht, dass er Ihre Interessen vertritt. Das ist nicht seine Aufgabe. Er beurkundet nur den Willen, den ihm 2 Vertragsparteien vortragen. Wollen Sie eine Interessenvertretung für Ihre Anliegen, sollten Sie den Grundstückskaufvertrag vor Unterzeichnung einem Anwalt vorlegen. Dabei wird es sich zumeist um einen Fachanwalt für Bau- und Architektenrecht handeln oder um einen Anwalt mit entsprechendem Tätigkeitsschwerpunkt, weil die beabsichtigte Grundstücksnutzung bereits in diesem Stadium in die Rechtsfragen zum Kaufvertrag hineinspielt.

Am Ende der Checkblätter zu den Vertragsrisiken beim Grundstückskauf finden Sie noch eine Übersichtsliste, in die Sie alle Risiken, die Sie bei der Vertragsprüfung mit den Checkblättern entdeckt haben, eintragen können, um diese Probleme alle im Überblick zu haben.

Checkblatt Grundstückskaufvertrag
Baurecht

Typische Regelungen

In vielen Kaufverträgen von Grundstücken ist gar nicht festgehalten, ob für das Grundstück auch Baurecht besteht.

Siehe hierzu auch Checkblatt 1 → Seite 28

Notwendige Regelungen

Im Idealfall wird im Kaufvertrag des Grundstücks die Zusicherung aufgenommen, dass auf dem Grundstück Baurecht besteht. Man kann darüber hinaus aufnehmen, ob es einen örtlichen Bebauungsplan gibt oder § 34 des Baugesetzbuches gilt. Ist die Frage der Bebaubarkeit noch offen, kann die Wirksamkeit des Kaufvertrags auch von der Erteilung einer Baugenehmigung abhängig gemacht werden.

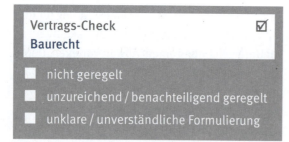

Checkblatt Grundstückskaufvertrag
Erbbaurecht

Typische Regelungen

Wenn es sich bei dem Kaufvertrag nicht um einen Grundstückskaufvertrag, sondern um einen Erbbaurechtsvertrag handelt, muss im Vertrag klar erkenntlich sein, dass es sich nicht um einen Grundstückskaufvertrag handelt. Manchmal sind in Erbbaurechtsverträgen nur die Laufzeit und die Pachthöhe angegeben. Es werden aber zahlreiche weitere Angaben benötigt.

Siehe hierzu auch Checkblatt 2 → Seite 28

Notwendige Regelungen

In einem Erbbauchrechtsvertrag müssen gemäß § 2 des Erbaurechtsgesetzes mindestens folgende Punkte geregelt werden:

1. die Errichtung, die Instandhaltung und die Verwendung des Bauwerks;
2. die Versicherung des Bauwerks und dessen Wiederaufbau im Fall der Zerstörung;
3. die Tragung der öffentlichen und privatrechtlichen Lasten und Abgaben;
4. eine Verpflichtung des Erbbauberechtigten, das Erbbaurecht beim Eintreten bestimmter Voraussetzungen auf den Grundstückseigentümer zu übertragen (Heimfall);
5. eine Verpflichtung des Erbbauberechtigten zur Zahlung von Vertragsstrafen;
6. die Einräumung eines Vorrechts für den Erbbauberechtigten auf Erneuerung des Erbbaurechts nach dessen Ablauf;
7. eine Verpflichtung des Grundstückseigentümers, das Grundstück an den jeweiligen Erbbauberechtigten zu verkaufen.

Außerdem sollte auf alle Fälle auch noch Folgendes geregelt sein:

→ Laufzeit
→ Erbpachthöhe
→ Erbpachtzahlungsweise (monatlich / jährlich)
→ Heimfall (vorzeitiges Vertragsende und klaren Regelungen zum Hausübergang und Entschädigung)
→ Kündigungsregelungen (mit klaren Regelungen dann wechselseitiger Ansprüche / unter welchen Voraussetzungen ist eine Kündigung von welcher Seite möglich? / welche Ansprüche entstehen dadurch wechselseitig?)
→ reguläres Vertragsende (mit klaren Regelungen zu Hausübergang und Vergütung)

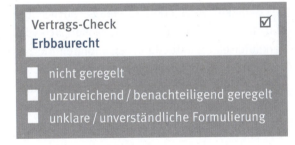

Checkblatt Grundstückskaufvertrag
Nießbrauchrecht

Typische Regelungen

Regelungen zum Nießbrauch müssen im Grundbuch eingetragen werden. Manchmal werden sie dann in Kaufverträgen aber nur sehr oberflächlich behandelt mit Verweis auf das Grundbuch.

Siehe hierzu auch Checkblatt 3 → Seite 29

Notwendige Regelungen

Wenn für ein Grundstück ein Nießbrauchrecht im Grundbuch eingetragen ist, muss das auch im Kaufvertrag detailliert dargelegt werden. Der Notar sollte in jedem Fall auch die Konsequenzen aus dem Nießbrauchrecht für den neuen Eigentümer vor Vertragsabschluss darlegen. Die beste Lösung ist allerdings, dass Nießbrauchrechte vor dem Verkauf zwischen Verkäufer und Nießbrauchnehmer einvernehmlich aufgelöst und dann auch im Grundbuch gelöscht werden.

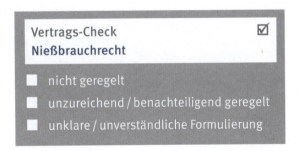

Checkblatt Grundstückskaufvertrag
Grunddienstbarkeiten

Typische Regelungen
Grunddienstbarkeiten müssen im Grundbuch eingetragen werden. Im Kaufvertrag wird darauf ganz allgemein Bezug genommen. Die Formulierungen lassen meist keinen Rückschluss zu auf den tatsächlichen vertraglichen Hintergrund von Grunddienstbarkeiten und die Konsequenzen.

Siehe hierzu auch Checkblatt 4 → Seite 30

Notwendige Regelungen
Sind im Grundbuch Grunddienstbarkeiten eingetragen, sollten diese auch im Kaufvertrag detailliert dargelegt werden. Der Notar sollte die Konsequenzen aus den Grunddienstbarkeiten erläutern, bevor der Vertrag unterzeichnet wird.

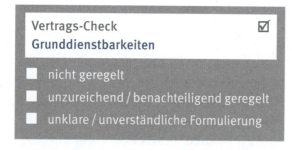

Checkblatt Grundstückskaufvertrag
Baulast

Typische Regelungen
Baulasten werden im Baulastenverzeichnis eingetragen. Der Notar verzichtet fast immer auf Einsicht in das Baulastenverzeichnis. Er kann dafür nur geringe Gebühren in Rechnung stellen, daher ist das für ihn wenig lukrativ. Ein sorgfältiger Notar wird dies aber trotzdem immer tun. Die häufigste Regelung in Kaufverträgen ist jedoch: *„Der Notar hat das Baulastenverzeichnis nicht eingesehen und weist auf die damit einhergehenden Risiken hin."* Das hilft Ihnen natürlich wenig weiter.

Siehe hierzu auch Checkblatt 5 → Seite 31

Notwendige Regelungen
Das Baulastenverzeichnis können Sie auch selbst einsehen (→ Seite 31), oder Sie lassen sich vom Verkäufer einen aktuellen, beglaubigten Auszug vorlegen, oder aber der Notar wird mit Einsicht beauftragt. Eine weitere Alternative ist: Der Verkäufer versichert im Kaufvertrag, dass im Baulastenverzeichnis keine Baulasten eingetragen sind.

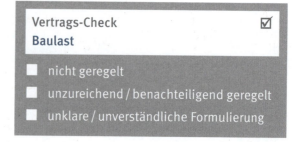

Checkblatt Grundstückskaufvertrag
Bodengutachten

Typische Regelungen

Ein Bodengutachten spielt in den meisten Grundstückskaufverträgen überhaupt keine Rolle. Meist liegt keines vor, und meist wird es auch gar nicht erwähnt.

Siehe hierzu auch Checkblatt 6 → Seite 32

Notwendige Regelungen

Man kann überlegen, ob man einen Grundstückskauf im Kaufvertrag unter den Vorbehalt stellt, dass eine Bebauung des Grundstücks mit einem üblichen Einfamilienhaus ohne besondere Gründungs- oder Sicherungsmaßnahmen wegen zu geringer Bodentragfähigkeit oder zu hohem Grundwasserstand überhaupt möglich ist.

Hat man beim Grundstückskauf etwas mehr Zeit, kann man auch schon vor dem Kauf einfach ein Bodengutachten anfertigen lassen (→ Seite 32), um sicher zu sein, dass die beabsichtigte Bebauung auch möglich ist.

Wenn durch das Bodengutachten nicht nur die technische Darlegung der Bodenbeschaffenheit erfolgen, sondern auch die vertragliche Beschaffenheit des Grundstücks bestimmt werden soll – und nicht etwa nur durch kurze Textauszüge aus dem Gutachten im Kaufvertrag oder Ähnliches – muss das Gutachten mit beurkundet werden.

Checkblatt Grundstückskaufvertrag
Einmessung

Typische Regelungen

Bei manchen Grundstücksverkäufen, vor allem wenn es sich um Grundstücke in Neubaugebieten handelt oder um Grundstücke, die als Teilgrundstück aus einem größeren Grundstück hervorgehen, sind die Grundstücke noch nicht eingemessen. Damit sind die Außenmaße und das Flächenmaß nicht bekannt. In den Verträgen findet sich dann üblicherweise die Formulierung, dass ein bestimmtes Flächenmaß nicht geschuldet ist. Damit ist der Verkäufer alle Probleme los, Sie sind das aber nicht.

Siehe hierzu auch Checkblatt 7 → Seite 33

Notwendige Regelungen

Eine Regelung zu einem noch nicht eingemessenen Grundstück kann so aussehen, dass der Grundstückspreis auch unterlegt wird mit Grundstückskosten pro Quadratmeter. Das kann kombiniert werden mit einer Regelung, dass für den Fall, dass das Grundstück kleiner ist, als vertraglich zugrunde gelegt, eine entsprechende Minderung des Kaufpreises erfolgt. Es kann freilich sein, dass der Verkäufer dann auch den umgekehrten Fall im Vertrag haben will (das Grundstück ist größer als vertraglich zugrunde gelegt). Von sich aus müssen Sie das aber natürlich nicht ansprechen.

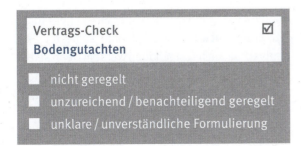

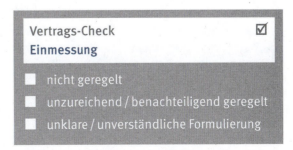

Checkblatt Grundstückskaufvertrag
Bestandsgebäude

Typische Regelungen

Steht auf einem Grundstück, das gekauft werden soll, noch ein Bestandsgebäude, wird dies in vielen Verträgen nur beiläufig erwähnt. Da steht dann zum Beispiel: „Auf dem zu veräußernden Grundstück befindet sich aktuell ein Wohnhaus mit 2 Wohnungen." Es steht natürlich nichts darin, ob das Wohnhaus unter Denkmalschutz steht oder ob es schadstoffbelastet ist (zum Beispiel mit einer Asbestplattenfassade oder Teerkleber unter dem Parkett oder Ähnlichem). Schon gar nicht steht irgendetwas zu einer vorliegenden Abrissgenehmigung in üblichen Kaufverträgen. Sie kaufen das Grundstück wie gesehen. Die Konsequenzen daraus tragen Sie.

Siehe hierzu auch Checkblatt 8 → Seite 34

Notwendige Regelungen

Wenn Sie ein bebautes Grundstück kaufen und das Bestandsgebäude abreißen wollen, um neu zu bauen, kann in den Kaufvertrag ein Vorbehalt aufgenommen werden, für den Fall dass keine Abrissgenehmigung erteilt wird. Wer etwas mehr Zeit hat, kann auch vor dem Grundstückskauf klären, ob ein Abriss genehmigungsfähig ist oder überhaupt genehmigt werden muss (→ auch Seite 34).

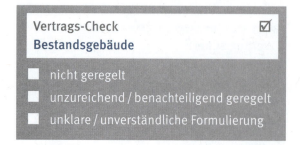

Checkblatt Grundstückskaufvertrag
Erschließungsgebühren

Typische Regelungen

Erschließungsgebühren werden in Kaufverträgen oft nur beiläufig erwähnt, häufig werden sie auch nicht klar definiert. Oft sind sie nur festgelegt bei Grundstücken in Neubaugebieten, bei denen es grundsätzlich um die Ersterschließung geht. Problematisch wird es bei gebrauchten Grundstücken, wenn der Voreigentümer bereits weiß, dass Anliegergebühren fällig werden, und Ihnen das nicht mitteilt, also auch keine Regelung im Kaufvertrag erfolgt. Das läuft dann auf russisches Roulette hinaus, und es kommt darauf an, wer zum Zeitpunkt der Gebührenzustellung im Grundbuch als Eigentümer eingetragen ist: noch der Verkäufer oder schon der Käufer oder aber, wer nach kaufvertraglichen Regelungen ab wann welche Gebühren tragen soll.

Siehe hierzu auch Checkblatt 10 → Seite 36

Notwendige Regelungen

Es ist sinnvoll festzulegen, welche Erschließungsgebühren sachlich mit dem Kaufpreis des Grundstücks mit abgedeckt sind beziehungsweise wer diese trägt, der Verkäufer oder der Käufer. Wenn im Kaufvertrag definiert ist, dass es um die Ersterschließungsgebühren nach § 127 und § 128 des Baugesetzbuchs geht, ist gleich vieles klarer. Gegebenenfalls ist zu beachten, dass diese etwa nach Landesrecht geschuldet werden, etwa als Kommunalabgabe. Sind sie bei einem gebrauchten Grundstück längst beglichen, sollte dies im Kaufvertrag auch festgehalten werden. Denn selbst viele Jahre nach Ersterschließung tauchen manchmal noch Rechnungen seitens der Kommunen auf. Ist die Infrastruktur bereits so in die Jahre gekommen, dass theoretisch schon wieder Sanierungsarbeiten anstehen können, sollte in den Kaufver-

trag aufgenommen werden, dass dem Verkäufer davon nichts bekannt ist und er dazu auch noch keine Informationen der Kommune vorliegen hat.

Checkblatt Grundstückskaufvertrag
Flurstücknummer

Typische Regelungen
Jeder Kaufvertrag über ein Grundstück enthält auch die Flurstücknummer. Diese kann allerdings auch einmal einen Zahlendreher oder Ähnliches enthalten.

Siehe hierzu auch Checkblatt 11 → Seite 38

Notwendige Regelungen
Ein Auszug aus einem Katasterplan kann als Anlage zum Grundstückskaufvertrag hinzugefügt werden. Das betreffende Grundstück kann dort zum Beispiel mit einem Symbol, etwa durch Ankreuzen, versehen werden. Die Symbol-Kennzeichnung wird dann im Kaufvertrag auch schriftlich benannt. Taucht später ein Widerspruch auf zwischen der Flurstücknummer im Kaufvertrag und der Flurstücknummer im Katasterplan im Anhang des Kaufvertrages, ist zumindest dieser Widerspruch dokumentiert und der offensichtliche Wille der Beteiligten, welches Grundstück eigentlich verkauft werden sollte, ist durch das zusätzliche Symbol klar dokumentiert.

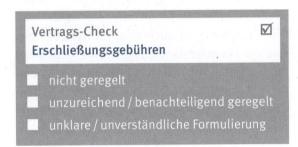

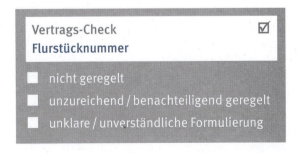

Checkblatt Grundstückskaufvertrag
Energieliefervertrag /
TV-Kabelvertrag /
IT-Datenleitungsvertrag

Typische Regelungen

Es kann sein, dass Sie in einem Grundstückskaufvertrag auf eine Klausel stoßen, nach der Sie das Grundstück zwangsweise an eine örtliche Nah- oder Fernwärmeversorgung anschließen müssen. Es wird dann oft nur sehr oberflächlich auf Verträge verwiesen, die aber zum Zeitpunkt der Durchsicht des Grundstückskaufvertrags gar nicht transparent vorliegen. Diese Verträge können natürlich erhebliche Folgen für Sie haben (Laufzeit, Kosten – → Checkblatt 12 Seite 38).

Bei Zwangsanschlüssen an bestimmte TV-Kabel- oder IT-Datendienstleister sieht es ähnlich aus, auch dort werden selten die Verträge zeitgleich mit dem Grundstückskaufvertrag vom Notar vorgelegt, wobei die Kostenkonsequenzen meist nicht ganz so groß sind wie bei Nah- oder Fernwärmeanbindungen, die monatlich natürlich erhebliche Kosten hervorrufen können.

Siehe hierzu auch Checkblatt 12 → Seite 38

Notwendige Regelungen

Wenn Zwangsanbindungen des Grundstücks an Nah- oder Fernwärme oder TV-Kabel oder IT-Datenleitungsdienstleister erfolgen sollen, muss von vornherein über die damit verbundenen Laufzeiten und Kosten transparent informiert werden. Nötigenfalls bedarf es auch einer Musterrechnung, was der jeweilige Anschluss für eine vierköpfige Modellfamilie im Jahr an Kosten hervorruft. Monatliche Betrachtungen reichen bei Wärmeanbindungsverpflichtungen nicht; denn der Wärmebedarf ist über das Jahr hinweg natürlich sehr unterschiedlich.

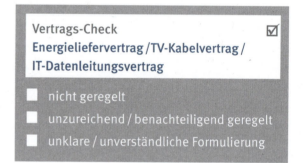

Checkblatt Grundstückskaufvertrag
Makler

Typische Regelungen
Es gibt Makler, die sich in notariell beurkundete Kaufverträge von Grundstücken einen Passus zu Ihrer Maklercourtage aufnehmen lassen. Das passiert häufig dann, wenn der Makler sich zum Beispiel anbietet, einen Notar anzusprechen und mit diesem den Kaufvertragsentwurf zu fertigen. Da gibt es dann plötzlich schöne Formulierungen in Kaufverträgen, in denen die Höhe der Maklercourtage festgelegt ist, bis wann sie zu zahlen ist und dass Sie sich bezüglich der Maklercourtage der direkten Zwangsvollstreckung in Ihr Vermögen unterwerfen und Ähnliches. Die Gestaltungsvarianten sind vielfältig. Sie reichen von der Bestätigung der erfolgreichen Vermittlung bis zur Schaffung eines eigenen Rechtsanspruchs gegen den unterzeichnenden Käufer.

Wie Notare darauf kommen, von einem am Vertrag gar nicht Beteiligten überhaupt Vertragswünsche entgegenzunehmen, bleibt deren Geheimnis und vor allem fragwürdig, auch wenn die Notarkammern diese Vorgehensweise nur in Ausnahmefällen für berufsrechtswidrig halten. Aber wenn ein Makler einem Notar fortlaufend Verträge zur Beurkundung bringt, wird dieser auch dem Makler gerne einen Gefallen tun. Ein sehr zweifelhaftes Geschäftsgebaren. Wenn der Makler, als Nicht-Beteiligter am Vertrag, spezielle Wünsche für den Kaufvertrag hat, müsste man ja darüber nachdenken, ob dann nicht auch der Makler den Notar zumindest teilweise bezahlt. Kurzum: Wünsche eines Maklers haben jedenfalls in einem Kaufvertrag nichts verloren.

Wenn der Makler Probleme bekommen sollte, an seine Courtage zu kommen, kann das ja auch gewichtige Gründe haben, die der Notar gar nicht überblicken kann. Und dem Makler steht es in der Folge offen, seine Ansprüche vor Zivilgerichten einzuklagen.

Siehe hierzu auch Checkblatt 13 → Seite 39

Notwendige Regelung:
Regelungen zu einer Maklercourtage haben in notariellen Kaufverträgen nichts verloren.
Daher gilt: Der Makler kann seine Courtageansprüche jederzeit zivilrechtlich einklagen, aber Zwangsvollstreckungsinstrumente dafür, implementiert in Ihren Grundstückskaufvertrag, sollten Sie keinesfalls hinnehmen.

Und unabhängig davon: Eine Maklercourtage sollte nicht gleich nach Kaufvertragsabschluss fällig werden, sondern bei Grundstückskaufverträgen frühestens nach erfolgter Auflassungserklärung im Grundbuch. Und wenn Vorbehalte im Kaufvertrag geregelt wurden, etwa zur Bebaubarkeit oder zum Abriss von Bestandsgebäuden, sollte mit dem Makler auch klar vereinbart sein, dass die Courtage erst und nur dann fließt, wenn auch sichergestellt ist, dass auch diese Vorbehalte aus dem Kaufvertrag geprüft sind und keine Rückabwicklung des Kaufvertrages wegen dieser Vorbehalte erfolgt. Sollte man zu einem früheren Zeitpunkt zahlen, muss man ansonsten sein Geld mit einigem Aufwand zurückklagen.

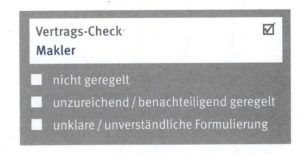

Checkblatt Grundstückskaufvertrag
Festgelegtes Bauunternehmen

Typische Regelungen

In einigen Grundstückskaufverträgen verpflichtet man sich zugleich, das Grundstück nur mit einem bestimmten Unternehmen zu bebauen. Manchmal ist der Bauwerkvertrag sogar gleich Bestandteil des notariellen Grundstückskaufvertrages, dann oft schon mit vorliegender Hausplanung und Baubeschreibung. Oder aber man fordert Sie auf, dass Sie zunächst einen Bauwerkvertrag einige Tage vor dem Grundstückskaufvertrag unterzeichnen sollen. Manchmal ist dann im Bauwerkvertrag einfach der Vorbehalt geregelt, dass der Vertrag nur zustande kommt, wenn ebenso das Grundstück erworben wird. Genau darauf müssen Sie dann aber auch extrem achten, sonst haben Sie am Ende einen Bauwerkvertrag unterzeichnet und der Grundstückskauf kommt doch nicht zustande. Dann gilt der Bauwerkvertrag trotzdem.

Siehe hierzu auch Checkblatt 14 → Seite 40

Notwendige Regelungen

Der große Vorteil, wenn man zunächst ein Grundstück kauft und es anschließend bebaut, liegt eigentlich gerade in der Freiheit, wählen zu können, mit wem man es bebaut. Und diese Wahl hängt ja unter anderem daran, wer die klügste Planung bringt, den fairsten Vertrag und den günstigsten Preis. Mit der Festlegung eines bestimmten Unternehmens von vornherein, nimmt man Ihnen alle diese Möglichkeiten. In einem solchen Fall stellt sich ganz grundsätzlich die Frage, ob man nicht besser aus einem Grundstückskaufvertrag und einem Bauwerkvertrag gleich einen Bauträgerkaufvertrag von Grundstück und Haus nach der Makler- und Bauträgerverordnung macht. Das kann zwar mehr Grunderwerbsteuer kosten (→ Seite 22), diese Kosten können aber sehr schnell wieder hereingeholt sein durch eine viel einfachere Bauabwicklung, die ganz wesentliche Kosten- und Zahlungsrisiken von Ihnen fernhält, durch in diesem Fall viel strengere gesetzliche Regelungen und Vorgaben zum gesamten Abwicklungsverfahren. Sie bleiben dann auch rechtlich Käufer eines Vorhabens, werden gar nicht erst Bauherr und halten sich schon dadurch viele Risiken und Pflichten vom Hals.

> **Vertrags-Check**
> **Festgelegtes Bauunternehmen**
>
> ☑ Falls geregelt, sollte eine ersatzlose Streichung erfolgen (oder als Alternative ein klassischer Bauträgervertrag auf Basis der Makler- und Bauträgerverordnung geschlossen werden).

Checkblatt Grundstückskaufvertrag
Zahlungsbedingungen und Eigentumsübergang

Typische Regelungen

Manchmal sind die Zahlungsbedingungen und die Bedingungen des Eigentumsübergangs in Grundstückskaufverträgen nicht so detailliert geregelt, wie man sich das im Idealfall wünschen würde. Das ist aber notwendig, und zwar für beide Vertragsparteien, den Verkäufer und den Käufer. Denn beide tragen bei einem so kostenintensiven Geschäft hohe wirtschaftliche Risiken. Das zentrale Problem: Eine Seite zahlt eine hohe Summe und muss sich darauf verlassen können, das Eigentum am Grundstück sicher zu erlangen. Es ist dann nicht ausreichend, nur zu regeln, dass die Summe seitens des Käufers zu überweisen und danach durch den Verkäufer eine Eigentumsumschreibung im Grundbuch vorzunehmen ist. Denn was ist, wenn der Verkäufer die Summe nimmt und dann nicht reagiert und vielleicht auch gar nicht mehr ohne Weiteres aufzufinden ist, aber im Grundbuch als Eigentümer verbleibt? Und umgekehrt könnte es dem Verkäufer passieren, dass er das Grundstück im Grundbuch auf den Käufer umschreiben lässt, aber dann sein Geld nicht erhält. Der Notar nimmt an dieser Schnittstelle deshalb bei sorgfältiger Vertragsformulierung eine wichtige Sicherungsfunktion ein.

Notwendige Regelungen

Der sichere Übergang eines Grundstückseigentums einerseits und eines Geldbetrages andererseits wird in den meisten Fällen so organisiert, dass der Verkäufer sich im Grundstückskaufvertrag unwiderruflich verpflichtet, eine Eigentumsumschreibung im Grundbuch zu veranlassen, wenn er den Geldbetrag vom Käufer erhalten hat. Dazu gibt er gegenüber dem Notar auch schon im Kaufvertrag eine unwiderrufliche Vollmacht ab, dass dieser die Eigentumsumschreibung beantragen kann, und der Verkäufer verpflichtet sich, den Notar unmittelbar zu informieren, sobald er das Geld vom Käufer erhalten hat. Damit kann der Verkäufer den Vollzug der Umschreibung nicht mehr stoppen, wenn der Notar diesen veranlasst, denn der Notar hat ja bereits die unwiderrufliche Vollmacht dazu. Auf diese Weise ist der Käufer geschützt. Umgekehrt wird ebenfalls bereits im Kaufvertrag festgelegt, dass der Notar zugleich die unwiderrufliche Vollmacht erhält, eine mögliche Auflassungsvormerkung für den Käufer dann wieder löschen zu lassen, wenn der Käufer nicht innerhalb einer festgesetzten Frist den vereinbarten Geldbetrag an den Verkäufer überweist.

Es gibt darüber hinaus die Möglichkeit, den Geldbetrag zunächst auf ein Anderkonto des Notars einzuzahlen, und dann überweist der Notar den Geldbetrag an den Verkäufer, wenn die Grundbuchumschreibung erfolgt ist. Dieser Fall ist aber eher selten geworden, da das Beurkundungsgesetz mittlerweile ein besonders nachzuweisendes Sicherungsinteresse für die Abwicklung über das Notaranderkonto verlangt. Dieser Weg kostet auch zusätzliches Geld und ist eigentlich nicht nötig. Denn die Sicherheit, die ein Notar beim sorgfältigen Vorgehen ohne Notaranderkonto geben kann, reicht üblicherweise aus.

Es gibt allerdings Dinge, die man beachten sollte: Der Kaufbetrag ist meist sehr zeitnah zur Kaufvertragsbeurkundung zu entrichten. Es kann dann jedoch noch sehr lange dauern, bis auch die tatsächliche Grundbuchumschreibung erfolgt. Diese zeitliche Lücke sollte mit einer sogenannten Auflassungsvormerkung überbrückt werden, einer Art provisorischem Eintrag im Grundbuch, die dokumentiert, dass das Grundstück bereits einem neuen Eigentümer zugesichert ist, auch wenn dieser noch nicht offiziell im Grundbuch eingetragen wurde. Theoretisch könnte es sonst passieren, dass der Verkäufer des Grundstücks zu einem zweiten Notar geht, das Grundstück noch einmal, an einen zweiten Käufer, verkauft und der zweite Notar bei Prüfung des Grundbuchs auch nicht erkennen könnte, dass das Grundstück längst in einem Verkaufsprozess ist. Diese die Auflassung beeinträchtigende Zweitverfügung ist durch die Vormerkung unwirksam.

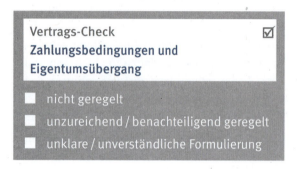

Checkblatt Grundstückskaufvertrag
Unterwerfung unter die Zwangsvollstreckung

Typische Regelung:
Die Unterwerfung eines Käufers unter die Zwangsvollstreckung in sein gesamtes Vermögen wird bei Grundstückskaufverträgen in vielfältiger Weise vereinbart, obwohl es häufig überhaupt nicht notwendig ist. Dann heißt es zum Beispiel:

> „Mehrere Käufer bevollmächtigen sich hiermit gegenseitig, unter Befreiung von den Beschränkungen des § 181 BGB, durch den Tod nicht erlöschend, alle Erklärungen abzugeben, die erforderlich sind, um Grundpfandrechte zu Lasten des Kaufobjektes zu bestellen. Insbesondere ist jeder Käufer berechtigt, für den anderen ein abstraktes Schuldanerkenntnis abzugeben und den anderen der sofortigen Zwangsvollstreckung in sein gesamtes Vermögen und dinglich hinsichtlich des Kaufobjektes zu unterwerfen. Auf die Bedeutung der Unterwerfung unter die sofortige Zwangsvollstreckung hat der Notar hingewiesen."

Wenn der Notar schon im Kaufvertragsentwurf vorsorglich schreibt, er habe auf etwas hingewiesen, dann sollte er das auch sehr sorgfältig tun, nach Möglichkeit deutlich vor dem eigentlichen Beurkundungstermin, damit Sie nach seinen erfolgten Erläuterungen ausreichend Zeit haben, sich mit solchen Regelungen und deren Konsequenzen zu befassen. Der Gesetzgeber gibt Ihnen mindestens 14 Tage Zeit, von der Zusendung des Kaufvertrages durch den Notar bis zur Beurkundung desselben, wenn es sich um einen Kauf von einem gewerblichen Verkäufer handelt. Aber auch bei einem Verkauf von privat sollten Sie sich nicht drängen lassen und die Zeit gut nutzen; denn manche Regelungen sind gar nicht nötig. Wenn mehrere Käufer – häufig ein Paar – gemeinsam ein Grundstück kaufen, dann kann es sehr sinnvoll sein, wenn sie auch in Zukunft nur gemeinsam Erklärungen abgeben und Grundpfandrechte zu Lasten des Kaufobjektes bestellen können. Vollmachten zur Abgabe von Unterwerfungserklärungen zu Lasten einer anderen Person sollte man sich sehr gut überlegen, eigentlich sollte man dergleichen grundsätzlich gerade ausschließen. Denn was ist sonst beispielsweise bei plötzlichen Unstimmigkeiten oder gar im überraschenden Scheidungsfall? Solche Regelungen hängen – wenn überhaupt – davon ab, ob Ihre Bank darauf pocht, und die Bank kann dann erst einmal erklären, warum sie eine Regelung in dieser Form überhaupt wünscht. Wenn die Bank als Sicherheit für gestellte Grundpfandrechte Möglichkeiten der Zwangsvollstreckung haben will (was in der Praxis meist die Zwangsversteigerung ist), dann ist auch das machbar, ohne dass sich Käufer ihrerseits wechselseitig in irgendwelche Zwangsvollstreckungsregelungen begeben müssen.

§ 181 BGB lautet übrigens:

„Ein Vertreter kann, soweit nicht ein anderes ihm gestattet ist, im Namen des Vertretenen mit sich im eigenen Namen oder als Vertreter eines Dritten ein Rechtsgeschäft nicht vornehmen, es sei denn, dass das Rechtsgeschäft ausschließlich in der Erfüllung einer Verbindlichkeit besteht."

Das ist also eine ausdrückliche Schutzregelung des BGB, von der der Kaufvertrag im obigen Formulierungsbeispiel befreit werden soll. Einen solchen Schritt sollte man sich immer gut überlegen.

Eine Sicherung für den Verkäufer durch Zwangsvollstreckung in Ihr Vermögen ist auch überhaupt nicht nötig. Denn eine kluge Eigentumsübergangsregelung wird Ihnen den Weg zum Grundstück, also konkret die Eigentumsumschreibung im Grundbuch, ohnehin erst freimachen, wenn Sie den verlangten Kaufpreis an den Verkäufer bezahlt haben. Insofern ist der Verkäufer sehr gut abgesichert.

Notwendige Regelung:
Es gibt keine zwingende Notwendigkeit für solche Regelungen, es sei denn Ihre finanzierende Bank besteht darauf, dann werden Sie nur schwer darum herumkommen. Häufig ist es aber so, dass gerade der Grundstückskauf derjenige Anteil beim Bauen ist, der zum überwiegenden Teil aus Eigenkapital finanziert wird, also noch ohne Bank, dann ist für den Grundstückskaufvertrag eine solche Regelung auch verzichtbar.

Im später folgenden Kreditvertrag mit Ihrer Bank zum Hausbau kann diese dann immer noch im Innenverhältnis mit Ihnen mögliche Grundbucheinträge und Unterwerfungen in die Zwangsvollstreckung klären. Das kann man aber eben auch in dem Moment machen, wenn es tatsächlich ansteht.

Finanzieren Sie allerdings bereits das Grundstück über eine Bank, ist es wichtig, dass der Verkäufer der Eintragung von Grundpfandrechten Ihrer Bank noch vor Eigentumsübergang des Grundstücks an Sie zustimmt. Denn Ihre Bank wird diese Sicherheit suchen und ohne diese Sicherheit kaum einen Kreditvertrag mit Ihnen unterzeichnen.

Vertrags-Check ☑
Unterwerfung unter die Zwangsvollstreckung

☑ Falls geregelt, sollte eine ersatzlose Streichung erfolgen.

Die Streichung sollte erfolgen, wenn Sie sich nach der kaufvertraglichen Regelung gegenüber dem Verkäufer des Grundstücks unter die Zwangsvollstreckung unterwerfen sollen – das ist eine überzogene Sicherheit, die der Verkäufer nicht benötigt.

Checkblatt Grundstückskaufvertrag
Übergabe

Typische Regelungen

In Grundstückskaufverträgen wird denkwürdigerweise eher selten geregelt, wann und wie ein Grundstück übergeben wird. Das kann aber natürlich für Sie sehr wichtig sein. Beispiel: Wird das Grundstück erst übergeben, wenn es auch im Grundbuch auf Sie umgeschrieben ist? Oder können Sie es früher nutzen, zum Beispiel, weil Sie unbedingt früher mit dem Bauen beginnen wollen? Was ist mit einem Gebäude, das eventuell noch auf dem Grundstück steht? Reißen Sie das ab, oder tut das noch der Verkäufer? Ist das Gebäude noch bewohnt, vom Verkäufer oder einem Dritten? Und auch wenn kein Gebäude auf dem Grundstück steht, liegt ja vielleicht noch einiges herum, eventuell Müll oder auch schwere Findlinge, oder aber es ist einfach nur sehr stark bewachsen. Wer kümmert sich dann um die Freimachung? In welchem Zustand also übernehmen Sie das Grundstück?

Ist im Kaufvertrag nichts geregelt, übernehmen Sie es so, wie Sie es gesehen haben. Und wer haftet dann, wenn ein alter Baum umfällt und einen Passanten trifft? Der Verkäufer? Der Käufer? Beide? Wer zahlt eigentlich die Versicherungsbeiträge und die Grundsteuer (nicht zu verwechseln mit der Grunderwerbsteuer) bis zur Grundbuchumschreibung? Derjenige, der zu diesem Zeitpunkt im Grundbuch eingetragen ist? Sie sehen, es gibt viele Fragen, die oft nur ungenügend geregelt sind.

Notwendige Regelungen

Ein Kaufvertrag für ein Grundstück sollte immer auch folgende Regelungen enthalten:

→ In welchem Zustand wird das Grundstück übergeben (geräumt, nicht geräumt, ohne Abriss Bestandsgebäude, mit Abriss Bestandsgebäude oder dergleichen)?
→ Wann wird das Grundstück übergeben (hier kann durchaus ein ganz konkreter Termin genannt werden, dieser kann auch unabhängig und deutlich vor der Eigentumsumschreibung im Grundbuch liegen)?
→ Wer zahlt bei vorzeitigem Nutzungsübergang des Grundstücks die Grundsteuer?
→ Wer trägt möglicherweise gerade dann eintreffende Anliegerforderungen der Kommune?
→ Wer kümmert sich um die Betriebssicherheit des Grundstücks (zum Beispiel Schneeräumung, Baumsicherung, Instandhaltung von Zaun und anderem), und wer trägt die Versicherungsbeiträge bis zur erfolgten Grundbuchumschreibung?

Es ist besser, diese Punkte von Anfang an klar zu regeln, damit es später nicht zu unnötigen Auseinandersetzungen dazu kommt.

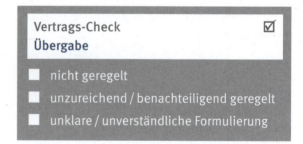

Checkblatt Grundstückskaufvertrag
Vollmachten Notar

Typische Regelungen
In vielen Grundstückskaufverträgen finden sich Vollmachten für den Notar, manchmal eher eingegrenzte, manchmal sehr umfangreiche. Manche Vollmacht ist hilfreich und sinnvoll, manche nicht. Eine Vollmacht etwa, die es dem Notar ermöglicht, Grunddienstbarkeiten beliebig zu verändern oder alte austragen und neue eintragen zu lassen und Ähnliches, wäre wenig hilfreich. Denn dann wissen Sie irgendwann nicht mehr, was Sie eigentlich kaufen.

Notwendige Regelungen
Mit Vollmachten sollte man generell sehr vorsichtig sein. Nur dann, wenn es nicht anders geht, sollten Vollmachten überhaupt erteilt werden. Eine Vollmacht also zum Beispiel, die es dem Notar ermöglicht, den Eigentumswechsel im Grundbuch vorzunehmen, ist sinnvoll. Und wenn das vollzogen ist, sollte diese Vollmacht erlöschen. Eine Vollmacht aber etwa, die es dem Notar ermöglicht, neue Grunddienstbarkeiten in Abteilung II im Grundbuch eintragen oder beliebige Rangänderungen für Gläubiger in Abteilung III vornehmen zu lassen (nach deren Reihenfolge die Gläubiger im Bedarfsfall bedient werden), sind nicht hilfreich. Bei einem üblichen Grundstückskauf reicht es eigentlich völlig aus, wenn der Notar die Vollmacht erhält, eine Auflassungsvormerkung im Grundbuch eintragen zu lassen und die Eigentumsumschreibung im Grundbuch zu beantragen, wenn der Kaufpreis gezahlt ist.

Eine weitere Option kann sein, dass der Notar auch die Vollmacht erhält, eine Grundschuldeintragung für Ihren Kreditgeber vornehmen zu lassen und eine Austragung einer möglicherweise noch bestehenden Grundschuldeintragung des Verkäufers zu veranlassen. Wollte der Notar weitere Vollmachten, müsste er das stichhaltig begründen.

Vertrags-Check ☑
Vollmachten Notar
☐ nicht geregelt
☐ unzureichend / benachteiligend geregelt
☐ unklare / unverständliche Formulierung

Verbraucherzentrale

Übersicht: Vertrags-Check Grundstückskauf

VERTRAGSPUNKT	NICHT GEREGELT	UNZUREICHEND/ BENACHTEILIGEND GEREGELT	UNKLARE/UN- VERSTÄNDLICHE FORMULIERUNG	ERSATZLOS STREICHEN	CHECKBLATT	
Baurecht	☐	☐	☐	☐	84	→ Seite 210
Erbbaurecht	☐	☐	☐	☐	85	→ Seite 210
Nießbrauchrecht	☐	☐	☐	☐	86	→ Seite 211
Grunddienstbarkeiten	☐	☐	☐	☐	87	→ Seite 212
Baulast	☐	☐	☐	☐	88	→ Seite 212
Bodengutachten	☐	☐	☐	☐	89	→ Seite 213
Einmessung	☐	☐	☐	☐	90	→ Seite 213
Bestandsgebäude	☐	☐	☐	☐	91	→ Seite 214
Erschließungsgebühren	☐	☐	☐	☐	92	→ Seite 214
Flurstücknummer	☐	☐	☐	☐	93	→ Seite 215
Energieliefervertrag / TV-Kabel- vertrag / IT-Datenleitungsvertrag	☐	☐	☐	☐	94	→ Seite 216
Makler	☐	☐	☐	☐	95	→ Seite 217
festgelegtes Bauunternehmen	☐	☐	☐	☒	96	→ Seite 218
Zahlungsbedingungen und Eigentumsübergang	☐	☐	☐	☐	97	→ Seite 219
Unterwerfung unter die Zwangsvollstreckung	☐	☐	☐	☒	98	→ Seite 220
Übergabe	☐	☐	☐	☐	99	→ Seite 222
Vollmachten Notar	☐	☐	☐	☐	100	→ Seite 223

Den richtigen Notar finden und beauftragen

Der Notar ist – anders als der Anwalt – eine neutrale Amtsperson, die nicht einseitig Ihre Interessen im Blick hat und sie im Streitfall verteidigt, sondern nur die ordnungsgemäße Beurkundung des Kaufvertrags begleitet. Daher ist die Suche nach einem Notar einfacher.

Festgelegte Gebühren
Notare müssen sich zwingend an die gesetzlich festgelegten Gebühren des Gerichts- und Notarkostengesetzes (GNotKG) halten (→ S. 22 f.). Das heißt, Sie bezahlen bei jedem Notar in Deutschland für jede abgerufene Leistung den exakt gleichen Betrag.

Freie Notarwahl
In Deutschland besteht freie Notarwahl. Selbst also wenn Sie eine Immobilie in Hamburg verkaufen wollen, können Sie auch einen Notar in Bayern mit dem Entwurf und der Beurkundung eines Verkaufsvertrages beauftragen. Bei den Notaren selbst gibt es aber Unterschiede. So gibt es die sogenannten Nur-Notare, die Anwalts-Notare und bis vor Kurzem auch noch die Amtsnotare, letztere im Südwesten Deutschlands. Das waren beim Staat – also beim Land Baden-Württemberg – angestellte Notare. Nur-Notare findet man zum Beispiel in den rheinischen Teilen Nordrhein-Westfalens, in Hamburg, Bayern oder auch den östlichen Bundesländern. Denn dort dürfen als Notare niedergelassene Juristen nicht gleichzeitig auch als Anwälte tätig sein. Hintergrund für diese Regelung ist, dass man Interessenkonflikte befürchtet. Das ist auch nicht ganz von der Hand zu weisen. In Hessen, Niedersachsen, Bremen, Schleswig-Holstein, Berlin und den westfälischen Teilen Nordrhein-Westfalens hingegen dürfen Notare gleichzeitig auch als Anwälte tätig sein. Sie dürfen dabei allerdings nicht notariell tätig werden in Angelegenheiten, in denen Sie zuvor eine der beiden Parteien juristisch beraten oder vertreten haben.

Notare finden Sie in den regionalen Telefonbranchenbüchern unter den Stichworten „Notar / Notare / Notariate".

Beauftragung
Das BGB regelt zwar, dass der Käufer eines Immobiliengeschäftes üblicherweise die Kosten trägt, Zitat § 448 Absatz 2:

„*Der Käufer eines Grundstücks trägt die Kosten der Beurkundung des Kaufvertrags und der Auflassung, der Eintragung ins Grundbuch und der zu der Eintragung erforderlichen Erklärungen.*"

Aber das Gerichts- und Notarkostengesetz (GNotKG) regelt, dass derjenige, der den Notar beauftragt, auch dessen Kosten trägt, Zitat § 29 GNotKG:

„*Die Notarkosten schuldet, wer
1. den Auftrag erteilt oder den Antrag gestellt hat,
2. die Kostenschuld gegenüber dem Notar übernommen hat oder
3. für die Kostenschuld eines anderen kraft Gesetzes haftet.*"

Rechnen Sie aber damit, dass Sie als Käufer die Kosten tragen werden.

Kaufvertragsinhalte
Inhalte eines Grundstückskaufvertrags werden von jedem Notar anders formuliert. Das ist auch davon abhängig, welche Seite zunächst mit ihm gesprochen hatte. Ein Ihnen vom Notar vorgelegter Kaufvertrag ist immer nur ein Entwurf, den Sie nun, auch mit Hilfe dieses Buchs, inhaltlich sorgfältig überprüfen sollten, und falls nötig einen Anwalt einschalten, damit auch Ihre Rechte und Vorstellungen wirksam im Kaufvertrag fixiert werden.

Checkblätter: Fachingenieurverträge

Egal ob Sie mit dem Architekten, dem Fertighausanbieter oder dem Generalunternehmer bauen, sie werden wahrscheinlich auch mit externen Fachingenieuren zusammenarbeiten. Denn zumindest Bodengutachten und Vermessung sind in vielen Fertighaus- und Generalunternehmerverträgen nicht enthalten.

Fachingenieure bearbeiten Teilgebiete des Planens- und Bauens. Ihre Verträge haben im Einfamilienhausbau oft einen beherrschbaren Umfang und werden daher häufig einfach mündlich vereinbart. Besser ist es natürlich, man bittet einfach um ein kurzes Angebot, damit man vorher weiß, welche Leistungen angeboten werden und was sie kosten.

Wie Sie schon erfahren konnten, werden auch die meisten Fachingenieure nach der Honorarordnung für Architekten und Ingenieure (HOAI) bezahlt. Daher ist es bei Verträgen mit Fachingenieuren sinnvoll, zumindest die wichtigsten Aspekte der im Vertrag beabsichtigten HOAI-Vergütung zu prüfen. Dazu dient dieses Kapitel.

Ganz grundsätzlich unterliegen damit auch die Verträge mit Fachingenieuren dem Architekten- und Ingenieurvertragsrecht nach § 650p bis 650t des BGB.

Die Zusammenarbeit mit Fachingenieuren beim Hausbau ist aber üblicherweise nicht so umfassend und komplex wie die Zusammenarbeit mit einem Architekten, wenn man mit einem solchen baut. Daher können Sie sich bei Fachingenieurverträgen im Einfamilienhausbau auf einige wesentliche Checkpunkte konzentrieren. Dabei helfen Ihnen die nachfolgenden Checkblätter: Sie nehmen sich einfach die Angebote, die Sie von Fachingenieuren erhalten haben zur Hand, und überprüfen mittels dieser Checkblätter und durch ein einfaches Ankreuzverfahren, ob an die wichtigsten kostenrelevanten Punkte gedacht wurde. Drei Checkpunkte stehen Ihnen dabei zur Verfügung:

Vertrags-Check ☑
☐ nicht geregelt
☐ unzureichend / benachteiligend geregelt
☐ unklare / unverständliche Formulierung

Am Ende des Kapitels finden Sie für jeden Fachingenieur noch einmal eine eigene Tabelle, in die Sie übertragen können, ob die entsprechenden Leistungen vertraglich geklärt sind oder nicht.

Checkblatt Fachingenieurvertrag
HOAI-Leistungsphasen

Typische Regelungen
Die Anzahl Leistungsphasen der einzelnen Fachingenieure sind gemäß HOAI unterschiedlich geregelt. Geht der Vertrag darauf nicht weiter ein, können Sie unter Umständen schnell alle Leistungsphasen vereinbart haben, obwohl Sie das gar nicht wollten.

> Siehe hierzu auch Checkblätter 15 bis 19
> → Seite 46 bis 53

Notwendige Regelungen
Welchen Leistungsumfang welches Fachingenieurs Sie benötigen, hängt davon ab, was Sie bauen wollen und was in einem Hauspaket eines Generalunternehmers oder Fertighausanbieters bereits alles als vereinbart gilt und was noch nicht. Nachfolgend finden Sie alle Leistungsphasen aller Fachingenieure, die rund um den Einfamilienhausbau tätig sind. Was die einzelnen Leistungsphasen im Detail enthalten, können Sie im Anhang nachsehen. Dort finden Sie alle HOAI-Tabellen zu Grundleistungen und besonderen Leistungen aller Fachingenieure und ihrer Leistungsphasen. Sie können dann in den folgenden Tabellen ankreuzen, welche Leistung, Sie bei Ihnen als nötig erachten, auch unter Berücksichtigung dessen, was in Ihrem Hauspaket eventuell schon mit vereinbart ist.

HOAI-Leistungsphasen
Bodengutachter / Geologe (Geotechnik)

LEISTUNGSPHASE	NOT-WENDIG?	NICHT NOT-WENDIG?
Geotechnischer Bericht	☐	☐

Vertrags-Check ☑
Bodengutachter / Geologe (Geotechnik)
- ☐ nicht geregelt
- ☐ unzureichend / benachteiligend geregelt
- ☐ unklare / unverständliche Formulierung

HOAI-Leistungsphasen
Vermessungsingenieur / Geodät

Planungsbegleitende Vermessung:

LEISTUNGSPHASE	NOT-WENDIG?	NICHT NOT-WENDIG?
1. Grundlagenermittlung	☐	☐
2. Geodätischer Raumbezug	☐	☐
3. Vermessungstechnische Grundlagen	☐	☐
4. Digitales Geländemodell	☐	☐

Bauvermessung:

LEISTUNGSPHASE	NOT-WENDIG?	NICHT NOT-WENDIG?
1. Baugeometrische Beratung	☐	☐
2. Absteckungsunterlagen	☐	☐
3. Bauvorbereitende Vermessung	☐	☐
4. Bauausführungsvermessung	☐	☐
5. Vermessungstechnische Überwachung der Ausführung	☐	☐

Checkblätter: Fachingenieurverträge

Vertrags-Check Vermessungsingenieur / Geodät	☑
☐ nicht geregelt	
☐ unzureichend / benachteiligend geregelt	
☐ unklare / unverständliche Formulierung	

HOAI-Leistungsphasen Statiker (Tragwerksplaner)

LEISTUNGSPHASE	NOT-WENDIG?	NICHT NOT-WENDIG?
Leistungsphase 1 Grundlagenermittlung	☐	☐
Leistungsphase 2 Vorplanung (Projekt- und Planungsvorbereitung)	☐	☐
Leistungsphase 3 Entwurfsplanung (System- und Integrationsplanung)	☐	☐
Leistungsphase 4 Genehmigungsplanung	☐	☐
Leistungsphase 5 Ausführungsplanung	☐	☐
Leistungsphase 6 Vorbereitung der Vergabe	☐	☐
Leistungsphase 7 Mitwirkung bei der Vergabe	☐	☐
Leistungsphase 8 Objektüberwachung (Bauüberwachung) und Dokumentation	☐	☐
Leistungsphase 9 Objektbetreuung	☐	☐

Vertrags-Check Statiker (Tragwerksplaner)	☑
☐ nicht geregelt	
☐ unzureichend / benachteiligend geregelt	
☐ unklare / unverständliche Formulierung	

HOAI-Leistungsphasen Haustechnikingenieur (Technische Ausstattung / Elektro, Heizung, Lüftung, Sanitär)

LEISTUNGSPHASE	NOT-WENDIG?	NICHT NOT-WENDIG?
Leistungsphase 1 Grundlagenermittlung	☐	☐
Leistungsphase 2 Vorplanung (Projekt- und Planungsvorbereitung)	☐	☐
Leistungsphase 3 Entwurfsplanung (System- und Integrationsplanung)	☐	☐
Leistungsphase 4 Genehmigungsplanung	☐	☐
Leistungsphase 5 Ausführungsplanung	☐	☐
Leistungsphase 6 Vorbereitung der Vergabe	☐	☐
Leistungsphase 7 Mitwirkung bei der Vergabe	☐	☐
Leistungsphase 8 Objektüberwachung (Bauüberwachung) und Dokumentation	☐	☐
Leistungsphase 9 Objektbetreuung	☐	☐

Vertrags-Check Haustechnikingenieur	☑
☐ nicht geregelt	
☐ unzureichend / benachteiligend geregelt	
☐ unklare / unverständliche Formulierung	

→

HOAI-Leistungsphasen Sachverständiger für Schall- und Wärmeschutz (Bauphysik)

LEISTUNGSPHASE	NOT-WENDIG?	NICHT NOT-WENDIG?
Leistungsphase 1 Grundlagenermittlung	☐	☐
Leistungsphase 2 Mitwirkung bei der Vorplanung	☐	☐
Leistungsphase 3 Mitwirkung bei der Entwurfsplanung	☐	☐
Leistungsphase 4 Mitwirkung bei der Genehmigungsplanung	☐	☐
Leistungsphase 5 Mitwirkung bei der Ausführungsplanung	☐	☐
Leistungsphase 6 Mitwirkung bei der Vorbereitung der Vergabe	☐	☐
Leistungsphase 7 Mitwirkung bei der Vergabe	☐	☐
Leistungsphase 8 Objektüberwachung und Dokumentation	☐	☐
Leistungsphase 9 Objektbetreuung	☐	☐

> **Vertrags-Check** ☑
> **Sachverständiger für Schall- und Wärmeschutz (Bauphysik)**
> ■ nicht geregelt
> ■ unzureichend / benachteiligend geregelt
> ■ unklare / unverständliche Formulierung

Checkblatt Fachingenieurvertrag HOAI-Grundleistungen – Besondere Leistungen

Typische Regelungen
Neben den Grundleistungen jeder Leistungsphase gibt es für fast alle Leistungsphasen der Fachingenieure auch Besondere Leistungen. Sind diese im Vertrag nicht vereinbart, muss der Fachingenieur sie auch nicht erbringen. Möglicherweise benötigen Sie aber die eine oder andere Besondere Leistung. Sie wäre dann jedoch nicht im Vertrag geregelt und es käme zu Mehrkosten.

> Siehe hierzu auch Checkblätter 15 bis 19 sowie Anhang → Seite 46 bis 53

Notwendige Regelungen
Ob Sie Besondere Leistungen benötigen oder nicht, hängt an Ihrem speziellen Bauvorhaben und auch daran, was im Fall des Bauens mit einem Generalunternehmer oder Fertighausanbieter schon im Gesamtpaket geregelt ist und was nicht. Damit Sie sich überhaupt einmal einen Überblick darüber verschaffen können, was Grundleistungen und was Besondere Leistungen der einzelnen Leistungsphasen der einzelnen Fachingenieure sind, finden Sie im Anhang alle HOAI-Tabellen dazu. Diese können Sie zunächst einsehen und dann ankreuzen, ob Sie für den jeweiligen Fachingenieur die notwendigen Leistungen geregelt haben oder nicht.

Checkblätter: Fachingenieurverträge

HOAI-Grundleistungen – Besondere Leistungen Bodengutachter / Geologe (Geotechnik)

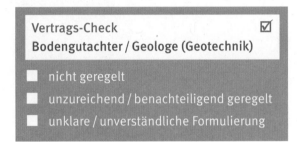

HOAI-Grundleistungen – Besondere Leistungen Vermessungsingenieur / Geodät

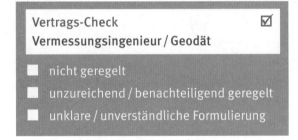

HOAI-Grundleistungen – Besondere Leistungen Statiker (Tragwerksplaner)

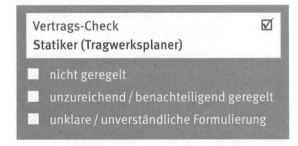

HOAI-Grundleistungen – Besondere Leistungen Haustechnikingenieur (Technische Ausstattung / Elektro, Heizung, Lüftung, Sanitär)

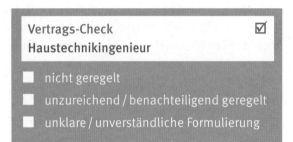

HOAI-Grundleistungen – Besondere Leistungen Sachverständiger für Schall- und Wärmeschutz (Bauphysik)

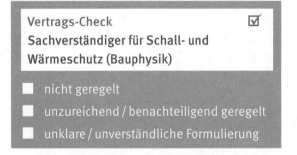

Checkblatt Fachingenieurvertrag HOAI-Honorarzonen und Honorarsätze

Typische Regelungen

Die HOAI unterscheidet in unterschiedlichen Honorartabellen für unterschiedliche Fachingenieure mehrere sogenannte Honorarzonen, die mit römischen Ziffern belegt sind. Diese Honorarzonen sollen die Schwierigkeit der Aufgaben abbilden, einfache Planungsaufgaben werden so niedriger bewertet als komplexere. Neben dieser gibt es eine weitere Differenzierung, die sogenannten Honorarsätze. Sie differenzieren das Honorar innerhalb einer Honorarzone, die von einem Mindesthonorar und von einem Maximalhonorar begrenzt ist. Diese Honorarsätze können auch noch weiter ausdifferenziert werden in Mindestsätze, Viertelsätze, Mittelsätze und auch Dreiviertelsätze oder Höchstsätze. Das heißt, es ist ein Unterschied, ob Sie einen Fachingenieurvertrag zum Beispiel nach Honorarzone III Mindestsatz, Mittelsatz oder Höchstsatz schließen.

> Siehe hierzu auch Checkblätter 15 bis 19 und 21 → Seite 46 bis 53

Notwendige Regelungen

Die Honorarzone und die Honorarsätze müssen in einem Fachingenieurvertrag klar festgelegt werden.

Folgende Honorarzonen gibt es für die folgenden Fachingenieurleistungen:

HOAI-Honorarzonen und Honorarsätze Bodengutachter / Geologe (Geotechnik)

Die Honorarzonen reichen von I bis V, Zone III ist für den Einfamilienhausbau auskömmlich.

HOAI-Honorarzonen und Honorarsätze Vermessungsingenieur / Geodät

Die Honorarzonen reichen für die planungsbegleitende Vermessung und die Bauvermessung jeweils von I bis V, Zone III ist für den Einfamilienhausbau auskömmlich.

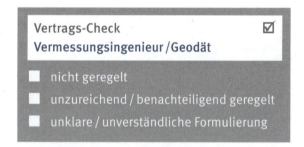

HOAI-Honorarzonen und Honorarsätze Statiker (Tragwerksplanung)

Die Honorarzonen reichen von I bis V, Zone III ist für den Einfamilienhausbau auskömmlich.

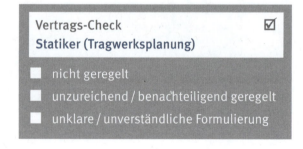

Checkblätter: Fachingenieurverträge 233

HOAI-Honorarzonen und Honorarsätze Haustechniker (Technische Ausstattung / Elektro, Heizung, Lüftung, Sanitär)

Die Honorarzonen reichen von I bis III, Zone II ist für den Einfamilienhausbau auskömmlich.

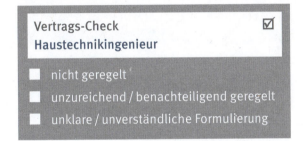

HOAI-Honorarzonen und Honorarsätze Sachverständiger Schall- und Wärmeschutz (Bauphysik)

Die Honorarzonen reichen bei:

Energie- und Wärmebilanzierung von I bis V, Zone III ist für den Einfamilienhausbau auskömmlich.

Bauakustik von I bis III, Zone II ist für den Einfamilienhausbau auskömmlich.

Raumakustik von I bis V, Zone III ist für den Einfamilienhausbau auskömmlich.

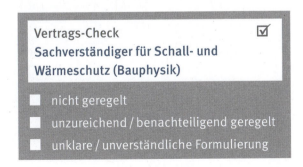

Checkblatt Fachingenieurvertrag HOAI-Nebenkosten

Typische Regelungen

Nebenkostenregelungen betreffen unter anderem Regelungen über Fahrtkosten, Telefonkosten, Portokosten oder Kopierkosten. Sind diese Dinge vertraglich nicht geregelt, können Fachingenieure die Kosten dafür per Einzelnachweis Ihnen gegenüber abrechnen, Sie können aber alternativ auch eine Pauschale vereinbaren, und Sie können sogar vereinbaren, dass eine Erstattung nicht erfolgt. Gemäß § 14 HOAI gehören zu den Nebenkosten insbesondere, Zitat:

> „1. Versandkosten, Kosten für Datenübertragungen,
>
> 2. Kosten für Vervielfältigungen von Zeichnungen und schriftlichen Unterlagen sowie für die Anfertigung von Filmen und Fotos,
>
> 3. Kosten für ein Baustellenbüro einschließlich der Einrichtung, Beleuchtung und Beheizung,
>
> 4. Fahrtkosten für Reisen, die über einen Umkreis von 15 Kilometern um den Geschäftssitz des Auftragnehmers hinausgehen, in Höhe der steuerlich zulässigen Pauschalsätze, sofern nicht höhere Aufwendungen nachgewiesen werden,
>
> 5. Trennungsentschädigungen und Kosten für Familienheimfahrten in Höhe der steuerlich zulässigen Pauschalsätze, sofern nicht höhere Aufwendungen an Mitarbeiter oder Mitarbeiterinnen des Auftragnehmers auf Grund von tariflichen Vereinbarungen bezahlt werden,

→

6. Entschädigungen für den sonstigen Aufwand bei längeren Reisen nach Nummer 4, sofern die Entschädigungen vor der Geschäftsreise schriftlich vereinbart worden sind,

7. Entgelte für nicht dem Auftragnehmer obliegende Leistungen, die von ihm im Einvernehmen mit dem Auftraggeber Dritten übertragen worden sind."

Siehe hierzu auch Checkblätter 15 bis 19 sowie Anhang → Seite 46 bis 53

Notwendige Regelungen
Falls eine Erstattung von Nebenkosten erfolgt, sollten Sie mindestens die folgenden Nebenkosten regeln:

→ Fahrtkosten
→ Telefonkosten
→ Kopierkosten
→ Fotokosten
→ Portokosten

Entweder gibt es eine Pauschale, oder die Dinge werden auf Nachweis erstattet. Wollen Sie eine Pauschale vereinbaren, müssen Sie diese schriftlich bereits bei Auftragserteilung tun.

Man kann auch den Standpunkt vertreten, dass die in der HOAI benannten Nebenkosten selbstverständliche Kosten sind, die eben anfallen, wenn ein Ingenieur ein Projekt bearbeitet. Wenn man das so sieht, sollte man eine Erstattung der Nebenkosten aber auch besser von vornherein vertraglich klar ausschließen.

HOAI-Nebenkosten
Bodengutachter / Geologe (Geotechnik)

Vertrags-Check ☑
Bodengutachter / Geologe (Geotechnik)
☐ nicht geregelt
☐ unzureichend / benachteiligend geregelt
☐ unklare / unverständliche Formulierung

HOAI-Nebenkosten
Vermessungsingenieur / Geodät

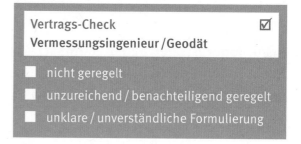

HOAI-Nebenkosten
Statiker (Tragwerksplanung)

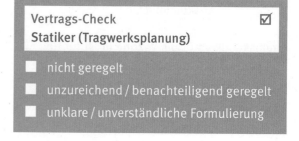

HOAI-Nebenkosten Haustechnikingenieur (Technische Ausstattung / Elektro, Heizung, Lüftung, Sanitär)

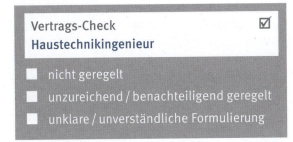

HOAI-Nebenkosten Sachverständiger für Schall- und Wärmeschutz

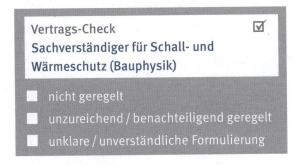

Checkblatt Fachingenieurvertrag Stundensätze

Typische Regelungen

Nicht alle Leistungen von Fachingenieuren fallen unter die HOAI-Sätze. Gemäß § 3 Absatz 3 der HOAI können Besondere Leistungen frei vereinbart werden. Aber welche Leistungen welches Fachingenieurs sind Besondere Leistungen und welche nicht? Das legt die HOAI auch fest. Im Anhang dieses Buches finden Sie einen Überblick für alle Fachingenieur-Leistungen und auch darüber, welche davon Besondere Leistungen sind und welche nicht.

Ein Fachingenieur könnte für die Besonderen Leistungen nun zum Beispiel mit Ihnen vereinbaren, dass er alle diese Leistungen nach Stundenaufwand abrechnet. Das könnte man Ihnen nicht empfehlen; denn dann wird es in der Regel sehr teuer.

Den Stundensatz sollten Sie eigentlich nur kennen, um generell informiert zu sein, was auf Sie zukommen kann, falls Sie doch noch irgendeine Besondere Leistung benötigen, die Sie zunächst übersehen hatten.

> Siehe hierzu auch Checkblätter 15 bis 19
> → Seite 46 bis 53

Notwendige Regelungen

Es kann sinnvoll sein, in den Fachingenieurvertrag auch eine Stundensatzvergütung aufzunehmen, dies für den Fall, dass etwa auch Besondere Leistungen anfallen. Stundensätze oberhalb eines Korridors von etwa 80 bis 120 Euro netto sollte man offen ansprechen; denn der genannte Korridor ist für Stundensätze eigentlich ausreichend. Stundensätze über 150 Euro pro Stunde müssen in jedem Fall hinterfragt werden.

→

Stundensatz Bodengutachter / Geologe (Geotechnik)

> **Vertrags-Check** ☑
> Bodengutachter / Geologe (Geotechnik)
>
> ☐ nicht geregelt
> ☐ unzureichend / benachteiligend geregelt
> ☐ unklare / unverständliche Formulierung

Stundensatz Vermessungsingenieur / Geodät

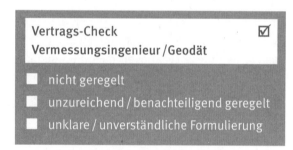

> **Vertrags-Check** ☑
> Vermessungsingenieur / Geodät
>
> ☐ nicht geregelt
> ☐ unzureichend / benachteiligend geregelt
> ☐ unklare / unverständliche Formulierung

Stundensatz Statiker (Tragwerksplanung)

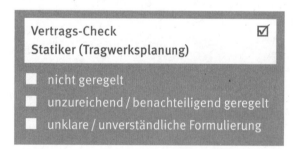

> **Vertrags-Check** ☑
> Statiker (Tragwerksplanung)
>
> ☐ nicht geregelt
> ☐ unzureichend / benachteiligend geregelt
> ☐ unklare / unverständliche Formulierung

Stundensatz Haustechnikingenieur (Technische Ausstattung / Elektro, Heizung, Lüftung, Sanitär)

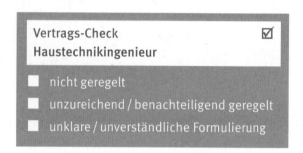

> **Vertrags-Check** ☑
> Haustechnikingenieur
>
> ☐ nicht geregelt
> ☐ unzureichend / benachteiligend geregelt
> ☐ unklare / unverständliche Formulierung

Stundensatz für Schall- und Wärmeschutz

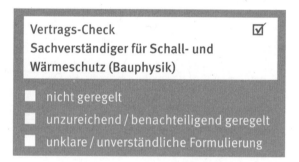

> **Vertrags-Check** ☑
> Sachverständiger für Schall- und Wärmeschutz (Bauphysik)
>
> ☐ nicht geregelt
> ☐ unzureichend / benachteiligend geregelt
> ☐ unklare / unverständliche Formulierung

Checkblatt Fachingenieurvertrag Haftpflichtversicherung

Typische Regelungen

Oft sind Haftungsfragen in Fachingenieurverträgen gar nicht oder nur unzureichend geklärt. Diese Fragen sollten aber von vornherein mit in den Vertrag aufgenommen werden; es kann sonst sein, dass Sie im Fall des Falls erhebliche Probleme bekommen, Entschädigung für möglicherweise eingetretene Schäden zu erhalten. Auch Fachingenieure sind nur Menschen, und es kann immer einmal etwas Wichtiges übersehen werden. Und dann können Versicherungsschutz und dessen vertragliche Regelungen mit dem Kunden sehr wichtig sein.

Notwendige Regelungen

Die Haftpflichtversicherung des Architekten sollte bereits im Architektenvertrag fixiert werden. Dazu werden mindestens 3 Angaben benötigt:

→ Name der Versicherung
→ Versicherungsnummer
→ versicherte Höchstsumme für Personen- und Sachschäden

Die versicherte Höchstsumme für Personenschäden sollte dabei nicht unter 3 Millionen Euro liegen. Denn wenn ein Personenschaden beispielsweise eine lebenslange Pflegebedürftigkeit einer Person nach sich zieht, kann das extrem teuer werden. Und wichtig ist auch immer Folgendes: Selbst wenn die Versicherung des Ingenieurs bekannt ist, sollte man dort doch nachfragen, ob auch keine Versicherungsbeiträge ausstehen; denn das könnte den Versicherungsschutz gefährden. Das ist kein Misstrauen gegenüber dem Fachingenieur, sondern schlicht gebotene Sorgfaltspflicht von Ihnen.

Haftpflichtversicherung Bodengutachter / Geologe (Geotechnik)

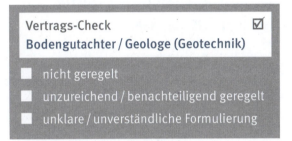

Haftpflichtversicherung Vermessungsingenieur / Geodät

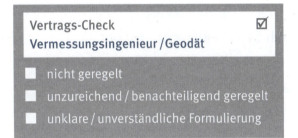

Haftpflichtversicherung Statiker (Tragwerksplanung)

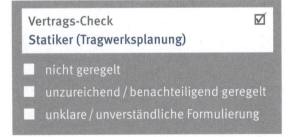

→

Haftpflichtversicherung Haustechnikingenieur (Technische Ausstattung / Elektro, Heizung, Lüftung, Sanitär)

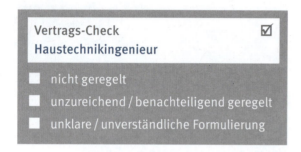

Haftpflichtversicherung für Schall- und Wärmeschutz

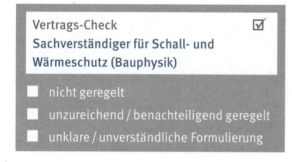

Checkblatt Fachingenieurvertrag Dokumentenübergabe

Typische Regelungen
Bei Verträgen wird häufig vergessen, detailliert zu regeln, welche Unterlagen vom Auftragnehmer an den Bauherrn zu übergeben sind. Das gilt auch für die Zusammenarbeit mit Fachingenieuren. Zwar gibt es gemäß dem novellierten Werkvertragsrecht des BGB zwischenzeitlich ein Recht auf Herausgabe von Dokumenten (§ 650n), aber eben nur von Dokumenten seitens des Bauunternehmers, nicht von Fachingenieuren. Und selbst bezüglich des Bauunternehmers ist viel zu unklar geregelt, was genau eigentlich herauszugeben ist und was nicht.

Notwendige Regelungen
Es ist sinnvoll, die Übergabe der Unterlagen schon im Fachingenieurvertrag zu regeln. Das sollte sowohl für den Kündigungsfall als auch für den geordneten Projektabschluss gelten.

Es geht – je nach Fachingenieur – vor allem um folgende Unterlagen:

→ Energieplanung zur Gebäudehülle und der Gebäudetechnik (Heizungstechnik, Warmwassertechnik, Lüftungstechnik)
→ Gebäudeenergieausweis (in Aufbau und Inhalt nach den gesetzlichen Vorgaben der EnEV)
→ Statik (Berechnung und Bewehrungspläne)
→ Bodengutachten
→ Lageplan als PDF- und zum Beispiel DXF-Datei
→ Entwässerungsgesuchspläne als PDF- und zum Beispiel DXF-Datei
→ gegebenenfalls Ausführungspläne als PDF- und zum Beispiel DXF-Datei

Da so etwas bislang nur in ganz wenigen Fachingenieurverträgen überhaupt geregelt ist, mag es sein, dass dies manchen Ingenieuren zunächst ungewöhnlich vorkommt. Das ist aber kein Grund dafür, es nicht zu regeln. Auch kann es sein, dass die Ingenieure die Herausgabe von DXF- oder DWG-Dateien generell verweigern. Dann ist es aber gut, wenn man so etwas gleich bei Vertragsabschluss bespricht; denn es gibt keinen Grund, dergleichen zu verweigern. Die Ingenieure könnten ja einschränken, dass Sie die Dokumente nicht an Dritte weitergeben dürfen, außer zum Beispiel an potenzielle, zukünftige Käufer Ihres Hauses. Lehnen einzelnen Ingenieure die Herausgabe der Dateien aber von Anfang an kategorisch ab, muss man sich nötigenfalls andere suchen.

Es kann darüber hinaus die Situation entstehen, dass Ingenieure die Herausgabe noch vom Ausgleich offener Honoraransprüche abhängig machen, die Sie für unbegründet halten. Da Sie auf die Unterlagen angewiesen sein können, geraten Sie so in eine Zwangssituation. Notfalls werden dann auch ungerechtfertigte Forderungen beglichen. Daher sollten Sie schon von Anfang an auch die Geltendmachung von Zurückbehaltungsrechten ausschließen.

Dokumentenübergabe
Bodengutachter / Geologe (Geotechnik)

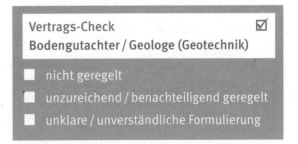

Dokumentenübergabe
Vermessungsingenieur / Geodät

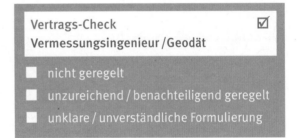

Dokumentenübergabe
Statiker (Tragwerksplanung)

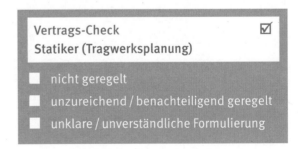

Dokumentenübergabe Haustechnikingenieur (Technische Ausstattung / Elektro, Heizung, Lüftung, Sanitär)

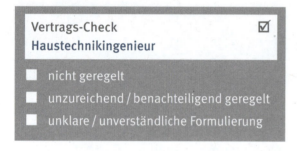

Dokumentenübergabe für Schall- und Wärmeschutz

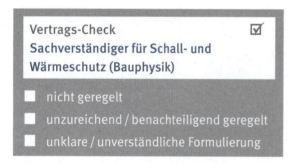

Checkblatt Fachingenieurvertrag Prüfstatiker (Staatlich anerkannter Sachverständiger für Standsicherheitsnachweise)

Typische Regelungen

Prüfstatiker werden nicht nach der HOAI bezahlt und haben auch keine Leistungsbilder und Leistungsphasen nach der HOAI, ihre Tätigkeit regeln Ländergesetze. Dazu gehört auch, welches Honorar Sie erhalten (→ Seite 45 ff.). Das ist üblicherweise wesentlich einfacher und transparenter geregelt, als die HOAI das tut. Trotzdem sollte man mit dem Prüfstatiker zumindest einige Punkte vorab klären.

Siehe hierzu auch Checkblatt 17 → Seite 49

Notwendige Regelungen

Mindestens folgende Punkte sollten nach Möglichkeit mit dem Prüfstatiker vertraglich geklärt sein:

→ eventuelle Nebenkosten
→ Stundensatz
   (für eventuell zusätzliche Leistungen)
→ Haftpflichtversicherung
→ Dokumentenübergabe

Checkblatt Fachingenieurvertrag SiGeKo

Typische Regelungen

Auch ein SiGeKo (Sicherheits- und Gesundheitsschutzkoordinator) wird nicht nach der HOAI bezahlt. Seine Leistung ist theoretisch frei vereinbar, das heißt, Sie können mit ihm individuell vereinbaren, wie er bezahlt wird, ob hoch, ob niedrig, ob pauschal oder auch nach Aufwand. Sinnvoll ist, dass er offenlegt, wie viele Stunden er für seine Leistungen im Rahmen eines Einfamilienhausbaus benötigt und welchen Stundensatz er hat. Dann haben Sie ein erstes Gerüst. Es ist sinnvoll, wenn er Ihnen seine Tätigkeit und Leistungsinhalte sehr konkret am Beispiel eines bestehenden Einfamilienhauses zeigt, damit Sie sich ein Bild vom Aufwand machen können. Falls der Architekt die SiGeKo-Leistung pauschal mit anbietet, kann auch das interessant sein, weil er das als zusätzliche Leistung eines ohnehin bestehenden Vertrages oft günstiger, weil effizienter anbieten kann. Trotzdem sollten die nachfolgenden Punkte auch beim SiGeKo genauer geregelt werden.

Siehe hierzu auch Checkblatt 20 → Seite 56

Notwendige Regelungen

Mindestens folgende Punkte sollten nach Möglichkeit auch mit dem SiGeKo vertraglich geklärt sein:

→ Leistungsumfang
→ Nebenkosten
→ Stundensatz (für eventuelle zusätzliche Leistungen)
→ Haftpflichtversicherung
→ Dokumentenübergabe

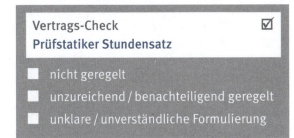

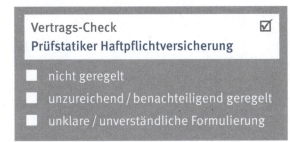

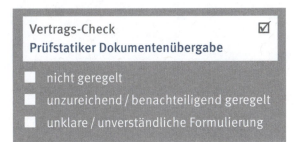

Vertrags-Check
Prüfstatiker Dokumentenübergabe
☐ nicht geregelt
☐ unzureichend / benachteiligend geregelt
☐ unklare / unverständliche Formulierung

Vertrags-Check ☑
SiGeKo Leistungsumfang

☐ nicht geregelt
☐ unzureichend / benachteiligend geregelt
☐ unklare / unverständliche Formulierung

Vertrags-Check ☑
SiGeKo Haftpflichtversicherung

☐ nicht geregelt
☐ unzureichend / benachteiligend geregelt
☐ unklare / unverständliche Formulierung

Vertrags-Check ☑
SiGeKo Nebenkosten

☐ nicht geregelt
☐ unzureichend / benachteiligend geregelt
☐ unklare / unverständliche Formulierung

Vertrags-Check ☑
SiGeKo Dokumentenübergabe

☐ nicht geregelt
☐ unzureichend / benachteiligend geregelt
☐ unklare / unverständliche Formulierung

Vertrags-Check ☑
SiGeKo Stundensatz

☐ nicht geregelt
☐ unzureichend / benachteiligend geregelt
☐ unklare / unverständliche Formulierung

Übersichten: Vertrags-Check Fachingenieure

Bodengutachter (Geotechnik)

VERTRAGSPUNKT	NICHT GEREGELT	UNZUREICHEND/ BENACHTEILIGEND GEREGELT	UNKLARE/ UNVERSTÄNDLICHE FORMULIERUNG	CHECKBLATT
HOAI-Leistungsphasen	☐	☐	☐	101 → Seite 228
HOAI-Grundleistungen – Besondere Leistungen	☐	☐	☐	102 → Seite 230
HOAI-Honorarzonen und Honorarsätze	☐	☐	☐	103 → Seite 232
HOAI-Nebenkosten	☐	☐	☐	104 → Seite 233
Stundensätze	☐	☐	☐	105 → Seite 235
Haftpflichtversicherung	☐	☐	☐	106 → Seite 237
Dokumentenübergabe	☐	☐	☐	107 → Seite 238

Vermessungsingenieur/Geodät

VERTRAGSPUNKT	NICHT GEREGELT	UNZUREICHEND/ BENACHTEILIGEND GEREGELT	UNKLARE/ UNVERSTÄNDLICHE FORMULIERUNG	CHECKBLATT
HOAI-Leistungsphasen	☐	☐	☐	101 → Seite 228
HOAI-Grundleistungen – Besondere Leistungen	☐	☐	☐	102 → Seite 230
HOAI-Honorarzonen und Honorarsätze	☐	☐	☐	103 → Seite 232
HOAI-Nebenkosten	☐	☐	☐	104 → Seite 233
Stundensätze	☐	☐	☐	105 → Seite 235
Haftpflichtversicherung	☐	☐	☐	106 → Seite 237
Dokumentenübergabe	☐	☐	☐	107 → Seite 238

Statiker (Tragwerksplaner)

VERTRAGSPUNKT	NICHT GEREGELT	UNZUREICHEND/ BENACHTEILIGEND GEREGELT	UNKLARE/ UNVERSTÄNDLICHE FORMULIERUNG	CHECKBLATT
HOAI-Leistungsphasen	☐	☐	☐	101 → Seite 228
HOAI-Grundleistungen – Besondere Leistungen	☐	☐	☐	102 → Seite 230
HOAI-Honorarzonen und Honorarsätze	☐	☐	☐	103 → Seite 232
HOAI-Nebenkosten	☐	☐	☐	104 → Seite 233
Stundensätze	☐	☐	☐	105 → Seite 235
Haftpflichtversicherung	☐	☐	☐	106 → Seite 237
Dokumentenübergabe	☐	☐	☐	107 → Seite 238

Haustechnikingenieur
(Technischer Ausbau / Elektro, Heizung, Lüftung, Sanitär)

VERTRAGSPUNKT	NICHT GEREGELT	UNZUREICHEND/ BENACHTEILIGEND GEREGELT	UNKLARE/ UNVERSTÄNDLICHE FORMULIERUNG	CHECKBLATT
HOAI-Leistungsphasen	☐	☐	☐	101 → Seite 228
HOAI-Grundleistungen – Besondere Leistungen	☐	☐	☐	102 → Seite 230
HOAI-Honorarzonen und Honorarsätze	☐	☐	☐	103 → Seite 232
HOAI-Nebenkosten	☐	☐	☐	104 → Seite 233
Stundensätze	☐	☐	☐	105 → Seite 235
Haftpflichtversicherung	☐	☐	☐	106 → Seite 237
Dokumentenübergabe	☐	☐	☐	107 → Seite 238

Sachverständiger für Schall- und Wärmeschutz (Bauphysik)

VERTRAGSPUNKT	NICHT GEREGELT	UNZUREICHEND/ BENACHTEILIGEND GEREGELT	UNKLARE/ UNVERSTÄNDLICHE FORMULIERUNG	CHECKBLATT
HOAI-Leistungsphasen	☐	☐	☐	101 → Seite 228
HOAI-Grundleistungen – Besondere Leistungen	☐	☐	☐	102 → Seite 230
HOAI-Honorarzonen und Honorarsätze	☐	☐	☐	103 → Seite 232
HOAI-Nebenkosten	☐	☐	☐	104 → Seite 233
Stundensätze	☐	☐	☐	105 → Seite 235
Haftpflichtversicherung	☐	☐	☐	106 → Seite 237
Dokumentenübergabe	☐	☐	☐	107 → Seite 238

Prüfstatiker
(Staatlich anerkannter Sachverständiger für Standsicherheitsnachweise)

VERTRAGSPUNKT	NICHT GEREGELT	UNZUREICHEND/ BENACHTEILIGEND GEREGELT	UNKLARE/ UNVERSTÄNDLICHE FORMULIERUNG	CHECKBLATT
Leistungsumfang	☐	☐	☐	101 → Seite 228
Nebenkosten	☐	☐	☐	108 → Seite 240
Stundensatz für eventuelle zusätzliche Leistungen	☐	☐	☐	108 → Seite 240
Haftpflichtversicherung	☐	☐	☐	108 → Seite 240
Dokumentenübergabe	☐	☐	☐	108 → Seite 240

SiGeKo

VERTRAGSPUNKT	NICHT GEREGELT	UNZUREICHEND/ BENACHTEILIGEND GEREGELT	UNKLARE/ UNVERSTÄNDLICHE FORMULIERUNG	CHECKBLATT
Leistungsumfang	☐	☐	☐	101 → Seite 228
Nebenkosten	☐	☐	☐	109 → Seite 241
Stundensatz für eventuelle zusätzliche Leistungen	☐	☐	☐	109 → Seite 241
Haftpflichtversicherung	☐	☐	☐	109 → Seite 241
Dokumentenübergabe	☐	☐	☐	109 → Seite 241

§

Checkblätter: Architektenvertrag

Das Bauen mit dem Architekten ist eine Variante des Bauens, bei der der Architekt zwar als Sachwalter des Bauherrn fungieren soll, aber auch mit dem Sachwalter benötigt man erst einmal den richtigen Vertrag, damit die Zusammenarbeit wirklich gut und reibungslos klappt.

Architekten sind bei Bauherren von Eigenheimen eher unbeliebt, weil die Baukosten lange im Unklaren bleiben und man auch nie weiß, wie man einen geeigneten Architekten überhaupt finden soll und wie sich die Zusammenarbeit dann entwickelt. So wie man heute keinen Anzug und kein Kleid mehr beim Maßschneider kauft, verzichten viele Bauherren auch auf eine individuelle Planung eines Hauses durch einen Architekten, vielmehr kaufen sie ein Typenhaus. Nicht selten kommt es zu einem Mix aller möglicher Vorgehensweisen: Man bekommt eine Empfehlung für ein Bauunternehmen, das Häuser schlüsselfertig anbietet, und dieses bietet einem dann eine individuelle Planung durch einen angestellten Architekten im eigenen Unternehmen an oder mit einem freien Architekten, mit dem das Unternehmen eng kooperiert, alles zum Festpreis, weil der freie Architekt dann zum Beispiel im Auftrag des Unternehmens tätig wird und nicht in Ihrem Auftrag.

Die nachfolgenden Checkblätter berücksichtigen alle diese unterschiedlichen Fälle und geben wichtige Regelungshinweise.

Nicht immer werden Planungs- und Ausführungsverträge durch 2 Verträge geregelt. Sehr häufig kauft und baut man ein Haus auch mit nur einem Vertrag. In diesen Fällen wird einem meist ein Generalunternehmer- oder Generalübernehmervertrag zur Unterschrift vorgelegt, der auch die Planungsleistungen enthält. Einen solchen Vertrag muss man dann sowohl hinsichtlich der Planungsregelungen als auch hinsichtlich der Ausführungsregelungen überprüfen. Auch das ist mit diesem Buch möglich (→ Checklisten ab Seite 271ff.).

Nehmen Sie sich den Vertragsentwurf, der Ihnen vorgelegt wurde, zur Hand und prüfen Sie, ob und wie die nachfolgend aufgeführten Punkte der Checkblätter geregelt sind. Jedes Checkblatt enthält die Möglichkeit eines kurzen Ankreuzverfahrens mit 3 Punkten:

> **Vertrags-Check** ☑
>
> ■ nicht geregelt
> ■ unzureichend / benachteiligend geregelt
> ■ unklare / unverständliche Formulierung

Wenn Sie einen der 3 Punkte bei der Vertragsüberprüfung ankreuzen, dann müssen diese Punkte mit dem Architekten geklärt werden. In den nachfolgenden Vertrags-Checkblättern können aber dafür keine Musterformulierungen vorgegeben werden. Denn diese könnten ja im Einzelfall sogar Ihren übrigen Vertragsregelungen zuwiderlaufen oder ungewollte Vertragswidersprüche verursachen oder Ihren individuellen Vertragsfall nicht voll erfassen. Das heißt, mit den Vertrags-Checkblättern können Sie vor allem typische Defizite in Ihrem Vertrag aufspüren und diese mit einem Anwalt mit entsprechendem Tätigkeitsschwerpunkt oder Fachanwalt besprechen und schließlich nach besseren Lösungen suchen.

Abschließend zu den Checklisten zum Architektenvertrag finden Sie noch eine Übersichtsliste, in die Sie die Ergebnisse eintragen können, welche Ihre Vertragsüberprüfung mittels der Checklisten ergeben hat. So haben Sie die Probleme, die Sie finden konnten, immer auf einen Blick zur Verfügung.

Checkblatt Architektenvertrag HOAI-Leistungsphasen

Typische Regelungen

Architekten und Ingenieure arbeiten in Deutschland auf Basis der sogenannten Honorarordnung für Architekten und Ingenieure (HOAI). Diese regelt ausschließlich die vergütungsrechtliche Seite der Architektentätigkeit, wenn auch deren Tatbestände zur Beschreibung der Leistungspflichten ergänzend herangezogen werden. Diese Honorarordnung benennt 9 Leistungsphasen, die der Architekt im Rahmen eines Bauvorhabens erbringen kann:

→ Leistungsphase 1: Grundlagenermittlung
→ Leistungsphase 2: Vorplanung
→ Leistungsphase 3: Entwurfsplanung
→ Leistungsphase 4: Genehmigungsplanung
→ Leistungsphase 5: Ausführungsplanung
→ Leistungsphase 6: Vorbereitung der Vergabe
→ Leistungsphase 7: Mitwirkung bei der Vergabe
→ Leistungsphase 8: Objektüberwachung – Bauüberwachung und Dokumentation
→ Leistungsphase 9: Objektbetreuung

Vereinbart man keinen klaren Leistungsumfang im Architektenvertrag, gilt gemäß § 650r ein Sonderkündigungsrecht, falls im Architektenvertrag die Planungsgrundlagen und die Kosteneinschätzung zum Bauvorhaben noch nicht gemacht werden konnten. Das ist sehr häufig der Fall, denn das zentrale Problem beim Architekten ist: Der Architekt möchte einen Vertrag, aber Architekt und Bauherr kennen den genauen Planungsinhalt noch nicht. Selbst der Begriff Planungsziel ist vollkommen unklar. Die Frage ist dann, auf Basis welcher Ziele und mit welchen Leistungsphasen der HOAI die gesetzlich geforderten Planungsgrundlagen erstellt werden können, um eine Kosteneinschätzung zu erreichen, die auch belastbar ist. Das geht so weit, dass man eigentlich sogar eine Bauvoranfrage stellen müsste, um sicherzugehen, dass das Gebäude wie geplant auch genehmigungsfähig ist. Das heißt für Sie: Die BGB-Regelung kann am Ende dazu führen, dass der Architekt über ein, 2 oder auch 3 Leistungsphasen der HOAI arbeiten muss, um die Planungsgrundlagen zu haben, die er für eine seriöse Kosteneinschätzung braucht. Und weil das alles so unklar ist, nehmen Sie das besser selber in die Hand und regeln eindeutig, welche Leistungsphasen der HOAI vereinbart sind. Damit wird der Vertrag deutlich klarer.

Siehe hierzu auch Checkblatt 21 → Seite 57

Notwendige Regelungen
Wer einen Architektenvertrag schließt, ohne zwischen den unterschiedlichen Leistungsphasen der HOAI zu differenzieren, schließt einen Vertrag über die vollständige Werkleistung, also Planung und Bau eines Hauses. Das umfasst dann auch alle Leistungsphasen der HOAI. Es ist aber sehr sinnvoll, in einem Architektenvertrag zu differenzieren und zunächst nur die ersten beiden Leistungsphasen zu vereinbaren und dann die Leistungsphasen 3 und 4. Das hat den großen Vorteil, dass man zunächst einmal sehen kann, wie sich die Zusammenarbeit mit dem Architekten gestaltet, bevor man gleich in einem Architektenvertrag steckt, der sich über alle Leistungsphasen erstreckt.

Das Problem, dass man zu früh in einem Architektenvertrag festhängt, der alle Leistungen umfasst, ohne dass man weiß, wie teuer ein Haus wird, hat zwischenzeitlich auch der Gesetzgeber erkannt. Er hat neu den § 650r „Sonderkündigungsrecht" ins BGB eingeführt. Dabei wird gemäß Absatz 1 folgendermaßen verfahren, Zitat:

„Nach Vorlage der Unterlagen gemäß § 650p Absatz 2 kann der Besteller den Vertrag kündigen. Das Kündigungsrecht erlischt zwei Wochen nach Vorlage der Unterlagen, bei einem Verbraucher jedoch nur dann, wenn der Unternehmer ihn bei Vorlage der Unterlagen in Textform über das Kündigungsrecht, die Frist, die Frist, in der es ausgeübt werden kann, und die Rechtsfolgen der Kündigung unterrichtet hat."

Und § 650p des BGB regelt in Absatz 2, um welche Unterlagen es sich handelt, die vorzulegen sind, Zitat:

„Soweit wesentliche Planungs- und Überwachungsziele noch nicht vereinbart sind, hat der Unternehmer zunächst eine Planungsrundlage zur Ermittlung dieser Ziele zu erstellen. Er legt dem Besteller die Planungsrundlage zusammen mit einer Kosteneinschätzung für das Vorhaben vor."

Sie sehen aber, dass auch das Risiken birgt: Wenn Sie nicht binnen 14 Tagen Einwände erheben, haben Sie ein Problem, soweit der Architekt Sie ordnungsgemäß auf Ihre Kündigungsrechte hingewiesen hat. Vermeiden Sie das Risiko besser gleich, indem Sie von vornherein Leistungsphasen nur abschnittsweise vergeben. Denn ein anderes Risiko kommt noch hinzu: Die gesetzliche Regelung steht ausdrücklich unter dem Vorbehalt, dass bislang noch keine wesentlichen Planungs- und Überwachungsziele vereinbart wurden. Genau das haben Sie bei sorgfältigem Vorgehen ja aber früh gemacht. Ihre Sorgfalt könnte Ihnen nun also sogar noch auf die Füße fallen, weil unklar ist, ob die gesetzliche Regelung dann für Sie gilt oder nicht.

Auch aus diesem Grund bleibt die klare Empfehlung: Auch in Zukunft Leistungsphasen möglichst nur stufenweise vereinbaren. Das hat zudem den Vorteil, dass Sie den Architektenvertrag nach Erbringung einzelner Leistungsphasen gar nicht kündigen müssen und damit auch nicht das Risiko haben, dass der Architekt von Ihnen doch noch entgangenen Gewinn fordert, sondern Sie haben

→

einfach die Option, nach erbrachten Leistungsphasen, mit denen Sie zufrieden waren, weitere Leistungsphasen zu vereinbaren.

Bei der Kosteneinschätzung nach dem BGB handelt es sich übrigens nicht um eine Kostenschätzung nach DIN (→ Seite 73).

Es gibt häufig Auseinandersetzungen darüber, ob ein Architekt die Leistungsphase 9 mit erledigen soll / will oder nicht. Diese Leistungsphase war früher nicht ganz unwichtig, weil sich Ihr Architekt während der Gewährleistungszeit und mit Ablauf derselben um alle Gewährleistungspflichten der Unternehmer kümmern muss.

Die Überwachung der Mängelbeseitigung ist inzwischen allerdings eine sogenannte Besondere Leistung geworden. Damit ist die Leistungsphase 9 der HOAI eher zu einer Art teurer Frühstücksdirektion verkommen. Das Geld dafür können Sie sich dann im Zweifel gleich ganz sparen und es eher noch einmal gezielt einsetzen, wenn Sie von Ihrem Architekten eine Besondere Leistung im Rahmen der Mängelbeseitigung benötigen – zum Beispiel eben die fachliche Aufsicht über die Mängelbeseitigung. Nach dem BGB haben Sie eine fünfjährige Gewährleistung auf Bauleistungen. Tropft es nun nach 4 Jahren aus einem Abwasserrohr, ist das möglicherweise ein Gewährleistungsmangel, dem der Architekt früher nachgehen musste. Und kurz vor Ablauf der Gewährleistung nach 5 Jahren musste der Architekt dann noch einmal vorsorglich das ganze Haus auf Mängel hin begutachten. Diese Zeiten sind jedoch vorbei. Das müssen Sie heute im Wesentlichen alles selbst erledigen, während gleichzeitig der Honorarsatz der Architekten nicht etwa gesunken, sondern kräftig gestiegen ist.

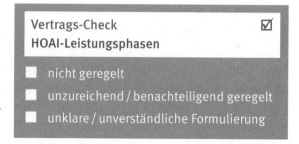

Checkblatt Architektenvertrag HOAI-Honorarzonen und Honorarsätze

Typische Regelungen

Die HOAI, die Sie bereits kennengelernt haben, umfasst in der Honorartabelle für Architekten mehrere sogenannte Honorarzonen, die mit römischen Ziffern belegt sind, von I bis V. Diese Honorarzonen sollen die Schwierigkeit der Aufgaben des Architekten differenzieren. Es ist natürlich ein Unterschied, ob man einen Carport oder eine Garage plant oder aber ein Krankenhaus. Dem trägt die Differenzierung Rechnung. Einfache Planungsaufgaben werden niedriger bewertet als komplexere. Einfamilienhausbauten sind üblicherweise in der Honorarzone III einzuordnen, sie beschreibt einen mittleren Schwierigkeitsgrad.

Neben dieser Differenzierung gibt es eine weitere Differenzierung, die sogenannten Honorarsätze. Sie differenzieren das Honorar innerhalb einer Honorarzone, die von einem Mindesthonorar und von einem Maximalhonorar begrenzt ist. Diese Honorarsätze können ausdifferenziert werden in Mindestsätze, Viertelsätze, Mittelsätze und auch Dreiviertelsätze oder Höchstsätze. Das heißt, es ist ein Unterschied, ob Sie einen Architektenvertrag zum Beispiel nach Honorarzone III Mindestsatz, Mittelsatz oder Höchstsatz schließen. Den Unterschied machen viele Tausend Euro aus. Ein Honorarsatz III Mindestsatz für ein Einfamilienhaus ist absolut auskömmlich (→ Beispielrechnung Seite 59). Der Architekt müsste Ihnen schon gewichtige Gründe vorlegen, wenn er hier zu einer anderen Honorarvereinbarung kommen wollte. Da die Honorartabelle in relativ kurzen Zeitabständen angehoben wurde, ist auch die allgemeine Einkommensentwicklung mehr als berücksichtigt.

Es gibt umgekehrt in der HOAI eine sogenannte Bonusregelung, die für folgende Leistungen vereinbart werden kann, Zitat aus § 7 Absatz 6 HOAI:

„Für Planungsleistungen, die technisch-wirtschaftliche oder umweltverträgliche Lösungsmöglichkeiten nutzen und zu einer wesentlichen Kostensenkung ohne Verminderung des vertraglich festgelegten Standards führen, kann ein Erfolgshonorar schriftlich vereinbart werden. Das Erfolgshonorar kann bis zu 20 Prozent des vereinbarten Honorars betragen. Für den Fall, dass schriftlich festgelegte anrechenbare Kosten überschritten werden, kann ein Malus-Honorar in Höhe von bis zu 5 Prozent des Honorars schriftlich vereinbart werden."

Falls sich der Architekt großzügig zeigt und bereit ist, ein Malus-Honorar zu vereinbaren, muss man nur aufpassen, dass er nicht zuvor dieses Risiko mit einkalkuliert. Das kann er ganz einfach tun, indem er die voraussichtlichen Baukosten etwas höher ansetzt, damit sein Honorar auf dem Ursprungsniveau bleibt, selbst wenn Sie Ihm 5 Prozent abziehen.

Zweifelhaft ist ohnehin, dass die HOAI die Boni für Architekten deutlich vorteilhafter regelt als die Malus-Vereinbarungen. Bei den Boni können Architekten demnach einen Aufschlag von bis zu 20 Prozent erhalten. Dagegen sind Malus-Summen von 5 Prozent bescheiden. Wenn Sie die Möglichkeiten einer Bonus- / Malus-Vereinbarung nutzen wollen, muss natürlich eine genaue Dokumentation der Kostenentwicklung erfolgen, und das Planungssoll muss genau feststehen, sonst kann nicht ermittelt werden, ob es zu einer Minderung des vertraglich festgelegten Standards kommt.

Siehe hierzu auch Checkblatt 21 → Seite 57

Notwendige Regelungen

Die Honorarzone und damit der Honorarsatz müssen in einem Architektenvertrag klar festgelegt werden.

Falls Sie auch Malus-Regelungen in den Vertrag aufnehmen wollen, können Sie das tun, Bonus-Regelungen sind jedoch nicht zu empfehlen. Sie sind einfach zu kostspielig. Und eine hervorragende Arbeit des Architekten dürfen Sie per se erwarten. Sie zahlen einem Arzt ja auch keinen Bonus für eine gelungene Blinddarm-OP oder einem Piloten einen Bonus für eine gelungene Landung. Sie müssen hier einfach selbstverständlich jeweils die bestmögliche Arbeit voraussetzen. Alles andere wäre grundsätzlich problematisch – und so ist das beim Bauen auch.

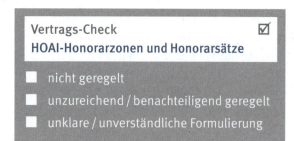

Checkblatt Architektenvertrag
HOAI-Grundleistungen – Besondere Leistungen

Typische Regelungen

Jeder der 9 Leistungsphasen der HOAI für Architekten sind Grundleistungen und Besondere Leistungen zugeordnet. Wenn im Vertrag nichts weiter geregelt ist, sind zunächst einmal nur die Grundleistungen abgedeckt.

> Siehe hierzu auch Checkblatt 21 und Anhang
> → Seite 57 und 344

Notwendige Regelungen

Es kann sein, dass Sie neben den Grundleistungen im Einzelfall auch Besondere Leistungen benötigen. Damit Sie sich überhaupt einmal einen Überblick verschaffen können, was Grundleistungen und was Besondere Leistungen bei den HOAI-Leistungsphasen von Architekten sind, finden Sie im Anhang die entsprechende Tabellen aus der HOAI, aus der Sie das entnehmen können (→ Seite 344 ff.). Nach der HOAI sind Besondere Leistungen bei Architekten preislich frei vereinbar. Wollen oder brauchen Sie eine dieser Leistungen, muss also klar vereinbart werden, was sie kostet.

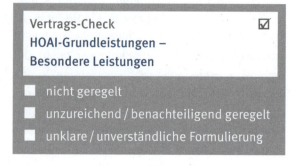

Checkblatt Architektenvertrag
Stundensätze

Typische Regelungen

Nicht alle Leistungen des Architekten fallen unter die HOAI-Sätze. Gemäß § 3 Absatz 3 der HOAI können Besondere Leistungen (→ vorheriges Checkblatt und Anhang) frei vergütet werden. Das heißt, für alle diese Leistungen kann der Architekt mit Ihnen eine freie Honorierung vereinbaren. Er könnte also zum Beispiel dafür eine Stundensatzregelung mit Ihnen treffen. Lange Zeit waren auch die Stundensätze von Architekten gedeckelt, das ist aber schon lange nicht mehr so. Das heißt für Sie: Es gibt nach oben keine Grenzen. Auch zusätzliche Leistungen, die in den Leistungsphasen der HOAI gar nicht erfasst sind, kann ein Architekt frei, zum Beispiel auch nach Stundensatz, abrechnen. Stundensatzvereinbarungen sind häufig teuer, daher ist hier große Vorsicht geboten.

Siehe hierzu auch Checkblatt 21 → Seite 57

Notwendige Regelungen

Es kann sinnvoll sein, in den Architektenvertrag eine optionale Stundensatzvergütung aufzunehmen. Besondere Leistungen aus der HOAI, die man möglicherweise benötigt und von denen man das auch von Anfang an weiß, sollte man von vornherein aber möglichst nicht auf Stundensatzbasis vereinbaren, sondern gleich zu Beginn beim Honorar auf Basis der anrechenbaren Baukosten mit klären. Die Höhe des Stundensatzes des Architekten sollte man eigentlich nur für den Fall kennen, dass möglicherweise Besondere Leistungen oder Leistungen außerhalb der HOAI Leistungsphasen anfallen, die man nicht absehen konnte. Dann weiß man zumindest, woran man in etwa ist. Man kann dann zumindest nicht mit kompletten Fantasiepreisen konfrontiert werden. Stundensätze oberhalb eines Korridors von etwa 80 bis 120 Euro netto sollte man klar ansprechen; denn dieser Korridor ist für Stundensätze eigentlich auskömmlich. Stundensätze über 150 Euro pro Stunde müssen in jedem Fall hinterfragt werden, möglicherweise ist ein so hochpreisiger Architekt für Sie dann vielleicht einfach zu teuer. Sie haben aber ja die Möglichkeit, einen günstigeren zu suchen. Wichtig ist auch eine Klarstellung, welche Zeiten so zu vergüten sind. Wenn Ihr Architekt von einem auswärtigen Termin zur Baustelle kommt, sollte die mehrstündige Zugfahrt oder Anreise mit dem Pkw nicht auf Basis eines Stundensatzes vergütet werden.

Vertrags-Check ☑
Stundensätze

☐ nicht geregelt
☐ unzureichend / benachteiligend geregelt
☐ unklare / unverständliche Formulierung

Checkblatt Architektenvertrag
Nebenkosten

Typische Regelungen

Nebenkostenregelungen betreffen unter anderem Regelungen über Fahrtkosten, Telefonkosten, Portokosten oder Kopierkosten. Allein Fahrtkosten, deren Abrechnung nicht geklärt ist, können viele Hundert Euro betragen, je nach Entfernung zwischen Architekturbüro und Baustelle. Sind diese Dinge vertraglich nicht geregelt, kann der Architekt sie per Einzelnachweis Ihnen gegenüber abrechnen. Sie können jedoch alternativ eine Pauschale vereinbaren. Und Sie können auch vereinbaren, dass keine Erstattung erfolgt. Gemäß § 14 HOAI gehören zu den Nebenkosten insbesondere:

„1. Versandkosten, Kosten für Datenübertragungen,

2. Kosten für Vervielfältigungen von Zeichnungen und schriftlichen Unterlagen sowie für die Anfertigung von Filmen und Fotos,

3. Kosten für ein Baustellenbüro einschließlich der Einrichtung, Beleuchtung und Beheizung,

4. Fahrtkosten für Reisen, die über einen Umkreis von 15 Kilometern um den Geschäftssitz des Auftragnehmers hinausgehen, in Höhe der steuerlich zulässigen Pauschalsätze, sofern nicht höhere Aufwendungen nachgewiesen werden,

5. Trennungsentschädigungen und Kosten für Familienheimfahrten in Höhe der steuerlich zulässigen Pauschalsätze, sofern nicht höhere Aufwendungen an Mitarbeiter oder Mitarbeiterinnen des Auftragnehmers auf Grund von tariflichen Vereinbarungen bezahlt werden,

6. Entschädigungen für den sonstigen Aufwand bei längeren Reisen nach Nummer 4, sofern die Entschädigungen vor der Geschäftsreise schriftlich vereinbart worden sind,

7. Entgelte für nicht dem Auftragnehmer obliegende Leistungen, die von ihm im Einvernehmen mit dem Auftraggeber Dritten übertragen worden sind."

Siehe hierzu auch Checkblatt 21 und Anhang
→ Seite 57 und 344

Notwendige Regelungen

Falls eine Erstattung von Nebenkosten erfolgt, sollten Sie mindestens die folgenden Nebenkosten regeln:

→ Fahrtkosten
→ Telefonkosten
→ Kopierkosten
→ Fotokosten
→ Portokosten

Entweder gibt es eine Pauschale, oder die Dinge werden auf Nachweis erstattet. Wollen Sie eine Pauschale, müssen Sie diese schriftlich bereits bei Auftragserteilung vereinbaren.

Die Einrichtung eines Baustellenbüros und auch Trennungskosten sollte man allerdings klar ausschließen. Beides ist im Einfamilienhausbau nicht üblich.

Checkblatt Architektenvertrag
HOAI-Mehrkostenrisiken

Typische Regelungen

Die HOAI enthält Regelungen, die für Verbraucher zunächst nur schwer oder gar nicht zu erkennen sind; denn die HOAI umfasst weit über 100 Seiten. Eine Honorarordnung, die völlig unnötigerweise derart kompliziert ist und mit Interpolationsrechnungen auf Basis der allen Beteiligten zunächst gar nicht bekannten anrechenbaren Kosten arbeitet, ist in Hinsicht auf Preistransparenz an sich schon zweifelhaft. Es ist für einen Verbraucher praktisch unmöglich, im Vorhinein den Preis zu kennen, den er letztlich bezahlen soll, nicht nur bei den Baukosten, sondern eben auch beim Architektenhonorar. Das hat natürlich ebenfalls sehr stark dazu beigetragen, dass Architekten heute im Einfamilienhausbau eher eine untergeordnete Rolle spielen.

Man kann problemlos auf dem Standpunkt stehen, dass die in der HOAI benannten Nebenkosten selbstverständliche Kosten sind, die eben anfallen, wenn ein Architekt ein Projekt bearbeitet. Wenn man das so sieht, sollte man eine Erstattung der Nebenkosten vertraglich klar ausschließen. Das geht und ist dann für beide Seiten auch geklärt. Falls Ihr Architekt auf eine Erstattung nicht verzichten will, sollte man vorab von ihm aber eine grobe Vorgabe genannt bekommen, um welche Summe es voraussichtlich geht.

Es kommt aber verschärfend hinzu, dass die HOAI darüber hinaus Regelungen enthält, die Mehrkostenrisiken bergen, mit denen man gar nicht rechnete und von denen auch nichts im Architektenvertrag steht. Vor allem dann, wenn Sie umbauen, müssen Sie mit einem sogenannten „Umbauzuschlag" rechnen. Ist nichts anderes vereinbart, beträgt dieser 20 Prozent des Honorars (§ 6 Absatz 2 HOAI). Das ist natürlich ein kräftiger Aufpreis.

Es gibt leider weitere Risiken aus der HOAI. Sind etwa keine Nebenkosten vereinbart, gilt automatisch, dass diese auf Einzelnachweis abgerechnet werden können.

Und es gibt auch ganz allgemein das Risiko, dass die Vereinbarung eines Honorars unterhalb der gesetzlichen Mindestsätze unwirksam ist, mit der Folge, dass der Architekt eventuell Nachforderungen bis zum Mindestsatz stellen kann. In der Regel verhält er sich nach der Rechtsprechung dabei nicht einmal treuwidrig. Das heißt: Er verletzt damit nicht einmal den Grundsatz von Treu und Glauben, wenn er Sie zunächst in der Annahme lässt, die getroffenen Vereinbarungen seien zulässig, und dann später doch noch mit höheren Honorarforderungen kommt.

Durch die HOAI ungeregelt ist ferner, inwieweit ein Architekt regelmäßig für Besprechungen zur Verfügung stehen muss; denn die HOAI ist nur eine Honorarordnung, keine Leistungsordnung. Es ist daher sinnvoll, schon im Vertrag einen regelmäßigen, sogenannten Jour fixe festzulegen, bei dem man sich möglichst einmal in der Woche gemeinsam auf der Baustelle trifft und alle Vorgänge bespricht und sich abstimmt. Wenn der Architekt das nämlich später ablehnt oder extra bezahlt haben will, tauchen die Probleme auf.

Siehe hierzu auch Checkblatt 21 und Anhang
→ Seite 57 und 344

Notwendige Regelungen
Alle Regelungen der HOAI, die automatische Zusatzzahlungen auslösen, wenn ihnen nicht bei Vertragsabschluss aktiv widersprochen wird, sollten auf den Tisch. Das betrifft vor allem Risiken aus dem Umbauzuschlag und den Nebenkosten. Beides kann man schriftlich im Vertrag ausschließen, wenn man das will. Da ein Architektenvertrag vor Unterzeichnung möglichst ohnehin auch noch durch einen Fachanwalt für Bau- und Architektenrecht oder einem Anwalt mit entsprechendem Tätigkeitsschwerpunkt durchgesehen werden sollte, kann er solche Regelungen dann auch gleich mit überprüfen. Ebenso sollten Regelungen zu Leistungen und Pflichten des Architekten, die mit dem vereinbarten Honorar als abgegolten gelten und über die Leistungsbilder der HOAI hinausgehen, im Vertrag mit geregelt werden. Das betrifft vor allem die Anwesenheit auf der Baustelle in Leistungsphase 8 und die Dokumentation von Baufortschritt und Bauablaufstörungen wie zum Beispiel Baumängeln.

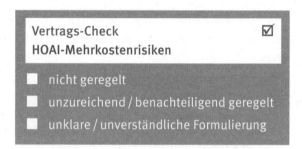

Vertrags-Check ☑
HOAI-Mehrkostenrisiken

■ nicht geregelt
■ unzureichend / benachteiligend geregelt
■ unklare / unverständliche Formulierung

Checkblatt Architektenvertrag
Baukostenregelungen

Typische Regelungen

Die HOAI regelt nicht, dass Baukosten zwingend schriftlich zu begrenzen sind und was passiert, wenn dies nicht erfolgt ist. Das ist deswegen kritisch zu sehen, weil das Architektenhonorar ja unmittelbar an den Baukosten hängt. Das heißt im Klartext: Wenn zu den Baukosten keine Regelungen getroffen werden, lässt die HOAI die Skala für das Honorar nach oben völlig offen. Zwar orientiert sich das Honorar nicht mehr wie früher an den am Ende tatschlich abgerechneten Baukosten, mit allen Risiken der Baukostenexplosion, die dann auch noch die Architektenkosten in die Höhe treiben, sondern nur noch an der Kostenberechnung – und falls diese nicht vorliegt nach der Kostenschätzung. Aber wenn keine Baukostenobergrenze benannt ist, bleibt das Risiko, dass der Architekt dann auch keine Vorgabe hat, wieviel das Vorhaben kosten darf.

Unter § 6 Absatz 3 sieht die HOAI vor, dass man eine Baukostenregelung treffen kann, nach der sich dann auch das Architektenhonorar verbindlich richten kann, Zitat:

> „Wenn zum Zeitpunkt der Beauftragung noch keine Planungen als Voraussetzung für eine Kostenschätzung oder Kostenberechnung vorliegen, können die Vertragsparteien abweichend von Absatz 1 schriftlich vereinbaren, dass das Honorar auf der Grundlage der anrechenbaren Kosten einer Baukostenvereinbarung nach den Vorschriften dieser Verordnung berechnet wird. Dabei werden nachprüfbare Baukosten einvernehmlich festgelegt."

Genau dieser Sachverhalt trifft in den allermeisten Fällen zu. Das heißt aber, es muss dann eine Baukostenvereinbarung getroffen werden.

In sehr vielen Architektenverträgen sind Baukosten aber überhaupt nicht geregelt. Es gibt bis heute auch keine gesetzlichen Vorgaben, dass das geregelt sein muss. Der Gesetzgeber hat sich nur insoweit beholfen, als dass er eine Sollbruchstelle ins Werkvertragsrecht eingebaut hat, nach der der Bauherr den Architektenvertrag ohne Angabe von Gründen kündigen kann, wenn bestimmte Voraussetzungen vorliegen (Zitat § 650p Absatz 2):

> „Soweit wesentliche Planungs- und Überwachungsziele noch nicht festgelegt sind, hat der Unternehmer zunächst eine Planungsgrundlage zur Ermittlung dieser Ziele zu erstellen. Er legt dem Besteller die Planungsgrundlage zusammen mit einer Kosteneinschätzung für das Vorhaben zur Zustimmung vor."

Wenn ein Verbraucher dann zeitgleich auch über sein Kündigungsrecht, die Frist dazu und die Rechtsfolgen aufgeklärt wurde, hat er 14 Tage Zeit für seine Entscheidung. Sie haben also nicht viel Zeit! Sind Sie gerade im Urlaub, wenn die Information Ihres Architekten ankommt, wird es schnell eng; denn Sie müssen seine Ausführungen ja auch inhaltlich erst einmal prüfen. Und hinzu kommt natürlich, dass zu diesem Zeitpunkt längst Leistungen des Architekten angefallen sind, die dann natürlich vergütet werden müssen.

Es bleibt daher wenig nachvollziehbar, dass der Gesetzgeber nicht auch klare Regelungen zur zwingenden Vereinbarung von Kostenobergrenzen in Architektenverträgen mit in das neue Architektenvertragsrecht des BGB aufgenommen hat.

Siehe hierzu auch Checkblatt 21 → Seite 57

Checkblatt Architektenvertrag
Planungs- und Bauzeitenregelung

Typische Regelungen
Ähnlich wie die Baukosten sollten auch die Bauzeiten nicht nur in den Verträgen mit den Handwerkern geregelt werden, sondern auch im Architektenvertrag. Natürlich weiß niemand, wie lange am Ende eine Entwurfsphase oder ein Genehmigungsverfahren wirklich dauert, aber auch diese Unwägbarkeit kann man ja vertraglich einbauen. Ist zu den Planungszeiten gar nichts geregelt und verzögert sich die Arbeit des Architekten stark, wird es sonst schwierig, diese Verzögerung einzuordnen. Denn ohne Terminvereinbarungen gibt es streng genommen ja gar keine Verzögerungen.

Siehe hierzu auch Checkblatt 151 → Seite 307

Notwendige Regelungen
Man sollte in einem Architektenvertrag zumindest Terminziele vereinbaren, die man erreichen möchte. Wenn man Zeitkorridore vereinbart, sollte das in nicht gröberen Schritten als 3-Monats-Schritten sein. Das zentrale Problem dabei ist eigentlich nur der Zeitraum, den die Baurechtsbehörde zur Genehmigung benötigt. Aber das kann man insofern regeln, als man dann alle Folgeschritte daran aufhängt, also zum Beispiel formuliert: „Spätestens 2 Monate nach Baugenehmigung Abschluss der Ausführungsplanung und der Ausschreibung." Mindestens folgende Leistungsschritte sollten dabei vereinbart sein:

Notwendige Regelungen
Es ist zwingend nötig, eine Baukostenobergrenze im Architektenvertrag zu regeln. Geschieht dies nicht, ist völlig ungeklärt, mit welchem Budget der Architekt maximal rechnen darf. Wichtig ist dabei, eindeutig zu definieren, welche Höhe eine solche benannte Summe exakt hat, also: Ist die Summe die Gesamtsumme für sämtliche Ausgaben inklusive Grundstückskauf, Grunderwerbsteuer, Maklerkosten, Architektenhonorar und so weiter? Oder handelt es sich bei der Summe, um den Betrag, der für das reine Bauen zur Verfügung steht? Handelt es sich um eine Summe, die brutto oder netto zur Verfügung steht? Wenn das alles nicht unzweifelhaft geklärt ist, können später große Diskussionen darüber entstehen, was die vorgegebene Summe eigentlich enthielt und was nicht.

→ Abschluss Entwurf
→ Eingabe Bauantrag
→ Abschluss Ausführungsplanung und Ausschreibung
→ Abschluss Vergabe
→ Beginn Bauarbeiten
→ Ende Bauarbeiten

Vertrags-Check ☑
Planungs- und Bauzeitenregelung

☐ nicht geregelt
☐ unzureichend / benachteiligend geregelt
☐ unklare / unverständliche Formulierung

Checkblatt Architektenvertrag
Bauleitungsregelungen

Typische Regelungen

Die Leistungsbilder der HOAI enthalten zwar einige Vorgaben, welche Leistungen als Grundleistungen in der jeweiligen Leistungsphase zu vergüten sind, aber das heißt nicht, dass damit automatisch alle Leistungen erbracht werden, die Sie möglicherweise benötigen. So wird auf einer Baustelle zum Beispiel ein sogenannter SiGeKo, ein Sicherheits- und Gesundheitsschutzkoordinator, benötigt, wenn auf einer Baustelle Beschäftigte mehrerer Arbeitgeber tätig sind. Dies regelt § 3 der Baustellenverordnung. Das heißt, dass praktisch jede Baustelle davon betroffen ist. Einige Architekten haben eine solche Zusatzausbildung zum SiGeKo. Das hat den Vorteil, dass der bauleitende Architekt diese Aufgabe mit übernehmen kann und man dann nicht noch zusätzlich einen SiGeKo beauftragen muss.

Es kann aber auch sein, dass Sie andere Zusatzleistungen benötigen. Das kann zum Beispiel die Anwesenheit des Architekten auf der Baustelle betreffen. Zwar muss er nach der laufenden Rechtsprechung in kritischen, also gefahrenträchtigen Phasen ohnehin auf der Baustelle anwesend sein, aber vielleicht wünschen Sie darüber hinaus spezielle Anwesenheit. Nehmen wir an, Sie wohnen etwas weiter entfernt von der Baustelle und Sie möchten sicherstellen, dass die Baustelle freitags nachmittags oder freitags abends gesichert und ordentlich verlassen wird. Dann kann es sinnvoll sein, wenn der Architekt ein Auge darauf hat und freitags abends kontrolliert, ob der Baustromverteiler verschlossen ist, ob die Kreissäge sicher außer Betrieb genommen wurde, das Bauwasser abgestellt ist, der Bauzaun geschlossen wurde und anderes mehr. Das ist nicht im üblichen Leistungsumfang enthalten, wäre aber natürlich ver-

→

einbar. Außerdem kann ja auch bei einfachen Arbeiten die Anwesenheit sinnvoll sein, um die Leistungserbringung der Handwerker zu kontrollieren, insbesondere wenn eine spätere Kontrolle nicht mehr möglich ist. Sind Rohre erst einmal in der Wand verschwunden und mit Einheitspreisen in Rechnung gestellt, lässt sich diese Leistung nicht mehr prüfen.

Siehe hierzu auch Checkblatt 21 und Anhang
→ Seite 57 und 344

Notwendige Regelungen
Mindestens zu empfehlen ist eine Regelung, dass der Architekt auch die SiGeKo-Aufgaben wahrnimmt, soweit er über eine solche Zusatzausbildung verfügt. Er sollte ferner ein Bautagebuch führen und regelmäßig, am besten wöchentlich, an einem Jour fixe teilnehmen. Die SiGeKo-Tätigkeit eines Architekten wäre separat von der HOAI-Vereinbarung zu vergüten. Das könnte man auch über eine Pauschale machen. Das betrifft vor allem die Erstellung des Sicherheits- und Gesundheitsschutzplans für die Baustelle und die Überwachung von dessen Einhaltung. Die Führung eines Bautagebuchs ist hingegen eine Grundleistung nach der HOAI, ein Fehler ist es jedoch nicht, das noch einmal dezidiert zu vereinbaren. Schließlich kann es später im möglichen Streit mit den Handwerkern über deren Anwesenheit auf der Baustelle oder die Erklärung einer Abnahme um relevante Fragen gehen. Die Teilnahme an einem wöchentlichen Jour fixe ist keine Grundleistung nach der HOAI, sondern wäre ein speziell zu vereinbarender Inhalt. Auch eine umfassende Fotodokumentation kann eine Leistung sein, die man dem Architekten überträgt. Man müsste aber auch das inhaltlich explizit vereinbaren. Das ist aber auch eine Leistung, die Sie durchaus selbst übernehmen können, wenn Sie in der Nähe der Baustelle wohnen.

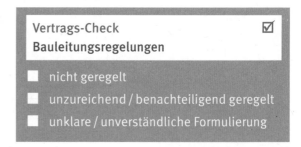

Vertrags-Check ☑
Bauleitungsregelungen
■ nicht geregelt
■ unzureichend / benachteiligend geregelt
■ unklare / unverständliche Formulierung

Checkblatt Architektenvertrag
Abnahmeregelungen

Typische Regelungen

Der Architekt begleitet Sie üblicherweise auch bei den Abnahmen der einzelnen Gewerke. Grundsätzlich ist nicht Ihr Architekt der Vertragspartner Ihrer Handwerker, sondern Sie sind das. Daher begleitet Sie der Architekt auch nur und berät Sie, ob eine Leistung technisch abnahmereif ist. Das ist in der Regel aber schon eine große Hilfe; denn damit stehen Sie in der Abnahmesituation dem Handwerker nicht allein gegenüber, und der Architekt kann zumindest fachlich-technisch eingreifen, wenn er den Eindruck hat, dass nicht korrekte Darlegungen seitens des Handwerkers erfolgen. Wenn der Architekt die Abnahmen rechtswirksam in Ihrem Namen durchführen soll, benötigt er dafür eine Vollmacht von Ihnen. Das ist aber eigentlich nur dann sinnvoll, wenn Sie zum Beispiel während des Baus Ihres Hauses örtlich oder zeitlich tatsächlich derart verhindert sind, dass Sie keine Möglichkeit haben, selbst auf die Baustelle zu kommen.

> Siehe hierzu auch Checkblätter 148 und 160
> → Seite 304 und 325

Notwendige Regelungen

Die Erfahrung zeigt vor allem eines: Viele Verbraucher sind mit der Abnahmesituation völlig überfordert. Auf was man alles achten soll, was man erkennen soll, damit einem keine Gewährleistungsrechte durchrutschen, ist selbst für Fachleute eine Herausforderung. Eine gute Möglichkeit, diesem Problem zu begegnen, ist die folgende: Bei jedem Gewerk, dessen Abnahme bevorsteht, geht man einige Tage zuvor gemeinsam mit dem Architekten die Baustelle durch, listet hier bereits alle Mängel, die man vorbehalten will, auf und bespricht alles in Ruhe. Dann kann man wenige Tage später sehr geordnet und ruhig durch die Abnahme gehen. Für einen abnahmeerfahrenen Architekten ist das natürlich ein Stück weit doppelte Arbeit, daher ist es sinnvoll, will man ein solches Vorgehen haben, das von vornherein vertraglich festzulegen, damit es nicht später zu Differenzen darüber kommt, ob der Architekt diese Leistung erbringen soll oder nicht.

Wenn Sie selbst zeitlich und örtlich keine Möglichkeit haben, Abnahmen durchzuführen, kann das auch Ihr Architekt für Sie tun. Dazu benötigt er eine rechtswirksame Vollmacht von Ihnen. Vollmachten sollten schriftlich erfolgen, und Inhalt und Umfang müssen sehr detailliert geregelt werden. Mehr zu Vollmachten erfahren Sie auf Seite 292. Umgekehrt benötigen Sie absolutes Vertrauen in die Abnahmekompetenz des Architekten. Beides muss man sich gut überlegen. Mindestens die Abnahme eines Gewerks sollte man mit dem Architekten gemacht haben, um wenigstens einen Eindruck zu bekommen, wie sorgfältig er bei Sichtung von Mängeln und Formulierung von Vorbehalten im Abnahmeprotokoll vorgeht.

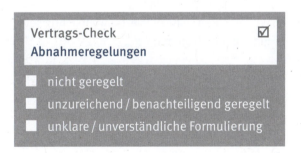

Checkblatt Architektenvertrag
Vollmachtregelungen

Typische Regelungen

Nicht nur für die Abnahme, sondern auch für viele andere Vorgänge auf der Baustelle kann man dem Architekten eine Vollmacht erteilen. Generell ist es so, dass der Architekt der Bauherrenvertreter auf der Baustelle ist. Gibt er also zum Beispiel Handwerkern auf der Baustelle Anweisungen, ist diesen Anweisungen auch Folge zu leisten. Erteilen allerdings Architekt und Bauherr unterschiedliche Anweisungen, wird ein Handwerker eher dem Bauherrn folgen. Nicht weil dieser fachlich kompetenter ist, sondern schlicht, weil dieser der Vertragspartner des Handwerkers ist.

Es gibt aber Rechtshandlungen auf einer Baustelle, zum Beispiel die Unterzeichnung von Stundenlohnzetteln, Mangelanzeigen oder Abnahmen, die der Architekt nicht ohne Weiteres unterzeichnen kann. Wenn er das machen soll, benötigt er dazu eine Vollmacht.

Notwendige Regelungen

Mit Vollmachten sollte man extrem vorsichtig sein. Es gilt eigentlich immer:

→ Vollmachten nur dort, wo absolut zwingend nötig
→ Vollmachten immer inhaltlich so stark wie möglich und so klar wie möglich eingrenzen
→ Vollmachten immer zeitlich so stark wie möglich und so klar wie möglich eingrenzen
→ Vollmachten immer schriftlich regeln
→ Vollmachten vorsorglich immer nur bis auf Widerruf aussprechen

Vollmachten können also für ganz bestimmte Tätigkeiten erteilt werden. Zum Beispiel können Sie einen Architekten bevollmächtigen, Weisungen auf der Baustelle zu erteilen oder Mängel zu rügen. Sie können Vollmachten zusätzlich auch gewerke- und / oder bauabschnittweise eingrenzen.

3 Vollmachten sollten Sie allerdings nie erteilen:

→ die Vollmacht zur Abnahme von Bauleistungen
→ die Vollmacht zur Kündigung von Verträgen
→ die Übertragung des Hausrechts

Bei der Abnahme von Bauleistungen sollten auch Sie immer mit dabei sein. Verträge sollten nie gekündigt werden, ohne dass zuvor ein Anwalt eingeschaltet ist, und die Übertragung des Hausrechts kann dazu führen, dass Ihr Architekt theoretisch sogar die Möglichkeit hätte, Sie von Ihrem eigenen Grundstück zu verweisen. Falls Ihr Architekt das Hausrecht aus irgendwelchen Gründen doch unbedingt benötigt, etwa gegenüber Handwerkern, bei denen sich größere Probleme abzeichnen und bei denen das Hausrecht eine Rolle spielt, können Sie und er das Hausrecht temporär auch gemeinsam ausüben. Aber dass Sie es gänzlich übertragen, ist in keinem Fall zu empfehlen, und es ist auch nicht nötig.

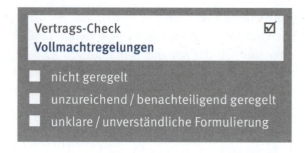

Checkblatt Architektenvertrag
Haftpflichtversicherung

Typische Regelungen

Nach der Berufsordnung der Architekten muss ein Architekt eine Berufshaftpflichtversicherung haben. Das ist sehr wichtig, denn auch Architekten sind selbstverständlich nur Menschen und natürlich passieren Fehler. Zudem ist jeder Mensch unterschiedlich sorgfältig. Es gibt – ganz unabhängig vom jeweiligen Berufsbild – sehr sorgfältige und weniger sorgfältige Menschen. Beim Planen und Bauen ist das nicht anders, das Problem ist nur, dass selbst kleine Fehler zu extrem kostenträchtigen Schäden führen können. Ein Fugenband nicht geplant oder nicht gebaut, eine Folienlage nicht geplant oder nicht gebaut und ganze Gebäudeteile können erheblichen Schaden nehmen. Fehlt eine eigentlich nötige Dampfbremse im Dachstuhl, kann im Lauf der Zeit der ganze Dachstuhl große Feuchtigkeitsschäden erleiden. Je nachdem, ob die Verantwortung dann auch beim Architekten liegt, kann schnell seine Haftpflichtversicherung gefragt sein. Es könnte dann aber der Fall eintreten, dass er sie Ihnen gar nicht ohne Weiteres nennt. Davon können viele Anwälte ein Lied singen. Dann kann es sehr aufwendig werden.

Notwendige Regelungen

Die Haftpflichtversicherung des Architekten sollte bereits im Architektenvertrag fixiert werden. Dazu werden mindestens 3 Angaben benötigt:

→ Name der Versicherung
→ Versicherungsnummer
→ versicherte Höchstsumme
 für Personen- und Sachschäden

Die versicherte Höchstsumme für Personenschäden sollte dabei nicht unter 3 Millionen Euro liegen. Denn wenn ein Personenschaden beispielsweise eine lebenslange Pflegebedürftigkeit einer Person nach sich zieht, kann das extrem teuer werden. Und wichtig ist auch immer Folgendes: Selbst wenn die Versicherung des Architekten bekannt ist, sollte man dort nachfragen, ob auch keine Versicherungsbeiträge ausstehen; denn das könnte den Versicherungsschutz gefährden. Das ist kein Misstrauen gegenüber dem Architekten, sondern schlicht Sorgfalt zum Schutz von Ihnen und Ihrer Familie. Der Architekt könnte umgekehrt ja auch von Ihnen eine Bankbestätigung verlangen, dass die Baufinanzierungssumme auch tatsächlich zur Verfügung steht. Das könnte man umgekehrt ihm auch nicht übel nehmen; denn auch das wäre kein Misstrauen, sondern nachvollziehbare Sorgfalt zum Schutz seines Büros. Und zum Beispiel genau so können Sie ihm Ihre Informationsbitte auch darlegen.

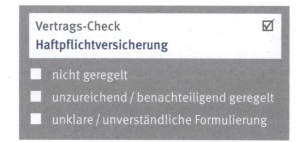

Verbraucherzentrale

Checkblatt Architektenvertrag
Zahlungsregelungen

Typische Regelungen

Die HOAI gibt keine exakten Regeln vor, in welcher Art und Weise die Honorarzahlungen abgewickelt werden. Grundsätzlich gilt, dass der Architekt zunächst seine Werkleistung erbringen muss und dann ein Anrecht auf Abrechnung hat. Er ist vorleistungspflichtig. Er hat nach § 15 Absatz 2 der HOAI aber auch das Recht, Abschlagsrechnungen zu stellen. Das sind Zwischenrechnungen für bereits erfolgte Leistungen. Das ist aber beim Architekten – anders als beim Handwerker – meist etwas schwerer einzuschätzen. Um später keinen Ärger über Abschlagsrechnungen des Architekten hervorzurufen, ist es sinnvoll, auch das bereits im Architektenvertrag zu regeln.

Notwendige Regelungen

Sinnvoll ist es, einen möglichst exakten Zahlungsplan im Architektenvertrag zu vereinbaren. Am einfachsten ist es, wenn sich ein solcher Zahlungsplan nach den Leistungsphasen der HOAI richtet: Immer wenn eine Leistungsphase erbracht ist, kann der Architekt eine Zwischenrechnung stellen. Das hat den Vorteil, dass man ein jeweils klar abgeschlossenes Leistungsbild erhalten hat, das man gut überprüfen kann, bevor die Zahlung ausgelöst wird. Das Problem kann sein, dass sich Leistungsphasen überschneiden. Das macht aber nichts, dann wird einfach trotzdem nur die Leistungsphase in Rechnung gestellt, die bereits abgeschlossen ist, eine parallel dazu noch laufende eben noch nicht.

Auch für den Architekten hat eine frühe, klare Regelung, wann er für welche Leistungen Zwischenrechnungen stellen kann, eigentlich nur Vorteile. Beide Seiten wissen dann von vornherein, wann und für welche Leistungen abgerechnet wird. Überraschende und unabgestimmte Rechnungen im Briefkasten des Bauherrn sind dem Architekten-Bauherren-Verhältnis eigentlich nie besonders zuträglich.

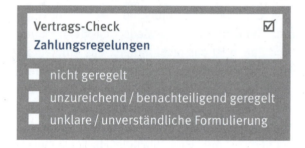

Checkblatt Architektenvertrag Kündigungsregelungen

Typische Regelungen
Eine automatische Kündigungsoption von Architektenverträgen für Bauherren enthält das BGB mit dem § 650r in Verbindung mit § 650p Absatz 2. Dazu beide Regelungen im Zitat:

„§ 650r

(1) Nach Vorlage von Unterlagen gemäß § 650p Absatz 2 kann der Besteller den Vertrag kündigen. Das Kündigungsrecht erlischt zwei Wochen nach Vorlage der Unterlagen, bei einem Verbraucher jedoch nur dann, wenn der Unternehmer ihn bei der Vorlage der Unterlagen in Textform über das Kündigungsrecht, die Frist, in der es ausgeübt werden kann, und die Rechtsfolgen der Kündigung unterrichtet hat.

(2) Der Unternehmer kann dem Besteller eine angemessene Frist für die Zustimmung nach § 650p Absatz 2 Satz 2 setzen. Er kann den Vertrag kündigen, wenn der Besteller die Zustimmung verweigert oder innerhalb der Frist nach Satz 1 keine Erklärung zu den Unterlagen abgibt.

(3) Wird der Vertrag nach Absatz 1 oder 2 gekündigt, ist der Unternehmer nur berechtigt, die Vergütung zu verlangen, die auf die bis zur Kündigung erbrachten Leistungen entfällt."

„§ 650p Absatz 2

Soweit wesentliche Planungs- und Überwachungsziele noch nicht festgelegt sind, hat der Unternehmer zunächst eine Planungsgrundlage zur Ermittlung dieser Ziele zu erstellen. Er legt dem Besteller die Planungsgrundlage zusammen mit einer Kosteneinschätzung für das Vorhaben zur Zustimmung vor."

Offen bleibt damit, was eigentlich passiert, wenn Sie selbst eine umfangreiche Planungsgrundlage erarbeitet haben und der Architekt Ihnen dann auf dieser Basis nur noch eine Kosteneinschätzung vorlegt, die Ihr Budget deutlich übersteigt. Besteht dann für Sie auch ein automatisches Kündigungsrecht? Eigentlich nicht, denn das Kündigungsrecht ist für den Fall vorbehalten, bei dem der Architekt die Planungsgrundlagen erarbeitet. Das Sonderkündigungsrecht würde in einem solchen Fall wahrscheinlich entfallen. Es ist üblicherweise aber davon auszugehen, dass Sie einen Architekten mit der Grundlagenermittlung beauftragen. Und dem Problem können Sie generell aus dem Weg gehen, indem Sie von vornherein nur leistungsphasenweise gemäß den HOAI-Leistungsphasen beauftragen.

Grundsätzlich gilt, dass die Kündigung eines Architektenvertrags nach Möglichkeit nie ohne vorherige Rücksprache mit einem Fachanwalt für Bau- und Architektenrecht oder einem Anwalt mit entsprechendem Tätigkeitsschwerpunkt geschehen sollte. Wenn ein Architektenvertrag modular aufgebaut ist und immer nur bestimmte Pakete von Leistungsphasen oder auch einzelne Leistungsphasen vergeben werden, reduziert sich das Risiko, dass der Architekt aufgrund der Kündigung entgangenen Gewinn in erheblicher Höhe einklagen kann. Maximal steht dann der Werklohn des jeweiligen Leistungsphasenpakets beziehungsweise der einzelnen Leistungsphasen infrage.

→

Ist aber ein Vertrag über alle Leistungsphasen vereinbart und gibt es aus irgendeinem Grund Ärger und der Bauherr kündigt aus einer Emotion heraus dem Architekten, kann das sehr gefährlich sein. Denn der Architekt ist damit dann auch seine weiteren vertraglichen Pflichten los. Es kann schlussgerechnet werden, und der Architekt stellt möglicherweise zusätzlich noch den aufgrund der Vertragskündigung entgangenen Gewinn in Rechnung – und schon sind Bauherr und Architekt unterwegs in eine gerichtliche Auseinandersetzung.

Selbst wenn man sich einvernehmlich trennt, heißt dies nicht, dass der Architekt nicht noch die Forderung nach entgangenem Gewinn geltend machen kann. Deswegen ist vor einer Kündigung die Einschaltung eines Anwalts wichtig.

Notwendige Regelungen
Unklare Kündigungssituationen sollte man vermeiden, indem man bereits im Architektenvertrag Regeln zur Vertragskündigung aufstellt. Wichtig ist dabei vor allem, die formalen Voraussetzungen einer Kündigung zu regeln, also zum Beispiel dass die Kündigung schriftlich und per Einschreiben zu erfolgen hat. Auch die Honoraransprüche im Kündigungsfall können geregelt werden, etwa dass bei einer Kündigung, die nicht durch die Gegenseite verursacht ist, auch keine weiteren Honoraransprüche gegenüber dieser entstehen, außer denjenigen für die zum Zeitpunkt der Kündigung bereits erbrachten Leistungen.

Wichtig ist ebenso die Regelung, dass alle bislang vom Architekten erbrachten Planungs- und Ausschreibungsleistungen und -dokumente vom Bauherrn vollständig frei weiter genutzt werden können. Geregelt werden sollte auch, welche Dokumente vom Architekten herauszugeben sind und bis wann, also zum Beispiel spätestens 14 Tage nach einer Kündigung, unabhängig vom Kündigenden oder dem Kündigungsgrund. Und geregelt werden muss auch, in welcher Form die Unterlagen herauszugeben sind, das heißt im EDV-Zeitalter vor allem auch, in welchen Dateiformaten Unterlagen herauszugeben sind. Denn ein CAD-Plan, der Ihnen nur als PDF vorliegt, kann Sie blockieren. Sind etwa Planänderungen nötig, zum Beispiel nur schon bei der Elektro- oder Installationsplanung, ist das mit einem PDF-Format nicht einzuarbeiten. Der Elektriker bräuchte dann zum Beispiel das DXF- oder DWG-Format.

Theoretisch könnten auch einzelne, besondere Kündigungsgründe festgelegt werden, das ist aber nicht einfach zu definieren und ohne die Beratung eines Anwalts auch nicht belastbar zu machen. Wenn Sie die Form der Kündigung festgelegt haben sowie den Ausschluss weiterer Vergütungen, ferner das Nutzungsrecht und die Übergabe aller Planunterlagen, haben Sie schon viel getan.

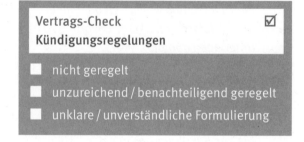

Vertrags-Check ☑
Kündigungsregelungen
- nicht geregelt
- unzureichend / benachteiligend geregelt
- unklare / unverständliche Formulierung

Checkblatt Architektenvertrag
Dokumentenübergabe

Typische Regelungen

Wenn das Bauvorhaben abgeschlossen ist und auch alle Handwerkerarbeiten abgenommen sind, sollten alle Planungsunterlagen übergeben werden. Das ist in vielen Verträgen gar nicht geregelt. Zwar gibt es gemäß dem novellierten Werkvertragsrecht des BGB zwischenzeitlich ein Recht auf Herausgabe von Dokumenten (§ 650n), aber eben nur von Dokumenten seitens des Bauunternehmers, nicht des Architekten. Und selbst bezüglich des Bauunternehmers ist viel zu unklar geregelt, was eigentlich exakt herauszugeben ist und was nicht.

Notwendige Regelungen

Es ist sinnvoll, die Übergabe der Unterlagen gleich im Architektenvertrag zu regeln. So wie man das für den Kündigungsfall regelt, gilt das bei geordnetem Projektabschluss natürlich auch. Dann sollten die Unterlagen ebenso vom Architekten an Sie übergeben werden. Es geht vor allem um folgende Unterlagen:

→ Energieplanung zur Gebäudehülle und der Gebäudetechnik (Heizungstechnik, Warmwassertechnik, Lüftungstechnik)
→ Gebäudeenergieausweis (Aufbau und Inhalt nach den gesetzl. Vorgaben der EnEV)
→ Statik (Berechnung und Bewehrungspläne)
→ Bodengutachten
→ Lageplan als PDF- und z. B. DXF-Datei
→ Baugesuchspläne als PDF- und zum Beispiel DXF-Datei
→ Entwässerungsgesuchspläne als PDF- und zum Beispiel DXF-Datei
→ Ausführungspläne als PDF- und zum Beispiel DXF-Datei
→ Ausschreibungen
→ Kopie des Architekten-Bautagebuchs
→ Kopie der Architekten-Aktenvermerke
→ Kopie des Schriftverkehrs zwischen Architekt und Handwerkern (E-Mails und Briefe)

Da so etwas bislang nur in ganz wenigen Architektenverträgen überhaupt geregelt ist, mag es sein, dass dies dem Architekten zunächst ungewöhnlich vorkommt. Das ist aber kein Grund, es nicht zu regeln. Es kann auch sein, dass der Architekt die Herausgabe von DXF-oder DWG-Dateien generell verweigert. Dann ist es aber gut, wenn man so etwas gleich bei Vertragsabschluss bespricht; denn es gibt keinen Grund, das zu verweigern. Der Architekt könnte ja einschränken, dass Sie die Dokumente nicht an Dritte weitergeben dürfen, außer zum Beispiel an potenzielle, zukünftige Käufer Ihres Hauses. Lehnt er die Herausgabe der Dateien aber von Anfang an kategorisch ab, muss man sich nötigenfalls einen anderen Architekten suchen, was dann zumindest insofern leichter fällt, als zu diesem Zeitpunkt ja noch kein Architektenvertrag unterzeichnet ist. Und genau deswegen bespricht man solche Regelungen am besten gleich von Anfang an. Es kann darüber hinaus die Situation entstehen, dass der Architekt die Herausgabe noch vom Ausgleich offener Honoraransprüche abhängig macht, die Sie für unbegründet halten. Da Sie auf die Unterlagen angewiesen sein können, gerieten Sie dann in eine Zwangssituation. Daher sollten Sie schon von Anfang an die Geltendmachung von Zurückbehaltungsrechten ausschließen.

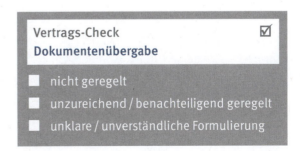

Checkblatt Architektenvertrag
Werbung

Typische Regelungen

Manchmal möchten Architekten an der Baustelle Werbung anbringen. Dagegen spricht ja zunächst einmal nichts. Das kann sich aber schnell ändern, wenn es zu Problemen mit dem Architekten kommt und man diese Werbung dann vielleicht nicht mehr auf der Baustelle haben will.

Eine andere Art der Werbung kann sein, dass der Architekt das Bauvorhaben potenziellen Bauherren zeigen will. Auch dagegen spricht zunächst einmal nichts, zumindest solange das Haus in der Rohbauphase ist. Und eine dritte Art der Werbung kann sein, dass der Architekt mit Ihrem Bauvorhaben auf seiner Homepage wirbt. Soweit das ohne Angabe der Adresse und Ihres Namens bleibt, spricht auch dagegen zunächst nichts, aber auch das kann sich natürlich ändern, wenn es doch noch Ärger mit dem Architekten gibt.

Notwendige Regelungen

Es ist sinnvoll die Werbung des Architekten mit Ihrem Haus sehr genau zu regeln. Je klarer dieser Bereich von vornherein geregelt ist, desto weniger müssen Sie sich später im Zweifel darüber ärgern, dass ausgerechnet mit Ihrem Haus um neue Kunden geworben wird, obwohl der Architekt aus Ihrer Sicht vielleicht keine gute Arbeit geleistet hat.

Grundsätzlich gilt daher: Man sollte sich generell gut überlegen, ob man Werbung mit dem eigenen Haus gestattet oder von vornherein vertraglich ausschließt. Auf der anderen Seite kann es natürlich sein, dass auch Sie vielleicht ein Planungsbeispiel des Architekten mit Bildern des Gebäudes gesehen hatten, was Sie auf ihn aufmerksam machte. Und vielleicht entwickelt sich die Zusammenarbeit ja auch sehr gut. Dann ist eine gute Alternative, dass Sie Werbung mit Ihrem Haus, egal wo, egal wie und egal über welches Medium, ganz einfach bis auf Widerruf gestatten.

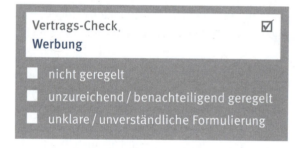

Übersicht: Vertrags-Check Architekt

VERTRAGSPUNKT	NICHT GEREGELT	UNZUREICHEND/ BENACHTEILIGEND GEREGELT	UNKLARE/ UNVERSTÄNDLICHE FORMULIERUNG	CHECKBLATT
HOAI-Leistungsphasen	☐	☐	☐	110 → Seite 248
HOAI-Honorarzonen und Honorarsätze	☐	☐	☐	111 → Seite 251
HOAI-Grundleistungen – Besondere Leistungen	☐	☐	☐	112 → Seite 252
Stundensatz (für gegebenenfalls zusätzliche Leistungen)	☐	☐	☐	113 → Seite 253
HOAI-Nebenkosten	☐	☐	☐	114 → Seite 254
HOAI-Mehrkostenrisiken	☐	☐	☐	115 → Seite 255
Baukostenregelungen	☐	☐	☐	116 → Seite 257
Planungs- und Bauzeitenregelungen	☐	☐	☐	117 → Seite 258
Bauleitungsregelungen	☐	☐	☐	118 → Seite 259
Abnahmeregelungen	☐	☐	☐	119 → Seite 261
Vollmachtregelungen	☐	☐	☐	120 → Seite 262
Haftpflichtversicherung	☐	☐	☐	121 → Seite 263
Zahlungsregelungen	☐	☐	☐	122 → Seite 264
Kündigungsregelungen	☐	☐	☐	123 → Seite 265
Dokumentenübergabe	☐	☐	☐	124 → Seite 267
Werbung	☐	☐	☐	125 → Seite 268

§

Checkblätter: Bauverträge mit Handwerkern, Generalunternehmer oder Fertighausanbieter

Ob Sie Ihr Haus klassisch mit einzelnen Handwerkern und deren Gewerken bauen oder mit einem Generalunternehmer, der alle Gewerke übernimmt, oder aber mit einem Fertighausanbieter, am Ende wird es immer auf einen Bauwerkvertrag hinauslaufen, den Sie vor Unterzeichnung sehr kritisch prüfen müssen.

Unter Bauwerkverträgen sind alle Verträge zu verstehen, die benötigt werden, um die Baudurchführung umzusetzen: entweder die einzelnen Handwerkerverträge oder ein Generalunternehmer- oder Generalübernehmervertrag, in dem die Leistungen aller Gewerke geregelt sind.

Die nachfolgenden Checkblätter berücksichtigen diese beiden unterschiedlichen Fälle und geben wichtige Regelungshinweise.

Nehmen Sie sich den Vertragsentwurf, der Ihnen vorgelegt wurde, zur Hand und prüfen Sie, ob und wie die nachfolgend aufgeführten Punkte der Checkblätter geregelt sind. Jedes Checkblatt enthält die Möglichkeit eines kurzen Ankreuzverfahrens mit 3 Punkten:

Vertrags-Check	☑
☐ nicht geregelt	
☐ unzureichend / benachteiligend geregelt	
☐ unklare / unverständliche Formulierung	

Außerdem gibt es einen vierten Punkt, für Dinge, die im Vertrag möglicherweise geregelt sind, aber besser ersatzlos entfallen sollten. Dieser ist dann grundsätzlich schon für Sie vorausgefüllt, weil unzweifelhaft ist, dass eine solche Vertragsregelung für Sie von Nachteil ist:

☑ Falls geregelt, sollte eine ersatzlose Streichung erfolgen.

Wenn Sie einen der 3 oberen Punkte ankreuzen, dann müssen diese fehlenden Punkte mit dem Anbieter geklärt werden.

In den nachfolgenden Vertrags-Checkblättern können keine Modelformulierung vorgegeben werden. Denn diese könnten ja im Einzelfall sogar Ihren übrigen Vertragsregelungen zuwiderlaufen, ungewollte Vertragswidersprüche verursachen oder Ihren individuellen Vertragsfall nicht voll erfassen. Das heißt, mit den Vertrags-Checkblättern können Sie vor allem Defizite in Ihrem Vertrag aufspüren und diese mit einem Fachanwalt für Bau- und Architektenrecht oder Anwalt mit entsprechendem Tätigkeitsschwerpunkt besprechen und mit ihm nach besseren Lösungen suchen.

Abschließend zu den Checklisten finden Sie noch eine Übersichtsliste, in die Sie alle Ergebnisse Ihrer Vertragsprüfung übertragen können. So haben Sie alle Vertragsprobleme, die Sie aufgrund der Checkblätter dieses Buches gefunden haben, immer auf einen Blick parat.

Checkblatt Bauvertrag
Vertragspartner

Typische Regelung

In Ihnen vorgelegten Bauverträgen müssen Sie sehr genau hinschauen, wer eigentlich tatsächlich Ihr dort eingetragener Vertragspartner ist. Möglicherweise haben Sie lange Verhandlungen mit einem vermeintlichen Anbieter geführt, dieser ist im Vertrag aber gar nicht als Ihr Vertragspartner benannt. Sie können dort sowohl auf das anbietende Unternehmen selbst als auch auf Vertreter, Vermittler, Franchisenehmer und andere mehr stoßen. Wenn Sie über einige Wochen oder gar Monate um den Bau eines Hauses verhandelt haben und es dann zum Abschluss des Bauvertrages kommen soll, kann es sein, dass Sie den Vertrag nicht mit der Person abschließen, mit der Sie verhandelt haben, sondern mit einer ganz anderen Person beziehungsweise einem ganz anderen Unternehmen. Es kann jedoch auch sein, dass Sie glauben, einen Vertrag mit einem bestimmten Unternehmen zu schließen, tatsächlich aber nur einen Vertrag mit einem Franchisenehmer dieses Unternehmens schließen (also einem selbstständigen Vertragspartner des Unternehmens). Es kann dann weiter sein, dass dieser seinerseits das Haus nicht selbst baut, sondern wiederum Subunternehmer beauftragt, die aber vertraglich nicht festgelegt werden, sondern die der Franchisenehmer beliebig und frei wählen kann. Es ist fast schon fahrlässig, mit solchen Vertragsmodellen an einen Hausbau zu gehen.

Aber auch bei Fertighausanbietern ist Verbrauchern nicht immer klar, wer denn eigentlich der Vertragspartner ist. Tatsächlich das Unternehmen, mit dem man verhandelt und gesprochen hat und dessen Häuser man besichtigt hatte? Oder ist es zum Beispiel eine Tochtergesellschaft, die rechtlich eigenständig agiert?

Fertighausanbieter arbeiten manchmal mit freien Vertriebsfachleuten. Das heißt, die Person, die zu Ihnen kommt und mit Ihnen spricht, muss also keineswegs ein fest angestellter Vertreter des Fertighausunternehmens sein, häufig ist sie noch nicht einmal zeichnungsberechtigt. Dann heißt es im Vertrag zum Beispiel, dass Sie mit Ihrer Unterschrift dem Unternehmen nur das Angebot zur Zusammenarbeit antragen und das Unternehmen unter Umständen 4 Wochen Zeit hat, dieses Angebot anzunehmen oder auch nicht. Zwar unterzeichnet der Vertreter dann manchmal bedeutungsvoll vor Ihren Augen den Vertrag zugleich mit Ihnen und hat vielleicht auch noch ein Fläschchen Sekt dabei, seine Unterschrift hat aber überhaupt keine Rechtswirkung. Der Vertrag kommt dann erst zustande, wenn das Unternehmen ihn ebenfalls unterzeichnet, wofür es sich im Zweifel eben bis zu 4 Wochen Zeit nimmt.

Große Vorsicht ist geboten, wenn Sie im Vertrag das Wörtchen „Generalübernehmer" lesen. Ein Generalübernehmer ist ein Unternehmen das selbst gar keine Bauleistungen erbringt, sondern sämtliche Leistungen an Dritte vergibt und diese bestenfalls koordiniert und den Zahlungsfluss steuert. Ein Generalübernehmer ist also etwas ganz anderes als ein Generalunternehmer, der üblicherweise wesentliche Leistungen (oft den Rohbau) auch noch wirklich selbst erbringt.

Das Baufachwissen von Generalübernehmern ist teils extrem dürftig und unterliegt in Deutschland auch keinerlei Vorgaben oder Regularien. Weder braucht man dafür einen Schulabschluss noch irgendeine Ausbildung. Es reichen eine einfache Gewerbeanmeldung und ein sauberes polizeiliches Führungszeugnis. Das ist für die qualifizierte baufachliche Überwachung eines Hausbaus aber dann doch deutlich zu wenig und für Sie hochgefährlich.

Vorsicht auch bei Unternehmensverschachtelungen, die allerdings nicht immer einfach zu erkennen sind. Daher muss man sich manchmal sehr genau ansehen, wer am Ende der tatsächliche Vertragspartner ist, besonders bei Namensähnlichkeiten von Mutter- und Tochtergesellschaften. Und auch bei einer möglichen, ersten Internetrecherche zu Erfahrungen Dritter mit dem Unternehmen müssen Sie natürlich genau wissen, welches Unternehmen exakt Ihr Vertragspartner sein wird.

Notwendige Regelung
Sie müssen von Anfang an Klarheit darüber haben, wer Ihr Vertragspartner ist. Wollen Sie ein Fertighaus kaufen, sollte das herstellende Fertighausunternehmen Ihr direkter Vertragspartner sein, nach Möglichkeit kein Tochterunternehmen oder Ähnliches, es sei denn, es handelt sich um ein ausländisches Unternehmen, welches eine deutsche Tochter hat. Wenn das Unternehmen jedoch seinen Sitz im Ausland hat, muss geregelt werden, wie bei Konfliktfällen verfahren wird, zum Beispiel im Fall einer Firmeninsolvenz im Ausland. Für die Bauausführung selbst werden deutsche Regelungen Anwendung finden, da sich das Vorhaben in Deutschland befindet. Trotzdem sollte im Kaufvertrag auch ein deutscher Gerichtsstand festgelegt werden, und zwar möglichst der zur Baustelle nächstgelegene zuständige Gerichtsort. Das kann Ihnen erhebliche Wege ersparen.

Identisches gilt auch für Anbieter schlüsselfertiger Massivhäuser, die ihren Sitz nicht in Deutschland haben. Bei diesen Anbietern muss generell, wie auch bei den Anbietern mit Sitz in Deutschland, besonders sorgfältig darauf geachtet werden, wer eigentlich als Vertragspartner im Vertrag benannt ist. Wenn es – wie oben dargelegt – am Ende nur ein Generalübernehmer oder auch Franchisenehmer ist und nicht das Unternehmen, mit dessen Namen geworben wird, und dieser Generalübernehmer oder Franchisenehmer wiederum

→

nicht selber tätig wird, sondern völlig frei und beliebig im Vertrag nicht benannte Handwerker wählen kann, dann sind das Vertragsmodelle, die man keinesfalls unterzeichnen sollte. Denn wenn beispielsweise der Generalübernehmer oder Franchisenehmer als kleiner Einzelunternehmer Insolvenz anmeldet, wird sehr fraglich, gegen wen Sie überhaupt noch Ansprüche anmelden wollen, sei es wegen Baumängeln, sei es wegen Gewährleistungsproblemen. Hinzu kommt, dass viele Generalübernehmer oder Franchisenehmer fachlich nicht qualifiziert sind, um die korrekte Erstellung eines Bauvorhabens nach den allgemein anerkannten Regeln der Technik, vereinbarten Beschaffenheiten und gegebenenfalls DIN-Normen zu überwachen. Viele Generalübernehmer oder Franchisenehmer kommen auch überhaupt nicht aus Bauberufen, schon gar nicht aus Ingenieurberufen wie Architektur oder Bauingenieurwesen.

Es ist aber sehr wichtig, dass Sie einen Hausbauvertrag mit einem für einen Hausbau auch fachlich qualifizierten Vertragspartner abschließen, der über qualifizierte Baustellenkontrolleure verfügt. Sie würden wahrscheinlich nie auf die Idee kommen, Brezeln beim Schuster zu kaufen oder Schuhe beim Bäcker. In der Realität kaufen viele Menschen ganze Häuser bei Unternehmen oder auch Einzelpersonen, die dafür nur sehr bedingt qualifiziert sind. Das gilt vor allem für den Markt der schlüsselfertigen Massivhäuser, wenn deren Anbieter nicht mit zahlreichen Referenzen seit Jahren in einer Region fest verankert sind.

Bei Unternehmensverschachtelung muss Transparenz in den Vertrag. Sie müssen exakt wissen, wer Ihr Vertragspartner ist.

Und 2 Dinge noch: Erstens sollte die Rechtsform des Unternehmens, das Sie wählen, eine deutsche Rechtsform sein, also etwa eine GmbH und nicht etwa eine Ltd. oder Ähnliches, zweitens sollte der Unternehmenssitz des Unternehmens, das Sie wählen, in Deutschland liegen. Im Fall des Falls haben Sie sonst große Probleme, Ihr Recht zu erlangen. Die Europäische Union ist noch lange nicht so weit, dass man Bauvorhaben problemlos grenzüberschreitend umsetzen kann, zu viele gravierende Probleme und Regelungslücken stehen dem noch entgegen.

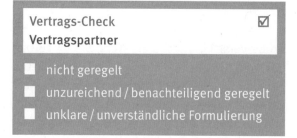

Vertrags-Check ☑
Vertragspartner

- nicht geregelt
- unzureichend / benachteiligend geregelt
- unklare / unverständliche Formulierung

Checkblatt Bauvertrag
Subunternehmer / Nachunternehmer

Typische Regelung

In vielen Verträgen bedingt sich der Unternehmer das Recht aus, Subunternehmen oder Nachunternehmer einsetzen zu dürfen. Eigentlich wäre gegen solche Regelung nichts einzuwenden, wenn man wüsste, wer die Subunternehmer sind und in welchem Umfang sie eingesetzt werden sollen. Ein Anbieter eines schlüsselfertigen Massivhauses, der selbst vielleicht vorwiegend den Rohbau erstellt und für weitere Arbeiten wie zum Beispiel die Elektroinstallation einen guten, regionalen Elektrobetrieb engagiert, handelt ja vernünftig. Das Problem ist nur, dass mit Subunternehmen immer mehr zweifelhafte Geschäfte betrieben werden. Manchmal werden sehr billige Subunternehmen eingesetzt, und dann kommt es in der Ausführung zu Qualitätsproblemen. Nicht selten setzen Subunternehmer ihrerseits wieder Subunternehmer ein, und so entsteht gewissermaßen eine Subunternehmerkette.

Ein weiteres Problem ist die Sicherstellung der Zahlung der Subunternehmer. Leider ist es manchmal nämlich so, dass nicht alles Geld, das Sie für den Einsatz solcher Subunternehmer zahlen, auch tatsächlich bei diesen ankommt. Geht dann bei einem schlüsselfertigen Haus, das auf Ihrem Grundstück gebaut wurde, der Massivhausanbieter beispielsweise in die Insolvenz und hat er noch nicht alle Beträge an die Subunternehmer durchgereicht, werden diese kaum Bereitschaft zeigen, an einem Weiterbau mitzuwirken, wenn zuvor nicht ihre offenen Rechnungen beglichen sind.

Notwendige Regelung

Wenn Sie ein Massivhaus eines regionalen Anbieters erwerben, sollte eine pauschale Regelung, dass Subunternehmer eingesetzt werden dürfen, von vornherein so weit klar definiert werden, welche Subunternehmen für welche Gewerke eingesetzt werden sollen. In diesem Zusammenhang sollte weiter geregelt werden, dass Subunternehmer ihrerseits nicht wiederum Subunternehmer für die Arbeiten einsetzen können.

Bei weitgehend vorgefertigten Häusern wie Fertighäusern müssen Subunternehmen stark eingegrenzt werden auf sehr wenige Gewerke. Denn schon ein externer Elektrobetrieb kann unter Umständen gar nicht extern engagiert werden, weil eventuell winddichte Steckdosen sehr frühzeitig im Produktionsprozess in die Außenwandelemente montiert werden müssen.

Der Einsatz externer Subunternehmer ist bei Fertighäusern aber deutlich seltener als bei Anbietern schlüsselfertiger Massivhäuser. Trotzdem sollten auch hier klare Regelungen greifen und ein Subunternehmereinsatz durch Subunternehmer ausgeschlossen werden.

Sie können darüber hinaus überlegen, sich die Bezahlung von Subunternehmen regelmäßig dokumentieren zu lassen. Es empfiehlt sich generell, bei Subunternehmen auch direkt nachzufragen, ob Auszahlungen erfolgt sind, wenn Sie eine Zahlung an den Hauptunternehmer geleistet haben.

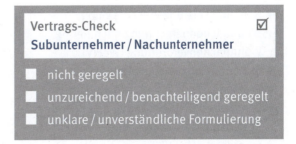

Checkblatt Bauvertrag
Vertragsbestandteile

Typische Regelung

Neben dem Vertrag selber werden auch häufig weitere Unterlagen übergeben, zum Beispiel eine Baubeschreibung oder Pläne. Grundsätzlich gilt nach § 650n Absatz 2 BGB Zitat:

> „Spätestens mit der Fertigstellung des Werks hat der Unternehmer diejenigen Unterlagen zu erstellen und dem Verbraucher herauszugeben, die dieser benötigt, um gegenüber Behörden den Nachweis führen zu können, dass die Leistung unter Einhaltung der einschlägigen öffentlich-rechtlichen Vorschriften ausgeführt worden ist."

Viele wichtige Vertragsbestandteile, die nur im Innenverhältnis zwischen Unternehmen und Bauherrn benötigt werden, sind davon aber gar nicht erfasst. Das beginnt schon mit dem Bodengutachten. Daher ist es sinnvoll, alle Vertragsbestandteile explizit aufzulisten und zu vereinbaren.

Notwendige Regelung

Alle Dokumente und Unterlagen, die Sie im Verlauf eines Hausbaus benötigen, sollten auch Vertragsbestandteil werden. Das sind beispielsweise folgende Unterlagen:

→ Bodengutachten
→ vollständiger Bauantrag inklusive aller Plananlagen (Maßstab 1:100)
→ Bau- und Leistungsbeschreibung
→ Wohnflächenberechnung nach der Wohnflächenverordnung (WoFlV)
→ Gebäudestatik und gegebenenfalls Prüfstatik
→ Energiebedarfsberechnung und Energiebedarfsausweis nach Energieeinsparverordnung (EnEV)
→ Ausführungsplanung (auch Werkplanung genannt / Maßstab 1:50)
→ gegebenenfalls erfolgte Planänderungen (Maßstab 1:50)
→ Elektropläne
→ Sanitärpläne
→ Liste aller am Bau beteiligten Handwerksunternehmen samt Verträgen, Haftpflichtversicherungen und eventuell zusätzlichen Protokollen (einschließlich Abtretungserklärung zur Sicherung möglicher Ansprüche gegenüber diesen)
→ Liste aller am Bau beteiligten Planer und Fachingenieure sowie deren Verträge und Haftpflichtversicherungen
→ Betriebsanleitungen für alle technischen Installationen, wie Heizungs- und Lüftungsanlage

Sie sollten sinnvollerweise auch verbindlich regeln, wann die Unterlagen in welcher Form übergeben werden (→ Checkblatt 153 Seite 310). Tun Sie das nicht, haben Sie – bis auf gesetzliche Vorgaben (zum Beispiel Übergabe Energiebedarfsausweis) oder gerichtlich geregelte Vorgaben (einfache Baubeschreibung) keinen Anspruch auf Übergabe solcher Dokumente, was auch bedeutet, keine Angabe darüber, welches Gebäude Ihnen überhaupt im Detail vertraglich versprochen ist.

Checkblatt Bauvertrag
Festpreisgarantie

Typische Regelung

Für sogenannte „Festpreisgarantien" gibt es die teilweise abenteuerlichsten Regelungen. Man glaubt, man habe den Festpreis sicher, aber es reicht bereits eine kleinere nicht erbrachte Vorleistung des Bauherrn oder eine kleine Verzögerung bei der Baugenehmigung aus, und der Festpreis ist Makulatur.

Bei den Festpreisregelungen gibt es sehr viele unverständliche und unklare Formulierungen, etwa: „Der Festpreis wird bis 10 Monate nach Abschluss dieses Vertrages garantiert." Was heißt das aber konkret? Muss bis 10 Monate nach Vertragsunterzeichnung die Baugenehmigung vorliegen und mit dem Bauen begonnen worden sein? Oder muss das Bauvorhaben bis 10 Monate nach Abschluss des Vertrags fertiggestellt sein? Alles, was im Bauvorhaben zeitlich darüber hinausgeht, muss dann preislich neu verhandelt werden? Und was ist, wenn die Firma 10 Monate auf anderen Baustellen unterwegs ist und erst dann wiederkommt und mit dem Bauen beginnt? Das sind unsichere und hochmissverständliche Formulierungen zu Festpreisgarantien, die in Bauverträgen schlicht nichts verloren haben.

Notwendige Regelung

Wenn ein Festpreis garantiert wird, dann sollte er garantiert sein – und zwar bis zum Abschluss des Bauvorhabens. Ein solcher Punkt ist auch gar nicht verhandlungsfähig, weil sich Ihre Kostensicherheit sonst förmlich in Luft auflösen würde. Denn wenn das Bauvorhaben auch ein zugesichertes Baufertigstellungsdatum hat, was es gemäß § 650k Absatz 3 des BGB haben muss, ist das Risiko für den Unternehmer beherrschbar. Was für ihn unter Umständen nicht beherrschbar ist, ist eine mögliche Mehrwertsteuererhöhung während der Bauzeit.

Aber hierzu finden sich in fast allen Verträgen ohnehin Regelungen, dass eine Erhöhung der Mehrwertsteuer auch eine entsprechende Erhöhung derjenigen Raten nach sich zieht, die ab Eintreten der Mehrwertsteuererhöhung noch zu zahlen sind. Interessant ist übrigens, dass in Verträgen nie vom umgekehrten Fall die Rede ist. Aber auch den kann man natürlich sehr wohl vereinbaren, also die Reduzierung der Raten um eine mögliche Mehrwertsteuerreduzierung, auch wenn es sehr unwahrscheinlich ist, dass die Politik gerade diese Steuer jemals reduzieren wird.

Vertrags-Check **Festpreisgarantie**	☑
☐ nicht geregelt	
☐ unzureichend / benachteiligend geregelt	
☐ unklare / unverständliche Formulierung	

Checkblatt Bauvertrag
Grundstücksbeschaffenheit

Typische Regelung

In Verträgen vor allem von Fertighäusern und schlüsselfertigen Massivhäusern werden häufig Grundstücksbeschaffenheiten vorausgesetzt, die das Grundstück möglicherweise gar nicht hat. Das reicht von der Tatsache, dass im Kaufvertrag ein ebenes, geräumtes und anfahrbares Grundstück mit Baustrom- und Bauwasseranschluss vorausgesetzt wird, bis hin zu Kranstell- und Lagerplätzen (→ Checkblätter 61 bis 63 Seiten 138 bis 141). Mitunter bleibt sogar offen, ob bestimmte noch stehende Bäume überhaupt gefällt werden können, während ein Haus gekauft wird, in dem das geräumte Grundstück Vertragsbedingung ist.

Notwendige Regelung

Regelungen zu den Beschaffenheiten des Grundstücks müssen sich am vorhandenen Grundstück orientieren und nicht an den Idealvorstellungen eines Hausanbieters. Das heißt, der Hausanbieter bzw. Unternehmer muss ein Grundstück in Augenschein nehmen, bevor ein Bauvertrag unterzeichnet wird. Er kann sich dann äußern, welche Voraussetzungen noch geschaffen werden müssen, damit das Haus gemäß Bauvertragsentwurf realisierbar ist bzw. welche Probleme einem Hausbau gemäß Kaufvertragsentwurf noch im Weg stehen. Blind einen generellen und pauschalen Passus zu den nötigen Grundstücksvoraussetzungen in den Vertrag aufzunehmen sollte man tunlichst vermeiden.

Vertrags-Check ☑
Grundstücksbeschaffenheit

- ☐ nicht geregelt
- ☐ unzureichend / benachteiligend geregelt
- ☐ unklare / unverständliche Formulierung

Checkblatt Bauvertrag
Vorleistungen Bauherr / Leistungen Bauherr / Mitwirkungspflichten

Typische Regelung

Wenn Sie auf eigenem Grundstück bauen, werden häufig viele Vorleistungen und Mitwirkungspflichten von Ihnen verlangt. Zunächst einmal betrifft das fast immer die Einholung der Baugenehmigung, die Freiräumung des Grundstücks, nicht selten sogar den Erdaushub oder die Vorbereitung des Untergrunds zur Aufnahme der Bodenplatte, die Vorhaltung von Kranstand- und Materiallagerplätzen, die rechtzeitige Verlegung der privaten Kanäle in Kanalgräben, ebenso alle weiteren Versorgungsanschlüsse (Strom, Wasser, gegebenenfalls Gas / Fernwärme und anderes mehr), die Sicherstellung der Anfahrbarkeit des Grundstücks auch mit sehr schweren LKW (häufig konkrete Bodentragfähigkeitsforderungen für hohe LKW-Gesamtgewichte in Tonnen) und die Installation von Baustrom und Bauwasser.

Bei vielen Fertighausanbietern müssen Sie sich sogar selbst um den Keller- oder Bodenplattenbau kümmern. Manchmal wird Ihnen für die Erfüllung aller dieser Dinge nur ein bestimmtes Zeitfenster gesetzt. Wird dieses verfehlt, können Kündigungsrechte ebenso greifen wie das Auslaufen der Festpreisgarantie. Das sind Roulettespiele, auf die man sich nicht einlassen sollte. Sehr beliebt ist, das alles hinter dem Wörtchen „bauseits" zu kaschieren, das eigentlich „bauherrenseitig" heißen müsste.

Das BGB gewährt Unternehmen erhebliche Rechte, wenn Sie Ihren Mitwirkungspflichten nicht nachkommen. Zentral ist § 642 des BGB, in dem Folgendes zu Ihren Mitwirkungspflichten geregelt ist, Zitat:

> *„(1) Ist bei der Herstellung des Werkes eine Handlung des Bestellers erforderlich, so kann der Unternehmer, wenn der Besteller durch das Unterlassen der Handlung in Verzug der Annahme kommt, eine angemessene Entschädigung verlangen.*
>
> *(2) Die Höhe der Entschädigung bestimmt sich einerseits nach der Dauer des Verzugs und der Höhe der vereinbarten Vergütung, andererseits nach demjenigen, was der Unternehmer infolge des Verzugs an Aufwendungen erspart oder durch anderweitige Verwendung seiner Arbeitskraft erwerben kann."*

Es geht aber noch weiter. In § 643 des BGB ist nämlich geregelt, dass der Unternehmer auch kündigen kann, wenn Sie Ihren Mitwirkungspflichten nicht nachkommen, Zitat:

> *„Der Unternehmer ist im Falle des § 642 berechtigt, dem Besteller zur Nachholung der Handlung eine angemessene Frist mit der Erklärung zu bestimmen, dass er den Vertrag kündige, wenn die Handlung nicht bis zum Ablauf der Frist vorgenommen werde. Der Vertrag gilt als aufgehoben, wenn nicht die Nachholung bis zum Ablauf der Frist erfolgt."*

Sie sind somit verpflichtet mitzuhelfen, das Bauvorhaben zu einem Erfolg zu führen.

Notwendige Regelung

Wenn von Ihnen Vorleistungen, Leistungen oder Mitwirkungspflichten erwartet werden, sollten diese vor Vertragsabschluss besprochen werden. Überlegen Sie, welche Sie realistisch leisten können und wollen und welche nicht! Ein typischer Punkt sind die Beantragung und Installation von Baustrom und Bauwasser. Wenn das in Ihrer Kommune kein größeres Problem ist und reibungslos funktioniert, ist das prima. Wenn es allerdings Probleme gibt und Sie schon gar nicht wissen, wo und wie Sie das beantragen sollen, kann man das natürlich auch mit in den Leistungskatalog des Unternehmers aufnehmen. Er kann dazu ein Angebot machen, und Sie können dieses preislich vergleichen mit der Alternative, dass Sie sich selbst darum kümmern.

Auch die Anschlussarbeiten an die öffentliche Erschließung müssen gut abgestimmt werden. Denn die Entscheidung darüber, wann wer welchen Kanalanschluss wie und wohin legt, und vor allem dessen Organisation und Überwachung sind dann allein Ihre Aufgabe – und ob das mit den Planungen Ihres Unternehmers zusammenpasst, steht dahin. Sie müssen sich um die gesamte Koordinierung höchstselbst kümmern. Tun sie es nicht, haben Sie zunächst einmal ein nicht betriebsbereites Haus, ohne Wasser-, Abwasser- und Stromanschluss, ohne gegebenenfalls gewünschten Gasanschluss. Alternativ ist der öffentliche Versorger vielleicht zwar rechtzeitig eingeschaltet worden, konnte zum Montagezeitpunkt auf dem Grundstück aber niemanden vorfinden und hat seine Rohrleitungen dann irgendwo durch die WU-Betonwand in den Keller gelegt, vielleicht in einen Raum oder an einen Punkt, wo das gerade gar nicht geplant war.

Wesentliche bautechnische Schnittstellen in diesem Bereich haben Sie im ersten Teil des Buchs kennengelernt – alle diese müssen koordiniert werden. Wenn Sie sich das nicht antun wollen, muss die Koordination dieser Schnittstellen im Vertrag mitgeregelt werden. Wenn Ihnen im Vertrag Vorleistungen oder Mitwirkungspflichten, die Sie nicht leisten beziehungsweise denen Sie nicht nachkommen können oder wollen, mit festen Zeitfenstern und Rechtsfolgen vorgegeben werden, ist sehr große Vorsicht geboten. Denn dann kann es Ihnen passieren, dass Sie eine rechtzeitige Installierung von Bauwasser und Baustrom nicht er-

→

reichen und damit Ihr Festpreis Makulatur ist, wenn dieser befristet geregelt wurde. Oder die Baugenehmigung wurde nicht im dafür vorgesehenen und zu eng bemessenen Zeitfenster erteilt und Sie verlieren ebenfalls die Festpreisgarantie, weil diese nur für einen gewissen Zeitraum gegeben wurde.

Hinzu kommt, dass das Unternehmen, wie erwähnt, den Vertrag kündigen kann, wenn Sie Ihren Mitwirkungspflichten nicht nachkommen. Ist dann unklar, welche Pflichten Sie haben, wird es sofort schwierig. Und ein Problem bleibt ohnehin: Selbst wenn Sie Ihren Mitwirkungspflichten nachkommen, kann es ja sein, dass Dritte (Ämter, Behörden, Versorgungsträger), ihre Mitwirkungspflichten durch Verzögerung oder Unzuverlässigkeit konterkarieren und zum Beispiel Baustrom und Bauwasser noch nach Wochen nicht gelegt sind, sodass das Unternehmen den Bauvertrag kündigt. Das heißt, dieses Risiko bleibt Ihnen ohnehin, also sollten Sie alle anderen Risiken zumindest minimieren.

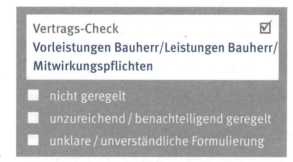

Checkblatt Bauvertrag
Hausrecht

Typische Regelungen

Selbst wenn das Grundstück, auf dem Sie bauen, Ihnen gehört, kann es sein, dass sich etwa ein Fertighausanbieter vertraglich das Hausrecht an Ihrem Grundstück für die Bauzeit sichern lässt. Das Hausrecht ist ein ganz wichtiges Recht, das Sie auf keinen Fall aus der Hand geben sollten, sonst kann der Fertighausanbieter Sie z. B. von Ihrem eigenen Grundstück verweisen. Man kann höchstens darüber nachdenken, ob man das Hausrecht für bestimmte Bauphasen mit dem Unternehmer teilt und gemeinsam ausübt, aber selbst das sollte sehr gut überlegt sein und – sofern überhaupt – nur im absoluten Ausnahmefall und auch zeitlich klar (also mit Datum) eingeschränkt und nicht an das Bauzeitende gekoppelt werden; denn das kann sich ja erheblich verzögern. Grundsätzlich aber gibt es überhaupt keinen Grund, das Hausrecht an den Unternehmer zu geben oder es zu teilen. Im Idealfall bleibt es immer bei Ihnen als Grundstückseigentümer.

Notwendige Regelungen

In Bauverträgen muss das Hausrecht gar nicht geregelt werden. Denn wenn es nicht geregelt ist und auf Ihrem Grund und Boden gebaut wird, ist vollkommen klar, dass das Hausrecht bei Ihnen liegt. Sie müssen – gerade dann, wenn Sie auf eigenem Grundstück bauen – immer Herr/in der Lage und damit des Grundstücks bleiben.

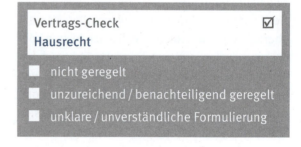

Checkblatt Bauvertrag
Zahlungsplan

Typische Regelung

Es gibt zu Zahlungsplänen und dem Risiko von Überzahlungen bis heute keine absichernden Regelungen im BGB. Das heißt, der Gesetzgeber lässt Sie bis heute vollständig allein mit diesem Risiko. Daher müssen Sie selber tätig werden und Zahlungspläne in Ihren Vertrag aufnehmen, die so sicher sind, dass Sie das Risiko der Überzahlung wirksam unterbinden.

Denkwürdigerweise hat der Gesetzgeber für den Fall, dass man Grundstück und Haus gemeinsam kauft (Bauträgerkauf) schon vor vielen Jahren Sicherungsregelungen geschaffen, und zwar in Form der sogenannten Makler- und Bauträgerverordnung (MaBV). In dieser sind gesetzliche Vorgaben zu maximalen Zahlungsraten enthalten. Diese gelten für Sie, wenn Sie auf dem eigenen Grundstück bauen wollen zwar nicht, aber Sie können hier einen guten Eindruck davon bekommen, welche Zahlungsraten der Gesetzgeber für einigermaßen absichernd hält:

Die MaBV gibt bestimmte Ratenzahlungen vor, die der Höhe nach eingehalten werden müssen. Es handelt sich hierbei um 13 Ratenvorgaben, die jedoch in maximal 7 Teilrechnungen gestellt werden dürfen. Das heißt, aus den 13 Raten macht ein Bauträger tatsächlich 7 Abschlagsrechnungen. Die MaBV ist dabei allerdings nicht sehr exakt. Und Sie können Ihren Notar schon mit einfachen Fragen dazu erheblich ins Nachdenken bringen. Folgende Raten sieht die MaBV nach § 3 Absatz 2 vor, Zitat:

„1.
30 vom Hundert der Vertragssumme in den Fällen, in denen Eigentum an einem Grundstück übertragen werden soll, oder 20 vom Hundert der Vertragssumme in den Fällen, in denen ein Erbbaurecht bestellt oder übertragen werden soll, nach Beginn der Erdarbeiten,

2.
vom der restlichen Vertragssumme
40 vom Hundert nach Rohbaufertigstellung, einschließlich Zimmererarbeiten,
8 vom Hundert für die Herstellung der Dachflächen und Dachrinnen,
3 vom Hundert für die Rohinstallation der Heizungsanlagen,
3 vom Hundert für die Rohinstallation der Sanitäranlagen,
3 vom Hundert für die Rohinstallation der Elektroanlagen,
10 vom Hundert für den Fenstereinbau, einschließlich der Verglasung,
6 vom Hundert für den Innenputz, ausgenommen Beiputzarbeiten
3 vom Hundert für den Estrich,
4 vom Hundert für die Fliesenarbeiten im Sanitärbereich,
12 vom Hundert nach Bezugsfertigkeit und Zug um Zug gegen Besitzübergabe,
3 vom Hundert für die Fassadenarbeiten,
5 vom Hundert nach vollständiger Fertigstellung“.

Die Regelung ist natürlich unnötig kompliziert und bietet auch nur bedingt Sicherheit; denn ganze Bauteile, die sehr teuer sind, sind gar nicht einbezogen. Die MaBV setzt zunächst die Gesamtsumme des Kaufpreises zu 100 Prozent, dann zieht sie 30 Prozent der Summe für das Grundstück ab und setzt das noch einmal zu 100 Prozent, anstatt gleich alles auf einheitliche 100 Prozent hochzurechnen. Das machen viele Bauträger dann nachvollziehbarerweise auch und dann teilen sich die oben genannten Raten wie folgt auf:

→

- → 30 vom Hundert nach Beginn der Erdarbeiten
- → 28 vom Hundert nach Rohbaufertigstellung, einschließlich Zimmererarbeiten
- → 5,6 vom Hundert für die Herstellung der Dachflächen und Dachrinnen
- → 2,1 vom Hundert für die Rohinstallation der Heizungsanlagen
- → 2,1 vom Hundert für die Rohinstallation der Sanitäranlagen
- → 2,1 vom Hundert für die Rohinstallation der Elektroanlagen
- → 7,0 vom Hundert für den Fenstereinbau, einschließlich der Verglasung
- → 4,2 vom Hundert für den Innenputz, ausgenommen Beiputzarbeiten
- → 2,1 vom Hundert für den Estrich
- → 2,8 vom Hundert für die Fliesenarbeiten im Sanitärbereich
- → 8,4 vom Hundert nach Bezugsfertigkeit und Zug um Zug gegen Besitzübergabe
- → 2,1 vom Hundert für die Fassadenarbeiten
- → 3,5 vom Hundert nach vollständiger Fertigstellung

Aus diesen 13 Raten werden gemäß MaBV dann 7 Raten gemacht, die abgerechnet werden können, zum Beispiel wie folgt:

- → 30 vom Hundert nach Beginn der Erdarbeiten
- → 28 vom Hundert nach Rohbaufertigstellung, einschließlich Zimmererarbeiten
- → 11,9 vom Hundert für die Herstellung der Dachflächen und Dachrinnen , für die Rohinstallation der Heizungsanlagen, für die Rohinstallation der Sanitäranlagen und für die Rohinstallation der Elektroanlagen
- → 11,2 vom Hundert für den Fenstereinbau, einschließlich der Verglasung
- → 4,9 vom Hundert für den Estrich, für die Fliesenarbeiten im Sanitärbereich
- → 8,4 vom Hundert nach Bezugsfertigkeit und Zug um Zug gegen Besitzübergabe
- → 5,6 vom Hundert für die Fassadenarbeiten und nach vollständiger Fertigstellung

Wenn Sie sich jetzt fragen, wann eigentlich die Treppe zu zahlen ist, wenn es keine Rohbaubetontreppe ist, sondern eine Holztreppe, oder die Rollläden oder die komplette Garage, erkennen Sie schnell, dass der Gesetzgeber auch bei der MaBV sehr oberflächlich gearbeitet hat. Das können Sie besser und wir zeigen Ihnen auch, wie.

Ein weiteres Problem der MaBV: Sie lässt zu, dass die letzte Rate gerade einmal 3,5 Prozent beträgt. Im obigen Beispiel sind es zumindest 5,6 Prozent. Das ist häufig die Rate, die wichtig ist, wenn bei der Abnahme Mängel auftauchen und Mangeleinbehalte gemacht werden sollen. Da Sie gemäß § 641 Absatz 3 BGB zum Einbehalt des Doppelten des zur Beseitigung des Mangels benötigten Betrags berechtigt sind, kann es sein, dass ein von Ihnen berechtigterweise einzubehaltender Betrag gar nicht mehr einbehalten werden kann, weil Sie schon zu viel Geld ausgezahlt haben.

Sie sind beim Bauen auf eigenem Grundstück in der Gestaltung der Raten frei. Das heißt, es steht Ihnen und Ihrem Vertragspartner frei, auf welche Ratenzahlungen Sie sich einigen. Das nutzen viele Unternehmen aber aus: Nicht selten werden hohe Vorauszahlungen verlangt, bei gar keiner oder nur sehr geringer Gegenleistung. Das gefährdet Sie natürlich extrem. Es reicht bereits, wenn das Unternehmen in die Insolvenz rutscht. Daran muss es noch nicht einmal selber schuld sein, aber Ihr vorausbezahltes Geld ist dann weg.

Manchmal finden sich zum Beispiel solche lapidaren Zahlungspläne:

Fertighaus:
Anzahlung: 10 %
Nach Baueingabe: 20 %
Bei Bau- beziehungsweise Produktionsbeginn: 30 %
Am Tag der Aufstellung: 40 %

Schlüsselfertiges Massivhaus:
Anzahlung: 10 %
Nach Baueingabe: 15 %
Bei Baubeginn: 10 %
Nach Fertigstellung Keller: 25 %
Nach Fertigstellung Rohbau: 30 %
Bei Innenausbau: 10 %

Solche Regelungen sind sehr gefährlich. Denn was heißt das? Die Ratendefinitionen sind ähnlich unklar wie bei den MaBV-Raten. Viele Leistungen zahlen Sie nach diesen Zahlungsplänen sogar, während sie erbracht werden, vor allem aber überzahlen Sie sehr schnell. Denn bis zur Fertigstellung des Rohbaus sollten maximal 60 Prozent der Vertragssumme geflossen sein. Beim obigen Beispiel des Fertighausanbieters sind Sie bereits am Tag der Aufstellung des Fertighauses das gesamte Geld los, obwohl noch der gesamte Innenausbau folgt. Beim Beispiel des schlüsselfertigen Massivhausanbieters sind Sie bei Fertigstellung des Rohbaus 90 Prozent der Bausumme los. Das ist viel zu riskant; denn dann stehen viel zu hohe Zahlungen viel zu geringen Leistungen auf der Baustelle gegenüber.

Wenn man Ihnen zu solchen Ratenzahlungsplänen keine Alternative lässt, ist es an Ihnen, darüber nachzudenken, ob Sie mit einem solchen Vertragspartner, der völlig unnötig und unbegründet solche Risiken auf die Baustelle bringt, tatsächlich ein Haus bauen wollen. Beide Ratenzahlungspläne wären übrigens nicht zulässig, da sie sowohl den 5-Prozent-Einbehalt aus § 650m Absatz 2 BGB als auch den 10-Prozent-Einbehalt aus § 650m Absatz 1 BGB, die Ihrer Absicherung dienen, gar nicht berücksichtigen.

Notwendige Regelung
Der Zahlungsplan ist ein Herzstück eines jeden Vertrags und muss entsprechend sorgfältig gearbeitet sein. Ein einfaches Beispiel: Nehmen wir an, Ihr Generalunternehmer hat Ihnen eine Baubeschreibung gegeben. Sie haben diese gemeinsam mit ihm besprochen, auch unter Zuhilfenahme der Angaben über Kostenfallen in diesem Buch und gegebenenfalls der Muster-Baubeschreibung der Verbraucherzentrale. Möglicherweise war er nicht bereit, auch nur irgendetwas zu ändern. Dann stellt sich die Frage, ob Sie auf einem solchen Weg wirklich zu einer Immobilie kommen wollen oder ob Sie verzichten. Wenn der Generalunternehmer bereit war, einige Dinge anzupassen, und die Baubeschreibung geändert wurde, dann hat sie möglicherweise fortlaufende Nummern für einzelne Teilleistungen oder Zwischenüberschriften, oder Sie setzen eben einfach Nummerierungen für alle beschriebenen Teilleistungen. Dann können Sie einfach eine kleine Tabelle aufsetzen, die einerseits die Leistungen auflistet, und orientieren an diesen die Zahlungsraten. Ein Zahlungsplan könnte dann zum Beispiel etwa wie folgt aussehen:

→

Beispiel für einen Zahlungsplan

RATE	FÄLLIGKEIT
1. Rate 1,5 %, 3.750 Euro	Rate wird gemäß § 650m Absatz 2 BGB als Sicherheit der mangelfreien und rechtzeitigen Herstellung des Werks bis nach Abnahme vollständig einbehalten. Leistungsinhalt der Rate: Vollständige Erbringung der Leistungen Punkt 1 bis 2 gemäß Bau- und Leistungsbeschreibung (das könnte zum Beispiel nach Erstellung und erfolgreich genehmigtem Bauantrag sein).
2. Rate 2,5 %, 6.250 Euro	Rate wird gemäß § 650m Absatz 2 BGB als Sicherheit der mangelfreien und rechtzeitigen Herstellung des Werks bis nach Abnahme vollständig einbehalten. Leistungsinhalt der Rate: Vollständige Erbringung der Leistungen Punkt 3 und 4 gemäß Bau- und Leistungsbeschreibung (das könnte zum Beispiel den Erdaushub für einen Keller und Abtransport auf die Deponie umfassen sowie Anbindung an die öffentlichen Versorgungsleitungen).
3. Rate 10 %, 25.000 Euro	1 % der Rate wird gemäß § 650m Absatz 2 BGB als Sicherheit für die vollständige und mangelfreie Herstellung des Werks bis nach Abnahme einbehalten. 9 % der Rate sind fällig nach vollständiger Erbringung der Leistungen Punkt 5 bis 8 gemäß Bau- und Leistungsbeschreibung (das könnte zum Beispiel den Kellerrohbau umfassen inklusive Fenster und Lichtschächte).
4. Rate 40 %, 100.000 Euro	Fällig nach vollständiger Erbringung der Leistungen Punkt 9 bis 15 gemäß Bau- und Leistungsbeschreibung (das könnte zum Beispiel die Aufstellung des Hauses auf dem Keller umfassen, inklusive Außenputz, fertig gedecktem Dach, Fenster, Rollläden, Innentreppe und verlegter Hausinstallation (Elektro und Sanitär) in den Wänden).
5. Rate 6 %, 15.000 Euro	Fällig nach vollständiger Erbringung der Leistungen Punkt 16 bis 17 gemäß Bau- und Leistungsbeschreibung (das könnte zum Beispiel die Installation der Heizungsanlage umfassen, inklusive Speicher- und Warmwassertechnik sowie die Installation von Heiz- und Sanitärleitungen).
6. Rate 5 %, 12.500 Euro	Fällig nach vollständiger Erbringung der Leistungen Punkt 18 bis 20 gemäß Bau- und Leistungsbeschreibung (das könnte zum Beispiel den Estrich und alle gegebenenfalls zu erledigenden Innenputzarbeiten umfassen).
7. Rate 5 %, 12.500 Euro	Fällig nach vollständiger Erbringung der Leistungen Punkt 21 bis 23 gemäß Bau- und Leistungsbeschreibung (das könnte zum Beispiel sämtliche Boden- und Wandbeläge umfassen, inklusive Montage der Innentüren).
8. Rate 5 %, 12.500 Euro	Fällig nach vollständiger Erbringung der Leistungen Punkt 24 bis 26 gemäß Bau- und Leistungsbeschreibung (das könnte zum Beispiel die Fertigmontage der Elektroinstallation, der Sanitärgegenstände und Armaturen umfassen).
9. Rate 5 %, 12.500 Euro	Fällig nach vollständiger Erbringung der Leistungen Punkt 27 bis 29 (das könnte zum Beispiel Sockelputz, Außentreppe, Vordach, Außenbeleuchtung, gegebenenfalls Kiesstreifen ums Haus, Terrasse und eventuell Briefkasten und Hausnummer betreffen).
10. Rate 10 %, 25.000 Euro	Fällig nach Abnahme und nach vollständiger Erbringung der Leistung Punkt 30 (das könnte zum Beispiel nach Endreinigung Zug um Zug gegen Übergabe und Beseitigung letzter Mängel sein).

Mit einer solchen Festlegung ist deutlich klarer, mit welcher Rate Sie eigentlich was genau zahlen. Wenn die Baubeschreibung vollständig ist und durchnummeriert wird, können Sie auf diese Weise sehr einfach Sicherheit schaffen. Da Sie mit einer solchen Tabelle keine Rechtsnachteile für Ihren Vertragspartner schaffen, sondern nur unklar definierte Raten klarer definieren, kann einer entsprechenden Vertragsanpassung eigentlich auch nichts entgegenstehen.

Bei schlüsselfertigen Massivhäusern spricht ebenfalls nichts gegen die Ratenzahlungen, die Haus & Grund und der ZDB in Ihrem Mustervertrag für schlüsselfertige Massivhäuser vorschlagen. Auch hier kann man allerdings die Raten noch genauer definieren, beispielsweise auch tabellarisch angelehnt an die eigene Baubeschreibung, wie im obigen Beispiel dargestellt.

Den Verbraucherbauvertrag von Haus & Grund und ZDB finden Sie kostenfrei im Internet unter:

www.zdb.de/zdb-cms.nsf/id/verbraucher-bauvertraege-

Bei Fertighäusern gibt es manchmal ein spezielles Problem: Für ein Fertighaus muss zunächst relativ viel Material vorbestellt werden, welches beim Hersteller vormontiert wird, bis dann die vorgefertigten Teile irgendwann auf der Baustelle fertig montiert werden. Dieser Prozess kann unterschiedlich lange dauern. Große Hersteller stellen ein Haus in der Montagelinie in kürzester Zeit her, bei kleinen Herstellern kann das durchaus einige Wochen dauern. Möglicherweise will der Unternehmer dann eine Zahlung bereits zum Montagezeitpunkt des Hauses. Hier kann man sich vielleicht mit einer Bürgschaftslösung helfen; denn wenn Sie zum Beispiel Holz bezahlen, das zunächst beim Hersteller liegt und verbaut wird, dann kann es natürlich theoretisch passieren, dass der Unternehmer ausgerechnet während der Montage des Holzes in die Insolvenz gerät. Dann wäre Ihre unter Umständen hohe Vorauszahlung schlicht weg – samt bis dahin vorgefertigtem Haus. Wenn also bei einem Fertighaushersteller solche Vorauszahlungen geleistet werden sollen, dann muss das in jedem Fall mit einer Bürgschaft abgesichert werden – und zwar mit einer unwiderruflichen, unbefristeten, unbedingten und selbstschuldnerischen Bürgschaft (→ Checkblatt 137 Seite 289). Die Kosten der Bürgschaft sollte aber der Unternehmer zu tragen haben; denn er will ja die Vorauszahlung. Er kann damit das benötigte Holz finanzieren, ohne selbst in Vorleistung treten zu müssen.

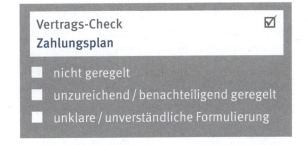

Vertrags-Check ☑
Zahlungsplan

☐ nicht geregelt
☐ unzureichend / benachteiligend geregelt
☐ unklare / unverständliche Formulierung

Checkblatt Bauvertrag
Abtretung von Auszahlungsansprüchen

Typische Regelung

Manche Verträge enthalten Abtretungserklärungen von Auszahlungsansprüchen. Was heißt das? Das heißt, dass der Hausanbieter oder Handwerker einen direkten Anspruch auf Auszahlung von Geldern hat, die Sie sich bei Ihrer Bank über einen Kredit leihen. Dann fließt das Geld von Ihrer Bank direkt auf das Konto des Unternehmers oder Handwerkers, wenn er Ihrer Bank eine Bautenstandsmitteilung durchgibt. Das große Problem dabei ist: Kein Banker hat Gummistiefel unter dem Tisch und überzeugt sich selbst auf der Baustelle vom tatsächlichen Bautenstand. Sondern er wird am Schreibtisch sitzen bleiben, sich ganz einfach blind auf eine solche Mitteilung verlassen und Geld überweisen. Das heißt aber noch lange nicht, dass auf der Baustelle die behauptete Leistung auch tatsächlich erbracht ist, geschweige denn mangelfrei. Solche vertraglichen Regelungen sind absurd und gehören nicht in Hausbauverträge.

Für jeden Generalunternehmer, Fertighausanbieter oder auch Handwerker gibt es ausreichend sichere alternative Lösungen. Sehr häufig ist ohnehin geregelt, dass Sie eine Finanzierungsbestätigung Ihrer Bank vorlegen müssen, außerdem ist ebenso häufig geregelt, dass der Unternehmer dem Kunden kündigen kann, wenn eine Ratenzahlung nicht pünktlich eintrifft. Dann kann der Unternehmer das ja tun. Aber es gibt schlicht keinen Grund, dass Sie Ansprüche, die Sie gegenüber der Sie finanzierenden Bank haben, ohne Not abtreten. Sie müssen die Hand auf den Auszahlungen haben und behalten; denn möglicherweise müssen Sie ja zum Beispiel Geldeinbehalte aufgrund von Baumängeln tätigen. Die Kontrolle und Überwachung aller Geldflüsse muss immer bei Ihnen liegen, niemals bei Ihrer Bank.

Notwendige Regelung

Gerade bei Auszahlungen können Sie die Kontrolle nicht aus der Hand geben. Die Abtretung von Auszahlungsansprüchen hat in Bauwerkverträgen von Hausanbietern oder auch in Handwerkerverträgen schlicht nichts verloren.

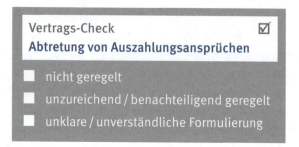

Checkblatt Bauvertrag
Aufrechnungsverbot

Typische Regelung

In fast allen Bauverträgen wird irgendwo das Verbot der Aufrechnung verankert. Kaum ein Verbraucher weiß aber, was es damit auf sich hat. Aufrechnungsverbot heißt, dass Sie Forderungen des Unternehmers gegenüber Ihnen nicht mit Forderungen von Ihnen gegenüber dem Unternehmer einfach gegeneinander aufrechnen können, ohne dass Ihre Forderungen unstreitig sind, also rechtskräftig festgestellt wurden. Nehmen wir an, der Unternehmer möchte von Ihnen noch einige Tausend Euro wegen zusätzlich ausgeführter Leistungen haben, Sie wollen diese aber nicht zahlen, weil der Unternehmer Ihnen an anderer Stelle noch eine andere Leistung schuldet. Aufrechnung ist dann nicht möglich, sondern Sie haben zunächst alle Leistungen zu zahlen, die der Unternehmer fristgerecht und mangelfrei erbracht hat. Selbst wenn der Unternehmer gleichzeitig zum Beispiel einen Schaden auf Ihrem Grundstück hinterlassen hat, können Sie das eine nicht einfach mit dem anderen verrechnen.

Notwendige Regelung

Da ein Aufrechnungsverbot fast immer zu Lasten von Verbrauchern geht, ist es sinnvoller, eine solche Regelung nicht in den Vertrag aufzunehmen. Ist sie schon im Vertragsentwurf drin, sollte sie nach Möglichkeit ersatzlos herausgenommen werden.

Vertrags-Check
Aufrechnungsverbot ☑

- ☐ nicht geregelt
- ☐ unzureichend / benachteiligend geregelt
- ☐ unklare / unverständliche Formulierung

Checkblatt Bauvertrag
Sicherheits- und Gewährleistungseinbehalt

Typische Regelung

Regelungen zum Sicherheitseinbehalt richten sich nach §641 und § 650m des BGB. § 641 regelt dazu folgendes unter Absatz 3, Zitat:

> „(3) Kann der Besteller die Beseitigung eines Mangels verlangen, so kann er nach der Fälligkeit die Zahlung eines angemessenen Teils der Vergütung verweigern; angemessen ist in der Regel das Doppelte der für die Beseitigung des Mangels erforderlichen Kosten."

Das heißt also, wenn Sie einen Mangel entdecken, können Sie dessen Beseitigung verlangen und bis zur Beseitigung das Doppelte des zur Beseitigung voraussichtlich erforderlichen Betrags einbehalten.

Sie haben aber auch ohne Mängel das ganz grundsätzliche Recht auf einen Sicherheitseinbehalt von 5 Prozent für die rechtzeitige Herstellung des Werks ohne wesentliche Mängel. Dies regelt § 650 m Absatz 2 des BGB. Außerdem dürfen alle Abschlagszahlungen zusammen nicht mehr als 90 Prozent der vereinbarten Baukosten überschreiten. Dies wiederum regelt § 650m Absatz 1.

Was heißt das aber in der Praxis? In der Praxis halten Sie mit der oder den ersten Raten 5 Prozent der Bausumme zurück. Irgendwann kommt die letzte Abschlagsrechnung, die dann bis zu 90 Prozent der Leistungen abrechnet. Dann haben Sie also 5 Prozent Sicherheitseinbehalt plus noch 10 Prozent für die letzten Zahlungen, insgesamt somit 15 Prozent. Dann wird irgendwann Ihr Unternehmer oder Handwerker auf Sie zukommen, Ihnen mitteilen,

→

alles sei rechtzeitig und ohne wesentliche Mängel fertig und er wolle nun die restlichen 15 Prozent. Sie werden argumentieren, dass Sie zunächst einmal die Abnahme durchführen möchten, um auch kontrollieren zu können, ob denn auch alles tatsächlich mangelfrei ist. Und dann werden Sie feststellen, dass der Gesetzgeber hier eine empfindliche Lücke gelassen hat; denn er hat nicht definiert, dass die Geldeinbehalte bis nach Abnahme einbehalten werden können. Da Sie aber auf eigenem Grundstück bauen und das Hausrecht haben, können Sie sich jederzeit selbst davon überzeugen, ob die Arbeiten auch wirklich ohne wesentliche Mängel ausgeführt wurden.

Kaum ein Unternehmer weist in seinem Vertragserstentwurf Bauherren darauf hin, dass es neben dem gesetzlich festgeschriebenen Sicherheitseinbehalt auch einen durch die Rechtsprechung gewährten Gewährleistungseinbehalt gibt. Dieser muss aber ausdrücklich vertraglich vereinbart werden, sonst gilt er – im Gegensatz zum gesetzlich garantierten Sicherheitseinbehalt – nicht. Dabei handelt es sich um die Möglichkeit für die Dauer der Gewährleistung (nach dem BGB 5 Jahre) eine Teilsumme von üblicherweise maximal 5 Prozent der Bausumme einzubehalten, um im Fall von Mängeln während der Gewährleistungszeit eine gewisse Gewährleistungssicherung zu haben. So kann es ja zum Beispiel sein, dass ein Bauunternehmer während der Gewährleistungszeit insolvent wird und seinen Gewährleistungspflichten gar nicht mehr nachkommen kann. Dann haben Sie zumindest noch eine Teilsumme, mit der Sie mögliche Mängel beheben lassen können. Es kann auch sein, dass ein Bauunternehmen sich schlicht weigert, Mängel zu beseitigen, und möglicherweise auf Mängelbeseitigungsschreiben nicht einmal reagiert. Auch dann haben Sie die Möglichkeit, nach korrekter Einhaltung rechtlicher Schritte, solche Gelder einzusetzen.

In manchen Verträgen von Fertighausunternehmen oder von Anbietern schlüsselfertiger Massivhäuser wird bis heute – entgegen der gesetzlichen Grundlagen – kein Sicherheitseinbehalt geregelt, ein Gewährleistungseinbehalt ohnehin nicht. Diesen lehnen viele Firmen sogar rigoros ab.

Notwendige Regelung
Der Sicherheitseinbehalt und auch der Gewährleistungseinbehalt sind 2 ganz wichtige Werkzeuge zur wirksamen Steuerung eines Bauvorhabens. Da der Sicherheitseinbehalt über das BGB gesetzlich geregelt ist, können Sie zu diesem Punkt relativ einfach Ihre Ansprüche anmelden. Sinnvoll ist es allerdings, vertraglich ergänzend zu regeln, dass der Sicherheitseinbehalt erst nach Abnahme und Übergabe des Gebäudes ausbezahlt wird.

Der Gewährleistungseinbehalt hingegen ist nicht gesetzlich geregelt. Hier wehren sich die Unternehmen häufig mit Zähnen und Klauen gegen vertragliche Regelungen. Wie Sie dem Mustervertrag des ZDB und von Haus & Grund entnehmen können, enthält dieser aber auch Regelungen zu einem solchen Gewährleistungseinbehalt. Daher können die dortigen Regelungen durchaus Vorbild sein für den eigenen Vertrag. Gut ist auch, dass in dem Mustervertrag von ZDB und Haus & Grund weder für den Sicherheitseinbehalt noch für den Gewährleistungseinbehalt komplizierte Bürgschaftsregelungen gewählt werden, sondern nach diesen Regelungen bleibt das Geld schlicht bei Ihnen und wird erst an den Unternehmer ausgezahlt nach Fertigstellung beziehungsweise nach Ende der Gewährleistung. Viele Unternehmer wollen allerdings die Auszahlung sofort und gewähren im Gegenzug Bürgschaften. In einem solchen Fall muss aber geregelt werden, dass dann das Unternehmen die Kosten der Bürgschaft trägt und dass sie auf erstes Anfordern, unter Verzicht auf die Einrede der Vorausklage, unwiderruflich, unbefristet, unbedingt und selbstschuldnerisch ist (→ Seite 289).

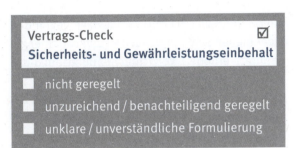

Checkblatt Bauvertrag
Bürgschaften

Typische Regelung

Bürgschaften sind grundsätzlich eine Konstruktion, die darauf hinweist, dass es Unsicherheiten gibt und für diese Unsicherheiten eine Sicherheit gestellt werden muss, meist durch einen Dritten, sehr häufig eine Bank. Eine solche Sicherheit ist in Verträgen häufig eine Bürgschaft. Es ist also immer die Frage zu stellen, welche Unsicherheit eigentlich hinter welcher Bürgschaft steckt. Dabei ist zu unterscheiden zwischen Bürgschaften, mit denen ein Vertragspartner gegenüber Ihnen bürgt, oder Bürgschaften, mit denen Sie bürgen.

Eine klassisches Bürgschaft bei Bauverträgen ist die gesetzliche Regelung, nach der ein Unternehmer gemäß § 650m Absatz 3 BGB gegen Stellung einer Bürgschaft von Ihnen die Auszahlung von 5 Prozent der Kaufsumme schon bei Beginn des Bauvorhabens verlangen kann, die Sie eigentlich einbehalten dürfen, bis zur vollständigen mangelfreien und termingerechten Fertigstellung. Das BGB regelt aber leider nicht, welche Eigenschaften die Bürgschaft haben muss. Eine Bürgschaft allein hilft Ihnen als Sicherheit noch lange nicht, sie muss vielmehr gleich mehrere Bedingungen erfüllen, damit Sie wirklich abgesichert sind.

Umgekehrt kann es sein, dass Sie eine Bürgschaft für etwas stellen. In einigen Verträgen wird zum Beispiel von Ihnen erwartet, dass Sie Sicherheit stellen für die Kosten zur Errichtung des Hauses. Dann ist es der Unternehmer, der von Ihnen Sicherheit dafür haben will, dass er am Ende sein Geld auch erhält. Mit § 650f, der sogenannten Bauhandwerkersicherung, ist das gemäß BGB theoretisch möglich, aber § 650f findet keine Anwendung in Verbraucherbauverträgen, weshalb eine solche Regelung gegenüber Ihnen nicht zulässig wäre.

→

Notwendige Regelung
Bürgschaften sollten überhaupt nur dann ins Spiel gebracht werden, wenn sie wirklich unverzichtbar sind. Unnötige Bürgschaften sind und bleiben unnötige Bürgschaften. Wenn beispielsweise Ihr Bauunternehmer 5 Prozent der Kaufsumme gleich zu Beginn haben will, obwohl dieser Betrag Ihrer Sicherheit dient, dann ist das nach dem Gesetz zwar zulässig, aber es fragt sich, ob das notwendigerweise wirklich sein muss. Viel unkomplizierter ist es, wenn Sie den Betrag tatsächlich einbehalten. Im Idealfall wird das im Bauvertrag auch gleich so geregelt und die Bürgschaftsalternative ausgeschlossen.

Wenn man um Bürgschaften, die Ihnen gestellt werden sollen, gar nicht herumkommt, dann müssen diese sehr sorgfältig formuliert sein. Grundsätzlich sollten Bürgschaften auf erstes Anfordern und auf Verzicht auf die Einrede der Vorausklage gezogen werden können. Ferner sollten sie unwiderruflich, unbefristet, unbedingt und selbstschuldnerisch sein. Was heißt das alles?

Bürgschaft auf erstes Anfordern:
Eine Bürgschaft auf erstes Anfordern heißt, dass Sie den Geldbetrag, der zum Beispiel von der Bank des Generalunternehmers als Sicherheit für Sie gestellt wird, bei Bedarf sofort bei der bürgenden Bank des Generalunternehmers anfordern können. Die bürgende Bank verzichtet dann auf alle Einwendungen und Einreden und kann sich nur mit einem sogenannten Rückforderungsprozess wehren, muss aber zunächst zahlen.

Verzicht auf die Einrede der Vorausklage:
Normalerweise müssen Sie zunächst versuchen, auf dem Weg der Zwangsvollstreckung gegenüber Ihrem Schuldner an Ihr Geld zu kommen. Erst wenn dieser Versuch scheitert, muss üblicherweise der Bürge einstehen und bürgen. Wenn Sie diese Vorausklage nicht erheben und direkt an den Bürgen herantreten, wird er dagegen „einreden" und Sie auffordern, zunächst die Vorausklage gegen den eigentlichen Schuldner, auch Hauptschuldner genannt, zu erheben. Verzichtet der Bürge auf diese „Einrede der Vorausklage", heißt dies, dass Sie nicht zunächst einen gescheiterten Zwangsvollstreckungsversuch gegenüber dem Hauptschuldner, also zum Beispiel dem Generalunternehmer, nachweisen müssen, sondern direkt auf dessen Bürgen, in aller Regel also dessen bürgende Bank, zugehen können, um an Ihr Geld zu kommen.

Unwiderruflich:
Eine unwiderruflich ausgestellte Bürgschaft ist durch den Bürgen nicht widerrufbar, was entscheidend ist für Bürgschaften, die zu Ihrer Sicherheit ausgestellt werden.

Unbefristet:
Eine unbefristet ausgestellte Bürgschaft besteht ohne Befristung, das heißt, die mit der Bürgschaft gegebene Sicherheit kann nicht irgendwann einfach ablaufen. Auch das ist sehr wichtig für Sie.

Unbedingt:
Eine unbedingt ausgestellte Bürgschaft ist eine Bürgschaft, die ohne jede Bedingung ausgestellt wurde, was ebenfalls sehr wichtig ist.

Selbstschuldnerisch:
Selbstschuldnerisch heißt, dass der Bürge, also zum Beispiel die Bank des Generalunternehmers, direkt vom Gläubiger, also von Ihnen, in Anspruch genommen werden kann. Sie müssen zum Beispiel nicht erst die Zahlungsunfähigkeit des Hauptschuldners, also zum Beispiel des Generalunternehmers, nachweisen. Die bürgende Bank ist dann nicht nur Gläubiger, sondern selbst Schuldner. Sie können in diesem Fall beide Schuldner gleichzeitig in Anspruch nehmen.

Bei allen Bürgschaftsurkunden müssen Sie außerdem gut darauf achten, dass sie mindestens auf den Betrag ausgestellt sind, den Sie im Gegenzug des Erhalts der Bürgschaftsurkunde entrichten. **Dabei gilt immer: Erst Erhalt und sorgfältige Prüfung der Bürgschaftsurkunde, dann Überweisung des vereinbarten Betrags. Diese Überweisung darf selbstverständlich nie höher sein als der Betrag, für den gebürgt wird.**

Das Bürgschaftsrecht ist in § 765 bis § 778 des BGB geregelt. Zusätzliche Regelungsmöglichkeiten sind durch die laufende Rechtsprechung des Bundesgerichtshofs (BGH) hinzugekommen.

Sehr wichtig bei Bürgschaften ist auch, den Sicherungszweck klar zu definieren. Der Sicherungszweck der Bürgschaft sollte zum Beispiel nicht nur einfach als Absicherung einer geleisteten Vorauszahlung definiert werden, sondern der Sicherungszweck sollte auch an die dahinterstehende Bauleistung (oder Gewährleistung) geknüpft werden. Das heißt, der Bürge bürgt dafür, dass die beschriebene Bauleistung gemäß Baubeschreibung auch in vollem Umfang mangelfrei und ohne Verzug erbracht wird, oder er hat umgehend die Bürgschaftssumme auszuzahlen. Handelt es sich um eine Gewährleistungsbürgschaft, gilt analog, dass ein vertraglich vereinbartes Gewährleistungsversprechen, das bei Eintritt eines Gewährleistungsfalls nicht erfüllt wird, über die Auszahlung der Bürgschaftssumme ersatzweise erfüllt werden kann.

Grundsätzlich gilt: Bürgschaftsvereinbarungen müssen schriftlich erfolgen. Wenn Sie eine Bürgschaftsurkunde nicht verstehen, sollten Sie sich diese detailliert durch eine sachkundige Person erläutern lassen, beispielsweise durch einen unabhängigen Fachanwalt für Bau- und Architektenrecht oder einen mit entsprechendem Tätigkeitsschwerpunkt, der sich die geplante Bürgschaft genau ansieht. Keinesfalls sollten Sie Ihnen vorgelegte Bürgschaften akzeptieren, ohne sie inhaltlich genau zu überprüfen. Und: Bürgschaften kosten Geld. Wenn Ihr Unternehmer Bürgschaften stellen will, um früher an Geld von Ihnen zu kommen, dann sollte er auch die damit verbundenen Kosten tragen.

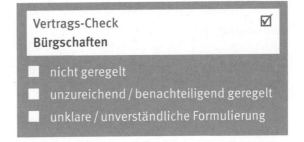

Checkblatt Bauvertrag
Vollmachten

Typische Regelung

In einigen Bauverträgen gibt es Vollmachtregelungen. Das können zum Beispiel Vollmachten gegenüber Behörden sein.

Bei mehreren Bauherren eines Hauses wird manchmal auch verlangt, dass Sie sich wechselseitig Vollmacht erteilen, also zum Beispiel bei einem Ehepaar beide Ehepartner. Für ein Unternehmen hat das große Vorteile, weil es so sehr schnell Entscheidungen bekommt. Das kann aber zu sehr misslichen Situationen führen, wenn eine Entscheidung ansteht, die einer der Partner vielleicht anders getroffen hätte. Auch das muss man sich also überlegen.

In der Regel soll man dann auf die Regelungen des § 181 des BGB verzichten, der lautet, Zitat:

> „Ein Vertreter kann, soweit nicht ein anderes ihm gestattet ist, im Namen des Vertretenen mit sich im eigenen Namen oder als Vertreter eines Dritten ein Rechtsgeschäft nicht vornehmen, es sei denn, dass das Rechtsgeschäft ausschließlich in der Erfüllung einer Verbindlichkeit besteht.".

Das ist also eine Schutzwirkung des BGB, von der der Bauvertrag abweichen würde. Solche Abweichungen sind bei üblichen Bauvorhaben mit 2 Partnern beziehungsweise Ehepartnern nicht nötig.

Bei Vollmachten ist es wie bei Bürgschaften: Umfassende und unwiderrufliche (gegebenenfalls sogar noch unbefristete) Vollmachten bergen hohe Risiken.

Notwendige Regelung

Vollmachten sind in Bauverträgen verzichtbar. So einfach ist das. Enthält Ihr Bauvertrag irgendwelche Vollmachtregelungen für den Unternehmer, sollten diese ersatzlos gestrichen werden; denn für die Fälle, in denen er Ihre Unterschrift benötigt, zum Beispiel gegenüber Behörden, kann er im Einzelfall auf Sie zukommen.

Auch einen Verzicht auf die Regelungen des § 181 des BGB sollten Sie in Ihrem Bauvertrag nicht akzeptieren.

> ☑ Falls geregelt, sollte eine ersatzlose Streichung erfolgen.

Checkblatt Bauvertrag
Unterwerfung unter die Zwangsvollstreckung

Typische Regelung

Die Unterwerfung eines Käufers unter die Zwangsvollstreckung wird selten, aber doch manchmal in Bauverträge aufgenommen. Das kann zum Beispiel bei Generalunternehmern oder Fertighausanbietern der Fall sein, die damit Zahlungsausfälle seitens des Kunden abfedern wollen.

Die Unterwerfung eines Käufers unter die Zwangsvollstreckung in sein gesamtes Vermögen ist in Bauverträgen nicht nötig. Denn die Frage ist ja: Was ist überhaupt der auslösende Grund für eine Zwangsvollstreckung? Dies kann eigentlich nur eine ausstehende Schuld gegenüber dem Unternehmer sein. Gibt es aber einen sehr detaillierten Zahlungsplan (→ Checkblatt 131 Seite 281) und klare Kündigungsregelungen, sind Zwangsvollstreckungsmaßnahmen völlig überflüssig. Würden Sie berechtigten Zahlungsforderungen des Unternehmers nicht nachkommen, hätte er ja Möglichkeiten, aus dem Vertrag auszusteigen und auf dem Rechtsweg gegebenenfalls ausstehende Beträge einzuklagen. Wenn Sie nicht zahlen, kann das im Übrigen ja allerdings berechtigte Gründe haben. Fälligkeitsvoraussetzungen für die Einleitung von Zwangsvollstreckungsmaßnahmen und deren Nachweis sind in Verträgen ohnehin fast nie zweifelsfrei geklärt, was zusätzliche, erhebliche Risiken bringt.

Solche Absicherungen sind ferner auch deswegen nicht nötig, weil das BGB Unternehmern die Möglichkeit einer sehr wirksamen Absicherung gibt, nämlich die der grundbuchrechtlichen Absicherung. Das ist geregelt in § 650e des BGB, Zitat:

„Der Unternehmer kann für seine Forderungen aus dem Vertrag die Einräumung einer Sicherungshypothek an dem Baugrundstück des Bestellers verlangen. Ist das Werk noch nicht vollendet, so kann er die Einräumung der Sicherungshypothek für einen der geleisteten Arbeit entsprechenden Teil der Vergütung und für die in der Vergütung nicht inbegriffenen Auslagen verlangen."

Diese Absicherung ist sehr weit- und vollkommen ausreichend. Regelungen im Bauvertrag, mit denen man Sie direkt der Zwangsvollstreckung unterwerfen kann, sollten Sie entschieden ablehnen.

Notwendige Regelung

Unterwerfungen unter die Zwangsvollstreckung in Ihr gesamtes Vermögen sind grundsätzlich abzulehnen, egal gegenüber wem, Handwerker, Fertighausanbieter oder Generalunternehmer. Es haben sich selbst schon Makler Zwangsvollstreckungsrechte in Verträge setzen lassen, nur um damit im Zweifel später sehr einfach an ihre Courtage zu kommen.

Auch Regelungen mit wechselseitigen Vollmachten mehrerer Käufer zur Unterwerfung unter die Zwangsvollstreckung sollten grundsätzlich klar abgelehnt werden.

Zwangsvollstreckungsregelungen werden meist von der Bank zur Finanzierung der Bauvorhaben als Sicherheit gefordert und dann über einen Grundbucheintrag festgehalten. Sie haben aber in einem Bauvertrag nichts verloren, und das sollten Sie auch entschieden ablehnen.

Vertrags-Check ☑
Unterwerfung unter die Zwangsvollstreckung

☐ nicht geregelt
☐ unzureichend / benachteiligend geregelt
☐ unklare / unverständliche Formulierung

Checkblatt Bauvertrag
VOB/B-Regelungen

Typische Regelung

Nach wie vor geistert die VOB/B durch viele Bauverträge, die mit Verbrauchern geschlossen werden. Es handelt sich hierbei um die sogenannte „Vergabe- und Vertragsordnung/Teil B". Das ist eine Allgemeine Geschäftsbedingung, auf die sich öffentliche Auftraggeber und Bauwirtschaft geeinigt haben. Diese ist für private Bauverträge mit Verbrauchern aber nicht ohne Weiteres wirksam. Bis 2008 war das noch so, dann allerdings entschied der Bundesgerichtshof (BGH), dass auch die VOB/B bei Anwendung gegenüber Verbrauchern der Inhaltskontrolle nach dem BGB unterliegt. Das heißt, einzelne Regelungen aus der VOB/B, die den Regelungen zu Allgemeinen Geschäftsbedingungen des BGB widersprechen, sind gegenüber Verbrauchern nicht wirksam. Auch das BGB wurde 2009 entsprechend angepasst; denn grundsätzlich gilt für Allgemeine Geschäftsbedingungen BGB-Recht. Die zulässige Ausnahme für VOB/B-Verträge gibt es so im BGB für Verträge mit Verbrauchern nicht mehr, mehr dazu in den jeweiligen Ratgebern der Verbraucherzentrale „Kauf und Bau eines Fertighauses" und „Kauf eines Reihen- oder Doppelhauses".

Die VOB/B besteht aus 18 Paragrafen, die relativ detailliert vertragliche Rechte und Pflichten der Vertragspartner regeln. Daher wird sie von vielen Fachanwälten für Bau- und Architektenrecht oder solchen mit entsprechendem Tätigkeitsschwerpunkt durchaus geschätzt, sie beinhaltet aber auch gefährliche Fallstricke für Verbraucher. Ein ganz einfaches Beispiel ist die Abnahme: Die VOB/B verlangt, dass die Abnahme explizit verlangt und vereinbart wird, während nach dem BGB-Werkvertragsrecht grundsätzlich eine Abnahme stattzufinden hat. Bei einem VOB/B-Vertrag, in dem keine Abnahme explizit geregelt ist, gilt eine Leistung 12 Werktage nach Mitteilung darüber, dass die Leistung fertiggestellt ist, als abgenommen. Nach BGB-Recht muss Ihnen der Unternehmer grundsätzlich eine Abnahme gewähren und auch eine angemessene Frist hierzu. Ein anderes Beispiel: Die VOB/B sieht üblicherweise Gewährleistungszeiten von 4 Jahren vor, das BGB von 5 Jahren. Aber: Bei der VOB/B wird die Gewährleistungszeit üblicherweise bereits mit dem Mangelschreiben an den Unternehmer unterbrochen, beim BGB geschieht dies erst mit dem Mangelanerkenntnis durch den Unternehmer oder durch Einleitung eines selbständigen Beweisverfahrens (früher Beweissicherungsverfahren).

Seit der Einführung des Verbraucherbauvertragsrechts im BGB am 1. Januar 2018 ist die VOB/B für Verbraucher aber definitiv nicht mehr interessant.

Bei Bauwerkverträgen von Fertighausanbietern oder Anbietern schlüsselfertiger Massivhäuser werden teils bis heute noch VOB/B-Verträge vorgelegt. Erst sehr langsam setzt sich die Erkenntnis durch, dass der BGH hier eine Änderung der Rechtsprechung herbeigeführt hat und auch das BGB in diesem Punkt längst geändert wurde.

Mittlerweile tauchen auf dem Markt auch VOB/B-Verträge auf, die mit den verschiedensten Änderungen versehen sind, um der Inhaltskontrolle nach dem BGB gerecht zu werden. Teilweise werden sie der Bauwirtschaft sogar fertig formuliert von Verlagen angeboten. Ein VOB/B-Vertrag kann allerdings sogar schon dadurch unwirksam werden, dass er nicht als Ganzes vereinbart wird, sondern nur in Teilen, dazu kombiniert mit neuen Formulierungen, die BGB-konform sind. Bei solchen VOB/B-Verträgen ist sehr große Vorsicht geboten. Zur rechtlichen Einschätzung empfiehlt sich dann eine präventive Prüfung durch einen Fachanwalt für Bau- und Architektenrecht oder entsprechendem Tätigkeitsschwerpunkt.

Allerdings gilt zur VOB/B grundsätzlich: Ob Klauseln wirksam vereinbart sind oder nicht, betrifft immer auch die Frage, wer deren Verwender ist. Von wem also geht die Initiative zur Verwendung der VOB/B aus? Geht sie von Ihnen aus, werden Sie sich nicht auf Unwirksamkeiten aus der VOB/B berufen können. Auch gilt: Selbst wenn Sie einem Unternehmer einen Werkvertrag nach dem BGB vorlegen, in Ausschreibungsunterlagen Ihres Architekten aber auf die VOB/B Bezug genommen wird, kann das ernste Probleme nach sich ziehen. Denn es stellt sich dann die Frage, ob die VOB/B dadurch nicht möglicherweise doch zur Verwendung kam. Und bei Weitem nicht alle Ausschreibungsunterlagen von Architekturbüros sind fachanwaltlich oder auch nur anwaltlich geprüft. Vor Aussendung von Ausschreibungsunterlagen ist es also sinnvoll, wenn auch diese Unterlagen ein Fachanwalt für Bau- und Architektenrecht oder ein Anwalt mit entsprechendem Tätigkeitsschwerpunkt gesehen und geprüft hat.

Notwendige Regelung
Wenn Sie in einem Bauvertrag irgendwo die Buchstabenkombination VOB/B sehen, sprechen Sie den Unternehmer an, warum VOB/B-Regeln in den Bauvertrag oder dessen Anlage aufgenommen wurden, wo es doch ein spezielles Verbraucherbauvertragsrecht im BGB gibt. Ein Werkvertrag nach dem BGB-Verbraucherbauvertragsrecht ist auf alle Fälle die sinnvollere Alternative. Auch der Mustervertrag von Haus und Grund und ZDB baut übrigens auf diesen BGB-Regelungen auf. Er ist in dieser Hinsicht ebenso eine vernünftige Lösung.

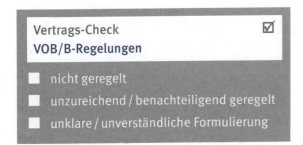

Checkblatt Bauvertrag
Versicherungen

Typische Regelung
Haftungen aus Baustellengefahren (Bauherrenhaftpflichtversicherung), aus Schäden an der Baustelle (Bauleistungsversicherung) oder Feuer (Feuerrohbauversicherung) sind Ihr Problem, auch Haftungen aus der Verkehrssicherungspflicht des Grundstücks. Das sind keine Probleme des Bauunternehmens. Daher müssen Sie sich gegen diese absichern beziehungsweise vertraglich regeln, ob der Unternehmer zum Beispiel die Bauleistungsversicherung übernimmt

Fatal sind besondere Versicherungsregelungen für den Fall, dass eine Abnahme und eine Hausübergabe zeitlich getrennt werden. In manchen Bauverträgen heißt es dann, dass das Haus bis zur Abnahme durch den Unternehmer versichert ist. Liegen zwischen Abnahme und Übergabe zum Beispiel 4 Wochen, müssten Sie das Haus theoretisch bereits versichern, während Sie es noch gar nicht betreten können. Wenn dann Ihre Versicherung von Ihnen bestimmte Sorgfaltspflichten verlangt, die sich jedoch nur erfüllen lassen, wenn Sie das Haus betreten können, haben Sie ein großes Problem. Daher müssen Sie bei solchen Details aufpassen und in jedem Fall anderslautende Regelungen vereinbaren.

Notwendige Regelung
Zumindest die Frage, wer die Bauherrenhaftpflichtversicherung, die Bauleistungsversicherung und die Feuerrohbauversicherung abschließt und bezahlt, muss geklärt werden. Man kann das auch aufteilen. Sie als Bauherr können die Bauherrenhaftpflichtversicherung übernehmen und die Feuerrohbauversicherung. Der Unternehmer kann die Bauleistungsversicherung übernehmen, die zum Beispiel bei Beschädigungen bereits gelieferter

oder eingebauter Elemente zahlt. Im Fall von Eigenleistungen durch Freunde muss für diese eine Unfallversicherung abgeschlossen werden. Das ist gesetzlich vorgeschrieben und muss über die Bauberufsgenossenschaft erfolgen (www.bgbau.de), auch für sich selbst sollten Sie eine Unfallversicherung abschließen.

Ist im Vertrag gar nichts geregelt und Sie übersehen die Versicherungsnotwendigkeit, kann das verheerende Folgen haben.

Unabhängig davon sollten Sie auch Ihren Kredit absichern, für den Fall dass der Hauptverdiener ausfällt (Risikolebensversicherung). Mehr dazu im Ratgeber „Richtig versichert" der Verbraucherzentrale.

Spätestens, wenn Sie das Haus übernehmen, benötigen Sie eine Gebäudeversicherung. Einige Anbieter von Feuerrohbauversicherungen bieten diese kostenfrei an, wenn man bei ihnen zugleich eine Gebäudeversicherung bucht.

Falls Sie zusätzlich eine Elementarschadensversicherung benötigen, die auch Schäden zum Beispiel aus Haussetzungen, Erdbeben oder Überflutungen abdeckt, ist diese üblicherweise zusätzlich zur Gebäudeversicherung abzuschließen, weil hier sonst nur Schäden aus Leitungswasser, Feuer, Hagel und Sturm abgedeckt sind.

Soweit eine Ölheizung geplant ist, wird zusätzlich eine Gewässerschadensversicherung empfohlen.

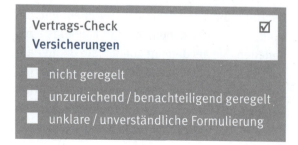

Checkblatt Bauvertrag
Energieeffizienz

Typische Regelung
Der energetische Mindeststandard für Neubauten in der Bundesrepublik wird über die sogenannte Energieeinsparverordnung (EnEV) geregelt. Sie wird von Zeit zu Zeit überarbeitet, die jeweils zum Zeitpunkt der Baueingabe gültige EnEV gilt. Wenn Sie eine höhere energetische Qualität wollen, dann müssen Sie im Vertrag auch höhere energetische Standards vereinbaren. Das kann in der Baubeschreibung erfolgen sein, muss es aber nicht. Dann sollte es im Kaufvertrag geregelt werden – wird es häufig aber auch nicht. Dann ist es am Ende gar nicht geregelt und der Anbieter schuldet Ihnen nur den EnEV-Standard.

Manchmal ist ein Blower-Door-Test geregelt, zur Messung der Luftdichtheit der Gebäudehülle. Fast immer aber ist weder ein klarer Zielwert vereinbart noch eine Konsequenz-Regelung für den Fall, dass dieser Zielwert nicht erreicht wird.

Notwendige Regelung
Energetische Ziele werden häufig geregelt, weil daran eine Finanzierung hängt, zum Beispiel von Landeskreditbanken oder von der KfW. Die Fördermöglichkeiten und Kredite dieser Banken hängen bei vielen Programmen direkt mit dem geplanten energetischen Standard zusammen. Daher muss dieser auch sehr klar und abgestimmt auf die gewünschte Finanzierung geregelt werden. Möchten Sie beispielsweis einen bestimmten KfW-Standard erreichen, zum Beispiel den KfW-Effizienzhaus-Standard 55 oder 40, weil dieser bei Ihrer Finanzierung berücksichtigt ist, dann muss genau dieser Standard auch schriftlich im Bauvertrag vereinbart werden. Die KfW ändert von Zeit zu Zeit allerdings Ihre Programme. So gab es früher beispielsweise einmal ein KfW-Programm mit der Bezeichnung KfW-Effizienzhaus 85. Es gibt immer

wieder Verträge, in denen solche veralteten Regelungen auftauchen. Das Problem dabei ist, dass eine solche Vereinbarung dann schlicht veraltet ist und ins Leere läuft. Daher sollte man immer überprüfen, wie die aktuellen Programme der KfW heißen und wie sie definiert sind (→ unter www.kfw.de). Es ist nicht gesagt, dass Unternehmer hier auf dem aktuellen Stand sind.

Wenn Sie zusätzlich einen Blower-Door-Test vereinbaren wollen, dann sollte dazu auch ein Zielwert genannt werden und eine Konsequenz-Regelung erfolgen. Was ist also, wenn der Zielwert nicht eingehalten wird? Muss dann nachgebessert werden oder passiert gar nichts? Nur die Vereinbarung eines Blower-Door-Tests an sich bringt Sie nur bedingt weiter.

Bei Passivhäusern sollte zusätzlich vereinbart werden, welcher energetische Zielwert – also welcher maximale Energieverbrauch pro Quadratmeter und Jahr – erreicht werden muss. Als obere Grenze für Passivhäuser werden 15 Kilowattstunden pro Quadratmeter und Jahr angesehen.

Checkblatt Bauvertrag
Wohnflächen

Typische Regelung

Die Wohnfläche ist bei Fertighäusern und schlüsselfertigen Massivhäusern in den Verträgen nur selten geregelt und wenn doch, begegnet man allem Möglichen. Gar keine Berechnungsgrundlage, Berechnung nach DIN 277, Berechnung „nach Plananlage" oder auch Berechnung nach Wohnflächenverordnung (WoFlV), häufig noch zusätzlich versehen mit einer „ca."-Angabe. Wenn man sich dann darüber Klarheit verschaffen will, was denn wie in die Berechnung mit einbezogen wurde (ist also etwa die Terrasse oder der Balkon mit einbezogen worden, und wenn ja, in welchem Umfang?) wird es schnell sehr unklar. Undefinierte Berechnungsgrundlagen sollten gar nicht akzeptiert werden, da sie überhaupt nicht sauber überprüft werden können. Damit bleiben Berechnungen nach DIN 277 und der Wohnflächenverordnung.

Die DIN 277 ist eine Form der Flächenermittlung, um eine Grundlage zur Kostenermittlung von Bauvorhaben zu erhalten, sie ist entsprechend eine Schwesternorm der DIN 276 „Kosten im Hochbau". Wenn Sie ein Haus angeboten bekommen, dessen Grundfläche nach dieser Norm berechnet wurde, ist das für die Planer, die auf dieser Basis die Kosten ermitteln, eine unter Umständen sinnvolle Grundlage. Für Sie allerdings, der oder die das Haus nutzen will, vielleicht auch später einmal vermieten oder verkaufen wollen, ist eine Flächenberechnung nach DIN 277 nur eingeschränkt verwendbar. Besser geeignet für Sie ist die Wohnflächenverordnung. Sie wurde zwar vor allem für den geförderten Wohnungsbau geschaffen, ist aber eine Verordnung, die sich allgemein zur Berechnung von Wohnflächen gut eignet. Strittigster Punkt bei der Wohnflächenberechnung ist der Flächenansatz von Terrassen und Balkonen. Hier ist ein Ansatz von 25 bis 50 Prozent gestattet, Zitat § 4 Satz 4 Wohnflächenverordnung:

> „Die Grundfläche von Balkonen, Loggien, Dachgärten und Terrassen sind in der Regel zu einem Viertel, höchstens jedoch zur Hälfte anzurechnen."

Das heißt aber: Im Normalfall sollten 25 Prozent angesetzt sein, nur bei sehr besonderen Eigenschaften kann hier demnach maximal die Hälfte angerechnet werden, das wäre zum Beispiel ein erheblich erhöhter Nutzwert, etwa durch Zuschnitt, Orientierung, Lage und Aussicht. Bei einem kleinen Balkon von 4 Quadratmetern ist es nicht weiter relevant, ob die Wohnung nun 1 oder 2 Quadratmeter mehr hat, bei einer Dachterrasse von 40 Quadratmetern spielt das Ergebnis schon eine ganz andere Rolle, ob die Wohnung 10 oder 20 Quadratmeter mehr Wohnfläche hat. Der Hausanbieter möchte natürlich so viel Wohnfläche wie möglich in sein Angebot bringen, weil das großzügiger klingt. Realistisch muss das aber nicht sein.

Wohnflächen unter Dachschrägen werden von einer Raumhöhe bis zu einem Meter gar nicht angerechnet und von einer Raumhöhe bis 2 Meter nur zur Hälfte. Erst ab 2 Meter wird die volle Grundfläche als Wohnfläche angerechnet.

Nicht zur Wohnfläche gehören nach der Wohnflächenverordnung:

Kellerräume, Abstellräume und Kellerersatzräume außerhalb der Wohnung, Waschküchen, Bodenräume, Trockenräume, Heizungsräume und Garagen.

Notwendige Regelung
Die Berechnungsgrundlage der Wohnfläche muss klar festgelegt werden. Hier bietet sich die Wohnflächenverordnung an, Balkone und Terrassen sollten dabei mit nicht mehr als 25 Prozent angesetzt werden. „Ca."-Angaben sollten nicht toleriert werden. Konsequenz-Regelungen bei Nichteinhaltung der versprochenen Wohnfläche kann eine entsprechend anteilige Preisreduzierung sein. Manche Unternehmen regeln auch eine Fehlertoleranz durch Formulierungen wie: „bis zu", nicht selten werden satte 3 Prozent (bei einer 100-Quadratmeter-Wohnung sind das schon 3 Quadratmeter) als Fehlertoleranz geregelt. Das ist deutlich zu viel und entspricht bereits der Fläche eines kleinen Duschbads. 1,5 Prozent als Fehlertoleranz sind der maximale Wert. Weiter regeln manche Unternehmer, dass bei Unterschreitung der Wohnfläche nur der Fehlbetrag rückerstattet würde, der oberhalb der Quadratmeter-Fehlertoleranz liegt. Auch das ist eine nicht sinnvolle Lösung, sondern es gilt: Man ist möglicherweise bereit, eine Fehlertoleranz bis hin zu 1,5 Prozent hinzunehmen. Geht der Flächenverlust aber darüber hinaus, sollte eine anteilige Rückerstattung in der gesamten Höhe der Fehlfläche erfolgen.

Beispiel: Eine 100 Quadratmeter große Wohnung kostet 200.000 Euro. Zugestanden ist eine Fehlertoleranz von 1,5 Prozent, in diesem Fall also 1,5 Quadratmeter. Nach Fertigstellung stellt sich heraus, dass die Wohnung nur 97,5 Quadratmeter nach Wohnflächenverordnung hat, damit ist die vereinbarte Wohnfläche um 2,5 Prozent unterschritten. Das würde eine Mindervergütung des Unternehmers von 5.000 Euro zur Folge haben. Käme jedoch die Regelung des Unternehmers zustande, nach der nur die Fehlfläche angerechnet würde, die oberhalb von der Fehlertoleranz von 1,5 Prozent liegt, bekäme der Unternehmer nur 2.000 Euro weniger. 3.000 Euro seiner Fehlleistung blieben dann an Ihnen hängen. Das ist nicht einzusehen, wenn Sie ohnehin zur Einräumung einer generellen Toleranz von 1,5 Prozent bereit sind.

Checkblatt Bauvertrag
Barrierefreiheit

Typische Regelung

An diesem Beispiel wird Ihnen auch klar, über welche Summen man bei einer unsauberen Wohnflächendefinition schnell redet. Fazit: Sie benötigen im Bauvertrag exakte Wohnflächenangaben und eine klare Berechnungsrundlage für die Wohnflächen, sonst können Sie Fehlflächen nie wirksam nachweisen. Zwar regelt das BGB in § 650k Absatz 2, wie weiter vorne im Buch bereits erwähnt, Folgendes:

„Soweit die Baubeschreibung unvollständig oder unklar ist, ist der Vertrag unter Berücksichtigung sämtlicher vertragsbegleitender Umstände, insbesondere des Komfort- und Qualitätsstandards nach der übrigen Leistungsbeschreibung, auszulegen. Zweifel bei der Auslegung des Vertrags bezüglich der vom Unternehmer geschuldeten Leistung gehen zu dessen Lasten."

Aber wie wollen Sie eine solche Regelung auf die Bemessung von Wohnflächen anwenden? Im Bereich des Schallschutzes kann das schon eher gelingen, bei der Wohnfläche hingegen kaum. Besser, die Dinge sind von vornherein transparent nachvollziehbar geregelt.

Vertrags-Check	☑
Wohnflächen	
☐ nicht geregelt	
☐ unzureichend / benachteiligend geregelt	
☐ unklare / unverständliche Formulierung	

Zunehmend tritt die Barrierefreiheit bei Bauvorhaben in den Vordergrund. Doch was kaum jemand weiß, der Begriff der Barrierefreiheit ist rechtlich nicht klar definiert. Als angeblich barrierefrei wird mittlerweile alles Mögliche bezeichnet, häufig wird unter barrierefrei auch nur eine gewisse physische Barrierefreiheit verstanden, was zum Beispiel weder auditive (akustische) noch visuelle (optische) Barrierefreiheit mit einschließt.

Notwendige Regelung

Es gibt einen ganz einfachen Weg, um Barrierefreiheit wirksam zu regeln. Man kann in den Bauvertrag aufnehmen, dass das Haus barrierefrei nach DIN 18040 sein soll. Damit ist eine umfassende, klare und nachprüfbare Barrierefreiheit garantiert, die diesen Namen auch verdient. Die DIN hat 3 Teile:

→ DIN 18040-1 Barrierefreies Bauen Planungsgrundlagen Teil 1: Öffentlich zugängliche Gebäude

→ DIN 18040-2 Barrierefreies Bauen Planungsgrundlagen Teil 2: Wohnungen

→ DIN 18040-3 Barrierefreies Bauen Planungsgrundlagen Teil 3: Öffentlicher Verkehrs- und Freiraum

Mindestens Teil 2 und 3 sollten dann vertraglich vereinbart werden, Teil 3 deswegen, weil Sie Ihr Haus ja auch barrierefrei erreichen müssen, von der Straße aus, vom Stellplatz aus, vom Zugangsweg aus.

→

Wenn sich der Unternehmer nicht darauf einlässt, kann er alternativ darlegen, in welchen Punkten seine Barrierefreiheit von der DIN 18040 abweicht – und auch in welchen Punkten genau, sodass man überhaupt nachprüfen kann, was man geboten bekommt. Denn es gibt Personenkreise, die zwingend auf eine wirklich funktionierende Barrierefreiheit angewiesen sind, möglicherweise sogar gerade deswegen umziehen.

Auch eine KfW-Förderung der Barrierefreiheit setzt zwingend bestimmte Kriterien voraus. Die Förderkriterien der KfW sind angelehnt an die DIN 18040. Ist die DIN 18040 vereinbart kann man auch sicher sein, die Förderkriterien der KfW für barrierefreies Bauen einzuhalten.

Falls körperliche Einschränkungen vorhanden sind, die ganz spezielle bauliche Lösungen erfordern, muss dies früh angesprochen und verbindlich im Bauvertrag fixiert werden. Gegebenenfalls müssen zusätzliche Pläne angefertigt und zum Vertragsbestandteil gemacht werden. Auch bei der Planfreigabe von Vertragsplänen ist dann mit besonderer Sorgfalt darauf zu achten, dass alle besprochenen Punkte detailliert und maßgerecht eingearbeitet sind (→ Checkblatt 148 Seite 304).

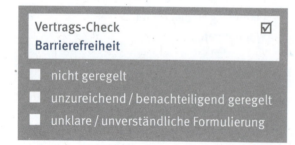

Vertrags-Check ☑
Barrierefreiheit

- ☐ nicht geregelt
- ☐ unzureichend / benachteiligend geregelt
- ☐ unklare / unverständliche Formulierung

Checkblatt Bauvertrag
Sonderwünsche

Typische Regelung
Sonderwünsche werden unterschiedlich behandelt. Fertighausanbieter machen es sich in der Regel ganz einfach: Zunächst wird der Kaufvertrag für das Fertighaus unterschrieben und dann folgt irgendwann die sogenannte „Bemusterung". Ein Termin, – oft beim Fertighausanbieter – bei dem die Ausstattung des gesamten Hauses, von der Heizung bis zur Tapete festgelegt wird. Das heißt übersetzt: Sie unterzeichnen beim Konditor erst einmal den Kaufvertrag für eine Torte, und dann wird in einem späteren Termin festgelegt, was alles in die Torte hineinkommt und wie teuer der Spaß wird. Das ist natürlich problematisch, aber tatsächlich der Standard beim Fertighauskauf.
Bei Anbietern von schlüsselfertigen Massivhäusern läuft es häufig ähnlich wie bei Bauträgern, dass diese sich einen Vorbehalt der schriftlichen Zustimmung zu Sonderwünschen in den Vertrag setzen lassen. Die Unternehmen lassen sich bisweilen sogenannte „Regiekosten" bezahlen und verweisen für die Beauftragung und Abrechnung direkt an die Handwerker. Das kann dann heißen: Ihr Haus wird vom Unternehmer A gebaut, aber Ihr Bad wurde mit Sonderwünschen durch Handwerker B ausgebaut. Mit allen Konsequenzen: Die Ausstattung Ihres Bads unterliegt dann unter Umständen einem anderen Vertrag als der Rest des Hauses, auch mit anderen Gewährleistungszeiten.

Notwendige Regelung
Sonderwünsche beim Bauen mit einem Anbieter schlüsselfertiger Massivhäuser sollten entweder von vornherein detailliert vertraglich festgelegt werden, oder aber klare Optionen sollten dafür offengehalten werden, so kann beispielsweise auch geregelt werden, dass man bestimmte Bauprodukte (zum Beispiel Fliesen, Böden, Sanitärgegenstände) bei einem Händler seiner Wahl aus-

suchen darf und der Unternehmer die Produkte dort abholt und auf der Baustelle einbaut.

Nicht in den Vertrag gehören Regelungen, nach denen Sie mit den Handwerksunternehmen, die auf der Baustelle als Subunternehmen tätig sind, direkte Verträge machen müssen und direkt an diese zahlen. Sie bauen ja möglicherweise gerade deswegen schlüsselfertig, weil Sie nur einen Vertragspartner haben wollen, daher sollten Sie das dann auch konsequent so halten.

Sogenannte Regiekosten (Koordinierungskosten) kann man am besten vor Vertragsabschluss verhandeln. Sind allen Beteiligten die Sonderwünsche früh bekannt, müssen Regiekosten eigentlich auch gar nicht angesetzt werden, weil eine frühzeitige Planung kaum zusätzlichen Koordinierungsaufwand erfordert.

Ein Ausnahmefall kann sein, wenn Sie ein bestimmtes Gewerk unbedingt durch einen Handwerker Ihres Vertrauens umsetzen lassen wollen, der aber ansonsten am Bau nicht beteiligt ist und dessen Gewerk auch zwischen 2 Gewerken des Hausanbieters liegt, also etwa ein Heizungsbauer, der eine Fußbodenheizung einbringen soll. Dann sollte das frühzeitig vertraglich geregelt werden.

Beim Fertighausanbieter sollte die sogenannte Bemusterung erfolgen, bevor man einen Vertrag unterzeichnet. Viele Fertighausanbieter möchten das nicht zulassen, da sie argumentieren, die Vorauskosten des Herstellers seien dann unverhältnismäßig hoch, da er Häuser bemustert, bei denen es möglicherweise nie zum Vertrag kommt. Dieser Argumentation kann man sehr einfach den Wind aus den Segeln nehmen, indem man anbietet, dass die Bemusterung separat verrechnet wird. Die Bemusterung in den Bemusterungszentren dauert in der Regel etwa einen Tag. Diesen Tagessatz, der für das Personal des Fertighausherstellers anfällt (zum Beispiel 60 bis 70 Euro brutto pro

Stunde sind bei 8 Stunden = 480 bis 560 Euro) kann man separat zahlen, wenn es doch nicht zum Fertighauskauf kommt. Kommt es hingegen dazu, ist dieser Satz ohnehin im Fertighauspreis enthalten.

Sonderwünsche sind in aller Regel Änderungen beziehungsweise Abweichungen vom ursprünglich Geplanten. Das BGB regelt inzwischen, dass Verbraucher ein Anrecht auf die Umsetzung von Änderungen auch während des Bauvorhabens haben. Dazu muss Ihnen der Unternehmer zunächst ein Angebot unterbreiten. Kommt der Ihrer Aufforderung jedoch nicht nach, können Sie die Änderung auf der Baustelle nach § 650b Absatz 2 sogar anordnen. Voraussetzung ist aber, dass in 30 Tagen keine Einigung zwischen Ihnen und dem Unternehmer zustande kam. In der Zeit kann der Bau natürlich schon erheblich vorangeschritten sein. Möglicherweise ist Ihr Wunsch dann ohne Weiteres gar nicht mehr umsetzbar. Daher sollten Sie sich besser von Anfang an sehr gründlich mit potenziellen Sonderwünschen auseinandersetzen und diese von Anfang in Ihre Überlegungen mit aufnehmen und verhandeln.

Sicherstellen müssen Sie vor allem bei schlüsselfertigen Massivhausangeboten auch, dass Ihre Sonderwünsche tatsächlich an die ausführenden Handwerker weitergegeben werden, sonst kann es Ihnen passieren, dass die Sonderwünsche nicht ausgeführt werden. Das wäre zunächst kein Problem, weil dann ein Mangel vorliegt, der nachgebessert werden müsste. Allein das kann allerdings schon aufwendig genug werden. Vor allem aber kann es passieren, dass der Unternehmer insolvent wird und deshalb Ihre Sonderwünsche nicht ausgeführt werden. Wenn Sie sich dann an die Handwerker wenden wollen, kann es Ihnen passieren, dass diese mitteilen, eine Sonderwunschbeauftragung gar nicht erhalten zu haben.

Sonderwünsche sind klar zu definieren und auch ihren Kosten nach klar zu benennen (→ Checkblatt 83 Seite 186). Hat man sich darüber verständigt, sind sie in den Vertrag aufzunehmen oder als Vertragsbestandteil klar definiert zu vereinbaren. Wollen Sie in einem Raum ein zusätzliches Fenster haben, reicht es nicht zu schreiben: „Zusätzliches Fenster im Wohnzimmer." Sondern dann muss sehr klar beschrieben werden, an welcher Wand es sitzt, welche Maße es hat, wie weit es von den Wandkanten entfernt ist, welchen Rahmen und welches Glas es hat, über welchen Schall-, Wärme- und Einbruchschutz es verfügt, ob es einen Rollladen erhält (elektrisch oder handbetrieben, mit Gurt oder Kurbelstange) und ob außen und innen eine Fensterbank montiert wird oder ein Trittblech und dergleichen. Wenn Sie sich darum nicht genauestens kümmern, werden Sie das Fenster bekommen, welches man Ihnen im Zweifel am billigsten unterschieben kann. Die Muster-Baubeschreibung der Verbraucherzentrale kann hier dezidierte Hilfe geben, wie man Bau- und Gebäudeteile umfassend beschreibt.

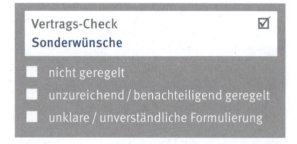

Checkblatt Bauvertrag
Stellplatz / Carport / Garage

Typische Regelung
Der Nachweis eines Stellplatzes ist schon beim Baugesuch zwingend zu erbringen, und zwar pro Wohneinheit. Wenn ein solcher Stellplatz im Baugesuch eingezeichnet ist, heißt das noch lange nicht, dass er auch Vertragsbestandteil Ihres Bauvertrages ist. Denn Vertragsbestandteil ist nicht das, was im Baugesuch eingezeichnet ist, sondern das, was in den Plänen und der Baubeschreibung, die Vertragsbestandteil sind, erfasst ist.

Notwendige Regelung
Wenn Sie nicht nur einen Stellplatz wollen, sondern einen Carport oder eine Garage, dann muss das im Bauvertrag erfasst werden, sonst bleibt es bei dem freien Fleck neben dem Haus. Dabei ist zu bedenken, dass eine Garage zumindest einen Stromanschluss samt Beleuchtung haben sollte. Wenn es spezielle Wünsche für Tiefe und Breite einer Garage gibt oder zum Beispiel einen separaten Türzugang oder einen Türzugang mit einer tor-integrierten Tür muss das rechtzeitig besprochen werden, um es gegebenenfalls berücksichtigen zu können. Ist das Haus barrierefrei geplant, sollte das die Garage natürlich auch sein. Selbst wenn Carport oder Garage noch nicht gebaut werden soll, sollte die Planung dazu in den Bauantrag aufgenommen werden, damit gleich mit genehmigt ist, was je nach Größe nötig sein kann.

Checkblatt Bauvertrag
Pauschale Ausführungs- und Baustoffvorbehalte

Typische Regelung
Fast immer findet sich am Ende von Baubeschreibungen ein Vorbehalt bezüglich Ausführungen und Baustoffen. Solche Regelungen gehören eigentlich in den Bauvertrag und nicht in die Baubeschreibung. Die Regelungen sind dabei häufig so pauschal, das man sich fragt, welche Substanz angesichts solcher Regelungen eine Baubeschreibung überhaupt noch hat. Da finden sich dann so schöne Sätze wie: *„Der Unternehmer behält sich mögliche Plan- oder Baustoffänderungen aus technischen, wirtschaftlichen oder sonstigen Gründen vor."*

Dann ist die große Frage, was sind denn wirtschaftliche Gründe? Und wirtschaftliche Gründe für wen? Für den Unternehmer? Also: Statt der teuren die billige Badewanne? Aus wirtschaftlichen Gründen für den Unternehmer? Sie merken schon, welcher Unsinn in solchen Formulierungen steckt. Trotzdem hängt an fast jeder Baubeschreibung von Generalunternehmern oder Fertighausanbietern inzwischen ein Vorbehaltsanhang, auch wenn diese oftmals gegen das AGB-Recht verstoßen, weil sie unangemessen und/oder intransparent sind.

Notwendige Regelung
Ausführungsänderungen können immer notwendig sein. Das reicht von behördlichen Anordnungen über Lieferengpässe von Produkten bis hin zum kompletten Produktausfall. Dann kann man regeln, dass sämtliche Änderungen nur mit Ihrer schriftlichen Zustimmung erfolgen können. Sie werden im Eigeninteresse den Baufortschritt nicht blockieren, wenn es die von Ihnen gewünschten Fliesen eventuell nicht mehr gibt. Sie möchten aber ganz sicher mitbestimmen, welche Fliese dann als Alternative verlegt wird. Generelle und pauschale Ausführungs- und Baustoffvorbehalte sollte man nicht akzeptieren.

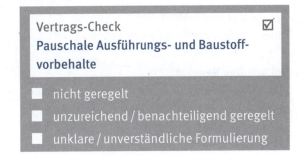

Checkblatt Bauvertrag
Planabnahme Vertragspläne

Typische Regelung

Vielleicht möchte man von Ihnen eine separate Unterschrift unter die Pläne haben, zur expliziten Abnahme der Planung. Es ist verständlich, dass ein Unternehmen irgendwann einen verbindlich abgestimmten Planstand haben will und daher eine solche Unterschrift unter Pläne fordert, die zur Vertragsanlage gemacht werden. Wenn das so ist, kann das für Sie weitreichende Konsequenzen haben. Stimmen nämlich dann Maße in den Plänen nicht mit dem überein, was möglicherweise mündlich abgesprochen oder sachlich erforderlich war, ist das Ihr Problem; Denn Sie haben mit Ihrer Unterschrift diese Pläne freigegeben.

Notwendige Regelung

Pläne, die Sie unterzeichnen sollen, müssen umfassend und nötigenfalls Maß für Maß erläutert werden. Das gilt insbesondere auch für Hausschnittpläne und Raumhöhenmaße, aber genauso detailliert für Bäder, Türbreiten, Fensterbreiten, Fensterhöhen, Brüstungshöhen, Treppensteigungen und dergleichen mehr. Falls erforderlich, muss ein neutraler, erfahrener Planer über den Plan schauen und diesen mit Ihnen Punkt für Punkt besprechen, bevor Sie ihn unterzeichnen und abnehmen. Es kann sinnvoll sein, im Vertrag eine schriftliche Regelung zur Vertragsplanfreigabe zu treffen.

Vertrags-Check Planabnahme Vertragspläne	☑
☐ nicht geregelt	
☐ unzureichend / benachteiligend geregelt	
☐ unklare / unverständliche Formulierung	

Checkblatt Bauvertrag
Eigenleistungen

Typische Regelung

Die Möglichkeiten von Eigenleistungen sind unterschiedlich geregelt. Am flexibelsten kann ein Anbieter schlüsselfertiger Massivhäuser agieren. Ob er es macht, steht auf einem anderen Blatt und richtet sich ausschließlich nach dem, was im Vertrag steht. Bei Fertighausanbietern gibt es manchmal sogar Ausbauhäuser fest im Programm. Um ein Haus allerdings als Ausbauhaus zu erwerben und dann tatsächlich den gesamten Innenausbau selbst zu übernehmen, muss man nicht nur über erhebliche Fachkenntnisse verfügen, sondern auch über die nötige Zeit. Einen solchen Innenausbau sollte man nicht unterschätzen. Das kann extrem arbeits- und zeitintensiv werden, wobei der Ersparnisfaktor sehr gering sein kann. Denn die Preisminderung, die manche Anbieter für Eigenleistungen gewähren, bewegt sich gerade einmal in Höhe der Materialkosten. Diese zahlen Sie dann bei Eigenleistung selbst und haben zusätzlich die Arbeit, die Ihnen aber niemand vergütet. Die Preisminderung für Eigenleistungen sollte sich auch lohnen, sonst werden Eigenleistungen fragwürdig.

Ob Eigenleistungen zugelassen werden oder nicht und wenn, in welchem Umfang und unter welchen Bedingungen, wird in vielen Verträgen zwar geregelt, oft aber sehr restriktiv, sodass alles unter dem Vorbehalt der Zustimmung des Anbieters steht. Wenn Sie hier Freiräume schaffen wollen, dann muss das vor Unterzeichnung des Vertrages erfolgen.

Notwendige Regelung
Es gibt 2 Wege, Eigenleistungen zu regeln: Entweder weiß man bereits im Vorhinein, was man alles machen möchte, dann kann man die Eigenleistungen konkret im Vertrag regeln. Weiß man es noch nicht, dann muss eine Regelung her, die Ihnen die Option gibt, bestimmte Gewerke auch als Eigenleistung durchzuführen, zum Beispiel Tapezieren und Streichen oder Ähnliches. Dann muss allerdings auch geregelt werden, welche Rückvergütung Sie erhalten, wenn Sie ein Gewerk selber ausführen. Falls Sie Gewerke übernehmen wollen, die zwischen den Leistungen des Unternehmers liegen, muss sehr genau geregelt werden, wann und wie die Übergabe der Vorleistung des Unternehmers erfolgt und Ihre beginnen kann. Und der Unternehmer wird dann auch regeln wollen, wann er wiederum an Ihre Arbeiten anschließen kann.

Der Unternehmer wird außerdem keine Gewährleistung für von Ihnen erbrachte Leistungen übernehmen wollen. Das ist nachvollziehbar, das Problem ist nur, dass das nicht immer so einfach voneinander abzugrenzen ist, denn viele Gewerke greifen ineinander. Wenn der Unternehmer die Fußbodenheizung verlegt und Sie den Estrich selbst verlegen wollen, später erweist sich jedoch zum Beispiel eine Heizleitung im Fußboden als undicht, kommen die Fragen auf, wer schuld ist: Sie oder der Unternehmer?

Ein weiteres Problem kann auftauchen: Der Unternehmer ist zwar verpflichtet Leistungen von Vorunternehmern zu prüfen, bevor er seine Bauleistungen fortsetzt. Die Frage ist allerdings, ob Sie ein Vorunternehmer sind oder schlicht Bauherr. Daher ist es sicherer, in den Vertrag aufzunehmen, dass Ihre Eigenleistungen vom Unternehmer zu prüfen sind, bevor er mit seinen Leistungen fortfährt.

Die noch bessere Alternative ist, man wählt für Eigenleistungen nur solche Gewerke, die am Schluss des Bauvorhabens stehen und die einigermaßen klar vom Vorgewerk abgrenzbar sind.

Und man sollte sich zugleich überlegen, Regelungen für den Fall zu treffen, dass man Eigenleistungen doch nicht schafft, sei es fachlich, sei es zeitlich. Hat man solche Regelungen nicht getroffen und muss sie dann plötzlich und unter Druck nachträglich doch noch vom Unternehmer einkaufen, kann man schnell mit stark überhöhten Preisen konfrontiert sein. Besser ist im Vorhinein bereits geklärt, unter welchen Bedingungen Eigenleistungen in Leistungen des Unternehmers gewandelt werden können.

Vertrags-Check ☑
Eigenleistungen

■ nicht geregelt
■ unzureichend / benachteiligend geregelt
■ unklare / unverständliche Formulierung

Checkblatt Bauvertrag
Anlage Garten

Typische Regelung
Hausanbieter führen Gartenarbeiten eigentlich nie mit aus. Darum müssen Sie sich selber kümmern. Die meisten Bauherren beauftragen dann im Nachgang zum Hausbau einen Grünbauer auf Basis eines Angebots mit der Anlage des Gartens. Es gelten dann die Allgemeinen Geschäftsbedingungen des Grünbauers und die weiteren Vereinbarungen sind höchstens mündlich.

Notwendige Regelung
Auf folgende Punkte sollten Sie achten bei der vertraglichen Vereinbarung mit dem Grünbauer zur Anlage des Gartens:

→ mögliche Vorgaben aus dem Bebauungsplan zur Bepflanzung und Regenwassernutzung
→ Prüfung des Mutterbodenmaterials durch den Grünbauer bereits direkt nach Aushub
→ Anpflegevereinbarung für die ersten Monate oder das erste Jahr

Wenn Bebauungspläne bestimmte Vorgaben zu Anpflanzungen machen, müssen diese auch eingehalten werden.

Ob der Mutterboden geeignet ist für die Anlage des Gartens nach der Bauphase, kann der Grünbauer bereits direkt nach Aushub des Materials prüfen. Dann kann entschieden werden, ob das ausgehobene Material seitlich gelagert wird oder abtransportiert werden kann.

Die ersten Wochen und Monate sind eine kritische Phase für Anpflanzungen. Es kann sinnvoll sein, wenn Sie mit dem Grünbauer vereinbaren, dass er sich in der erste Phase auch noch um die Pflanzenpflege kümmert.

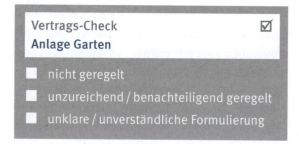

Checkblatt Bauvertrag
Baustart / Bauzeit / Bauende / Bezugsfertigkeit

Typische Regelung
Regelungen zum Baustart sind oft sehr unklar getroffen, da gibt es meist gar keine oder sehr unverbindliche Regelungen. Die Regelung des Baustarts an sich ist auch nicht so entscheidend wie die Regelung des Bauendes; denn das zählt natürlich, sonst bleibt offen, wann das Bauvorhaben überhaupt fertig ist. In einem Jahr, in 2 Jahren, in 5 Jahren? Manchmal ist die Bauzeit geregelt, dann allerdings meist mit zweifelhaften Relativierungen wie „voraussichtlich" oder „ca.". Das ist natürlich viel zu vage und reicht keinesfalls.

Notwendige Regelung
Regelungen, die bereits den Baustart zum Roulettespiel werden lassen, gehören nicht in Verträge. Neben dem Baustart muss vor allem die Bauzeit, genauer: das Ende der Bauzeit, klar geregelt sein. Hier reicht auch nicht ein Gummibegriff wie „Bezugsfertigkeit" oder Ähnliches; denn das ist der Zeitpunkt, zu dem Ihnen der Bezug zugemutet werden kann. Das heißt: unverputztes Haus, zugänglich über Bretterlage im Matschbett oder ähnlich.

Es kann für Sie zwar interessant sein, wenn Sie das neue Heim frühzeitig beziehen können, um zum Beispiel Miete zu sparen, trotzdem müssen Sie natürlich regeln, wann das Vorhaben insgesamt fertiggestellt ist. Hier sollte die Kalenderwoche, zumindest aber der Monat festgelegt werden – und zwar ohne „ca."-Angabe. Außerdem muss natürlich festgelegt werden, was passiert, wenn der Termin nicht eingehalten wird. Hier kommt es darauf an, ob Sie mit einzelnen Gewerken Verträge haben oder ob Sie alle Leistungen aus einer Hand erhalten. Ist Letzteres der Fall, bietet sich an, eine Regelung zu treffen, die den Anbieter zur Zahlung eines monatlichen Ausgleichs zumindest in Höhe Ihrer Netto-Miete verpflichtet, wenn er die Verzögerung zu verschulden hat. Denn es sind exakt diese Kosten, die Sie dann belasten, weil Sie bei einer Bauzeitenüberschreitung neben Ihren monatlichen Zins- und Kredittilgungen auch noch die Miete zahlen, die Sie eigentlich pünktlich loswerden wollten, um keine finanzielle Doppelbelastung zu haben. Sie können eine Kulanz von 14 Tagen oder auch 4 Wochen einräumen, die sich der Bau verzögern darf, aber irgendwann sollte eine Entschädigungsleistungsregelung wirksam greifen.

Bei Einzelgewerkverträgen kann ebenfalls eine Regelung getroffen werden, was bei Terminüberschreitungen passiert. Hier könnte eine Konventionalstrafe eine Option sein, die zum Beispiel pro Tag angesetzt werden kann. Dazu sollte man sich bei der Ausarbeitung der Einzelhandwerkerverträge mit dem Architekten besprechen.

Im BGB ist zu diesem Sachverhalt in § 650k Absatz 3 Folgendes geregelt, Zitat:

„Der Bauvertrag muss verbindliche Angaben zum Zeitpunkt der Fertigstellung des Werks oder, wenn dieser Zeitpunkt zum Zeitpunkt des Abschlusses des Bauvertrags nicht angegeben werden kann, zur Dauer der Bauausführung enthalten. Enthält der Vertrag diese Angaben nicht, werden die vorvertraglich in der Baubeschreibung übermittelten Angaben zum Zeitpunkt der Fertigstellung des Werks oder zur Dauer der Bauausführung Inhalt des Vertrags."

Ferner ist in Artikel 249 § 2 Absatz 2 des Einführungsgesetzes zum BGB das Folgende geregelt, Zitat:

„Die Baubeschreibung hat verbindliche Angaben zum Zeitpunkt der Fertigstellung des Werks

zu enthalten. Steht der Beginn der Baumaßnahme noch nicht fest, ist ihre Dauer anzugeben."

Das heißt: Das Bauunternehmen muss Ihnen mit der Baubeschreibung, die üblicherweise mit dem Angebot mit ausgehändigt wird, auch Angaben zur Bauzeit machen.

Das Problem ist nur: Was ist, wenn in der Praxis weder die Baubeschreibung noch später der Vertrag eine Bauzeitenregelung enthält und Sie das erst später merken?

Dann hilft Ihnen auch die aktuelle BGB-Regelung nicht weiter, weil sie keine klare Sanktionsregelung enthält für den Fall, dass in der Baubeschreibung oder im Vertrag keine verbindliche Bauzeitenregelung aufgenommen ist. Sie hilft Ihnen nur dann etwas, wenn Sie den Unternehmer rechtzeitig vor Vertragsabschluss darauf hinweisen können, dass gemäß BGB eine Bauzeitenregelung in den Vertrag aufgenommen werden muss. Und darauf sollten sie auch bestehen.

Wichtig ist darüber hinaus: Falls es besprochene Zwischentermine gibt, die unbedingt pünktlich eingehalten werden müssen, zum Beispiel weil Sie Eigenleistungen nur in Ihrem Sommerurlaub machen können, müssen auch diese Zwischentermine explizit als Vertragstermine vereinbart werden. Falls ein Bauzeitenplan existiert, können dessen Zwischentermine als verbindliche Vertragstermine vereinbart werden.

Vertrags-Check ☑
Baustart / Bauzeit / Bauende / Bezugsfertigkeit

- ☐ nicht geregelt
- ☐ unzureichend / benachteiligend geregelt
- ☐ unklare / unverständliche Formulierung

Checkblatt Bauvertrag
Baustellenbetretung / Jour fixe / Bauleiter

Typische Regelung

In einigen Bauverträgen wird das Betreten des Gebäudes während der Bauphase ausgeschlossen. Es wird häufig einschränkend nur gestattet in Begleitung eines Bauleiters, damit man sich gegebenenfalls vor fälliger Ratenzahlung einen Eindruck vom Baufortschritt verschaffen kann. Solche Regelungen sind völlig inakzeptabel. Sie sollten das Gebäude zu jedem Zeitpunkt betreten können, eventuell auch in Begleitung freier Wahl, zum Beispiel eines unabhängigen Sachverständigen.

Ärgerlich ist beim Bauen manchmal auch, dass es Ewigkeiten dauern kann, bis einem ein Bauleiter des Unternehmens einen Termin gibt. Daher kann es sogar nötig werden, sogenannte optionale Jour-fixe-Termine zu haben, das heißt, für jeden Montag oder Freitag sind zu einer bestimmten Uhrzeit Besprechungstermine auf der Baustelle angesetzt, die nicht wahrgenommen werden müssen, aber zwingend wahrzunehmen sind, wenn dies von Ihnen gewünscht ist. Das heißt, Sie informieren dann nur noch rechtzeitig, dass Sie einen solchen Termin wahrnehmen wollen, und fangen nicht an, um solche Termine zu betteln.

Sehr häufig kennen Sie vor Baubeginn den Bauleiter des Unternehmens nicht. Das ist ebenfalls ein Problem. Denn in ein und demselben Unternehmen können natürlich sehr unterschiedlich engagierte Bauleiter tätig sein. In professionellen Verträgen werden manchmal sogar die Namen der zuständigen Bauleiter festgeschrieben. Ihre Forderung danach wird nicht so weit gehen können, aber man kann überlegen, ob man gegebenenfalls das Anrecht auf zumindest einen Ansprechpartnerwechsel hat, wenn das erste Verhältnis stark belastet sein sollte.

Wenn Sie die Baustelle unabhängig betreten wollen, unter Umständen auch mit eigenen Handwerkern, müssen möglicherweise Versicherungsfragen geklärt werden. Wer ist schuld, wenn wertvolles Material oder Werkzeug über Nacht plötzlich verschwindet? Denn sehr schnell wird man dann möglicherweise Ihnen vorwerfen, dass dies Ihre Handwerker verschuldet haben.

Notwendige Regelung
Regeln sollten Sie einen Jour fixe, also zumindest einen wöchentlichen Termin, zu dem sich der Bauleiter des Unternehmens mit Ihnen auf der Baustelle trifft, wenn Sie Gesprächsbedarf haben.

Hilfreich wäre es auch, Sie könnten den Bauleiter des Unternehmens vor Vertragsunterzeichnung zumindest einmal sehen und sprechen. Eine Regelung für einen optionalen Bauleiterwechsel oder einen Ansprechpartnerwechsel kann hilfreich sein. Grundsätzlich haben Sie aber ohnehin die Möglichkeit, nötigenfalls auch direkt über die Geschäftsführung zu kommunizieren, wenn die Probleme mit dem Bauleiter zu groß werden.

Wenn Sie zeitgleich zum Unternehmer eigene Handwerker auf der Baustelle haben, muss geklärt werden, wer Weisungsbefugnis gegenüber diesen hat und wie Versicherungsfragen geregelt werden. Wer welchen Schaden verursacht hat und mit seiner Haftpflichtversicherung einsteht, wird man vielleicht noch herausfinden können, aber wenn wertvolle Werkzeuge oder Bauelemente verschwinden, wird es schon schwieriger. Die Bauwesenversicherung versichert zumindest Bauelemente, die noch verbaut werden müssen. Die Kosten dieser Versicherung werden auf vielen Baustellen übrigens auf alle Handwerker umgelegt. Auch das können Sie natürlich mit den Beteiligten Handwerkern oder Hausbauunternehmen besprechen.

Vertrags-Check	☑
Baustellenbetretung / Jour fixe / Bauleiter	
■ nicht geregelt	
■ unzureichend / benachteiligend geregelt	
■ unklare / unverständliche Formulierung	

Checkblatt Bauvertrag
Unterlagen / Dokumentation

Typische Regelung

Zu den zu übergebenden Unterlagen wird meist gar nichts geregelt. Oft ist der gesamte Dokumentationsstand nichts weiter als der Vertrag mit seinen Anlagen. Das sind üblicherweise der Bauwerkvertrag selbst, dann die Baubeschreibung in meist sehr zweifelhafter Qualität und gegebenenfalls Pläne in ebenfalls meist sehr zweifelhafter Qualität. Das war es dann in aller Regel.

In § 650n des BGB ist die Herausgabe von Unterlagen zwischenzeitlich gesetzlich geregelt. Und zwar im Detail wie folgt, Zitat:

„(1) Rechtzeitig vor Beginn der Ausführung einer geschuldeten Leistung hat der Unternehmer diejenigen Planungsunterlagen zu erstellen und dem Verbraucher herauszugeben, die dieser benötigt, um gegenüber Behörden den Nachweis führen zu können, dass die Leistung unter Einhaltung der einschlägigen öffentlich-rechtlichen Vorschriften ausgeführt werden wird. Die Pflicht besteht nicht, soweit der Verbraucher oder ein von ihm Beauftragter die wesentlichen Planungsvorgaben erstellt.

(2) Spätestens mit der Fertigstellung des Werks hat der Unternehmer diejenigen Unterlagen zu erstellen und dem Verbraucher herauszugeben, die dieser benötigt, um gegenüber Behörden den Nachweis führen zu können, dass die Leistung unter Einhaltung der einschlägigen öffentlich-rechtlichen Vorschriften ausgeführt worden ist.

(3) Die Absätze 1 und 2 gelten entsprechend, wenn ein Dritter, etwa ein Darlehensgeber, Nachweise für die Einhaltung bestimmter Bedingungen verlangt und wenn der Unternehmer die berechtigte Erwartung des Verbrauchers geweckt hat, diese Bedingungen einzuhalten."

Das heißt, das BGB macht keine exakten Vorgaben, welche Dokumente im Einzelnen herauszugeben sind, sondern subsummiert diese unter der Definition derjenigen Unterlagen, die Sie benötigen, um gegenüber Behörden nachzuweisen, dass alle Bauausführungen korrekt sind. Dies kann von Bundesland zu Bundesland unterschiedlich sein, zudem setzt es ein konkretes Vorlageverlangen der Behörde voraus. Man kann also die Unterlagen nicht bereits deshalb verlangen, weil deren Vorlage künftig einmal gefordert werden könnte. Die Formulierung ist aber relativ weitreichend, insofern erfasst das auch praktisch alle nachfolgend aufgeführten Unterlagen.

Notwendige Regelung

Dokumente zu einem Gebäude sind sehr wichtig. Es sollte von Anfang an geregelt werden, dass folgende Unterlagen Vertragsbestandteil sind oder spätestens bei jeweiliger Fertigstellung automatisch übergeben werden. Mindestens die:

→ Bodengutachten
→ Baugesuchspläne und -unterlagen (Maßstab 1:100) mit Lageplan und Entwässerungsgesuch
→ Bau- und Leistungsbeschreibung
→ Wohnflächenberechnung nach der Wohnflächenverordnung
→ Gebäudestatik
→ Energiebedarfsberechnung und Energiebedarfsausweis
→ Ausführungsplanung (auch Werkplanung genannt / Maßstab 1:50)
→ Elektropläne

→ Sanitärpläne
→ Liste aller am Bau beteiligten Handwerksunternehmen (einschließlich Abtretungserklärung zur Sicherung möglicher Ansprüche gegenüber diesen)
→ Betriebsanleitungen für alle technischen Installationen, wie Heizungs- und Lüftungsanlage

Wenn man nicht von Anfang an festlegt, welche Dokumente zu übergeben sind und auch bis wann (spätestens Übergabe bei Hausabnahme), kann es später ein zähes Ringen um die Herausgabe einzelner Dokumente geben, trotz BGB-Regelung.

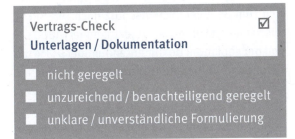

Checkblatt Bauvertrag
Mängelbilder / Allgemein Anerkannte Regeln der Technik / Beschaffenheiten / DIN-Normen

Typische Regelung

Ein Problem bei vielen Schlussbemerkungen von Baubeschreibungen ist die teils drastische Einschränkung der technischen Ziele. So gibt es Generalausschlüsse für bestimmte Mängelbilder (fast immer das Abreißen der Fliesenfugen zwischen Boden- und Wandfliesen, beliebt auch „Haarrisse", die angeblich nicht als Mangel gelten und Ähnliches). Solche Regelungen sind mitunter in dieser allgemeinen Form rechtlich gar nicht wirksam vereinbar. Hinzu kommt, dass sie teilweise den allgemein anerkannten Regeln der Technik und auch DIN-Normen widersprechen. Außerdem verhalten sich Risse, Setzungen und dergleichen natürlich nicht statisch, sondern dynamisch, und so kann aus einem kleinen Riss natürlich schnell auch mal ein größerer werden.

Viele Unternehmen schränken sogar die Vereinbarung einer Beschaffenheit ein. Beschaffenheit bedeutet, dass beispielsweise sehr konkrete Materialien, Produkte und Hersteller vereinbart werden. Wird dann das Produkt eines anderen Herstellers eingebaut, liegt ein Mangel vor. Eine solche, klare Beschaffenheitsvereinbarung zumindest für einige Elemente des Gebäudes, wie zum Beispiel die Heizung, kann sehr sinnvoll sein. Es ist nicht in Ihrem Interesse, so etwas einfach einzuschränken.

Ein wieder anderes Überraschungspaket steckt in der festen Vereinbarung von DIN-Normen. Das kann Sie schützen, das muss sie aber nicht immer schützen. DIN-Normen sind private Normen der Industrie, sie haben keinen Gesetzescharakter oder Ähnliches. Gemacht werden sie von Aus-

→

schüssen im Deutschen Institut für Normung, die sich meist aus Industrievertretern und Verbänden zusammensetzen, in denen die Verbraucherseite häufig unterrepräsentiert ist. Es kann durchaus auch sein, dass eine vereinbarte DIN-Norm längst in die Jahre gekommen ist. Und es gibt Baubeschreibungen, in denen DIN-Normen vereinbart werden, die teilweise schon so alt sind, dass sie sogar zu einer Schlechterstellung des Käufers führen würden. Das kommt daher, dass die Rechtsprechung immer wieder den aktuellen Stand der Allgemein Anerkannten Regeln der Technik abgleicht. Dabei werden DIN-Normen immer wieder als nicht mehr zeitgemäß angesehen. Eine wichtige DIN-Norm dabei ist beispielsweise die DIN 4109. Sie ist die DIN-Norm für Schallschutz und mittlerweile ergänzt worden durch ein sogenanntes Beiblatt 2 mit Empfehlungen für erhöhten Schallschutz (→ Checkblatt 77 Seite 174). Wird nun die DIN 4109 vereinbart, lautet die aktuelle Rechtsprechung, dass dann auch nur diese gilt, obwohl sie den Allgemein Anerkannten Regeln der Technik nicht entspricht, weil sie dafür keine ausreichenden Vorgaben macht. Da sie aber explizit vereinbart wurde, sieht man sie eben auch als explizite Vereinbarung an. Ist hingegen gar kein Schallschutz vereinbart, sehen Gerichte einen erhöhten Schallschutz als angemessen an, da dieser den Allgemein Anerkannten Regeln der Technik entspricht. Sie glauben also, Sie haben mit der Nennung einer DIN-Norm Sicherheit im Vertrag, aber das Gegenteil ist unter Umständen der Fall.

Und es kommt noch dicker: Das DIN-Institut hat mittlerweile die Möglichkeit eröffnet, sogenannte DIN-SPECs herauszugeben. Das sind keine DIN-Normen im Sinn konsensbasierter Lösungen, sondern „Spezifikationen", bei deren Erarbeitung nicht alle interessierten Kreise gehört werden müssen und bei deren Ergebnissen auch kein Konsens vorliegen muss.

Zitat, Deutsches Institut für Normung:

„In Ergänzung zur konsensbasierten Normung wird der Erarbeitungsprozess von Spezifikationen im Deutschen als Standardisierung bezeichnet.
Dabei erfolgen die Arbeiten nicht zwingend unter Einbeziehung aller interessierten Kreise und daher wesentlich schneller als in der Normung."

Die DIN-SPECs dürfen sich sogar untereinander widersprechen. Das hilft alles allerdings eher wenig weiter.

Und es ist natürlich ein riskantes Spiel. So hört sich zum Beispiel „Schallschutz nach DIN-SPEC" (eine solche ist unter der Projektnummer 61000329 und der geplanten Dokumentennummer 91314 tatsächlich in Vorbereitung) für einen Verbraucher, der nicht hinter die Fassaden schaut, zunächst einmal gut an. Geplant ist, über diese DIN-SPEC erhöhte Anforderungen für den Schallschutz festzulegen. Aber ob dies wirklich der Fall sein wird und in welchem Umfang das der Fall sein wird und ob dieser Schutz am Ende wirklich empfehlenswert ist, das alles bleibt abzuwarten.

DIN-SPECs können bestehende Normen sinnvoll ergänzen, sie jedoch auch abschwächen, ihnen sogar widersprechen. DIN-SPECs werden für Verbraucher daher wohl vor allem zusätzliche Unübersichtlichkeit bringen, weil Verbraucher sie nicht einordnen können. Ist eine DIN-SPEC eine zusätzliche Sicherheit oder ein zusätzliches Risiko? Das wird auch stark davon abhängen, welche Interessengruppen einer DIN-SPEC zugestimmt haben. Zwar werden die zustimmenden Institutionen im Rahmen der DIN-SPEC genannt werden, aber kein Verbraucher kann sich ohne Kosten und Zeitaufwand ein tatsächlich wirksames Bild darüber verschaffen, aus welcher Richtung eine DIN-SPEC kommt. Das ist eine mehr als fragliche Angelegenheit, mit der das DIN auch an seiner eigenen Reputation und an seinen eigenen Wurzeln sägt. Das konsensorientierte Ergebnis unter Einbeziehung auch der Verbrauchersicht ist der Kern der Akzeptanz von DIN-Normen in der Breite der Gesellschaft. Wobei heute bereits großer Unmut über die viel zu hohen Kosten von DIN-Normen zu verzeichnen ist. DIN-SPECs weichen das Konsens-System bedenklich auf und dürften für Verbraucher deutlich mehr Gefahren als Chancen bergen. Denn nur wenn Verbrauchervertreter bei deren Erarbeitung dabei sind und ihnen auch zustimmen, kann man vernünftigerweise davon ausgehen, dass in ihnen auch Verbraucherinteressen hinreichend berücksichtigt wurden. Die Folge dieses ganzen Systems und die Anwendung solcher Regeln gegenüber Verbrauchern in Bauverträgen und Baubeschreibungen werden rechtlich erhebliche Auswirkungen haben, die für Verbraucher kaum mehr absehbar und beherrschbar sind.

Notwendige Regelung
Die Rechtsprechung in der Bundesrepublik Deutschland sieht die sogenannten Allgemein Anerkannten Regeln der Technik als Orientierungslinie bei Bauausführungen. Das ist keine schlechte Orientierungslinie. Nach allgemein anerkannter Definition sind es, kurz gefasst, Regeln, die in der Wissenschaft als theoretisch richtig erkannt sind und feststehen, in der Praxis bei dem nach neustem Erkenntnisstand vorgebildeten Techniker durchweg bekannt sind und sich aufgrund fortdauernder, praktischer Erfahrung bewährt haben. Im Gegensatz zu DIN-Normen sind sie aber natürlich nicht bis ins Detail definiert und unstrittig, auch Sachverständige sehen sie bisweilen unterschiedlich.

DIN-Normen hingegen sind zwar oft inhaltlich eindeutig, aber sie sind, anders als die Allgemein Anerkannten Regeln der Technik, keine allgemeinen Rechtsnormen. Nach der Rechtsprechung des Bundesgerichtshofs (BGH) sind sie nur private technische Regelungen mit Empfehlungscharakter. Sollen sie Gültigkeit erlangen, müssen sie vertraglich explizit vereinbart sein. DIN-Normen können die Allgemein Anerkannten Regeln der Technik wiedergeben, sie können aber auch hinter diesen zurückbleiben. Da DIN-Norm-Dokumentationen, wie dargelegt, nur zu sehr hohen Preisen zu erhalten sind, stellt sich eigentlich auch die Frage, inwieweit ihre Vereinbarung gegenüber Verbrauchern wirksam ist, ohne dass Verbraucher ihre Inhalte kennen beziehungsweise ohne erheblichen Kostenaufwand an ihre Inhalte gelangen können. Am sinnvollsten wäre es, dass man sich alle vereinbarten DIN-Normen auch schriftlich aushändigen ließe. Sie werden aber praktisch kein Unternehmen finden, welches dies macht, weil es seinerseits die hohen Kosten und den Aufwand scheuen wird.

Ein pauschaler Ausschluss von Beschaffenheitsvereinbarungen der Bauausführung sollte nicht vereinbart werden. Es muss sichergestellt sein, dass die Bauausführung in wesentlichen Teilen auch durch Beschaffenheitsmerkmale vereinbart ist und dies nicht durch irgendeine Klausel ausgeschlossen wird.

Der pauschale Ausschluss der Haftung für bestimmte Mängelbilder im Bauvertrag ist in der Regel unwirksam und sollte dann auch gleich ganz aus dem Vertrag genommen werden, um einen Streit über die Wirksamkeit der Regelungen gar nicht erst aufkommen zu lassen.

Vertrags-Check ☑
Mängelbilder / Allgemein Anerkannte Regeln der Technik / Beschaffenheiten / DIN-Normen

☐ nicht geregelt
☐ unzureichend / benachteiligend geregelt
☐ unklare / unverständliche Formulierung

Checkblatt Bauvertrag
Leistungseinstellung

Typische Regelung

Allzu häufig finden sich vor allem in Bauwerkverträgen mehr als zweifelhafte Regelungen zur Leistungseinstellung des Unternehmers. Da heißt es dann etwa, dass das Unternehmen berechtigt sei, die Leistung einzustellen, wenn Zahlungen nicht oder nicht vollständig geleistet würden. Grundsätzlich steht einem Unternehmer zu, Leistungen einzustellen, wenn er von Ihnen kein Geld für seine Leistungen erhält (§ 273 BGB). Demgegenüber steht aber die Pflicht des Unternehmers zum Werkerfolg. Hinzu kommt, dass Sie nach dem BGB ein Zurückbehaltungsrecht haben, das Ihnen auch niemand streitig machen kann (BGB § 641 Absatz 3). Das heißt, es kommt schon wesentlich darauf an, ob Sie einfach willkürlich Geld zurückbehalten oder gute Gründe dafür haben.

Nehmen wir an, Sie sehen einen Mangel und der Unternehmer behauptet, es handele sich nicht um einen Mangel, dann ist das Problem bereits da; denn die Frage steht im Raum, ob Ihr Geldzurückbehalt berechtigt ist oder nicht. Zwar muss vor der Abnahme der Unternehmer nachweisen, dass kein Mangel vorliegt, aber ob er dem ausreichend nachkommt, steht dahin. Tut er das nicht und stellt seine Behauptung relativ stur und unbegründet in den Raum, werden Sie möglicherweise nur einen Teilbetrag des eigentlich berechtigten Einbehalts zurückhalten (nach dem BGB üblicherweise das Doppelte des zur Beseitigung des Mangels erforderlichen Betrags). Es kann Ihnen dann passieren, dass der Unternehmer daraufhin seine Bauleistungen einstellt. Selbst wenn Sie im Recht sind, der Unternehmer sich aber nicht bewegt, müssten Sie gegebenenfalls den Gang an die Gerichte antreten, um ihn zur Bewegung zu bringen.

Auch eine Vertragskündigung mit einer sich anschließenden Schadenersatzpflicht stört erst einmal den Bauablauf. Es gibt viele Unternehmer, die es darauf ankommen lassen. Und Bauprozesse sind teuer und können sich sehr lange hinziehen. Dann steht Ihre Baustelle still, und Sie kümmern sich um einen Prozess statt um Ihr Haus. Daher gilt gerade bei Regelungen zur Leistungseinstellung: Solche Regelungen haben in Bauverträgen nichts verloren, soweit sie über die gesetzlichen Regelungen dazu (§ 273 BGB) hinausgehen. Das kann etwa der Fall sein, wenn im Vertrag Vorauszahlungen oder Vorauszahlungen für Teilleistungen vereinbart sind (auf was Sie sich natürlich ebenfalls nicht einlassen sollten) und ein Leistungsverweigerungsrecht für den Unternehmer besteht für den Fall, dass Sie eine Vorauszahlung oder Teilvorauszahlung nicht leisten.

Notwendige Regelung

Wenn es so große Probleme gibt, dass es seitens des Unternehmers zu einer Leistungseinstellung kommen müsste, ist es besser, es greifen vernünftige Kündigungsregelungen. Das Recht auf Leistungseinstellung durch den Unternehmer sollte also grundsätzlich begleitet werden von einer Regelung, nach der Sie in einem solchen Fall den Vertrag kündigen können, ohne dass Forderungen auf Schadensersatz oder entgangenen Gewinn auf Sie zukommen. Denn sonst kann eine Leistungseinstellung des Unternehmers Ihr Bauvorhaben auf Monate hinaus, sogar auf Jahre hinaus in den Stillstand zwingen und Sie völlig blockieren. Selbstverständlich kann man dem Unternehmer nicht das Recht nehmen, auf die Zahlung seiner Meinung nach ausstehender Zahlungsraten zu klagen. Denn die verweigerten Zahlungen des Kunden führten aus seiner Sicht ja überhaupt erst zu seiner Leistungseinstellung. Aber die beiden häufig teuren Positionen Schadensersatz und entgangener Gewinn kann man sehr wohl vertraglich ausschließen, und das sollte man auch tun.

Gibt es noch einen gewissen Gesprächsfaden zum Unternehmer, kann man ebenso darüber nachdenken, dem Unternehmer eine Sicherheitsleistung anzubieten. Der Unternehmer bekommt dann das Geld nicht direkt, sondern erst nach Leistungserfüllung. So etwas ist zum Beispiel über eine Bürgschaftsregelung lösbar, bei der an die Einlösung der Bürgschaft sehr konkrete bautechnische Voraussetzungen geknüpft werden, die zum Beispiel von einem technischen Sachverständigen geprüft und freigegeben werden müssen, bevor die Bürgschaft eingelöst werden kann. Solche Vereinbarungen sollte man aber nie ohne Rücksprache mit einem Fachanwalt für Bau- und Architektenrecht oder mit einem Anwalt mit entsprechenden Tätigkeitsschwerpunkt treffen (→ Seite 201).

Wenn es zu unüberbrückbaren Meinungsverschiedenheiten kommt, ist es möglicherweise besser, man trennt sich gemäß einer vereinbarten Kündigungsoption bei Leistungseinstellung des Unternehmers. Dann sprechen Sie eine ordnungsgemäße Kündigung aus und bauen Ihr Vorhaben mit einem anderen Unternehmen fertig. Beides ist unschön und mit viel Aufwand verbunden, aber es ist wesentlich besser als das Risiko, dass Ihr Bauvorhaben monatelang, möglicherweise jahrelang stillsteht und kein Ende absehbar ist.

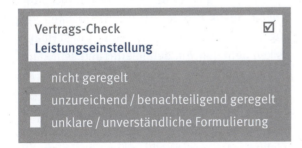

Checkblatt Bauvertrag
Abbruch des Bauvorhabens

Typische Regelung

Zum Abbruch von Bauvorhaben finden sich in vielen Verträgen keine Regelungen. Das liegt daran, dass Fertighausanbieter oder Anbieter schlüsselfertiger Massivhäuser nicht gern über die unschönen Seiten des Bauens reden. Ein Abbruch eines Bauvorhabens kann aus den unterschiedlichsten Gründen passieren, zum Beispiel einfach wegen Insolvenz des Unternehmers. Es können aber auch andere Umstände sein, die einen solchen Abbruch nötig machen, wie beispielsweise ein Unglücksfall in der Geschäftsführung eines Unternehmens, das sich daraufhin nicht in der Lage sieht, das Vorhaben zu beenden.

Wenn Sie mit einem Bauwerkvertrag auf eigenem Grundstück ein Fertighaus oder ein schlüsselfertiges Massivhaus errichten, ist die Sache relativ klar: Sie haben bis zum Zeitpunkt XY bestimmte Leistungen erhalten und Zahlungen dafür geleistet. Wenn Sie einen guten Ratenzahlungsplan haben, können Sie auch noch nicht zu viel gezahlt haben (→ Checkblatt 133 Seite 281), nur wenn Sie einen schlechten hatten, kann Sie das Risiko der Überzahlung treffen. Für den Fall, dass das Bauvorhaben nicht fertiggestellt werden kann, kann man vereinbaren, dass der örtlich vorliegende Sachstand aufgenommen wird und auf dieser Basis eine abschließende Abrechnung erfolgt.

Es ist aber nicht immer nur der Insolvenzfall, der einen Baustellenstillstand hervorruft, es kann alles Mögliche dazwischenkommen: Nachträglich können Schadstoffe im Boden gefunden worden sein, es kann zu einer Setzung des Rohbaus gekommen sein, es kann Probleme mit Behörden geben, es kann einen Ausfall in der Geschäftsführung des Unternehmers gegeben haben, ohne dass es eine vernünftige Vertretungsregelung gibt. Daher benötigen Sie nicht nur eine Regelung für den Fall, dass das Gebäude gar nicht mehr fertiggestellt werden kann, sondern auch eine Regelung für den Fall, dass die Fertigstellung in einem angemessen Zeitrahmen nicht realistisch ist. Denn Ihre Bankverbindlichkeiten und ihre Miete laufen parallel weiter, und das kann man nicht beliebig lange durchhalten.

Notwendige Regelung
Sie haben im Insolvenzfall des Hausanbieters kein Sonderkündigungsrecht. Hier gilt: Wenn Sie einen guten Zahlungsplan hatten, können Sie zu jedem beliebigen Zeitpunkt – also auch dem der Insolvenz – keine Überzahlung geleistet haben (→ Checkblatt 133 Seite 281). Das heißt, wenn Sie vorsichtig waren, haben Sie zu diesem Zeitpunkt jedenfalls noch keinen Verlust, es verbleibt nur das Problem der Fertigstellung. Bauen Sie auf eigenem Grund, können Sie das Haus mit einem anderen Vertragspartner fertig bauen. Das kann aber sehr schwierig werden, denn je nach Baufortschritt wird nicht jeder einfach in das Vorhaben einsteigen wollen oder können. Es kann sogar sein, dass Sie das Bauvorhaben mit Einzelhandwerkern zu Ende führen müssen. Dann wird es sehr aufwendig mit vielen Verträgen und vielen Haftungsschnittpunkten, aber immerhin können Sie vorankommen.

Bei Fertighausvorhaben ist ein ungünstiger Moment des Baustellenabbruchs der kurz vor der Aufstellung des Fertighauses. Denn selbst wenn das Haus in der Halle fertig produziert ist, wird kein anderes Unternehmen das Haus noch aufstellen. Es sei denn, ein Insolvenzverwalter findet einen Käufer des Fertighausunternehmens. Trotzdem ist es auch in diesem Fall so, dass Sie mit einem guten Zahlungsplan zu diesem Zeitpunkt keine Überzahlung geleistet haben. Das heißt, auch das vorproduzierte Haus in der Fertigungshalle noch nicht bezahlt haben; denn gezahlt würde bei einem guten Zahlungsplan jede Leistung immer erst, nachdem sie vollbracht ist. Ein Fertighaus also erst, wenn es auch vor Ort wirklich fertig aufgestellt ist. Sie müssten sich dann im schlimmsten Fall nur von der Bodenplatte ab noch einmal nach einem neuen Anbieter umschauen.

Die Errichtung eines Fertighauses geht glücklicherweise schnell. Wenn es ganz ungünstig käme, wäre es zur Hälfte aufgebaut und ein Zwischenfall träte ein. Auch das kann passieren, aber auch hier gilt: Der richtige Zahlungsplan schützt Sie selbst dann, wenn klar vereinbart ist, dass Zahlungen für die Hausaufstellung erst nach vollständiger Erstellung erfolgen. Das Problem dann ist nur, dass ein solches spezielles Typenhaus ein anderer Hersteller kaum fertigstellen kann und will. Den reinen Innenausbau wiederum mit Heizung, Estrich, Sanitäranlagen und dergleichen können Sie unter Umständen allein fortsetzen, wenn auch voraussichtlich nur unter gewissen Mühen.

Um sich vor den Mehrkosten in solchen Fällen zu schützen, können Sie überlegen, vom beauftragten Unternehmen eine sogenannte Fertigstellungsbürgschaft zu verlangen. Diese wird bei der Bank des Unternehmens eingerichtet und deckt die Mehrkosten ab, falls das Bauvorhaben vom ursprünglichen Unternehmer nicht fertiggestellt werden kann.

Klare Regelungen für den Fall des Abbruchs des Bauvorhabens gehören zu den wichtigsten Vertragsregelungen überhaupt, weil sie direkt Finanzrisiken betreffen. Ein detaillierter und sehr klarer Zahlungsplan, ein Sicherheitseinbehalt bis zur mangelfreien Fertigstellung und bis nach Abnahme (→ Checkblatt 136 Seite 287), ein Gewährleistungseinbehalt für den Zeitraum der Gewährleistung nach Fertigstellung (→ Checkblatt 136 Seite 287) und eine klare und sichere Regelung für den Fall, dass ein Bauvorhaben nicht fertiggestellt werden kann, sind zwingende Regelungen, die Sie treffen müssen, um sich vor finanziellen Risiken und Schäden zu schützen.

Vertrags-Check ☑
Abbruch des Bauvorhabens
☐ nicht geregelt
☐ unzureichend / benachteiligend geregelt
☐ unklare / unverständliche Formulierung

Checkblatt Bauvertrag
Widerruf

Typische Regelung

Zum Widerruf des Vertrages findet man in Bauverträgen häufig überhaupt keine Regelung, manchmal rechtlich unzulässige, zum Beispiel mit viel zu kurzen Fristen und unzulässigen Anforderungen an Verbraucher. Nur ganz selten findet man bislang tatsächlich gesetzeskonforme korrekte Formulierungen. Vielleicht ändert sich etwas, wenn das Bewusstsein über die gesetzlichen Änderungen irgendwann die Breite der Bauunternehmen erreicht. Nach aller Erfahrung dauert das aber eine ganze Zeit; denn bei Weitem nicht alle Unternehmen unterwerfen sich einer fortlaufenden Rechtsberatung und Überprüfung ihrer Verträge.

Notwendige Regelung:

Das BGB gewährt Ihnen grundsätzlich ein Widerrufsrecht von 14 Tagen (§ 650l in Verbindung mit § 355). Das heißt, 14 Tage lang können Sie einen schon unterzeichneten Bauwerkvertrag noch widerrufen. Und diese Befristung gilt auch nur, wenn Sie der Unternehmer sehr sorgfältig auf Ihre Widerrufsrechte aufmerksam gemacht hat. Eine korrekte Widerrufsbelehrung muss gesetzlich vorgegeben wie folgt formuliert sein, Zitat:

„Widerrufsbelehrung

Widerrufsrecht

Sie haben das Recht, binnen vierzehn Tagen ohne Angaben von Gründen diesen Vertrag zu widerrufen."

Die Widerrufsfrist beträgt vierzehn Tage ab dem Tag des Vertragsabschlusses. Sie beginnt nicht zu laufen, bevor Sie diese Belehrung in Textform erhalten haben.

→

Um Ihr Widerrufsrecht auszuüben, müssen Sie uns (*) mittels einer eindeutigen Erklärung (z.B. Brief, Telefax oder E-Mail) über Ihren Entschluss, diesen Vertrag zu widerrufen, informieren.

Zur Wahrung der Widerrufsfrist reicht es aus, dass Sie die Erklärung über die Ausübung des Widerrufsrechts vor Ablauf der Widerrufsfrist absenden.

<u>*Folgen des Widerrufs*</u>

Wenn Sie diesen Vertrag widerrufen, haben wir Ihnen alle Zahlungen, die wir von Ihnen erhalten haben, unverzüglich zurückzuzahlen.

Sie müssen uns im Falle des Widerrufs alle Leistungen zurückgeben, die Sie bis zum Widerruf von uns erhalten haben. Ist die Rückgewähr einer Leistung ihrer Natur nach ausgeschlossen, lassen sich etwa verwendete Baumaterialien nicht ohne Zerstörung entfernen, müssen Sie Wertersatz dafür bezahlen."

(*) Einfügung: Namen des Unternehmens oder des Unternehmers, Anschrift, Telefonnummer, Telefaxnummer und E-Mail

Vertrags-Check ☑
Widerruf

☐ nicht geregelt
☐ unzureichend / benachteiligend geregelt
☐ unklare / unverständliche Formulierung

Wurde Ihnen eine solche Widerrufsbelehrung nicht ausgehändigt, gilt die 14-Tages-Frist nicht, sondern Sie können unbefristet den Vertrag widerrufen. Wenn Sie also nicht möchten, müssen Sie den Unternehmer darauf auch nicht aufmerksam machen. Der Vorteil liegt dann ganz klar bei Ihnen. Sie müssen sich nicht auch noch um die Rechtsvorteile des Unternehmers kümmern. Es kann sonst auch sein, dass Sie im Lauf des Bauprozesses bitter bereuen, dass Sie das überhaupt getan haben.

Checkblatt Bauvertrag
Kündigung

Typische Regelung

In vielen Verträgen werden Kündigungsmöglichkeiten entweder gar nicht oder nur für den Handwerker oder Generalunternehmer geregelt. In vielen Bauwerkverträgen, die man mit Handwerkern, Generalunternehmern oder Fertighausanbietern schließt, finden sich zweifelhafte Kündigungsregelungen. Meist werden hier auch nur die Rechte des kündigenden Unternehmens festgehalten. Die Rechte des Auftraggebers, also Ihre Rechte, werden fast nie fixiert. Kündigen kann das beauftragte Unternehmen meist schon aus einfachen Anlässen, zum Beispiel wenn Sie Ihren Mitwirkungspflichten nicht rechtzeitig nachkommen, wenn Sie eine Ratenzahlung nicht pünktlich anweisen und Ähnliches. § 643 des BGB regelt diese Möglichkeit des Unternehmers sogar explizit, Zitat:

> „Der Unternehmer ist im Falle des § 642 berechtigt, dem Besteller zur Nachholung der Handlung eine angemessene Frist mit der Erklärung zu bestimmen, dass er den Vertrag kündige, wenn die Handlung nicht bis zum Ablauf der Frist vorgenommen werde. Der Vertrag gilt als aufgehoben, wenn nicht die Nachholung bis zum Ablauf der Frist erfolgt."

In § 642 heißt es hierzu, Zitat:

> „(1) Ist bei der Herstellung des Werkes eine Handlung des Bestellers erforderlich, so kann der Unternehmer, wenn der Besteller durch das Unterlassen der Handlung in Verzug der Annahme kommt, eine angemessene Entschädigung verlangen.

> (2) Die Höhe der Entschädigung bestimmt sich einerseits nach der Dauer des Verzugs und der Höhe der vereinbarten Vergütung, andererseits nach demjenigen, was der Unternehmer infolge des Verzugs an Aufwendungen erspart oder durch anderweitige Verwendung seiner Arbeitskraft erwerben kann."

Viele Verträge regeln, dass in einem solchen Fall auch gleich hohe Entschädigungssummen fällig werden, entweder zum Beispiel gleich 20 Prozent des kompletten Bauvorhabens oder aber zum Beispiel 20 Prozent der Restsumme, die noch zu zahlen wäre. Auch das Recht auf Klage für entgangenen Gewinn und Schadensersatz behalten sich viele Unternehmen zusätzlich vor. Diese Regelungen gehen teils so weit, dass man meinen könnte, einige Unternehmen hätten es gar nicht auf das Bauen abgesehen, sondern nur auf das Kündigen. Und tatsächlich gab es auch solche Fälle schon in der Beratungspraxis der Verbraucherzentralen.

Grundsätzlich haben Sie gemäß BGB folgende übliche Kündigungsrechte nach § 648 BGB, Zitat:

> „Der Besteller kann bis zur Vollendung des Werkes jederzeit den Vertrag kündigen. Kündigt der Besteller, so ist der Unternehmer berechtigt, die vereinbarte Vergütung zu verlangen; er muss sich jedoch dasjenige anrechnen lassen, was er infolge der Aufhebung des Vertrags an Aufwendungen erspart oder durch anderweitige Verwendung seiner Arbeitskraft erwirbt oder zu erwerben böswillig unterlässt. Es wird vermutet, dass danach dem Unternehmer 5 vom Hundert der auf den noch nicht erbrachten Teil der Werkleistung entfallenden vereinbarten Vergütung zustehen."

Und schließlich haben Sie auch noch ein Kündigungsrecht aus wichtigem Grund. Das ist geregelt in § 648a. Hier heißt es unter anderem, Zitat:

„(1) Beide Vertragsparteien können den Vertrag aus wichtigem Grund ohne Einhaltung einer Kündigungsfrist kündigen. Ein wichtiger Grund liegt vor, wenn dem kündigenden Teil unter Berücksichtigung aller Umstände des Einzelfalls und unter Abwägung der beiderseitigen Interessen die Fortsetzung des Vertragsverhältnisses bis zur Fertigstellung des Werks nicht zugemutet werden kann.

(2) Eine Teilkündigung ist möglich; sie muss sich auf einen abgrenzbaren Teil des geschuldeten Werks beziehen.

(...)

(4) Nach der Kündigung kann jede Vertragspartei von der anderen verlangen, dass sie an einer gemeinsamen Feststellung des Leistungsstandes mitwirkt. Verweigert eine Vertragspartei die Mitwirkung oder bleibt sie einem vereinbarten oder einem von der anderen Vertragspartei innerhalb einer angemessenen Frist bestimmten Termin zur Leistungsstandfeststellung fern, trifft sie die Beweislast für den Leistungsstand zum Zeitpunkt der Kündigung. Dies gilt nicht, wenn die Vertragspartei infolge eines Umstands fernbleibt, den sie nicht zu vertreten hat und den sie der anderen Vertragspartei unverzüglich mitgeteilt hat.

(5) Kündigt eine Vertragspartei aus wichtigem Grund, ist der Unternehmer nur berechtigt, die Vergütung zu verlangen, die auf den bis zur Kündigung erbrachten Teil des Werks entfällt.

(6) Die Berechtigung, Schadensersatz zu verlangen, wird durch die Kündigung nicht ausgeschlossen."

Die Kündigungsmöglichkeiten des BGB sind also relativ klar und ausgewogen geregelt. Es ist eigentlich gar nicht notwendig, überhaupt davon abweichende Regelungen zu treffen. In sehr vielen Verträgen, die man Ihnen vorlegt, werden Sie aber abweichende Regelungen finden – und zwar vor allem solche zu Ihrem erheblichen Nachteil.

Notwendige Regelungen
Sie sollten auf gar keinen Fall die oben genannten gesetzlichen Regelungen durch irgendwelche vertraglichen Regelungen einschränken lassen und Sie sollten sich insbesondere nicht auf im Kündigungsfall automatisch wirksame pauschale Entschädigungssummen einlassen. Wenn Ihr Unternehmer kündigen will, kennt er die gesetzlichen Vorgaben, die damit auch für ihn gelten. Wenn er Nachteile, die aus gesetzlichen Regelungen für ihn entstehen können, vermeiden will, geht sein Vorteil dann automatisch zu Ihren Lasten. Das ist überhaupt nicht einzusehen. Man kann für den Kündigungsfall höchstens über Regelungen sprechen, die die gesetzlichen Regelungen ergänzen, aber nicht diese aushebeln.

Soweit von BGB-Regelungen abgewichen werden soll, sind für die Kündigung Regelungen notwendig, die beiden Seiten einen solchen Schritt erlauben, wenn gemeinsam abgestimmte Kriterien dauerhaft nicht erfüllt werden, wenn sich also abzeichnet, dass ein gemeinsamer Werkerfolg nicht mehr erreicht werden kann. Es kann immer einmal sein, dass eine Mitwirkungspflicht durch Sie nicht auf den Tag genau möglich ist oder auch eine Zahlungsrate einige Tage später beim Unternehmen eintrifft. So etwas sollte den Unternehmer nicht gleich zur Kündigung ermächtigen und schon gar nicht Ansprüche auf pauschale Entschädigungszahlungen im Kündigungsfall begründen. Die Frage einer Entschädigungszahlung setzt ja die Frage nach einem konkret eingetretenen Schaden voraus. Dem Unternehmen kann ein Schaden entstanden sein, muss aber nicht.

Eine Entschädigungszahlung kann ferner immer nur den Teil der Bausumme betreffen, der noch aussteht. Und ein solcher Anspruch auf Entschädigung bewegt sich ganz sicher nicht bei 20 Prozent. Nehmen Sie eine Bausumme von 250.000 Euro, 20 Prozent davon sind 50.000 Euro. Selbst aber wenn die 20 Prozent an einer noch ausstehenden Restsumme orientiert wären und zum Beispiel noch 120.000 Euro an Zahlungen ausstünden, dann wären im Kündigungsfall immer noch pauschal 24.000 Euro Entschädigung zu zahlen. Solchen Zahlenspielen sollten Sie nicht zustimmen. Dem Unternehmen stände es ja gegebenenfalls frei, auf BGB-Grundlage zu kündigen und auf entgangenen Gewinn zu klagen. Ob das Unternehmen dabei erfolgreich ist, käme dann unter anderem auch sehr auf den Grund seiner Kündigung an. Aber nachteilige Kündigungsregelungen ohne Notwendigkeit zu vereinbaren ist nicht sinnvoll.

Es muss klar geregelt werden, wer unter welchen Umständen wie kündigen darf und dass im Fall von Entschädigungszahlungen – die generell eher zweifelhaft sind und wovon klar abzuraten ist – dann zumindest weitere Rechtsansprüche auf entgangenen Gewinn ausgeschlossen sind. Denn sonst glauben Sie, Sie wären den Unternehmer mit der Kündigung auch wirklich los, dabei geht es dann rechtlich erst richtig zur Sache und er verklagt Sie vielleicht auf diese beiden Ansprüche, die extrem hohe Summen erreichen können und entsprechend hohe Streitwerte.

Für den Fall, dass eine Kündigung mitten im Bauprozess erfolgt, ist es natürlich auch wichtig zu wissen, welchen Zustand das Bauwerk zu diesem Zeitpunkt hatte. Dafür sorgt Absatz 4 des § 648a des BGB. Er enthält folgende, wichtige Regelung, Zitat:

„Nach der Kündigung kann jede Vertragspartei von der anderen verlangen, dass sie an einer gemeinsamen Feststellung des Leistungsstandes mitwirkt. Verweigert eine Vertragspartei die Mitwirkung oder bleibt sie einem vereinbarten oder einem von der anderen Vertragspartei innerhalb einer angemessenen Frist bestimmten Termin zur Leistungsstandfeststellung fern, trifft sie die Beweislast für den Leistungsstand zum Zeitpunkt der Kündigung.
Dies gilt nicht, wenn die Vertragspartei infolge eines Umstands fernbleibt, den sie nicht zu vertreten hat und den sie der anderen Vertragspartei unverzüglich mitgeteilt hat."

Es gibt nach § 648a Absatz 2 auch die Möglichkeit der Teilkündigung. Nehmen wir an, Sie stellen fest, dass Ihr Unternehmen mit einem bestimmten Gewerk überfordert ist, dann könnten Sie für dieses in sich abgeschlossene Gewerk eine Teilkündigung aussprechen. Auch das kann helfen, bei erheblichen Problemen auf der Baustelle voranzukommen.

Gemäß § 642 kann der Unternehmer dem Bauherrn schon aus rechtlich relativ vage definierten Anlässen (Mitwirkungspflichten) mit Kündigung drohen und auch kündigen. Da fragt sich natürlich, ob nicht umgekehrt auch Sie Anspruch auf entsprechende Rechte haben sollten und vielleicht einige im Vertrag auch konkret aufgelistet werden. Dann wäre zum Beispiel die Frage, ob ein Jour fixe, der zweimal hintereinander vom Bauleiter nicht eingehalten wird, umgekehrt Sie zur Kündigung berechtigt. Sie werden versteinerte Mienen beim Unternehmen erleben, wenn Sie Ihrerseits solche Forderungen erheben, und können mit diesem Hinweis dem Unternehmen das Problem ausgeglichener Regelungen klar machen.

Eine sehr wichtige, ergänzende Regelung zu den gesetzlichen Kündigungsregelungen ist zum Beispiel eine Vereinbarung darüber, was im Kündigungsfall an Unterlagen seitens des Unternehmers →

herauszugeben ist – und auch bis exakt wann. Denn das BGB regelt nur, was nach Fertigstellung der Arbeiten an Unterlagen herauszugeben ist – auch das nur relativ oberflächlich (§ 650n).

Folgende Unterlagen sollten Sie beim Bauen mit dem Generalunternehmer im Kündigungsfall erhalten, falls Ihnen diese nicht schon bei Beginn des Bauvorhabens ausgehändigt wurden – und zwar unabhängig davon, wer gekündigt hat, und mit einer klaren Fristsetzung. Also zum Beispiel, dass die nachfolgenden Unterlagen spätestens 14 Tage nach erfolgter Kündigung an Sie auszuhändigen sind, soweit Sie diese nicht schon haben:

→ Energieplanung zur Gebäudehülle und der Gebäudetechnik (Heizungstechnik, Warmwassertechnik, Lüftungstechnik)
→ Gebäudeenergieausweis (in Aufbau und Inhalt nach den gesetzlichen Vorgaben der EnEV)
→ Statik (Berechnung und Bewehrungspläne)
→ Bodengutachten
→ Lageplan als PDF- und z. B. DXF-Datei
→ Bauantragspläne als PDF- und zum Beispiel DXF-Datei
→ Entwässerungsantragspläne als PDF- und zum Beispiel DXF-Datei
→ Ausführungspläne als PDF- und zum Beispiel DXF-Datei

Sinnvoll ist immer auch, ein Kündigungsrecht für den Fall der Insolvenz des Unternehmens zu vereinbaren, wobei bereits an den Antrag auf Eröffnung des Insolvenzverfahrens angeknüpft werden sollte und nicht erst an dessen Eröffnung. Es war lange ungeklärt, ob eine Kündigungsmöglichkeit für den Fall des Antrags auf Insolvenz überhaupt zulässig ist; denn eine solche Kündigung würde die Rechte des Insolvenzverwalters erheblich einschränken. Nach § 103 der Insolvenzordnung hat der Insolvenzverwalter nämlich ein Wahlrecht, ob er einen noch nicht vollständig abgewickelten Vertrag erfüllt oder nicht. Regelungen, die dieses Wahlrecht einschränken oder ihm vollständig entgegenstehen, sind nach § 119 der Insolvenzordnung unwirksam. Parallel dazu gibt es aber in § 8 Absatz 2 Nr. 1 der VOB / B die Regelung, dass der Auftraggeber den Vertrag kündigen darf, wenn der Auftragnehmer (Bauunternehmer) die Eröffnung eines Insolvenzverfahrens beantragt, ein Insolvenzverfahren eröffnet oder die Eröffnung eines Insolvenzverfahrens mangels Masse abgelehnt wird. Macht der Auftraggeber von diesem Kündigungsrecht Gebrauch, ist der Bauvertrag beendet und der Insolvenzverwalter kann nicht mehr die Erfüllung des Bauvertrags verlangen. Ein klarer Widerspruch also. Diesen hat der BGH mit Urteil vom 07.04.2016 aufgelöst (VII ZR 56/15). Demnach ist eine Kündigung eines Bauvertrags möglich, entgegen den Regelungen der Insolvenzordnung.

Die wesentliche Begründung dafür liegt gemäß BGH in der Kooperationsverpflichtung der Bauvertragsparteien und der Nebenpflicht zur wechselseitigen Rücksichtnahme. Diese Verpflichtungen werden durch die Stellung eines Insolvenzantrages verletzt. Es ist dem Auftraggeber in einem solchen Fall nicht zumutbar, bis zur Insolvenzeröffnung oder bis zur Entscheidung des Insolvenzverwalters über die Vertragsfortführung warten zu müssen. Hier spielen auch die Besonderheiten des Bauvertrags eine große Rolle, bei dem es viel mehr als bei Lieferverträgen auf persönliche Eigenschaften des Auftragnehmers (Fachkunde, Leistungsfähigkeit und Zuverlässigkeit) ankommt. Insbesondere Leistungsfähigkeit und Zuverlässigkeit werden durch einen Insolvenzantrag nachhaltig gestört. Der Insolvenzverwalter kann das für die Erfüllung des Bauvertrags erforderliche Vertrauen nicht in gleicher Weise für sich in Anspruch nehmen, er ist zur Fortführung des Bauvorhabens auf die Mitwirkung Dritter angewiesen (zum Beispiel von Lieferanten, Subunternehmen und Banken), die infolge eigener Forderungsausfälle oft nicht zur Weiterarbeit bereit sind.

Der BGH hat diese Frage zwar nur für einen VOB/B-Vertrag geklärt, man kann aber davon ausgehen, dass die Klärung ebenso für BGB-Verträge gilt. Denn hier sind die Konsequenzen im Insolvenzfall des Unternehmens identisch.

Allerdings sind die Folgen unterschiedlich:

Bei einer Kündigung nach § 8 Abs. 2 VOB/B besteht kein Vergütungsanspruch des Bauunternehmers für die nicht erbrachten Leistungen. Im Gegenteil: Nach § 8 Abs. 2 Nr. 2 Satz 2 VOB/B ist der Bauunternehmer zum Schadensersatz wegen Nichterfüllung des Restes verpflichtet.

Bei einer Kündigung nach § 648 BGB hingegen besteht ein Vergütungsanspruch des Unternehmers. Daher ist sehr wichtig, eine Kündigung eines BGB-Verbraucherbauvertrages, aufgrund Insolvenzantrag des Unternehmens, nicht auf Basis des § 648 BGB, sondern auf Basis des § 648a des BGB auszusprechen. Dieser regelt die Kündigung aus wichtigem Grund und gemäß § 648a Absatz 5 gilt dann, Zitat:

> „Kündigt eine Vertragspartei aus wichtigem Grund, ist der Unternehmer nur berechtigt, die Vergütung zu verlangen, die auf den bis zur Kündigung erbrachten Teil des Werks entfällt."

Eine solche Kündigung (aus wichtigem Grund nach § 648a) können Sie aber nur aussprechen, wenn Sie zuvor im Bauvertrag den Fall des Antrags auf Eröffnung eines Insolvenzfalls auch explizit als Kündigung aus wichtigem Grund festgelegt haben. Denn ein Insolvenzfall ist nicht automatisch ein wichtiger Kündigungsgrund. Haben Sie es aber genau so bereits im Bauvertrag festgelegt, ist er es.

Für jede Kündigung eines Bauvertrages gilt ganz grundsätzlich: Keine Kündigung ohne vorherige Rücksprache mit einem Fachanwalt für Bau- und Architektenrecht oder einem Anwalt mit entsprechendem Tätigkeitsschwerpunkt.

Vertrags-Check ☑
Kündigung
■ nicht geregelt
■ unzureichend / benachteiligend geregelt
■ unklare / unverständliche Formulierung

Checkblatt Bauvertrag
Insolvenzfall des Unternehmens

Typische Regelung

Regelungen für den Insolvenzfall des von Ihnen gewählten Hausanbieters werden Sie in keinem Vertrag finden. Denn kein Unternehmen möchte das Thema überhaupt ansprechen, dabei wären gerade Regelungen hierzu sehr wichtig. Klar ist nur, dass Sie im Fall der Insolvenz eines Anbieters kein automatisches Kündigungsrecht haben und so aus dem Vertrag herauskommen, sondern der Insolvenzverwalter wird dann gemeinsam mit den Gläubigern den weiteren Gang der Dinge bestimmen. Wie das Ganze für Sie ausgeht, wird sehr stark davon abhängen, in welcher Bauphase die Insolvenz eintritt. Bauen Sie ein individuelles Haus auf eigenem Grundstück und zur Fertigstellung fehlen nur noch einige Dachziegel, dann kann es sein, dass Sie sich mit dem Insolvenzverwalter über gegebenenfalls noch ausstehende Zahlungen und Zurückbehalte zügig einigen und das Haus selbständig fertigstellen können. Ist das Bauvorhaben hingegen noch weit entfernt von der Fertigstellung und Sie können keine schnelle Einigung mit dem Insolvenzverwalter erzielen, kann sich das auch sehr lange ziehen. In einem solchen Fall können Sie relativ schnell in einer Falle sitzen, bei der Ihr Haus nicht fertig wird und Sie die finanzielle Doppelbelastung aus Miete und Kredit tragen müssen. So etwas kann existenzgefährdend werden.

Notwendige Regelung

Da das Insolvenzrecht Insolvenzverwaltern und Gläubigern sehr weitgehende Rechte einräumt, sollte man für den Insolvenzfall vorbeugen.

Zunächst einmal sollte vertraglich festgelegt werden, dass Sie ein Kündigungsrecht im Insolvenzfall des Unternehmens haben und bereits der Antrag auf Eröffnung des Insolvenzverfahrens das auslösende Moment für das Kündigungsrecht sein sollte. Nach Rechtsprechung des BGH ist dies zulässig. Es muss dann aber im Bauvertrag explizit geregelt werden, dass der Antrag auf Eröffnung des Insolvenzverfahrens eine Kündigung aus wichtigem Grund nach § 648a BGB zulässt. Dann kommen Sie im Insolvenzfall zumindest schon einmal zügig aus dem Bauvertrag heraus und könnten das Haus selber fertigstellen. Sie müssten dann nicht die Entscheidung des Insolvenzverwalters abwarten, ob er das Haus fertigstellen will oder nicht.

Ein weiterer wirksamer Schutz kann darin bestehen, die Gläubigerbank des Unternehmers von Anfang an mit einer Fertigstellungsbürgschaft für den Insolvenzfall des Unternehmers in die Verantwortung zu nehmen. Ein Fertighausanbieter oder ein Anbieter schlüsselfertiger Massivhäuser muss den Hausbau jedoch nicht unbedingt über eine Bank vorfinanzieren, da er von Ihnen ja über Zahlungsraten nach Baufortschritt bedient wird. Wurde das bei allen seinen Baustellen so gelöst, kann es sein, dass eine Gläubigerbank nicht existiert.

Anders sieht es aus, wenn Sie kein Kündigungsrecht im Insolvenzfall haben und möglicherweise auch noch Zahlungen zwischen Ihnen und dem Anbieter strittig sind, die Sie zu leisten hätten. Dann wird sich der Insolvenzverwalter bei Ihnen melden. Er entscheidet, ob er das Bauvorhaben weiter durchführt oder nicht und mit Ihnen schlussrechnet. Wenn Sie sich von dessen Entscheidungen unabhängig machen wollen, hilft nur eine präventiv im Bauvertrag verankerte klare Kündigungsregelung für den Insolvenzfall des Unternehmens, um zügig mit Ihrem Bau auf Ihrem Grundstück weiterzukommen. Sicher wird das auch Ärger und Mehrkosten mit sich bringen, aber es ist in vielen Fällen doch machbar, selbst bei Fertighäusern. Denn Fertighäuser werden binnen weniger Tage aufgerichtet, und wenn die Zahlung erst nach dem Aufrichten erfolgt, ist auch kein Überzahlungsrisiko gegeben. Da der Innenausbau meist klassisch erfolgt, ist dieser mit Ersatzhandwerkern zu bewerkstelligen.

Übrigens: Je detaillierter und klarer der Zahlungsplan ist, umso schwieriger wird es für den Insolvenzverwalter, von Ihnen Gelder einzufordern für Raten, die gemäß Ratenzahlungsplan eindeutig noch nicht erbracht sind. Und das können Sie am besten nachweisen, wenn der Zahlungsplan sehr detailliert geregelt ist.

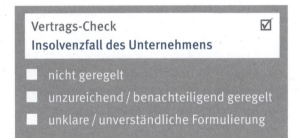

Checkblatt Bauvertrag Abnahme / Zustandsfeststellung / Übergabe

Typische Regelung

Im Rahmen von Bauwerkverträgen, sollten Sie immer das ausdrückliche Recht haben, das errichtete Gebäude zu beziehen, ohne dass damit eine automatische Abnahme verbunden ist. Auch wenn Geldeinbehalte vorgenommen wurden und es Streit darüber gibt, ob ein Mangel vorliegt oder nicht, sollten Sie das Gebäude selbstverständlich beziehen dürfen. Es kann ja zum Beispiel sein, Sie wollen Ihren Mietvertrag exakt so kündigen, dass Sie pünktlich und sehr früh von der Mietwohnung in die neue, eigene Immobilie ziehen wollen. Möglicherweise ist aber ein Baumangel aufgetreten und Sie behalten nun die doppelte Summe des zur Beseitigung des Mangels Benötigten ein. Der Unternehmer weigert sich daraufhin möglicherweise, den Schlüssel heraus- und den Bezug der Immobilie freizugeben, weil er den Bezug nur bei bis zum Bezugszeitpunkt vollständiger Ratenzahlung gestattet. Dann hätten Sie ein Problem: Auf Ihrem eigenen Grundstück könnte ein Haus stehen, das Sie nicht ohne Risiko beziehen könnten, wenn Sie nicht zahlen. So paradox das klingt. Beziehen Sie dann entgegen der Vorgabe des Unternehmers (zum Beispiel Türaufbruch mit Schlüsseldienst) kann Sie eine andere Vertragsklausel überraschen, nach der ein Bezug der Immobilie ohne Abnahme die mangelfreie Abnahme bedeutet. Dann sitzen Sie in dem Haus, haben aber damit eventuell Mangelfreiheit anerkannt.

Ganz so einfach ist es aber auch nicht; denn der Unternehmer muss Sie auch zur Abnahme auffordern. Diese können Sie verweigern, wenn es noch einen oder mehrere Mängel gibt. Geregelt ist das in § 640 Absatz 2 des BGB, Zitat:

→

> „Als abgenommen gilt ein Werk auch, wenn der Unternehmer dem Besteller nach Fertigstellung des Werks eine angemessene Frist zur Abnahme gesetzt hat und der Besteller die Abnahme nicht innerhalb dieser Frist unter Angabe mindestens eines Mangels verweigert hat. Ist der Besteller ein Verbraucher, so treten die Rechtsfolgen des Satzes 1 nur dann ein, wenn der Unternehmer den Besteller zusammen mit der Aufforderung zur Abnahme auf die Folgen einer nicht erklärten oder ohne Angabe von Mängeln verweigerten Abnahme hingewiesen hat; der Hinweis muss in Textform erfolgen."

Hat das Haus aber nun einen oder mehrere Mängel, können Sie die Abnahme ablehnen. Der Unternehmer hat dann das Recht auf eine sogenannte Zustandsfeststellung. Hintergrund ist der Fall, dass Sie das Haus nicht abnehmen, aber zum Beispiel nutzen oder beziehen. Dann könnten sich möglicherweise Schäden ergeben, die der Unternehmer nicht zu verantworten hat. Um ihn diesbezüglich zu schützen, gibt es § 650g im BGB, der folgendes regelt, Zitat::

> „(1) Verweigert der Besteller die Abnahme unter Angabe von Mängeln, hat er auf Verlangen des Unternehmers an einer gemeinsamen Feststellung des Zustands des Werks mitzuwirken. Die gemeinsame Zustandsfeststellung soll mit der Angabe des Tages der Anfertigung versehen werden und ist von beiden Vertragsparteien zu unterschreiben.
>
> (2) Bleibt der Besteller einem vereinbarten oder einem von dem Unternehmer innerhalb einer angemessenen Frist bestimmten Termin zur Zustandsfeststellung fern, so kann der Unternehmer die Zustandsfeststellung auch einseitig vornehmen. Dies gilt nicht, wenn der Besteller infolge eines Umstands fernbleibt, den er nicht zu vertreten hat und den er dem Unternehmer unverzüglich mitgeteilt hat. Der Unternehmer hat die einseitige Zustandsfeststellung mit der Angabe des Tages der Anfertigung zu versehen und sie zu unterschreiben sowie dem Besteller eine Abschrift der einseitigen Zustandsfeststellung zur Verfügung zu stellen.
>
> (3) Ist das Werk dem Besteller verschafft worden und ist in der Zustandsfeststellung nach Absatz 1 oder 2 ein offenkundiger Mangel nicht angegeben, wird vermutet, dass dieser nach der Zustandsfeststellung entstanden und vom Besteller zu vertreten ist. Die Vermutung gilt nicht, wenn der Mangel nach seiner Art nicht vom Besteller verursacht worden sein kann.
>
> (...)"

Zur Abnahme findet man in Bauverträgen alle möglichen Regelungen. Abnahme heißt kurz gefasst, dass Sie die erbrachte Bauleistung als vertragsgemäß erbracht und ohne wesentliche Mängel erbracht entgegennehmen und anerkennen. Die Abnahme hat erhebliche rechtliche Auswirkungen. Mit ihr beginnt die Gewährleistungszeit und mit ihr kehrt sich auch die Beweislast um. Das heißt, bis zur Abnahme musste Ihr Unternehmer nachweisen, dass ein von Ihnen behaupteter Mangel kein Mangel ist. Nach der Abnahme müssen Sie nachweisen, dass ein von Ihnen behaupteter Mangel auch tatsächlich ein Mangel ist (mehr dazu in den detaillierten Ausführungen in den Ratgebern „Kauf und Bau eines Fertighauses" und „Kauf eines Reihen- oder Doppelhauses" der Verbraucherzentrale). Eine Abnahme wird üblicherweise als förmliche Abnahme durchgeführt, das heißt der Auftraggeber und der Auftragnehmer treffen sich auf der Baustelle und gehen durch das Bauwerk. Alle Mängel, die der Auftraggeber sieht oder von denen er nachweislich Kenntnis hat, muss er dabei in das Protokoll als Vorbehalt aufnehmen lassen. Nur für die so festgehaltenen Mängeln hat er Anspruch auf Nachbesserung. Auf Mängel, die der Bauherr zum Abnahmezeitpunkt nicht kennt oder nicht sieht (etwa ein gebrochenes Rohr innerhalb einer Wand) bleiben die 5 Jahre Gewährleistungsrechte bestehen. Wenn es bei der Abnahme zum Streit kommt, ob ein Mangel besteht oder nicht und Sie Geld einbehalten wollen zur Beseitigung des Mangels, dann müssen das und die Höhe des Einbehalts (nach dem BGB ist der doppelte Betrag möglich, der zur Beseitigung des Mangels benötigt wird) im Abnahmeprotokoll vermerkt sein. Hohe Anforderungen also für Verbraucher.

Bei allen diesen Punkten kommen Sie sehr schnell ins Rutschen, wenn die Dinge nicht schon im Vertrag sehr sorgfältig geregelt sind. Das beginnt bereits damit, wie Ihnen die Abnahme angekündigt wird. Beliebt sind Formulierungen wie: „Der Auftraggeber zeigt dem Auftragnehmer die Abnahme rechtzeitig an." Was aber ist rechtzeitig? Und was heißt „zeigt die Abnahme an"? Sehr oft findet man auch absurde Konsequenzen-Regelungen, falls die Abnahme nicht wahrgenommen wird. Da heißt es dann zum Beispiel, dass das Gebäude als mangelfrei abgenommen gilt, wenn der Auftraggeber zum Abnahmetermin nicht erscheint. Da reicht schon eine einfache Motorpanne Ihres Autos, um solche schwerwiegenden Konsequenzen auszulösen, die auch gar nicht ohne Weiteres zulässig sind.

Notwendige Regelung
Für das ganze Thema Abnahme, Zustandsfeststellung und Schlüsselübergabe sind im Bauvertrag sehr exakte Formulierungen notwendig, weil hierin große Risiken liegen. Das fängt damit an, dass exakt geregelt werden muss, wie und wann die Abnahme angekündigt werden muss, also zum Beispiel schriftlich durch den Unternehmer mindestens 14 Tage im Voraus. Selbst aber das kann zu knapp sein, sodass man sich gegebenenfalls auf 3 Wochen im Voraus einigen muss. Vielleicht gibt es bei Ihnen auch Wochentage, an denen Sie partout nicht können, weil Sie vielleicht beruflich verhindert sind, dann kann man einen bestimmten Wochentag ausklammern. Gleiches gilt für absehbaren Urlaub. Wenn Sie länger im Voraus wissen, dass Sie zu einem bestimmten Termin, beispielsweise der ersten Julihälfte im Urlaub sind, können Sie einen Termin in diesem Zeitraum ausklammern. Dann muss geklärt werden, was passiert, wenn Ihnen doch etwas dazwischenkommt und Sie einen Abnahmetermin nicht wahrnehmen können. Sinnvoll ist hier die Optionsregelung für einen zu vereinbarenden Ersatztermin. Und wenn auch dieser nicht gehalten werden kann, kann sehr einfach zusätzlich vereinbart werden, dass dann der Bezug des Hauses auch ohne Abnahmetermin möglich ist, aber innerhalb einer kurzen Frist, etwa 3 bis 5 Tage ab Schlüsselübergabe, alle Mängel, die man noch sieht, dem Unternehmen gemeldet werden müssen. Es gibt viele Verträge, in denen dies so geregelt wird. Das ist eine sinnvolle und ausgleichende Regelung für beide Seiten.

Wichtig ist schließlich, dass einem Bezug Mängeleinbehalte nach dem BGB vertraglich nicht entgegenstehen sollten. Auch ein Gewährleistungseinbehalt kann einem Bezug selbstverständlich nicht entgegenstehen. Manchmal findet man in Verträgen Begrifflichkeiten wie „Bezugsfreigabe" oder Ähnliches definiert. Solange Sie aber das Hausrecht an Ihrem Grundstück haben und Bauherr sind, kann Sie auch niemand am Betreten Ihres Hauses hindern, auch wenn es noch Streit um Mängel und Einbehalte gibt.

Die Regelungen des Gesetzgebers zum Geldeinbehalt sind leider nicht ganz eindeutig. Inwiefern Sie einen Geldeinbehalt fortsetzen dürfen, obwohl der Unternehmer die Beseitigung des Mangels zwar angezeigt hat, die Mangelbeseitigung aber gegenüber Ihnen nicht ausreichend dokumentiert hat,

→

ist umstritten. Daher ist es sinnvoll, dass in einen Bauvertrag ergänzende Regelungen dazu aufgenommen werden, dass also vor Auszahlung eines Mangeleinbehalts eine nachvollziehbare Dokumentation der Mangelbeseitigung vorliegt und gegebenenfalls eine Vor-Ort-Besichtigung durch Ihren Bausachverständigen stattgefunden haben muss.

Auch der gesetzlich geregelte 5-Prozent-Sicherheitseinbehalt nach § 650m Absatz 2 BGB und der 10-Prozent-Einbehalt nach § 650m Absatz 1 sollten im Vertrag so geregelt werden, dass seine Auszahlung erst nach Abnahme der Immobilie erfolgt (→ Beispiel Zahlungsplan, Checkblatt 133 Seite 281).

Auf vertragliche Regelungen, die die Abnahme und die Übergabe einer Immobilie zeitlich trennen, sollten Sie nicht eingehen; denn dann kann es sein, dass zunächst einmal nur eine Abnahme angesetzt wird. Nach der Abnahme wird die Immobilie jedoch wieder verschlossen, und der Unternehmer kann in der Folge Mängel beseitigen. Während er diese beseitigt, fordert er von Ihnen unter Umständen bereits die letzte Rate an und ist zur abschließenden Übergabe des Hauses dann möglicherweise erst bereit, wenn diese letzte Rate auch bezahlt ist. Dann können Sie aber wieder nicht überprüfen, ob er die Mängel auch beseitigt hat. Daher sollten die letzten beiden Raten (10 Prozent und 5 Prozent nach 650m BGB) tatsächlich erst nach abschließender Übergabe des Hauses gezahlt werden. Das hat auch den Vorteil, dass Sie die Mängelbeseitigungen selbst überwachen können.

Vertrags-Check ☑
Abnahme / Zustandsfeststellung / Übergabe
- nicht geregelt
- unzureichend / benachteiligend geregelt
- unklare / unverständliche Formulierung

Checkblatt Bauvertrag Mediation / Schlichtung / Güteverhandlungen

Typische Regelung

Manche Verträge enthalten Regelungen zu Mediation, Güteverhandlungen und Schlichtung. Manchmal sind diese Klauseln Optionsklauseln, die von beiden Seiten gezogen werden können, manchmal sind sie Optionsklauseln, die nur vom Unternehmer gezogen werden können, und manchmal sind sie zwingende Klauseln, die den ordentlichen Rechtsweg ausschließen und mit denen Sie sich unwiderruflich einer rechtsverbindlichen Schlichtung unterwerfen. In letzterem Fall ist Vorsicht geboten. Denn Sie lassen sich dadurch natürlich den ordentlichen Rechtsweg nehmen. Die zentrale Frage ist dann auch, wer führt diesen Mediation, Schlichtung oder Güteverhandlung durch? Das ist in der Regel eine Person, die möglicherweise erst noch ausgewählt wird (zum Beispiel öffentlich bestellter und vereidigter Sachverständiger einer Handwerkskammer oder einer Industrie- und Handelskammer) und die Sie noch nie persönlich getroffen haben und deren Einschätzung bautechnischer Sachverhalte Sie auch nicht kennen. Das ist sehr ungünstig. Daher können solche Regelungen höchstens als Option in Verträge aufgenommen werden, immer aber mit der Möglichkeit, unabhängig davon noch den ordentlichen Rechtsweg einschlagen zu können.

Notwendige Regelung

Regelungen zu Mediation, Schlichtung oder Güteverhandlungen können in der Regel unter 2 Bedingungen in Verträge aufgenommen werden:

1. Beide Vertragspartner sollten den Mediator oder Schlichter persönlich kennen und von ihm und seiner Unabhängigkeit, Neutralität und Integrität überzeugt sein.

2. Die Schlichtungsvereinbarung sollte den ordentlichen Rechtsweg als Option offenlassen. Das mindert zwar den Druck, sich außergerichtlich einigen zu müssen, aber eine außergerichtliche Einigung ist ohnehin nur möglich, wenn beide Seiten die innere Haltung dazu mitbringen. Sonst wird auch diese schwierig bis unmöglich.

Vertrags-Check ☑
Mediation / Schlichtung / Güteverhandlungen
- nicht geregelt
- unzureichend / benachteiligend geregelt
- unklare / unverständliche Formulierung

Übersicht: Check Bauverträge
Handwerker / Generalunternehmer / Fertighausanbieter

VERTRAGSPUNKT	NICHT GEREGELT	UNZUREICHEND/ BENACHTEILIGEND GEREGELT	UNKLARE/UNVERSTÄNDLICHE FORMULIERUNG	ERSATZLOS STREICHEN	CHECKBLATT
Vertragspartner	☐	☐	☐	☐	126 → Seite 272
Subunternehmer / Nachunternehmer	☐	☐	☐	☐	127 → Seite 275
Vertragsbestandteile	☐	☐	☐	☐	128 → Seite 276
Festpreisgarantie	☐	☐	☐	☐	129 → Seite 277
Grundstücksbeschaffenheit	☐	☐	☐	☐	130 → Seite 278
Vorleistungen Bauherr	☐	☐	☐	☐	131 → Seite 278
Hausrecht	☐	☐	☐	X	132 → Seite 280
Zahlungsplan	☐	☐	☐	☐	133 → Seite 281
Abtretung von Auszahlungsansprüchen	☐	☐	☐	X	134 → Seite 286
Aufrechnungsverbot	☐	☐	☐	X	135 → Seite 287
Sicherheits- und Gewährleistungseinbehalt	☐	☐	☐	☐	136 → Seite 287
Bürgschaften	☐	☐	☐	☐	137 → Seite 289
Vollmachten	☐	☐	☐	X	138 → Seite 292
Unterwerfung unter die Zwangsvollstreckung	☐	☐	☐	X	139 → Seite 293
VOB/B-Regelungen	☐	☐	☐	X	140 → Seite 294
Versicherungen	☐	☐	☐	☐	141 → Seite 295
Energieeffizienz	☐	☐	☐	☐	142 → Seite 296
Wohnflächen	☐	☐	☐	☐	143 → Seite 297
Barrierefreiheit	☐	☐	☐	☐	144 → Seite 299
Sonderwünsche	☐	☐	☐	☐	145 → Seite 300
Stellplatz / Carport / Garage	☐	☐	☐	☐	146 → Seite 302
Pauschale Ausführungs- und Baustoffvorbehalte	☐	☐	☐	X	147 → Seite 303
Planabnahme Vertragspläne	☐	☐	☐	☐	148 → Seite 304
Eigenleistungen	☐	☐	☐	☐	149 → Seite 304
Anlage Garten	☐	☐	☐	☐	150 → Seite 306
Baustart / Bauzeit	☐	☐	☐	☐	151 → Seite 307
Baustellenbetretung / Jour fixe / Bauleiter	☐	☐	☐	☐	152 → Seite 308
Unterlagen / Dokumentation	☐	☐	☐	☐	153 → Seite 310

VERTRAGSPUNKT	NICHT GEREGELT	UNZUREICHEND/ BENACHTEILI- GEND GEREGELT	UNKLARE/UN- VERSTÄNDLICHE FORMULIERUNG	ERSATZLOS STREICHEN	CHECKBLATT
Mängelbilder / Allgemein Anerkannte Regeln der Technik / DIN-Normen/Beschaffenheiten	☐	☐	☐	☐	154 → Seite 311
Leistungseinstellung	☐	☐	☐	☐	155 → Seite 314
Abbruch des Bauvorhabens	☐	☐	☐	☐	156 → Seite 315
Widerruf	☐	☐	☐	☐	157 → Seite 317
Kündigung	☐	☐	☐	☐	158 → Seite 319
Insolvenzfall des Unternehmens	☐	☐	☐	☐	159 → Seite 324
Abnahme / Zustandsfeststellung / Übergabe	☐	☐	☐	☐	160 → Seite 325
Mediation / Schlichtung	☐	☐	☐	X	161 → Seite 328

Verbraucherzentrale

Übersicht Grundleistungen – Besondere Leistungen nach der HOAI

Bodengutachter / Geologe
(Anlage 1.3.3 zu § 3 Absatz 1 HOAI / Leistungsbild Geotechnik)

	GRUNDLEISTUNGEN	BESONDERE LEISTUNGEN
Geotechnischer Bericht	a) Grundlagenermittlung und Erkundungskonzept • Klären der Aufgabenstellung, Ermitteln der Baugrund- und Grundwasserverhältnisse auf Basis vorhandener Unterlagen • Festlegen und Darstellen der erforderlichen Baugrunderkundungen b) Beschreiben der Baugrund- und Grundwasserverhältnisse • Auswerten und Darstellen der Baugrunderkundungen sowie der Labor- und Felduntersuchungen • Abschätzen des Schwankungsbereichs von Wasserständen und / oder Druckhöhen im Boden • Klassifizieren des Baugrunds und Festlegen der Baugrundkennwerte c) Beurteilung der Baugrund- und Grundwasserverhältnisse, Empfehlungen, Hinweise, Angaben zur Bemessung der Gründung • Beurteilung des Baugrunds • Empfehlung für die Gründung mit Angabe der geotechnischen Bemessungsparameter (zum Beispiel Angaben zur Bemessung einer Flächen- oder Pfahlgründung) • Angabe der zu erwartenden Setzungen für die vom Tragwerksplaner im Rahmen der Entwurfsplanung nach § 49 zu erbringenden Grundleistungen • Hinweise zur Herstellung und Trockenhaltung der Baugrube und des Bauwerks sowie Angaben zur Auswirkung der Baumaßnahme auf Nachbarbauwerke • Allgemeine Angaben zum Erdbau • Angaben zur geotechnischen Eignung von Aushubmaterial zur Wiederverwendung bei der betreffenden Baumaßnahme sowie Hinweise zur Bauausführung	• Beschaffen von Bestandsunterlagen • Vorbereiten und Mitwirken bei der Vergabe von Aufschlussarbeiten und deren Überwachung • Veranlassen von Labor- und Felduntersuchungen • Aufstellen von geotechnischen Berechnungen zur Standsicherheit oder Gebrauchstauglichkeit, wie zum Beispiel Setzungs-, Grundbruch- und Geländebruchberechnungen • Aufstellen von hydrogeologischen, geohydraulischen und besonderen numerischen Berechnungen • Beratung zu Dränanlagen, Anlagen zur Grundwasserabsenkung oder sonstigen ständigen oder bauzeitlichen Eingriffen in das Grundwasser • Beratung zu Probebelastungen sowie fachtechnisches Betreuen und Auswerten • geotechnische Beratung zu Gründungselementen, Baugruben- oder Hangsicherungen und Erdbauwerken, Mitwirkung bei der Beratung zur Sicherung von Nachbarbauwerken • Untersuchungen zur Berücksichtigung dynamischer Beanspruchungen bei der Bemessung des Objekts oder seiner Gründung sowie Beratungsleistungen zur Vermeidung oder Beherrschung von dynamischen Einflüssen • Mitwirken bei der Bewertung von Nebenangeboten aus geotechnischer Sicht • Mitwirken während der Planung oder Ausführung des Objekts sowie Besprechungs- und Ortstermine • geotechnische Freigaben

Vermesser / Geodät: Vermessung zum Planen
(Anlage 1.4.4 zu § 3 Absatz 1 HOAI / Beratungsleistungen / Leistungsbild planungsbegleitende Vermessung)

LEISTUNGSPHASEN	GRUNDLEISTUNGEN	BESONDERE LEISTUNGEN
1. Grundlagenermittlung	a) Einholen von Informationen und Beschaffen von Unterlagen über die Örtlichkeit und das geplante Objekt b) Beschaffen vermessungstechnischer Unterlagen und Daten c) Ortsbesichtigung d) Ermitteln des Leistungsumfangs in Abhängigkeit von den Genauigkeitsanforderungen und dem Schwierigkeitsgrad	• Schriftliches Einholen von Genehmigungen zum Betreten von Grundstücken, von Bauwerken, zum Befahren von Gewässern und für anordnungsbedürftige Verkehrssicherungsmaßnahmen
2. Geodätischer Raumbezug	a) Erkunden und Vermarken von Lage- und Höhenfestpunkten b) Fertigen von Punktbeschreibungen und Einmessungsskizzen c) Messungen zum Bestimmen der Fest- und Passpunkte d) Auswerten der Messungen und Erstellen des Koordinaten- und Höhenverzeichnisses	• Entwurf, Messung und Auswertung von Sondernetzen hoher Genauigkeit • Vermarken auf Grund besonderer Anforderungen • Aufstellung von Rahmenmessprogrammen
3. Vermessungstechnische Grundlagen	a) Topographische / morphologische Geländeaufnahme einschließlich Erfassen von Zwangspunkten und planungsrelevanter Objekte b) Aufbereiten und Auswerten der erfassten Daten c) Erstellen eines digitalen Lagemodells mit ausgewählten planungsrelevanten Höhenpunkten d) Übernehmen von Kanälen, Leitungen, Kabeln und unterirdischen Bauwerken aus vorhandenen Unterlagen e) Übernehmen des Liegenschaftskatasters f) Übernehmen der bestehenden öffentlich-rechtlichen Festsetzungen g) Erstellen von Plänen mit Darstellen der Situation im Planungsbereich mit ausgewählten planungsrelevanten Höhenpunkten h) Liefern der Pläne und Daten in analoger und digitaler Form	• Maßnahmen für anordnungsbedürftige Verkehrssicherung • Orten und Aufmessen des unterirdischen Bestandes • Vermessungsarbeiten unter Tage, unter Wasser oder bei Nacht • Detailliertes Aufnehmen bestehender Objekte und Anlagen neben der normalen topographischen Aufnahme wie zum Beispiel Fassaden und Innenräume von Gebäuden • Ermitteln von Gebäudeschnitten • Aufnahmen über den festgelegten Planungsbereich hinaus • Erfassen zusätzlicher Merkmale wie zum Beispiel Baumkronen • Eintragen von Eigentümerangaben • Darstellen in verschiedenen Maßstäben • Ausarbeiten der Lagepläne entsprechend der rechtlichen Bedingungen für behördliche Genehmigungsverfahren • Übernahme der Objektplanung in ein digitales Lagemodell
4. Digitales Geländemodell	a) Selektion der die Geländeoberfläche beschreibenden Höhenpunkte und Bruchkanten aus der Geländeaufnahme b) Berechnung eines digitalen Geländemodells c) Ableitung von Geländeschnitten d) Darstellen der Höhen in Punkt-, Raster- oder Schichtlinienform e) Liefern der Pläne und Daten in analoger und digitaler Form	

Vermesser / Geodät: Vermessung zum Bauen
(Anlage 1.4.7 zu § 3 Absatz 1 HOAI / Beratungsleistungen / Leistungsbild Bauvermessung)

LEISTUNGSPHASEN	GRUNDLEISTUNGEN	BESONDERE LEISTUNGEN
1. Baugeometrische Beratung	a) Ermitteln des Leistungsumfanges in Abhängigkeit vom Projekt b) Beraten, insbesondere im Hinblick auf die erforderlichen Genauigkeiten und zur Konzeption eines Messprogramms c) Festlegen eines für alle Beteiligten verbindlichen Maß-, Bezugs- und Benennungssystems	• Erstellen von vermessungstechnischen Leistungsbeschreibungen • Erarbeiten von Organisationsvorschlägen über Zuständigkeiten, Verantwortlichkeit und Schnittstellen der Objektvermessung • Erstellen von Messprogrammen für Bewegungs- und Deformationsmessungen einschließlich Vorgaben für die Baustelleneinrichtung
2. Absteckungsunterlagen	a) Berechnen der Detailgeometrie anhand der Ausführungsplanung, Erstellen eines Absteckungsplanes und Berechnen von Absteckungsdaten einschließlich Aufzeigen von Widersprüchen (Absteckungsunterlagen)	• Durchführen von zusätzlichen Aufnahmen und ergänzenden Berechnungen, falls keine qualifizierten Unterlagen aus der Leistungsphase vermessungstechnische Grundlagen vorliegen • Durchführen von Optimierungsberechnungen im Rahmen der Baugeometrie (zum Beispiel Flächennutzung, Abstandsflächen) • Erarbeitung von Vorschlägen zur Beseitigung von Widersprüchen bei der Verwendung von Zwangspunkten (zum Beispiel bauordnungsrechtliche Vorgaben)
3. Bauvorbereitende Vermessung	a) Prüfen und Ergänzen des bestehenden Festpunktfelds b) Zusammenstellung und Aufbereitung der Absteckungsdaten c) Absteckung: Übertragen der Projektgeometrie (Hauptpunkte) und des Baufelds in die Örtlichkeit d) Übergabe der Lage- und Höhenfestpunkte, der Hauptpunkte und der Absteckungsunterlagen an das bauausführende Unternehmen	• Absteckung auf besondere Anforderungen (zum Beispiel Archäologie, Ausholzung, Grobabsteckung, Kampfmittelräumung)
4. Bauausführungsvermessung	a) Messungen zur Verdichtung des Lage- und Höhenfestpunktfeldes b) Messungen zur Überprüfung und Sicherung von Fest- und Achspunkten c) Baubegleitende Absteckungen der geometriebestimmenden Bauwerkspunkte nach Lage und Höhe d) Messungen zur Erfassung von Bewegungen und Deformationen des zu erstellenden Objekts an konstruktiv bedeutsamen Punkten e) Baubegleitende Eigenüberwachungsmessungen und deren Dokumentation f) Fortlaufende Bestandserfassung während der Bauausführung als Grundlage für den Bestandplan	• Erstellen und Konkretisieren des Messprogramms • Absteckungen unter Berücksichtigung von belastungs- und fertigungstechnischen Verformungen • Prüfen der Maßgenauigkeit von Fertigteilen • Aufmaß von Bauleistungen, soweit besondere vermessungstechnische Leistungen gegeben sind • Ausgabe von Baustellenbestandsplänen während der Bauausführung • Fortführen der vermessungstechnischen Bestandspläne nach Abschluss der Grundleistungen • Herstellen von Bestandsplänen
5. Vermessungstechnische Überwachung der Ausführung	a) Kontrollieren der Bauausführung durch stichprobenartige Messungen an Schalungen und entstehenden Bauteilen (Kontrollmessungen) b) Fertigen von Messprotokollen c) Stichprobenartige Bewegungs- und Deformationsmessungen an konstruktiv bedeutsamen Punkten des zu erstellenden Objekts	• Prüfen der Mengenermittlungen • Beratung zu langfristigen vermessungstechnischen Objektüberwachungen im Rahmen der Ausführungskontrolle baulicher Maßnahmen und deren Durchführung • Vermessungen für die Abnahme von Bauleistungen, soweit besondere vermessungstechnische Anforderungen gegeben sind

Statiker

(Anlage 14 zu § 51 Absatz 5, § 52 Absatz 2 HOAI / Grundleistungen im Leistungsbild Tragwerksplanung, Besondere Leistungen)

LEISTUNGSPHASEN	GRUNDLEISTUNGEN	BESONDERE LEISTUNGEN
Leistungsphase 1 Grundlagenermittlung	a) Klären der Aufgabenstellung auf Grund der Vorgaben oder der Bedarfsplanung des Auftraggebers im Benehmen mit dem Objektplaner b) Zusammenstellen der die Aufgabe beeinflussenden Planungsabsichten c) Zusammenfassen, Erläutern und Dokumentieren der Ergebnisse	
Leistungsphase 2 Vorplanung (Projekt- und Planungsvorbereitung)	a) Analysieren der Grundlagen b) Beraten in statisch-konstruktiver Hinsicht unter Berücksichtigung der Belange der Standsicherheit, der Gebrauchsfähigkeit und der Wirtschaftlichkeit c) Mitwirken bei dem Erarbeiten eines Planungskonzepts einschließlich Untersuchung der Lösungsmöglichkeiten des Tragwerks unter gleichen Objektbedingungen mit skizzenhafter Darstellung, Klärung und Angabe der für das Tragwerk wesentlichen konstruktiven Festlegungen für zum Beispiel Baustoffe, Bauarten und Herstellungsverfahren, Konstruktionsraster und Gründungsart d) Mitwirken bei Vorverhandlungen mit Behörden und anderen an der Planung fachlich Beteiligten über die Genehmigungsfähigkeit e) Mitwirken bei der Kostenschätzung und bei der Terminplanung f) Zusammenfassen, Erläutern und Dokumentieren der Ergebnisse	• Aufstellen von Vergleichsberechnungen für mehrere Lösungsmöglichkeiten unter verschiedenen Objektbedingungen • Aufstellen eines Lastenplans, zum Beispiel als Grundlage für die Baugrundbeurteilung und Gründungsberatung • Vorläufige nachprüfbare Berechnung wesentlicher tragender Teile • Vorläufige nachprüfbare Berechnung der Gründung
Leistungsphase 3 Entwurfsplanung (System- und Integrationsplanung)	a) Erarbeiten der Tragwerkslösung, unter Beachtung der durch die Objektplanung integrierten Fachplanungen, bis zum konstruktiven Entwurf mit zeichnerischer Darstellung b) Überschlägige statische Berechnung und Bemessung c) Grundlegende Festlegungen der konstruktiven Details und Hauptabmessungen des Tragwerks für zum Beispiel Gestaltung der tragenden Querschnitte, Aussparungen und Fugen; Ausbildung der Auflager- und Knotenpunkte sowie der Verbindungsmittel d) Überschlägiges Ermitteln der Betonstahlmengen im Stahlbetonbau, der Stahlmengen im Stahlbau und der Holzmengen im Ingenieurholzbau e) Mitwirken bei der Objektbeschreibung bzw. beim Erläuterungsbericht f) Mitwirken bei Verhandlungen mit Behörden und anderen an der Planung fachlich Beteiligten über die Genehmigungsfähigkeit	• Vorgezogene, prüfbare und für die Ausführung geeignete Berechnung wesentlich tragender Teile • Vorgezogene, prüfbare und für die Ausführung geeignete Berechnung der Gründung • Mehraufwand bei Sonderbauweisen oder Sonderkonstruktionen, zum Beispiel Klären von Konstruktionsdetails • Vorgezogene Stahl- oder Holzmengenermittlung des Tragwerks und der kraftübertragenden Verbindungsteile für eine Ausschreibung, die ohne Vorliegen von Ausführungsunterlagen durchgeführt wird • Nachweise der Erdbebensicherung

Übersicht Grundleistungen – Besondere Leistungen nach der HOAI

LEISTUNGSPHASEN	GRUNDLEISTUNGEN	BESONDERE LEISTUNGEN
	g) Mitwirken bei der Kostenberechnung und bei der Terminplanung • Vorgezogene, prüfbare und für die Ausführung geeignete Berechnung wesentlich tragender Teile • Vorgezogene, prüfbare und für die Ausführung geeignete Berechnung der Gründung • Mehraufwand bei Sonderbauweisen oder Sonderkonstruktionen, zum Beispiel Klären von Konstruktionsdetails • Vorgezogene Stahl- oder Holzmengenermittlung des Tragwerks und der kraftübertragenden Verbindungsteile für eine Ausschreibung, die ohne Vorliegen von Ausführungsunterlagen durchgeführt wird • Nachweise der Erdbebensicherung h) Mitwirken beim Vergleich der Kostenberechnung mit der Kostenschätzung i) Zusammenfassen, Erläutern und Dokumentieren der Ergebnisse	
Leistungsphase 4 Genehmigungsplanung	a) Aufstellen der prüffähigen statischen Berechnungen für das Tragwerk unter Berücksichtigung der vorgegebenen bauphysikalischen Anforderungen b) Bei Ingenieurbauwerken: Erfassen von normalen Bauzuständen c) Anfertigen der Positionspläne für das Tragwerk oder Eintragen der statischen Positionen, der Tragwerksabmessungen, der Verkehrslasten, der Art und Güte der Baustoffe und der Besonderheiten der Konstruktionen in die Entwurfszeichnungen des Objektplaners d) Zusammenstellen der Unterlagen der Tragwerksplanung zur Genehmigung e) Abstimmen mit Prüfämtern und Prüfingenieuren oder Eigenkontrolle f) Vervollständigen und Berichtigen der Berechnungen und Pläne	• Nachweise zum konstruktiven Brandschutz, soweit erforderlich unter Berücksichtigung der Temperatur (Heißbemessung) • Statische Berechnung und zeichnerische Darstellung für Bergschadenssicherungen und Bauzustände bei Ingenieurbauwerken, soweit diese Leistungen über das Erfassen von normalen Bauzuständen hinausgehen • Zeichnungen mit statischen Positionen und den Tragwerksabmessungen, den Bewehrungsquerschnitten, den Verkehrslasten und der Art und Güte der Baustoffe sowie Besonderheiten der Konstruktionen zur Vorlage bei der bauaufsichtlichen Prüfung anstelle von Positionsplänen • Aufstellen der Berechnungen nach militärischen Lastenklassen (MLC) • Erfassen von Bauzuständen bei Ingenieurbauwerken, in denen das statische System von dem des Endzustands abweicht • Statische Nachweise an nicht zum Tragwerk gehörende Konstruktionen (zum Beispiel Fassaden)
Leistungsphase 5 Ausführungsplanung	a) Durcharbeiten der Ergebnisse der Leistungsphasen 3 und 4 unter Beachtung der durch die Objektplanung integrierten Fachplanungen b) Anfertigen der Schalpläne in Ergänzung der fertig gestellten Ausführungspläne des Objektplaners c) Zeichnerische Darstellung der Konstruktionen mit Einbau- und Verlegeanweisungen, zum Beispiel Bewehrungspläne, Stahlbau- oder Holzkonstruktionspläne mit Leitdetails (keine Werkstattzeichnungen) d) Aufstellen von Stahl- oder Stücklisten als Ergänzung zur zeichnerischen Darstellung der Konstruktionen mit Stahlmengenermittlung e) Fortführen der Abstimmung mit Prüfämtern und Prüfingenieuren oder Eigenkontrolle	• Konstruktion und Nachweise der Anschlüsse im Stahl- und Holzbau • Werkstattzeichnungen im Stahl- und Holzbau einschließlich Stücklisten, Elementpläne für Stahlbetonfertigteile einschließlich Stahl- und Stücklisten • Berechnen der Dehnwege, Festlegen des Spannvorganges und Erstellen der Spannprotokolle im Spannbetonbau • Rohbauzeichnungen im Stahlbetonbau, die auf der Baustelle nicht der Ergänzung durch die Pläne des Objektplaners bedürfen

Verbraucherzentrale

LEISTUNGSPHASEN	GRUNDLEISTUNGEN	BESONDERE LEISTUNGEN
Leistungsphase 6 Vorbereitung der Vergabe	a) Ermitteln der Betonstahlmengen im Stahlbetonbau, der Stahlmengen im Stahlbau und der Holzmengen im Ingenieurholzbau als Ergebnis der Ausführungsplanung und als Beitrag zur Mengenermittlung des Objektplaners b) Überschlägiges Ermitteln der Mengen der konstruktiven Stahlteile und statisch erforderlichen Verbindungs- und Befestigungsmittel im Ingenieurholzbau c) Mitwirken beim Erstellen der Leistungsbeschreibung als Ergänzung zu den Mengenermittlungen als Grundlage für das Leistungsverzeichnis des Tragwerks	• Beitrag zur Leistungsbeschreibung mit Leistungsprogramm des Objektplaners* • Beitrag zum Aufstellen von vergleichenden Kostenübersichten des Objektplaners • Beitrag zum Aufstellen des Leistungsverzeichnisses des Tragwerks *diese Besondere Leistung wird bei Leistungsbeschreibung mit Leistungsprogramm Grundleistung. In diesem Fall entfallen die Grundleistungen dieser Leistungsphase.
Leistungsphase 7 Mitwirkung bei der Vergabe		• Mitwirken bei der Prüfung und Wertung der Angebote Leistungsbeschreibung mit Leistungsprogramm des Objektplaners • Mitwirken bei der Prüfung und Wertung von Nebenangeboten • Mitwirken beim Kostenanschlag nach DIN 276 oder anderer Vorgaben des Auftraggebers aus Einheitspreisen oder Pauschalangeboten
Leistungsphase 8 Objektüberwachung (Bauüberwachung) und Dokumentation		• Ingenieurtechnische Kontrolle der Ausführung des Tragwerks auf Übereinstimmung mit den geprüften statischen Unterlagen • Ingenieurtechnische Kontrolle der Bauhelfe, zum Beispiel Arbeits- und Lehrgerüste, Kranbahnen, Baugrubensicherungen • Kontrolle der Betonherstellung und -verarbeitung auf der Baustelle in besonderen Fällen sowie Auswertung der Güteprüfungen • Betontechnologische Beratung • Mitwirken bei der Überwachung der Ausführung der Tragwerkseingriffe bei Umbauten und Modernisierungen
Leistungsphase 9 Objektbetreuung		• Baubegehung zur Feststellung und Überwachung von die Standsicherheit betreffenden Einflüssen

Haustechniker
(Anlage 15 zu § 55 Absatz 3, § 56 Absatz 3 HOAI / Grundleistungen im Leistungsbild Technische Ausrüstung, Besondere Leistungen)

LEISTUNGSPHASEN	GRUNDLEISTUNGEN	BESONDERE LEISTUNGEN
Leistungsphase 1 Grundlagenermittlung	a) Klären der Aufgabenstellung auf Grund der Vorgaben oder der Bedarfsplanung des Auftraggebers im Benehmen mit dem Objektplaner b) Ermitteln der Planungsrandbedingungen und Beraten zum Leistungsbedarf und gegebenenfalls zur technischen Erschließung c) Zusammenfassen, Erläutern und Dokumentieren der Ergebnisse	• Mitwirken bei der Bedarfsplanung für komplexe Nutzungen zur Analyse der Bedürfnisse, Ziele und einschränkenden Gegebenheiten (Kosten-, Termine und andere Rahmenbedingungen) des Bauherrn und wichtiger Beteiligter • Bestandsaufnahme, zeichnerische Darstellung und Nachrechnen vorhandener Anlagen und Anlagenteile • Datenerfassung, Analysen und Optimierungsprozesse im Bestand • Durchführen von Verbrauchsmessungen • Endoskopische Untersuchungen • Mitwirken bei der Ausarbeitung von Auslobungen und bei Vorprüfungen für Planungswettbewerbe
Leistungsphase 2 Vorplanung (Projekt- und Planungsvorbereitung)	a) Analysieren der Grundlagen Mitwirken beim Abstimmen der Leistungen mit den Planungsbeteiligten b) Erarbeiten eines Planungskonzepts, dazu gehören zum Beispiel: Vordimensionieren der Systeme und maßbestimmenden Anlagenteile, Untersuchen von alternativen Lösungsmöglichkeiten bei gleichen Nutzungsanforderungen einschließlich Wirtschaftlichkeitsvorbetrachtung, zeichnerische Darstellung zur Integration in die Objektplanung unter Berücksichtigung exemplarischer Details, Angaben zum Raumbedarf c) Aufstellen eines Funktionsschemas bzw. Prinzipschaltbildes für jede Anlage d) Klären und Erläutern der wesentlichen fachübergreifenden Prozesse, Randbedingungen und Schnittstellen, Mitwirken bei der Integration der technischen Anlagen e) Vorverhandlungen mit Behörden über die Genehmigungsfähigkeit und mit den zu beteiligenden Stellen zur Infrastruktur f) Kostenschätzung nach DIN 276 (2. Ebene) und Terminplanung g) Zusammenfassen, Erläutern und Dokumentieren der Ergebnisse	• Erstellen des technischen Teils eines Raumbuches • Durchführen von Versuchen und Modellversuchen
Leistungsphase 3 Entwurfsplanung (System- und Integrationsplanung)	a) Durcharbeiten des Planungskonzepts (stufenweise Erarbeitung einer Lösung) unter Berücksichtigung aller fachspezifischen Anforderungen sowie unter Beachtung der durch die Objektplanung integrierten Fachplanungen, bis zum vollständigen Entwurf b) Festlegen aller Systeme und Anlagenteile c) Berechnen und Bemessen der technischen Anlagen und Anlagenteile, Abschätzen von jährlichen Bedarfswerten (z.B. Nutz-, End- und Primärenergiebedarf) und Betriebskosten; Abstimmen des Platzbedarfs für technische Anlagen und Anlagenteile; Zeichnerische Darstellung des Entwurfs in einem mit dem Objektplaner abgestimmten Ausgabemaßstab mit Angabe maßbestimmender Dimensionen, Fortschreiben und Detaillieren der Funktions- und Strangschemata der Anlagen	• Erarbeiten von besonderen Daten für die Planung Dritter, zum Beispiel für Stoffbilanzen etc. • Detaillierte Betriebskostenberechnung für die ausgewählte Anlage • Detaillierter Wirtschaftlichkeitsnachweis • Berechnung von Lebenszykluskosten • Detaillierte Schadstoffemissionsberechnung für die ausgewählte Anlage • Detaillierter Nachweis von Schadstoffemissionen • Aufstellen einer gewerkeübergreifenden Brandschutzmatrix • Fortschreiben des technischen Teils des Raumbuches

LEISTUNGSPHASEN	GRUNDLEISTUNGEN	BESONDERE LEISTUNGEN
	Auflisten aller Anlagen mit technischen Daten und Angaben zum Beispiel für Energiebilanzierungen, Anlagenbeschreibungen mit Angabe der Nutzungsbedingungen d) Übergeben der Berechnungsergebnisse an andere Planungsbeteiligte zum Aufstellen vorgeschriebener Nachweise; Angabe und Abstimmung der für die Tragwerksplanung notwendigen Angaben über Durchführungen und Lastangaben (ohne Anfertigen von Schlitz- und Durchführungsplänen) e) Verhandlungen mit Behörden und mit anderen zu beteiligenden Stellen über die Genehmigungsfähigkeit f) Kostenberechnung nach DIN 276 (3. Ebene) und Terminplanung g) Kostenkontrolle durch Vergleich der Kostenberechnung mit der Kostenschätzung h) Zusammenfassen, Erläutern und Dokumentieren der Ergebnisse	• Auslegung der technischen Systeme bei Ingenieurbauwerken nach Maschinenrichtlinie • Anfertigen von Ausschreibungszeichnungen bei Leistungsbeschreibung mit Leistungsprogramm • Mitwirken bei einer vertieften Kostenberechnung • Simulationen zur Prognose des Verhaltens von Gebäuden, Bauteilen, Räumen und Freiräumen
Leistungsphase 4 Genehmigungsplanung	a) Erarbeiten und Zusammenstellen der Vorlagen und Nachweise für öffentlich-rechtliche Genehmigungen oder Zustimmungen einschließlich der Anträge auf Ausnahmen oder Befreiungen sowie Mitwirken bei Verhandlungen mit Behörden b) Vervollständigen und Anpassen der Planungsunterlagen, Beschreibungen und Berechnungen	
Leistungsphase 5 Ausführungsplanung	a) Erarbeiten der Ausführungsplanung auf Grundlage der Ergebnisse der Leistungsphasen 3 und 4 (stufenweise Erarbeitung und Darstellung der Lösung) unter Beachtung der durch die Objektplanung integrierten Fachplanungen bis zur ausführungsreifen Lösung b) Fortschreiben der Berechnungen und Bemessungen zur Auslegung der technischen Anlagen und Anlagenteile Zeichnerische Darstellung der Anlagen in einem mit dem Objektplaner abgestimmten Ausgabemaßstab und Detaillierungsgrad einschließlich Dimensionen (keine Montage- oder Werkstattpläne), Anpassen und Detaillieren der Funktions- und Strangschemata der Anlagen bzw. der GA-Funktionslisten; Abstimmen der Ausführungszeichnungen mit dem Objektplaner und den übrigen Fachplanern c) Anfertigen von Schlitz- und Durchbruchsplänen d) Fortschreibung des Terminplans e) Fortschreiben der Ausführungsplanung auf den Stand der Ausschreibungsergebnisse und der dann vorliegenden Ausführungsplanung des Objektplaners, Übergeben der fortgeschriebenen Ausführungsplanung an die ausführenden Unternehmen f) Prüfen und Anerkennen der Montage- und Werkstattpläne der ausführenden Unternehmen auf Übereinstimmung mit der Ausführungsplanung	• Prüfen und Anerkennen von Schalplänen des Tragwerksplaners auf Übereinstimmung mit der Schlitz- und Durchbruchsplanung • Anfertigen von Plänen für Anschlüsse von beigestellten Betriebsmitteln und Maschinen (Maschinenanschlussplanung) mit besonderem Aufwand (zum Beispiel bei Produktionseinrichtungen) • Leerrohrplanung mit besonderem Aufwand (zum Beispiel bei Sichtbeton oder Fertigteilen) • Mitwirkung bei Detailplanungen mit besonderem Aufwand, zum Beispiel Darstellung von Wandabwicklungen in hochinstallierten Bereichen • Anfertigen von allpoligen Stromlaufplänen

Übersicht Grundleistungen – Besondere Leistungen nach der HOAI

LEISTUNGSPHASEN	GRUNDLEISTUNGEN	BESONDERE LEISTUNGEN
Leistungsphase 6 Vorbereitung der Vergabe	a) Ermitteln von Mengen als Grundlage für das Aufstellen von Leistungsverzeichnissen in Abstimmung mit Beiträgen anderer an der Planung fachlich Beteiligter b) Aufstellen der Vergabeunterlagen, insbesondere mit Leistungsverzeichnissen nach Leistungsbereichen, einschließlich der Wartungsleistungen auf Grundlage bestehender Regelwerke c) Mitwirken beim Abstimmen der Schnittstellen zu den Leistungsbeschreibungen der anderen an der Planung fachlich Beteiligten d) Ermitteln der Kosten auf Grundlage der vom Planer bepreisten Leistungsverzeichnisse e) Kostenkontrolle durch Vergleich der vom Planer bepreisten Leistungsverzeichnisse mit der Kostenberechnung f) Zusammenstellen der Vergabeunterlagen	• Erarbeiten der Wartungsplanung und -organisation • Ausschreibung von Wartungsleistungen, soweit von bestehenden Regelwerken abweichend
Leistungsphase 7 Mitwirkung bei der Vergabe	a) Einholen von Angeboten b) Prüfen und Werten der Angebote, Aufstellen der Preisspiegel nach Einzelpositionen, Prüfen und Werten der Angebote für zusätzliche oder geänderte Leistungen der ausführenden Unternehmen und der Angemessenheit der Preise c) Führen von Bietergesprächen d) Vergleichen der Ausschreibungsergebnisse mit den vom Planer bepreisten Leistungsverzeichnissen und der Kostenberechnung e) Erstellen der Vergabevorschläge, Mitwirken bei der Dokumentation der Vergabeverfahren f) Zusammenstellen der Vertragsunterlagen und bei der Auftragserteilung	• Prüfen und Werten von Nebenangeboten • Mitwirken bei der Prüfung von bauwirtschaftlich begründeten Angeboten (Claimabwehr)
Leistungsphase 8 Objektüberwachung (Bauüberwachung) und Dokumentation	a) Überwachen der Ausführung des Objekts auf Übereinstimmung mit der öffentlich-rechtlichen Genehmigung oder Zustimmung, den Verträgen mit den ausführenden Unternehmen, den Ausführungsunterlagen, den Montage- und Werkstattplänen, den einschlägigen Vorschriften und den allgemein anerkannten Regeln der Technik b) Mitwirken bei der Koordination der am Projekt Beteiligten c) Aufstellen, Fortschreiben und Überwachen des Terminplans (Balkendiagramm) d) Dokumentation des Bauablaufs (Bautagebuch) e) Prüfen und Bewerten der Notwendigkeit geänderter oder zusätzlicher Leistungen der Unternehmer und der Angemessenheit der Preise f) Gemeinsames Aufmaß mit den ausführenden Unternehmen g) Rechnungsprüfung in rechnerischer und fachlicher Hinsicht mit Prüfen und Bescheinigen des Leistungsstandes anhand nachvollziehbarer Leistungsnachweise	• Durchführen von Leistungsmessungen und Funktionsprüfungen • Werksabnahmen • Fortschreiben der Ausführungspläne (zum Beispiel Grundrisse, Schnitte, Ansichten) bis zum Bestand • Erstellen von Rechnungsbelegen anstelle der ausführenden Firmen, zum Beispiel Aufmaß • Schlussrechnung (Ersatzvornahme) • Erstellen fachübergreifender Betriebsanleitungen (zum Beispiel Betriebshandbuch, Reparaturhandbuch) oder computer-aided Facility-Management-Konzepte • Planung der Hilfsmittel für Reparaturzwecke

LEISTUNGSPHASEN	GRUNDLEISTUNGEN	BESONDERE LEISTUNGEN
	h) Kostenkontrolle durch Überprüfen der Leistungsabrechnungen der ausführenden Unternehmen im Vergleich zu den Vertragspreisen und dem Kostenanschlag i) Kostenfeststellung j) Mitwirken bei Leistungs- u. Funktionsprüfungen k) fachtechnische Abnahme der Leistungen auf Grundlage der vorgelegten Dokumentation, Erstellung eines Abnahmeprotokolls, Feststellen von Mängeln und Erteilen einer Abnahmeempfehlung l) Antrag auf behördliche Abnahmen und Teilnahme daran m) Prüfung der übergebenen Revisionsunterlagen auf Vollzähligkeit, Vollständigkeit und stichprobenartige Prüfung auf Übereinstimmung mit dem Stand der Ausführung n) Auflisten der Verjährungsfristen der Ansprüche auf Mängelbeseitigung o) Überwachen der Beseitigung der bei der Abnahme festgestellten Mängel p) Systematische Zusammenstellung der Dokumentation, der zeichnerischen Darstellungen und rechnerischen Ergebnisse des Objekts	
Leistungsphase 9 Objektbetreuung	a) Fachliche Bewertung der innerhalb der Verjährungsfristen für Gewährleistungsansprüche festgestellten Mängel, längstens jedoch bis zum Ablauf von fünf Jahren seit Abnahme der Leistung, einschließlich notwendiger Begehungen b) Objektbegehung zur Mängelfeststellung vor Ablauf der Verjährungsfristen für Mängelansprüche gegenüber den ausführenden Unternehmen c) Mitwirken bei der Freigabe von Sicherheitsleistungen	• Überwachen der Mängelbeseitigung innerhalb der Verjährungsfrist • Energiemonitoring innerhalb der Gewährleistungsphase, Mitwirkung bei den jährlichen Verbrauchsmessungen aller Medien • Vergleich mit den Bedarfswerten aus der Planung, Vorschläge für die Betriebsoptimierung und zur Senkung des Medien- und Energieverbrauches

Sachverständiger für Schall- und Wärmeschutz
(Anlage 1.2.2 zu § 3 Absatz 1 HOAI / Beratungsleistungen / Bauphysik)

LEISTUNGSPHASEN	GRUNDLEISTUNGEN	BESONDERE LEISTUNGEN
Leistungsphase 1 Grundlagenermittlung	a) Klären der Aufgabenstellung b) Festlegen der Grundlagen, Vorgaben und Ziele	• Mitwirken bei der Ausarbeitung von Auslobungen und bei Vorprüfungen für Wettbewerbe • Bestandsaufnahme bestehender Gebäude, Ermitteln und Bewerten von Kennwerten • Schadensanalyse bestehender Gebäude • Mitwirken bei Vorgaben für Zertifizierungen
Leistungsphase 2 Mitwirkung bei der Vorplanung	a) Analyse der Grundlagen b) Klären der wesentlichen Zusammenhänge von Gebäuden und technischen Anlagen einschließlich Betrachtung von Alternativen c) Vordimensionieren der relevanten Bauteile des Gebäudes d) Mitwirken beim Abstimmen der fachspezifischen Planungskonzepte der Objektplanung und der Fachplanungen e) Erstellen eines Gesamtkonzeptes in Abstimmung mit der Objektplanung und den Fachplanungen f) Erstellen von Rechenmodellen, Auflisten der wesentlichen Kennwerte als Arbeitsgrundlage für Objektplanung und Fachplanungen	• Mitwirken beim Klären von Vorgaben für Fördermaßnahmen und bei deren Umsetzung • Mitwirken an Projekt-, Käufer- oder Mieterbaubeschreibungen • Erstellen eines fachübergreifenden Bauteilkatalogs
Leistungsphase 3 Mitwirkung bei der Entwurfsplanung	a) Fortschreiben der Rechenmodelle und der wesentlichen Kennwerte für das Gebäude b) Mitwirken beim Fortschreiben der Planungskonzepte der Objektplanung und Fachplanung bis zum vollständigen Entwurf c) Bemessen der Bauteile des Gebäudes d) Erarbeiten von Übersichtsplänen und des Erläuterungsberichtes mit Vorgaben, Grundlagen und Auslegungsdaten	• Simulationen zur Prognose des Verhaltens von Bauteilen, Räumen, Gebäuden und Freiräumen
Leistungsphase 4 Mitwirkung bei der Genehmigungsplanung	a) Mitwirken beim Aufstellen der Genehmigungsplanung und bei Vorgesprächen mit Behörden b) Aufstellen der förmlichen Nachweise c) Vervollständigen und Anpassen der Unterlagen	• Mitwirken bei Vorkontrollen in Zertifizierungsprozessen • Mitwirken beim Einholen von Zustimmungen im Einzelfall
Leistungsphase 5 Mitwirkung bei der Ausführungsplanung	a) Durcharbeiten der Ergebnisse der Leistungsphasen 3 und 4 unter Beachtung der durch die Objektplanung integrierten Fachplanungen b) Mitwirken bei der Ausführungsplanung durch ergänzende Angaben für die Objektplanung und Fachplanungen	• Mitwirken beim Prüfen und Anerkennen der Montage- und Werkstattplanung der ausführenden Unternehmen auf Übereinstimmung mit der Ausführungsplanung
Leistungsphase 6 Mitwirkung bei der Vorbereitung der Vergabe	Beiträge zu Ausschreibungsunterlagen	
Leistungsphase 7 Mitwirkung bei der Vergabe	Mitwirken beim Prüfen und Bewerten der Angebote auf Erfüllung der Anforderungen	• Prüfen von Nebenangeboten
Leistungsphase 8 Objektüberwachung und Dokumentation		• Mitwirken bei der Baustellenkontrolle • Messtechnisches Überprüfen der Qualität der Bauausführung und von Bauteil- oder Raumeigenschaften
Leistungsphase 9 Objektbetreuung		• Mitwirken bei Audits in Zertifizierungsprozessen

Verbraucherzentrale

Architekt

(Anlage 10 zu § 34 Absatz 4, § 35 Absatz 7 HOAI / Grundleistungen im Leistungsbild Gebäude und Innenräume, Besondere Leistungen)

LEISTUNGSPHASEN	GRUNDLEISTUNGEN	BESONDERE LEISTUNGEN
Leistungsphase 1 Grundlagenermittlung	a) Klären der Aufgabenstellung auf Grundlage der Vorgaben oder der Bedarfsplanung des Auftraggebers b) Ortsbesichtigung c) Beraten zum gesamten Leistungs- und Untersuchungsbedarf d) Formulieren der Entscheidungshilfen für die Auswahl anderer an der Planung fachlich Beteiligter e) Zusammenfassen, Erläutern und Dokumentieren der Ergebnisse	• Bedarfsplanung • Bedarfsermittlung • Aufstellen eines Funktionsprogramms • Aufstellen eines Raumprogramms • Standortanalyse • Mitwirken bei Grundstücks- und Objektauswahl, -beschaffung und -übertragung • Beschaffen von Unterlagen, die für das Vorhaben erheblich sind • Bestandsaufnahme • technische Substanzerkundung • Betriebsplanung • Prüfen der Umwelterheblichkeit • Prüfen der Umweltverträglichkeit • Machbarkeitsstudie • Wirtschaftlichkeitsuntersuchung • Projektstrukturplanung • Zusammenstellen der Anforderungen aus Zertifizierungssystemen • Verfahrensbetreuung, Mitwirken bei der Vergabe von Planungs- und Gutachterleistungen

Leistungsphase 2 Vorplanung (Projekt- und Planungsvorbereitung)	a) Analysieren der Grundlagen, Abstimmen der Leistungen mit den fachlich an der Planung Beteiligten
	
	b) Abstimmen der Zielvorstellungen, Hinweisen auf Zielkonflikte
	
	c) Erarbeiten der Vorplanung, Untersuchen, Darstellen und Bewerten von Varianten nach gleichen Anforderungen, Zeichnungen im Maßstab nach Art und Größe des Objekts
	
	d) Klären und Erläutern der wesentlichen Zusammenhänge, Vorgaben und Bedingungen (zum Beispiel städtebauliche, gestalterische, funktionale, technische, wirtschaftliche, ökologische, bauphysikalische, energiewirtschaftliche, soziale, öffentlich-rechtliche)
	
	e) Bereitstellen der Arbeitsergebnisse als Grundlage für die anderen an der Planung fachlich Beteiligten sowie Koordination und Integration von deren Leistungen
	
	f) Vorverhandlungen über die Genehmigungsfähigkeit
	
	g) Kostenschätzung nach DIN 276, Vergleich mit den finanziellen Rahmenbedingungen
	
	h) Erstellen eines Terminplans mit den wesentlichen Vorgängen des Planungs- und Bauablaufs
	
	i) Zusammenfassen, Erläutern und Dokumentieren der Ergebnisse
		• Aufstellen eines Katalogs für die Planung und Abwicklung der Programmziele
		• Untersuchen alternativer Lösungsansätze nach verschiedenen Anforderungen einschließlich Kostenbewertung
		• Beachten der Anforderungen des vereinbarten Zertifizierungssystems
		• Durchführen des Zertifizierungssystems
		• Ergänzen der Vorplanungsunterlagen auf Grund besonderer Anforderungen
		• Aufstellen eines Finanzierungsplanes
		• Mitwirken bei der Kredit- und Fördermittelbeschaffung
		• Durchführen von Wirtschaftlichkeitsuntersuchungen
		• Durchführen der Voranfrage (Bauanfrage)
		• Anfertigen von besonderen Präsentationshilfen, die für die Klärung im Vorentwurfsprozess nicht notwendig sind, zum Beispiel
		  – Präsentationsmodelle
		  – Perspektivische Darstellungen
		  – Bewegte Darstellung/Animation
		  – Farb- und Materialcollagen
		  – digitales Geländemodell
		  – 3-D- oder 4-D-Gebäudemodellbearbeitung (Building Information Modelling BIM)
		• Aufstellen einer vertieften Kostenschätzung nach Positionen einzelner Gewerke
		• Fortschreiben des Projektstrukturplanes
		• Aufstellen von Raumbüchern
		• Erarbeiten und Erstellen von besonderen bauordnungsrechtlichen Nachweisen für den vorbeugenden und organisatorischen Brandschutz bei baulichen Anlagen besonderer Art und Nutzung, Bestandsbauten oder im Falle von Abweichungen von der Bauordnung

Übersicht Grundleistungen – Besondere Leistungen nach der HOAI

LEISTUNGSPHASEN	GRUNDLEISTUNGEN	BESONDERE LEISTUNGEN
Leistungsphase 3 Entwurfsplanung (System- und Integrationsplanung)	a) Erarbeiten der Entwurfsplanung, unter weiterer Berücksichtigung der wesentlichen Zusammenhänge, Vorgaben und Bedingungen (zum Beispiel städtebauliche, gestalterische, funktionale, technische, wirtschaftliche, ökologische, soziale, öffentlich-rechtliche) auf der Grundlage der Vorplanung und als Grundlage für die weiteren Leistungsphasen und die erforderlichen öffentlich-rechtlichen Genehmigungen unter Verwendung der Beiträge anderer an der Planung fachlich Beteiligter; Zeichnungen nach Art und Größe des Objekts im erforderlichen Umfang und Detaillierungsgrad unter Berücksichtigung aller fachspezifischen Anforderungen, zum Beispiel bei Gebäuden im Maßstab 1:100, zum Beispiel bei Innenräumen im Maßstab 1:50 bis 1:20 b) Bereitstellen der Arbeitsergebnisse als Grundlage für die anderen an der Planung fachlich Beteiligten sowie Koordination und Integration von deren Leistungen c) Objektbeschreibung d) Verhandlungen über die Genehmigungsfähigkeit e) Kostenberechnung nach DIN 276 und Vergleich mit der Kostenschätzung f) Fortschreiben des Terminplans g) Zusammenfassen, Erläutern und Dokumentieren der Ergebnisse	• Analyse der Alternativen / Varianten und deren Wertung mit Kostenuntersuchung (Optimierung) • Wirtschaftlichkeitsberechnung • Aufstellen und Fortschreiben einer vertieften Kostenberechnung • Fortschreiben von Raumbüchern
Leistungsphase 4 Genehmigungsplanung	a) Erarbeiten und Zusammenstellen der Vorlagen und Nachweise für öffentlich-rechtliche Genehmigungen oder Zustimmungen einschließlich der Anträge auf Ausnahmen und Befreiungen, sowie notwendiger Verhandlungen mit Behörden unter Verwendung der Beiträge anderer an der Planung fachlich Beteiligter b) Einreichen der Vorlagen c) Ergänzen und Anpassen der Planungsunterlagen, Beschreibungen und Berechnungen	• Mitwirken bei der Beschaffung der nachbarlichen Zustimmung • Nachweise, insbesondere technischer, konstruktiver und bauphysikalischer Art, für die Erlangung behördlicher Zustimmungen im Einzelfall • Fachliche und organisatorische Unterstützung des Bauherrn im Widerspruchsverfahren, Klageverfahren oder ähnlichen Verfahren
Leistungsphase 5 Ausführungsplanung	a) Erarbeiten der Ausführungsplanung mit allen für die Ausführung notwendigen Einzelangaben (zeichnerisch und textlich) auf der Grundlage der Entwurfs- und Genehmigungsplanung bis zur ausführungsreifen Lösung, als Grundlage für die weiteren Leistungsphasen b) Ausführungs-, Detail- und Konstruktionszeichnungen nach Art und Größe des Objekts im erforderlichen Umfang und Detaillierungsgrad unter Berücksichtigung aller fachspezifischen Anforderungen, zum Beispiel bei Gebäuden im Maßstab 1:50 bis 1:1, zum Beispiel bei Innenräumen im Maßstab 1:20 bis 1:1 c) Bereitstellen der Arbeitsergebnisse als Grundlage für die anderen an der Planung fachlich Beteiligten, sowie Koordination und Integration von deren Leistungen d) Fortschreiben des Terminplans	• Aufstellen einer detaillierten Objektbeschreibung als Grundlage der Leistungsbeschreibung mit Leistungsprogramm*) • Prüfen der vom bauausführenden Unternehmen auf Grund der Leistungsbeschreibung mit Leistungsprogramm ausgearbeiteten Ausführungspläne auf Übereinstimmung mit der Entwurfsplanung* • Fortschreiben von Raumbüchern in detaillierter Form • Mitwirken beim Anlagenkennzeichnungssystem (AKS)

Verbraucherzentrale

LEISTUNGSPHASEN	GRUNDLEISTUNGEN	BESONDERE LEISTUNGEN
	e) Fortschreiben der Ausführungsplanung auf Grund der gewerkeorientierten Bearbeitung während der Objektausführung f) Überprüfen erforderlicher Montagepläne der vom Objektplaner geplanten Baukonstruktionen und baukonstruktiven Einbauten auf Übereinstimmung mit der Ausführungsplanung	• Prüfen und Anerkennen von Plänen Dritter, nicht an der Planung fachlich Beteiligter auf Übereinstimmung mit den Ausführungsplänen (zum Beispiel Werkstattzeichnungen von Unternehmen, Aufstellungs- und Fundamentpläne nutzungsspezifischer oder betriebstechnischer Anlagen), soweit die Leistungen Anlagen betreffen, die in den anrechenbaren Kosten nicht erfasst sind *Diese Besondere Leistung wird bei Leistungsbeschreibung mit Leistungsprogramm ganz oder teilweise Grundleistung. In diesem Fall entfallen die entsprechenden Grundleistungen dieser Leistungsphase.
Leistungsphase 6 Vorbereitung der Vergabe	a) Aufstellen eines Vergabeterminplans b) Aufstellen von Leistungsbeschreibungen mit Leistungsverzeichnissen nach Leistungsbereichen, Ermitteln und Zusammenstellen von Mengen auf der Grundlage der Ausführungsplanung unter Verwendung der Beiträge anderer an der Planung fachlich Beteiligter c) Abstimmen und Koordinieren der Schnittstellen zu den Leistungsbeschreibungen der an der Planung fachlich Beteiligten d) Ermitteln der Kosten auf der Grundlage vom Planer bepreister Leistungsverzeichnisse e) Kostenkontrolle durch Vergleich der vom Planer bepreisten Leistungsverzeichnisse mit der Kostenberechnung f) Zusammenstellen der Vergabeunterlagen für alle Leistungsbereiche	• Aufstellen der Leistungsbeschreibungen mit Leistungsprogramm auf der Grundlage der detaillierten Objektbeschreibung* • Aufstellen von alternativen Leistungsbeschreibungen für geschlossene Leistungsbereiche • Aufstellen von vergleichenden Kostenübersichten unter Auswertung der Beiträge anderer an der Planung fachlich Beteiligter *Diese Besondere Leistung wird bei einer Leistungsbeschreibung mit Leistungsprogramm ganz oder teilweise zur Grundleistung. In diesem Fall entfallen die entsprechenden Grundleistungen dieser Leistungsphase.
Leistungsphase 7 Mitwirkung bei der Vergabe	a) Koordinieren der Vergaben der Fachplaner b) Einholen von Angeboten c) Prüfen und Werten der Angebote einschließlich Aufstellen eines Preisspiegels nach Einzelpositionen oder Teilleistungen, Prüfen und Werten der Angebote zusätzlicher und geänderter Leistungen der ausführenden Unternehmen und der Angemessenheit der Preise d) Führen von Bietergesprächen e) Erstellen der Vergabevorschläge, Dokumentation des Vergabeverfahrens f) Zusammenstellen der Vertragsunterlagen für alle Leistungsbereiche g) Vergleichen der Ausschreibungsergebnisse mit den vom Planer bepreisten Leistungsverzeichnissen oder der Kostenberechnung h) Mitwirken bei der Auftragserteilung	• Prüfen und Werten von Nebenangeboten mit Auswirkungen auf die abgestimmte Planung • Mitwirken bei der Mittelabflussplanung • Fachliche Vorbereitung und Mitwirken bei Nachprüfungsverfahren • Mitwirken bei der Prüfung von bauwirtschaftlich begründeten Nachtragsangeboten • Prüfen und Werten der Angebote aus Leistungsbeschreibung mit Leistungsprogramm einschließlich Preisspiegel* • Aufstellen, Prüfen und Werten von Preisspiegeln nach besonderen Anforderungen *Diese Besondere Leistung wird bei Leistungsbeschreibung mit Leistungsprogramm ganz oder teilweise Grundleistung. In diesem Fall entfallen die entsprechenden Grundleistungen dieser Leistungsphase.
Leistungsphase 8 Objektüberwachung (Bauüberwachung) und Dokumentation	a) Überwachen der Ausführung des Objektes auf Übereinstimmung mit der öffentlich-rechtlichen Genehmigung oder Zustimmung, den Verträgen mit ausführenden Unternehmen, den Ausführungsunterlagen, den einschlägigen Vorschriften sowie mit den allgemein anerkannten Regeln der Technik b) Überwachen der Ausführung von Tragwerken mit sehr geringen und geringen Planungsanforderungen auf Übereinstimmung mit dem Standsicherheitsnachweis	• Aufstellen, Überwachen und Fortschreiben eines Zahlungsplanes • Aufstellen, Überwachen und Fortschreiben von differenzierten Zeit-, Kosten- oder Kapazitätsplänen • Tätigkeit als verantwortlicher Bauleiter, soweit diese Tätigkeit nach jeweiligem Landesrecht über die Grundleistungen der LPH 8 hinausgeht

LEISTUNGSPHASEN	GRUNDLEISTUNGEN	BESONDERE LEISTUNGEN
	c) Koordinieren der an der Objektüberwachung fachlich Beteiligten	
	d) Aufstellen, Fortschreiben und Überwachen eines Terminplans (Balkendiagramm)	
	e) Dokumentation des Bauablaufs (zum Beispiel Bautagebuch)	
	f) Gemeinsames Aufmaß mit den ausführenden Unternehmen	
	g) Rechnungsprüfung einschließlich Prüfen der Aufmaße der bauausführenden Unternehmen	
	h) Vergleich der Ergebnisse der Rechnungsprüfungen mit den Auftragssummen einschließlich Nachträgen	
	i) Kostenkontrolle durch Überprüfen der Leistungsabrechnung der bauausführenden Unternehmen im Vergleich zu den Vertragspreisen	
	j) Kostenfeststellung, zum Beispiel nach DIN 276	
	k) Organisation der Abnahme der Bauleistungen unter Mitwirkung anderer an der Planung und Objektüberwachung fachlich Beteiligter, Feststellung von Mängeln, Abnahmeempfehlung für den Auftraggeber	
	l) Antrag auf öffentlich-rechtliche Abnahmen und Teilnahme daran	
	m) Systematische Zusammenstellung der Dokumentation, zeichnerischen Darstellungen und rechnerischen Ergebnisse des Objekts	
	n) Übergabe des Objekts	
	o) Auflisten der Verjährungsfristen für Mängelansprüche	
	p) Überwachen der Beseitigung der bei der Abnahme festgestellten Mängel	
Leistungsphase 9 Objektbetreuung	a) Fachliche Bewertung der innerhalb der Verjährungsfristen für Gewährleistungsansprüche festgestellten Mängel, längstens jedoch bis zum Ablauf von fünf Jahren seit Abnahme der Leistung, einschließlich notwendiger Begehungen b) Objektbegehung zur Mängelfeststellung vor Ablauf der Verjährungsfristen für Mängelansprüche gegenüber den ausführenden Unternehmen c) Mitwirken bei der Freigabe von Sicherheitsleistungen	• Überwachen der Mängelbeseitigung innerhalb der Verjährungsfrist • Erstellen einer Gebäudebestandsdokumentation • Aufstellen von Ausrüstungs- und Inventarverzeichnissen • Erstellen von Wartungs- und Pflegeanweisungen • Erstellen eines Instandhaltungskonzepts • Objektbeobachtung • Objektverwaltung • Baubegehungen nach Übergabe • Aufbereiten der Planungs- und Kostendaten für eine Objektdatei oder Kostenrichtwerte • Evaluieren von Wirtschaftlichkeitsberechnungen

Stichwortverzeichnis

A

Abnahmeregelungen 197 f., 261
Absteckungsunterlagen 48, 228, 335
Abtretung von Auszahlungsansprüchen 286, 330
Allgemeine Technische Vertragsbedingungen (ATV) 114
Anliegerbeiträge 36 f.
Anschluss an die öffentliche Versorgung 81, 106
Anwalt 115 f., 195 f., 201 f.
Architekt 17, 57, 60, 344 f.
Architektenvertrag 247 f.
Aufrechnungsverbot 287, 330
Ausschreibung 19, 63 f., 66
Außenanlage 184

B

Badausstattung 98, 167 f.
Balkon 99 f.
Barrierefreiheit 74 f., 299 f.
Bauakustik 54 f., 233
Bauausführungsvermessung 48, 228, 335
Baugeometrische Beratung 48, 228, 335
Bauherr 278 f.
Baukostenregelungen 257 f.
Baulast 31 f., 212
Bauleitungsregelungen 259 f.
Bauphysik 53 f., 230 f.
Baurecht 210
Baustart 307 f.
Baustellenbetretung 308 f.
Baustelleneinrichtung 139 f.
Bauunternehmen
– Festgelegtes 40 f., 218
Bauvorbereitende Vermessung 335
Bauzeit 307
Bauzeitenregelung 258 f.
Bestandsgebäude 34 f., 214

Bezugsfertigkeit 307 f.
Bodengutachten 32 f., 69, 136 f., 213
Bodengutachter 46 f., 228 f., 237 f.
Bodenklasse 32 f., 46
Bürgschaft 118, 289 f.

C/D

Carport 101 f., 185 f., 302
Dach 76 f.
Dachausbau 76 f.
Dachboden(ausstattung) 171 f.
Deponiekosten 144 f.
Dokumentenübergabe 238 f., 267

E

Eigenleistungen 162, 304 f.
Eigentumsübergang 219 f.
Eigentumsumschreibung 24, 219 f.
Einbauküche 178 f.
Einmessung 33 f., 213
Eintragung der Grundschuld 24
Elektroausstattung 93 f., 153 f.
Energetischer Standard 79 f.
Energiebilanzierung 54
Energieeffizienz 296
Energieliefervertrag 38, 216
Entwässerungskanalarbeiten 146 f.
Erbbaurecht 28, 210
Erbpachtkosten 21
Erschließungsbeiträge 36 f., 129, 134
Erschließungsgebühren 25, 36, 214 f.
Erstberatung 206
Eventualpositionen 108 f.

F

Fenster 90 f., 163, 76
Fertighausanbieter 16, 127 f., 192 f.
Festpreisgarantie 277 f.
Finanzierungskosten 24
Flurstücknummer 38, 215

G

Garage 30 f., 101, 185, 302
Garten 104, 306
Gebühren nach dem Gegenstandswert 202 f.
Genehmigungen 129, 340 f.
Generalunternehmer 16, 127 f., 190 f., 217, 330
Geodät 47, 228 f., 334 f.
Geologe 46 f., 137, 228 f., 333
Geotechnik 45 f., 228 f., 333
Gewährleistungseinbehalt 287 f.
Grunddienstbarkeiten 30 f., 212
Grunderwerbsteuer 22, 41
Grundpositionen 108
Grundstücksbeschaffenheit 278
Grundstückskauf 27 f.
Grundstückskaufvertrag 209 f., 224
Grundstückskosten 20
Grundstückstopografie 70
Grundwasserhaltung 143 f.
Grundwasserstand 32 f., 42, 144
Gutachterausschuss 35 f.

H

Haftpflichtversicherung 237 f., 263
Handwerker 17 f., 271, 330
Hauptbaustoff 103
Hausanschlüsse 146, 153
Hauseingang 180
Hausrecht 262, 280
Haustechnikplanung 132
Hebeanlage 152

Heizung 51, 83, 159 f.
HOAI (Honorarordnung für Architekten und Ingenieure)
- Grundleistungen 230 f., 252
- Honorarzonen und Honorarsätze 232, 251
- Leistungsphasen 228 f., 248
- Mehrkostenrisiken 255
- Nebenkosten 233 f.
- Stundensätze 253

I/J
Informationstechnische Anlagen 52
Ingenieur 45 f., 227 f.
IT 38, 157, 216
Jour fixe 256 f., 308 f.

K
Katastergebühren 135 f.
Keller 17, 77, 148
KfW (Kreditanstalt für Wiederaufbau)
- Effizienzhaus-Klassifizierung 133
Kostenrisiken 16 f.
Kündigung 265, 319

L
Leistungsdifferenzierung 109
Leistungsgrenzen 109
Leistungsumfang 109, 127
Lufttechnische Anlagen 52
Lüftungsanlage 79, 85 f.

M
Makler 39 f., 217
Maklerkosten 24
Mitwirkungspflichten 278 f.

N
Nachunternehmer 275

Nebenkosten 20, 254
Nießbrauchrecht 29 f., 211
Notarkosten 22
Nutzungsspezifische Anlagen 52

O/P
Oberflächenausstattung 95
Pauschalgebühren 206
Pauschalpreise oder Einheitspreise 107
Personal 119
Planabnahme 304
Planung 65, 124, 127 f., 258
Prüfstatiker 49 f., 240

R
Raffstoren 90 f., 165 f.
Raumakustik 55
Rollläden 90 f., 165 f.

S
Sachverständiger für Schall- und Wärmeschutz 53 f., 343
Sanitär 51 f., 98
Schallschutz 53, 87 f., 174
Sicherheits- und Gesundheitsschutzkoordinator (SiGeKo) 56 f., 241
Sicherheitseinbehalt 287 f.
Smart-Home-Technologie 93 f.
Sonderbauweisen 113
Sondereinrichtungen 113
Sondermaschinen 113
Sonderwünsche 186 f., 300 f.
Starkstromanlagen 52
Statik 130 f.
Statiker (Tragwerksplaner) 49 f., 229 f., 240 f., 336 f.
Stellplatz 101 f., 302
Stundensätze 119, 235, 253
Stundensatzgebühren 206
Subunternehmer 275

T
Telefon 93, 157
Terrasse 99 f., 181
Treppen 96 f., 180
Türen 90
TV-Kabelvertrag 38, 216

U/V
Übergabe 222, 325
Vermessungsgebühren 135 f.
Vermessungsingenieur 47 f., 228 f.
Versicherung 25, 237, 263, 295
Vertragspartner 272 f.
VOB/B-Regelungen 114, 294 f.
Vollmacht 223, 262, 292

W
Wärmeschutz 53, 343
Warmwasserbereitungsart 83
Wertgebühren 202
Wohnflächen 73, 297 f.

Z
Zahlungsplan 281 f., 316
Zahlungsregelungen 264
Zaun 104 f., 139
Zufahrten 104 f.
Zugänge 104 f.
Zwangsvollstreckung 220 f., 293

Adressen

Verbraucherzentralen

Verbraucherzentrale Baden-Württemberg e. V.
Telefon: 07 11/ 66 91-10
www.vz-bawue.de

Verbraucherzentrale Bayern e. V.
Telefon: 0 89/5 52 79 4-0
www.vz-bayern.de

Verbraucherzentrale Berlin e. V.
Telefon: 0 30/2 14 85-0
www.vz-berlin.de

Verbraucherzentrale Brandenburg e. V.
Telefon: 03 31/2 98 71-0
www.vzb.de

Verbraucherzentrale Bremen e. V.
Telefon: 04 21/1 60 77-7
www.verbraucherzentrale-bremen.de

Verbraucherzentrale Hamburg e. V.
Telefon: 0 40/2 48 32-0
www.vzhh.de

Verbraucherzentrale Hessen e. V.
Telefon: 0 69/97 20 10-900
www.verbraucher.de

Verbraucherzentrale Mecklenburg-Vorpommern e. V.
Telefon: 03 81/2 08 70-50
www.nvzmv.de

Verbraucherzentrale Niedersachsen e. V.
Telefon: 05 11/9 11 96-0
www.vz-niedersachsen.de

Verbraucherzentrale Nordrhein-Westfalen e. V.
Telefon: 02 11/38 09-0
www.verbraucherzentrale.nrw

Verbraucherzentrale Rheinland-Pfalz e. V.
Telefon: 0 61 31/28 48-0
www.vz-rlp.de

Verbraucherzentrale des Saarlandes e. V.
Telefon: 06 81/5 00 89-0
www.vz-saar.de

Verbraucherzentrale Sachsen e. V.
Telefon: 03 41/69 62 90
www.vzs.de

Verbraucherzentrale Sachsen-Anhalt e. V.
Telefon: 03 45/2 98 03-29
www.vzsa.de

Verbraucherzentrale Schleswig-Holstein e. V.
Telefon: 04 31/5 90 99-0
www.vzsh.de

Verbraucherzentrale Thüringen e. V.
Telefon: 03 61/5 55 14-0
www.vzth.de

Bauberatung

Bauherren-Schutzbund e.V.
Telefon: 0 30/3 12 80 01
www.bsb-ev.de

Verband privater Bauherren e.V.
Telefon 0 30/27 89 01-0
www.vpb.de

Wohnen im Eigentum. Die Wohneigentümer e.V.
Telefon 02 28/30 41 26 70
www.wohnen-im-eigentum.de

Institut Bauen und Wohnen
Telefon 07 61/1 56 24 00
www.institut-bauen-und-wohnen.de
(telefonische Beratung ohne die Voraussetzung einer Vereinsmitgliedschaft)

Verbraucherzentralen in roter Schrift bieten gegenwärtig eine Bauberatung an (Prüfung von Bauvertrag und/oder Bauleistungsbeschreibung).

Praxis-Know-how für Bauherren

Das Standardwerk für Bauherren

Schritt für Schritt in die eigenen vier Wände: Das große Praxis-Handbuch begleitet Sie kompetent und sicher auf Ihrem Weg – von der Finanzierung über den gesamten Planungs- und Bauprozess bis zur Fertigstellung und Abnahme. Der Ratgeber steckt voller Praxisbeispiele und -tipps und kommt direkt aus der Verbraucherberatung und der Begleitung von Verbrauchern bei ihren Bauvorhaben.

1. Auflage 2017 | 384 Seiten | 20 x 25 cm | Hardcover | 978-3-86336-067-2 | 34,- Euro

In der Bauphase den Überblick behalten

Checklisten mit über 500 Prüfpunkten, Registerblätter und Praxis-Informationen helfen, auf der Baustelle den Überblick zu behalten. Für alle Bauherren, die auf eigenem Grundstück ein Haus errichten wollen – zum Beispiel mit einem Fertig- oder Massivhausanbieter oder mit einem Architekten. Mit einem Ablagesystem für alle wichtigen Unterlagen. Ideale Ergänzung zum Ratgeber „Bauen!".

1. Auflage 2018 | ca. 35 Registerkarten und ca. 100 Dokumentenseiten | DIN A4 mit Blockklebung und Lochung | kartoniert mit Schutzumschlag | 978-3-86336-104-4 | 19,90 Euro

Was eine gute Baubeschreibung enthalten muss

Wer ein Haus baut, sollte darauf achten, dass er genau das bekommt, wofür er bezahlt. Ob Fertighaus- oder Massivhaus, schlüsselfertiges oder kostensparenden Ausbauhaus – was Bauherren „bekommen", steht in der Baubeschreibung. Doch die sind häufig viel zu allgemein (z. B. unvollständige Produktbeschreibungen, fehlende Mengenangaben und Preisobergrenzen). „Die Muster-Baubeschreibung" zeigt, was eine gute Baubeschreibung enthalten muss und erläutert alle wichtigen Punkte ausführlich.

4. Auflage 2016 | 240 Seiten | DIN A4 | 978-3-86336-064-1 | 19,90 Euro

Mehr Informationen und Leseproben:
www.ratgeber-verbraucherzentrale.de

Impressum

Herausgeber
Verbraucherzentrale
Nordrhein-Westfalen e. V.
Mintropstraße 27, 40215 Düsseldorf
ratgeber@verbraucherzentrale.nrw
www.verbraucherzentrale.nrw

Text
Peter Burk
Institut Bauen und Wohnen, Freiburg
www.institut-bauen-und-wohnen.de

Koordination
Frank Wolsiffer

Lektorat
Dr. Diethelm Krull, Berlin

Fachliche Betreuung
RA Claus Mundorf, Erkrath
www.ra-mundorf.de

Layout und Satz
Dagmar Herrmann für two-up,
Düsseldorf / www.two-up.de

Umschlaggestaltung
Ute Lübbeke, Köln
www.LNT-design.de

Gestaltungskonzept
Lichten Kommunikation
und Gestaltung, Hamburg
www.lichten.com

Bildnachweis
Seite 8 (von oben im Uhrzeigersinn):
© Rido – stock.adobe.com
© zest_marina – stock.adobe.com
© René S. – stock.adobe.com
© Oleksandr Dibrova – stock.adobe.com

Druck
Himmer GmbH, Augsburg

Gedruckt auf 100 % Recyclingpapier
Redaktionsschluss: Dezember 2018

1. Auflage, Januar 2019

© Verbraucherzentrale NRW, Düsseldorf
Das Werk einschließlich aller seiner Teile ist urheberrechtlich geschützt. Jede Verwertung, die nicht ausdrücklich vom Urheberrechtsgesetz zugelassen ist, bedarf der vorherigen Zustimmung der Verbraucherzentrale NRW. Das gilt insbesondere für Vervielfältigungen, Bearbeitungen, Übersetzungen, Mikroverfilmungen und die Einspeicherung und Verarbeitung in elektronischen Systemen. Das Buch darf ohne Genehmigung der Verbraucherzentrale NRW auch nicht mit (Werbe-)Aufklebern o. Ä. versehen werden. Die Verwendung des Buches durch Dritte darf nicht zu absatzfördernden Zwecken geschehen oder den Eindruck einer Zusammenarbeit mit der Verbraucherzentrale NRW erwecken.

ISBN 978-36336-097-9
Printed in Germany